KB202497

요한계시록
미래적해석

요한계시록 미래적해석

초판 1쇄 발행 2024년 10월 10일

지은이 김 만 홍

펴낸이 김 만 홍

펴낸곳 도서출판 예지

주소 인천광역시 서구 원당대로 840번길 21, 825동 1402호

전화 010-2393-9191

등록 2005. 5. 12. 제 387-2005-10호

ⓒ 김만홍 2024

가격 : 20,000원

ISBN : 978-89-93387-48-3 03230

공급처 : 하늘유통 031) 947-7777

요한계시록
미래적해석

김만홍 지음

예지

서문

오늘날 사람들은 대부분 '요한계시록'을 읽지 않는다.

이 책을 감당하기 힘든 과제로 여기는 것은 요한계시록에 많은 상징적인 내용이 들어 있어 이 책의 내용을 어떻게 이해해야 할지 모르기 때문이다.

또한 요한계시록은 일곱 인으로 봉한 책이 등장해서 어떤 사람들은 요한계시록은 깨닫지 못하도록 봉인한 책이라 보통 사람들은 이해할 수 없다고 생각한다.

그러나 대부분의 상징은 문맥의 앞뒤를 잘 살피고 조심스럽게 읽어보면 상징에 대한 설명이나 해석이 나와 있어 사실상 요한계시록은 그렇게 이해하기 어려운 책이 아니다. 요한계시록은 우리의 미래와 관계가 있다. 하나님께서는 요한계시록을 통해서 우리의 미래를 정확하게 알려주신다. 특히 요한계시록은 이 세상의 종말에 대하여 그리고 종말에 일어날 사건에 대하여 명확하게 보여준다.

그러므로 요한계시록은 감추어진 비밀문서가 아니라 미래의 시대에 전개될 사건들을 명쾌하게 밝혀준다. 요한계시록이야말로 앞으로 일어나게 될 일들에 대하여 그 전모를 드러낸다. 요한계시록은 우리의 시선을 하늘로 향하게 한다.

벤저민 하디는 자신이 쓴 〈퓨처 셀프, 2023〉(Be Your Future Self Now: The Science of Intentional Transformation)의 서문에서 '미래의 나에 대한 심리학'을 소개했다. 그가 소개하는 원리를 그리스도인의 미래와 적용하여 바꾸면 다음과 같다. "미래의 나와 더 깊이 연결될수록 지금 더욱 현명한 결정을 내릴 수 있으며, 미래의 내가 어떤 모습일지 깊이 생각해보면 풍요로운 하늘나라 생활을 위해 계획을 잘 세워 효과적인 투자를 하게 되며 열심히 신앙생활을 유지할 가능성이 커진다. 그리고 내가 그리스도인으로서 잘못된 생활을 할 가능성이 줄어든다. 나의 삶을 하늘나라에 투자하려는 현명한 결정을 하려면, 그 결정이 어떤 결과를 가져올지 알아야 한다. 하늘나라에서 어떤 결과를 바라는가? 그 결과를 철저하게 분석하면서 자신이 바라는 결과가 나오도록 행동해야 한다. 하늘나라에서 면류관의 상급을 받으려는 목적이 명확할수록 무수한 선택지 사이에서 방황하는 일이 줄어든다. 미래의 나와 단절되면 사람들은 자기 발등에 떨어진 불만 끄느라 정신이 없어진다. 그렇게 시급한 일들만 처리하면 좋은 성과를 얻을 리 없다."

❶ 요한계시록의 <미래적 해석>을 믿고 있는 학자들

달라스신학교 총장을 역임한 찰스 C. 라이리(Charles C. Ryrie), 달라스신학교 교수를 역임한 존 왈부드(J.F. Walvoord), 두란노 BKC 강해주석시리즈 저자 펜티코우스트(J.D. Pentecost), 트리니티신학교에서 조직신학을 가르치는 존 파인버그의 아버지이며 구약예언서의 권위자 찰스 파인버그(Charles Feinberg), 사우스웨스턴침례신학교 부총장, 미국복음주의신학회 회장 크레이그 블레이징(Craig Blaising), 달라스신학교 설립자이며 초대 총장인 루이스 스페리 채퍼(Lewis Sperry Chafer)이다.

❷ 요한계시록의 <미래적 해석>을 믿고 있는 저술가와 목회자들

달라스신학교 총장을 역임했으며 하나님의 말씀을 명확하고 실제적으로 가르치고 적용하는 일에 평생 헌신했던 찰스 스윈돌(Charles Swindoll), 마스터스대학교(The Master's University) 총장 존 맥아더(John MacAthur)

세계적인 성경학자이며 코너스톤신학교(Cornerstone Theological Seminary) 설교학 교수이며, 빌그 그램함이 우리 시대 최고의 성경 강해 설교가로 극찬한 위렌 위어스비(Warren Wiersbe), 달라스 제일침례교회 담임목사이며, 미국 남침례교회 총회장을 역임한 크리스웰(W.A. Criswell)

리버티대학교 설립자 제리 포웰(Jerry Falwell), 조직신학자 헨리 디이슨(Henry Thiessen), 하나님의 구원 계획 성막의 저자 디한(M. R. Dehaan)

성경 교사이며 'Thru The Bible'이라는 제목의 전 세계적으로 유명한 라디오 프로그램 사역자 존 버넌 매기(Vernon McGee)

Wilkinson & Boa 성경 핸드북의 저자 브루스 윌킨슨(Bruce Wilkinson)

기독교 변증학자이자 조직신학자로 성경의 무오성과 예수의 역사적 부활 등과 같은 많은 주제에 학술적으로 공헌하고 90권 이상의 저자이며, Southern Evangelical Seminary 공동설립자 노먼 가이슬러(Norman L. Geisler)

20세기 위대한 성경연구분석학자인 어빙 젠센(Irving Jensen)이다.

❸ 요한계시록의 역사적 배경이 있다.

예수께서 AD 33년경 이스라엘의 예루살렘에서 교회를 시작하셨다.

사도 바울이 AD 47년에 이방인을 위한 해외선교사로 파송되어 사역을 시작하였다. AD 52년에서 56년경에 에베소 중심으로 소아시아 지역에 여러 교회가 세워졌으며(행 18:23~20:38), 여러 황제에 의해서 그리스도인들을 향한 핍박이 증가하는 가운데 교회가 성장했다.

예수께서 교회를 세우셨을 때 이스라엘은 로마의 식민지였으며, 티베리우스 황제가 AD 14년부터 37년까지 로마제국을 통치했고, 그 후 41년까지 칼리굴라 황제라 불리는 가이우스 황제가 통치했고, 그 후 54년까지 클라우디우스 황제가 통치했고, 그 후 68년까지 네로 황제가 통치할 때 로마가 불타버렸다. 그 후 잠시 갈바, 오토, 비텔리우스 황제가 통치했으며, 69년부터 79년까지 베스파시아누스 황제가 통치할 때 AD 70년에 예루살렘이 완전히 멸망했다. 그 후 79년부터 81년까지 티토가 통치했고, 81년부터 도미티안 황제가 통치할 때 요한이 밧모섬에 유배되어 AD 96년경에 요한계시록을 기록했다. 이제 본서를 통해 예수님의 재림에 관심을 가지고 오늘을 사는 우리에게 하나님의 축복이 함께 하기를 기도한다.

계시록의 역사적 배경 (14p 어빙 젠센 참조)

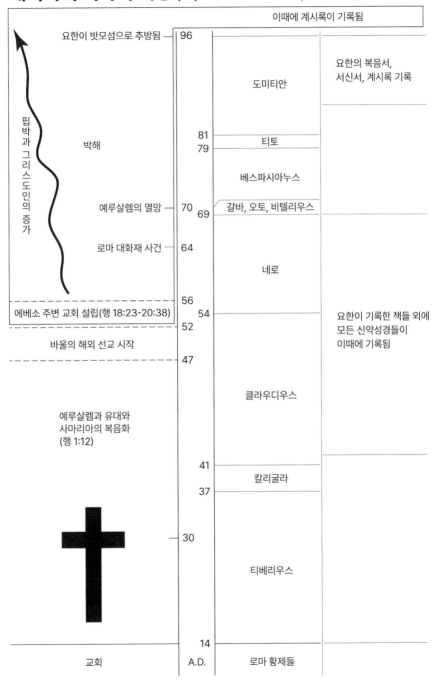

이때에 계시록이 기록됨

교회	A.D.	로마 황제들	
요한이 밧모섬으로 추방됨	96	도미티안	요한의 복음서, 서신서, 계시록 기록
박해	81 / 79	티토	
		베스파시아누스	
예루살렘의 멸망	70 / 69	갈바, 오토, 비텔리우스	
로마 대화재 사건	64	네로	
에베소 주변 교회 설립(행 18:23-20:38)	56 / 54 / 52		요한이 기록한 책들 외에 모든 신약성경들이 이때에 기록됨
바울의 해외 선교 시작	47	클라우디우스	
예루살렘과 유대와 사마리아의 복음화 (행 1:12)	41 / 37	칼리굴라	
	30	티베리우스	
	14		

핍박과 그리스도인의 증가

추천사

요한계시록은 어려운 책이라고 생각하는 그리스도인들이 많습니다. 요한계시록을 어렵게 생각하는 가장 큰 이유는 요한계시록을 어떻게 해석해야 할지를 모르기 때문입니다. 요한계시록의 해석법 중에서 가장 성경적이고 설득력 있는 해석법은 '미래적 해석법'입니다. 미래적 해석법은 요한계시록 4장 이후의 말씀을 교회시대가 끝난 뒤에 있을 일로 해석하는 해석법입니다.

　요한계시록 1장 19절은 요한계시록을 이해하는데 있어서 대단히 중요한 말씀입니다.

"그러므로 네가 본 것과 지금 있는 일과 장차 될 일을 기록하라."

요한계시록 전체의 내용이 이 말씀 속에 잘 요약되어 있습니다.
'네가 본 것' 즉 요한이 본 것은 예수님에 대한 계시로 요한계시록 1장 12-16절에 기록되어 있습니다.
'지금 있는 일'은 예수님께서 아시아에 있는 일곱 교회에게 하시는 말씀으로 요한계시록 2장과 3장에 기록되어 있습니다.
'장차 될 일'은 예수님께서 공중으로 강림하신 후에 있을 일을 말하는데, 요한계시록 4장 이후에 기록되어 있습니다.

예수님께서 공중으로 강림하시면 구원받은 성도들은 공중으로 들림 받고(살전 4:16-17), 이 땅에서는 7년 대환난이 시작됩니다(마 24:21, 계 3:10). 구원받은 성도들이 공중으로 들림 받으면 요한계시록 4장과 5장에 기록된 광경을 직접 보게 될 것입니다. 이 땅에서 있을 7년 대환난과 그 후에 있을 일은 요한계시록 6장 이후에 기록되어 있습니다.

요한계시록이 이렇게 전개되는 것을 알면 요한계시록이 그렇게 어렵게 느껴지지 않습니다. 그래서 요한계시록 1장 3절은 "이 예언의 말씀을 읽는 자와 듣는 자와 그 가운데에 기록한 것을 지키는 자는 복이 있나니 때가 가까움이라"라고 했습니다. 예수님께서 다시 오실 날이 가까울수록 더 많이 읽고 더 열심히 공부해야 할 책이 요한계시록입니다.

요한계시록을 잘 이해하도록 돕기 위해 김만홍 목사님께서 귀한 책을 내셨는데 정말 감사한 일입니다. 전천년설과 환난전휴거설을 견지하면서 잘 설명해 놓으셨는데, 요한계시록을 바르게 이해하는데 큰 도움이 될 것입니다.

성서침례대학원대학교 학교법인 이사장
새삶침례교회 담임목사
강효민 목사

목 차

계시록 전체 도표

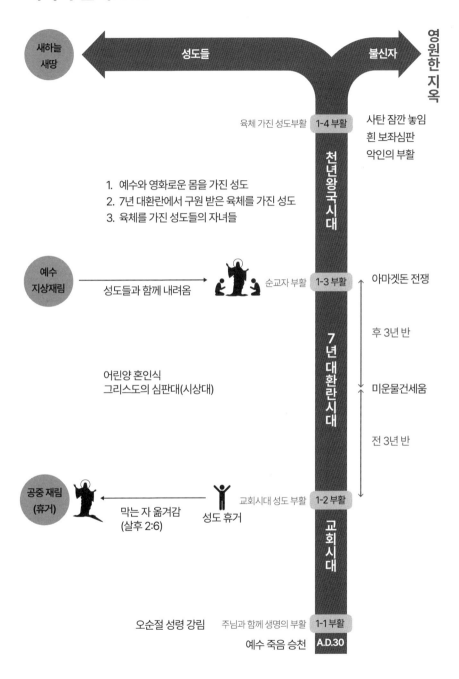

새하늘 새땅

성도들

불신자

영원한 지옥

육체 가진 성도부활 — 1-4 부활

천년왕국시대

사탄 잠깐 놓임
흰 보좌심판
악인의 부활

1. 예수와 영화로운 몸을 가진 성도
2. 7년 대환란에서 구원 받은 육체를 가진 성도
3. 육체를 가진 성도들의 자녀들

예수 지상재림

성도들과 함께 내려옴

순교자 부활 — 1-3 부활

7년 대환란시대

아마겟돈 전쟁

후 3년 반

어린양 혼인식
그리스도의 심판대(시상대)

미운물건세움

전 3년 반

공중 재림 (휴거)

막는 자 옮겨감
(살후 2:6)

성도 휴거

교회시대 성도 부활 — 1-2 부활

교회시대

오순절 성령 강림

주님과 함께 생명의 부활 — 1-1 부활

예수 죽음 승천

A.D.30

1장

요한계시록의 서론

많은 그리스도인이 '요한계시록'을 읽지 않는다. 요한계시록을 감당하기 힘든 과제로 여기는 것은 이 책의 내용이 너무나 무서워서 어떻게 이해해야 할지 모르기 때문이다. 하지만 우리는 요한계시록을 열심히 읽고, 배우고, 지켜서 하나님의 축복을 누려야 한다. 요한계시록은 많은 상징적인 내용이 들어 있으나 대부분의 상징은 문맥의 앞뒤를 살피고 조심스럽게 읽어보면 상징에 대한 설명이나 해석이 나와 있어 사실상 요한계시록은 그렇게 이해하기 어려운 책이 아니다.

1. 요한계시록의 저자와 기록 시기

요한계시록은 예수님의 제자 사도 요한이 기록했다. 왜냐하면 예수께서 천사를 통해 요한에게 요한계시록을 알게 하셨기 때문이다(계 1:1). 그래서 요한은 1절과 2절과 4절에서 본인이 요한계시록을 기록했다고 밝히고 있으며, 9~11절에서 자신이 밧모섬에서 주의 날에 성령에 감동되어 하나님의 음성을 들었는데 그 내용은 요한계시록을 두루마리에 기록하여 일곱교회에 보내라는 음성을 듣고 기록하여 보내게 되었다고 밝히고 있기 때문이다.

그러므로 요한계시록은 하나님께서 천사들을 통해 전달한 유일한 책이다. 천사들은 요한계시록 4장과 13장을 제외하고 모든 장에 등장한다. 요한계시록에는 천사라는 단어가 무려 71회나 등장하며 천사의 사역에 대해서도 가장 많이 나온다. 사도 요한은 요한계시록 22장 16절에서 "나 예수는 교회들을 위하여 내 사자를 보내어 이것들을 너희에게 증언하게 하였노라 나는 다윗의 뿌리요 자손이니 곧 광명한 새벽 별이라 하시더라"라고 선포했다.

그러므로 요한계시록에서는 대부분 천사가 등장한다.

사도 요한은 지중해 연안이며 에게해에 있는 그리스의 밧모섬(파트모스)에 유배되었던 AD 96년경에 요한계시록을 기록했다. 이 시기에는 예수님의 열두 제자 중에 요한만이 90세 넘게 생존해 있었다. 예수님을 배반했던 가룟 유다는 자살했고 나머지는 모두 순교했다.

예수께서는 열두 제자 가운데 특별히 세 명의 제자들을 더 훈련하시고 사랑하셨
는데 그들이 사도 베드로, 요한, 야고보다. 요한의 형인 야고보는 AD 44년에 예루
살렘에서 아그립바 1세에 의해서 순교를 당했고, 베드로는 로마에서 AD 64년에
십자가에 거꾸로 못 박혀 죽임을 당했다. 스승인 예수님과 같은 방식으로 죽을 자
격이 없다고 주장해 십자가에 거꾸로 매달려 처형되었다. 그러나 사도 요한은 마
지막까지 살아서 예수님의 영광을 보고 미래의 사건들이 어떻게 전개될지 기록하
는 특별한 은혜를 받았다.

2. 요한계시록이 기록된 목적

요한계시록이 기록된 목적은 우리의 행복과 미래를 위하여 기록되었다. 하나님
께서 우리에게 요한계시록을 허락한 이유는 미래에 일어날 일들에 대해 두려워
하고 불안해하라는 것이 아니라 요한계시록을 통하여 은혜와 위로와 복을 주시
기 위함이다.

"예수 그리스도의 계시라 이는 하나님이 그에게 주사 반드시 속히 일어날 일들을 그
종들에게 보이시려고 그의 천사를 그 종 요한에게 보내어 알게 하신 것이라, 그러므로
네가 본 것과 지금 있는 일과 장차 될 일을(what is now and what will take place later)
기록하라"(계 1:1, 19)

사도 요한은 가장 핍박이 심한 때에 요한계시록을 기록했다. 요한 본인이 밧모섬
에 유배되어 가장 고독하고 어려움을 경험할 때, 하나님의 계시를 통해 영광스러
운 미래를 보았다. 그러므로 요한계시록은 가장 어려울 때 붙잡고 살아야 할 책
이다. 스데반이 돌에 맞아 죽으면서도 주님을 바라보아서 고통을 참았던 것처럼
우리도 요한계시록에 나타난 찬란한 미래를 바라보고 어려움을 극복해야 한다.
그래서 요한계시록은 우리의 미래를 알려주는 책이다.

하나님께서는 모든 미래를 정확하게 아시기에 성경을 통해서 우리의 미래를 정확
하게 알려주신다. 미래에 관한 진리는 성경을 떠나서는 절대로 알 수 없다. 특히
요한계시록은 우리의 미래를 가장 자세하게 보여주는데 이 세상의 종말에 대하여

그리고 종말에 일어날 사건에 대하여 명확하게 보여준다. 요한계시록 5장 1절에 일곱 인으로 봉한 책이 등장한다. 그래서 어떤 사람들은 요한계시록은 깨닫지 못하도록 봉해 놓은 책이어서 보통 사람들은 알 수 없다고 주장한다.

하지만 요한계시록은 감추어진 비밀문서가 아니라 미래에 전개될 사건들을 명쾌하게 밝혀준다. 미래에 일어날 일들을 감추지 않고 오히려 밝히 드러내기에 요한계시록이야말로 앞으로 일어나게 될 일들에 대하여 그 전모를 드러낸다. 이 지구상에 일어나게 될 일들을 기록한 경고의 메시지가 요한계시록이다. 그러므로 요한계시록은 우리의 미래를 정확하고 확실하게 알려준다.

3. 요한계시록의 해석법

❶ 과거적 해석법

요한계시록 전부가 계시록이 기록된 1세기 후반까지 소아시아 교회의 역사적 상황을 묘사했다고 해석한다. 지금 시대나 앞으로 다가올 시대와는 전혀 상관이 없고 1세기에 끝난 것으로 본다. 그들은 요한계시록을 미래의 예언으로 보지 않고 사도 요한 당시의 사건을 기록한 것으로 본다. 그들은 1장부터 3장은 역사적인 교회들로 이해하며, 4장부터 19장은 1세기의 세계상황으로 이해하며, 20장부터 22장은 천국에 대한 상징적인 표현으로 이해한다. 그러나 요한계시록에는 예언적인 요소가 많아서 과거적 해석법은 타당하지 않다.

❷ 역사적 해석법

이 해석은 과거적 해석법과 비슷하다. 이것은 요한이 살던 기원후 1세기부터 종말까지 기독교 역사 가운데 일어난 중요한 사건들의 기록으로 본다. 일곱교회는 교회 시대의 변천을 보여주며, 일곱 인의 심판은 요한의 시대부터 4세기경으로 보며, 일곱 나팔 재앙은 5세기 이교도들의 서방 침공과 오스만제국의 동로마 정복으로 보며, 일곱 대접의 재앙은 프랑스 대혁명, 이슬람과 로마 가톨릭 세력의 확장으로 해석한다. 그리고 요한계시록 6장 1절의 '흰말'은 로마제국의 평화와 승리로 해석하며, '여섯 번째 나팔'은 오스만제국의 침입으로, 16장의 '다섯째 대접'은 프랑스 대혁명으로, 17장의 '바벨론의 멸망'은 교황의 멸망으로 해석한다.

❸ 이상주의적 해석법

요한계시록은 종말에 대한 예언서가 아니라 기독교의 선과 사탄의 악이 벌이는 투쟁으로 본다. 그들은 요한계시록을 우주의 대 드라마로 보며 역사와는 아무런 상관이 없다고 본다. 그러나 요한계시록 2장부터 3장에 교회가 언급되는 것을 보더라도, 역사성을 완전히 배제한 이 해석방법은 분명히 옳지 않다.

❹ 미래적 해석법

요한계시록 1~3장은 요한 당시의 일이고, 4~22장은 장차 일어날 일들로 교회로서 아직도 성취되지 않은 예언적 사건으로 해석한다. 즉 우리의 현재와 미래를 보여준다. 사실 앞에 언급한 과거적 해석이나 역사적 해석은 미래에 펼쳐지는 아주 중요한 예수 그리스도의 지상 재림과 천년왕국을 보지 못하게 만든다. 그래서 4장부터 19장은 교회 시대 이후 대환란과 예수 그리스도의 지상 재림을 보여준다. 그래서 4장~22장 6절에는 '교회'라는 단어가 발견되지 않는다. 20~22장은 천년왕국과 백 보좌 심판이 언급되어 있다. 그러므로 요한계시록의 해석은 미래적인 해석이 가장 타당한 해석이다.

4. 예수님의 재림시기와 세 가지 천년왕국 관점

요한계시록을 해석하는 기준은 예수 재림의 시기를 결정하는 관점을 보여준다. 요한계시록 20장 1~7절은 예수께서 지상에서 천년왕국을 세우시고 천 년 동안 다스리게 된다는 사실을 가르쳐주고 있다. 이것은 요한계시록 20장 1~7절을 문자적으로 해석하면 자연스러운 결과다. 또한 20장의 사건이 19장의 예수님의 지상 재림에 뒤이어 나오는 자연스러운 연결이다. 그리고 21~22장도 시간상으로 20장의 뒤를 자연스럽게 연결한다. 그런데 요한계시록 20장을 어떻게 해석하느냐에 따라서 세 가지 천년왕국설로 나누어진다.

❶ 무천년설
요한계시록 20장에는 1,000년이라는 말이 여러 번 나오지만(계 20:2-7), 무천년설은 요한계시록 20장을 문자적으로 해석하지 않고 상징적인 표현으로 해석한다. 그리스도께서 지상에 재림하신 이후에 문자적인 천년왕국은 없고 곧바로 영원한 세계에 들어간다고 믿는다. 1,000년이란 완전하고 많다는 상징적인 의미로 천년왕국 같은 실제 기간이 아니라고 믿는다. 무천년설은 어거스틴이 처음으로 주장한 설이며, 교회가 다스리는 시대가 바로 천년왕국 시대라고 본다.

❷ 후천년설
후천년설은 세 가지 천년왕국설 중에 마지막으로 등장했는데 이 설에 의하면 교회가 복음을 전하므로 이 세상이 점점 좋아져서 마침내는 온 세계가 기독교화됨으로 그때 예수님께서 재림하시고 이 땅에 예수님의 왕국이 세워진다는 설이다. 후천년설이 16세기에 등장하여 19세기 초반까지 우세했지만 20세기에 들어와서는 거의 받아들여지지 않고 있다. 왜냐하면 1905년 제1차 세계대전이 일어나 사람들에 의해 엄청난 사람들이 죽었고, 그 후에도 제2차 세계대전과 한국전쟁과 월남전쟁과 중동전쟁이 일어나 수많은 사람이 죽었으며 세상은 점점 더 타락하고 있기 때문이다.

❸ 전천년설
전천년설은 역사적으로 가장 오래된 설이며, 가장 성서적이고 설득력 있는 설이다. 예수께서 천년왕국이 시작되기 전에 문자적으로 지상에 재림하시어 그분에 의해서 천년왕국이 세워지고, 그분이 다스리게 된다고 믿는다. 그러므로 천년왕국이 등장하는 계시록 20장 직전에 계시록 19장 11~16절에 예수님은 이 지상에 재림하시어 세상을 심판하신다. 그러므로 예수님은 천년왕국 전에 재림하시니 전천년설이 가장 확실하다. 초대교회 그리스도인들은 대부분 전천년설을 믿었다.

전천년설이 성경적으로 가장 타당한 이유는 다음과 같다.

❶ 그리스도께서 지상에 재림하실 때 7년 대환란에서 순교한 순교자들을 부활시 킨다. 그들이 천년왕국 전에 부활해야 그리스도와 함께 천년왕국에서 왕 노릇을 한다. 따라서 그리스도께서 오시기 전에 천년왕국은 있을 수 없다.
"또 내가 보좌들을 보니 거기에 앉은 자들이 있어 심판하는 권세를 받았더라 또 내가 보니 예수를 증언함과 하나님의 말씀 때문에 목 베임을 당한 자들의 영혼들과 또 짐승 과 그의 우상에게 경배하지 아니하고 그들의 이마와 손에 그의 표를 받지 아니한 자들 이 살아서 그리스도와 더불어 천 년 동안 왕 노릇 하니"(계 20:4)

❷ 그리스도께서 지상에 재림하실 때 사탄이 결박되고 천년왕국이 시작된다.
"또 내가 보매 천사가 무저갱의 열쇠와 큰 쇠사슬을 그의 손에 가지고 하늘로부터 내 려와서 용을 잡으니 곧 옛 뱀이요 마귀요 사탄이라 잡아서 천 년 동안 결박하여 무저 갱에 던져 넣어 잠그고 그 위에 인봉하여 천 년이 차도록 다시는 만국을 미혹하지 못 하게 하였는데 그 후에는 반드시 잠깐 놓이리라"(계 20:1-3)
❸ 그리스도께서 지상에 재림하실 때 적그리스도가 멸망하여 천년왕국 전에 멸망 한다. 계시록 19장 20절에 적그리스도인 짐승이 잡혀서 유황불 지옥에 던져진다.
"그 때에 불법한 자가 나타나리니 주 예수께서 그 입의 기운으로 그를 죽이시고 강림 하여 나타나심으로 폐하시리라"(살후 2:8)

❹ 그리스도께서 지상에 재림하실 때 유대인들이 자기 땅에 회복되어 천년왕국에 들어간다. 에스겔 36장에 예언된 내용은 천년왕국에서 진정으로 실현된다.
"내가 너희를 여러 나라 가운데에서 인도하여 내고 여러 민족 가운데에서 모아 데리 고 고국 땅에 들어가서 맑은 물을 너희에게 뿌려서 너희로 정결하게 하되 곧 너희 모 든 더러운 것에서와 모든 우상 숭배에서 너희를 정결하게 할 것이며 또 새 영을 너희 속에 두고 새 마음을 너희에게 주되 너희 육신에서 굳은 마음을 제거하고 부드러운 마 음을 줄 것이며 또 내 영을 너희 속에 두어 너희로 내 율례를 행하게 하리니 너희가 내 규례를 지켜 행할지라"(겔 36:24-27)

5. 대환란을 중심으로 휴거에 대한 세 가지 관점

계시록을 이해하는 아주 중요한 내용 가운데 그리스도인의 환란 통과 여부와 휴거의 시점에 대해서 세 가지 견해가 있다. 그렇다면 휴거의 시기를 논하기 전에 먼저 '휴거'라는 단어가 무엇을 의미하는지를 알아야 한다. 휴거는 예수께서 공중으로 재림하실 때 교회에 속한 그리스도인이 부활하여 예수님을 만나려고 공중으로 끌어올려지는 사건을 말한다. 또한 휴거는 이 땅에 임하는 대환란의 시기에 하나님께서 교회에 속한 그리스도인들을 구원하시는 일과 관련되어 있다. 그러므로 휴거와 대환란은 아주 밀접하게 관련되어 마치 동전의 양면처럼 결코 뗄 수 없는 관계에 있다. 그리스도인이 공중으로 휴거가 되려면 먼저 몸이 영화로운 몸으로 부활해야 하기 때문이다. 구원의 세 단계 칭의, 성화, 영화에서 최종적으로 몸이 부활하여 영화의 구원이 완성되기 때문이다. 바울은 데살로니가전서 4장 17절에서 이 휴거라는 단어를 사용하여 "구름 속으로 끌어올려"라고 했는데, 이 본문은 휴거의 개념을 알려주는 아주 중요한 구절이며 유일한 구절이다.

"우리가 주의 말씀으로 너희에게 이것을 말하노니 주께서 강림하실 때까지 우리 살아남아 있는 자도 자는 자보다 결코 앞서지 못하리라 주께서 호령과 천사장의 소리와 하나님의 나팔 소리로 친히 하늘로부터 강림하시리니 그리스도 안에서 죽은 자들이 먼저 일어나고 그 후에 우리 살아 남은 자들도 그들과 함께 구름 속으로 끌어 올려 공중에서 주를 영접하게 하시리니 그리하여 우리가 항상 주와 함께 있으리라"(살전 4:15-17)

'휴거'라는 단어를 그대로 사용하지는 않지만, 성경에서 암시적으로 사용하는 다른 두 구절은 요한복음 14장 2~3절이며, 고린도전서 15장 51~52절이다.

"내 아버지 집에 거할 곳이 많도다 그렇지 않으면 너희에게 일렀으리라 내가 너희를 위하여 거처를 예비하러 가노니 가서 너희를 위하여 거처를 예비하면 내가 다시 와서 너희를 내게로 영접하여 나 있는 곳에 너희도 있게 하리라"(요 14:2-3)

여기서 예수님은 제자들에게 자신이 곧 떠나지만, 아버지 집으로 가서 제자들을 위한 거처를 준비하신다고 말씀하시고, 3절에서 "너희를 위하여 거처를 예비하면 내가 다시 와서 너희를 내게로 영접하여 나 있는 곳에 너희도 있게 하리라"라고 말씀하신다. 다시 말해서 예수님이 재림하셔서 제자들과 함께 있기 위하여 "데려가시는 것"은 휴거와 같은 뜻이다.

"보라 내가 너희에게 비밀을 말하노니 우리가 다 잠잘 것이 아니요 마지막 나팔에 순식간에 홀연히 다 변화되리니 나팔 소리가 나매 죽은 자들이 썩지 아니할 것으로 다시 살아나고 우리도 변화되리라"(고전 15:51-52)

그리고 바울이 말한 이 본문은 휴거라는 단어는 구체적으로 언급되지 않지만, 휴거가 이루어지기 위해서 우리의 몸이 영화로운 몸으로 부활하는 내용을 자세히 소개하고 있다. 또한 이 본문은 휴거를 말하는 데살로니가전서 4장 15~17절의 말씀과 거의 같은 의미를 설명하고 있기 때문이다.

이제 환란과 관련하여 교회가 휴거되는 시기에 관한 세 가지 설을 살펴보면, 교회가 대환란을 통과하는지와 관련이 있고, 교회가 적그리스도에게 박해를 받는지 아닌지와 관련이 있다. 환란 중간 휴거와 환란 후 휴거는 교회가 적그리스도에게 핍박을 받는다고 보며, 환란 전 휴거는 교회가 적그리스도의 핍박을 받지 않는 것으로 보는데, 그 이유는 적그리스도가 666표를 가지고 무서운 통치를 시작하기 전에 교회가 이 땅에서 공중으로 휴거되기 때문이다.

또한 이 세 가지 휴거설은 예수 그리스도의 재림과 관련이 있다. 환란 중간 휴거설과 환란 전 휴거설은 예수님의 재림이 두 단계로 이루어지는데 교회가 휴거되는 시기에 예수 그리스도께서 공중에 재림하시고 이 땅에서 7년 대환란이 끝날 즈음에 지상에 영광스럽게 재림하셔서 적그리스도를 멸망시키시고 당신의 영광스러운 천년왕국을 세우기 위해서 지상 재림을 하시기 때문이다. 하지만 환란 후 휴거설은 교회가 환란을 통과한 후에 공중으로 휴거가 되고 곧바로 예수님과 함께 이 땅으로 내려오기 때문에 두 단계의 재림을 인정하지 않는다.

❶ 환란 후 휴거설(환난 통과설)

신약교회 그리스도인들이 7년 대환란을 다 통과한 후에 휴거가 되고 예수께서 이 땅에 재림하셔서 천년왕국이 이루어진다는 관점이다.

❷ 환란 중간 휴거설(진노 전 휴거설)

환난 중간 휴거설은 계시록 4장부터 19장에 나오는 일곱 인과 일곱 나팔과 일곱 대접 심판을 연대기적으로 보아 일곱 나팔의 마지막 나팔이 7년 대환란의 중간이 되어 그 중간에 휴거가 된다는 관점이다. 적그리스도가 이스라엘과 언약을 맺었다가 3년 반이 지난 뒤에 언약을 깨는 시점에 휴거가 이루어진다는 견해이다. 하지만 계시록 11장 16절에 나오는 일곱째 나팔이 그리스도인의 휴거 때 울리는 마지막 나팔이 아니기 때문에 신약 성도들의 휴거와는 아무런 관련이 없다.

❸ 환란 전 휴거설

계시록 4~19장의 7년 대환란이 이 땅에서 시작되기 전에 신약교회 성도들은 하늘로 휴거 되어 7년 동안 어린양의 혼인예식을 치른 후에 예수님과 함께 지상에 내려와 천년왕국에서 민족들을 다스리며 왕 노릇을 하게 된다는 해석이다. 따라서 휴거가 대환란과 어떤 연관이 있는지 정확하게 이해할 수 있다. 휴거는 교회에 속한 그리스도인들이 영광스러운 몸으로 부활하여 공중에 오시는 예수님을 만나 영원히 그분과 함께 살아가기 위해 공중으로 끌려 올려지는 것을 의미하기 때문이다.

대환란의 절정에 예수께서 천년왕국을 세우려고 그를 따르는 그리스도인들과 함께 가시적으로 이 땅에 내려오신다. 계시록 3장 10절에서 예수님의 약속에 따라 교회가 7년 대환란에 들어가지 않기에 4~19장에 일어나는 무시무시한 대환란의 일들을 당하지 않는다. 교회가 대환란 전에 휴거되어 환란의 때를 면하게 되는 내용은 빌라델비아 교회를 다루는 이 책 91~92페이지에서 자세히 다룬다. 그러므로 신약교회 성도들은 지옥에서만 아니라 7년 대환란에서도 구원을 받은 것이다. 그러므로 우리는 미래적 해석에 따라 전천년설과 환란 전 휴거설의 관점에서 요한계시록을 살펴볼 것이다.

6. 요한계시록의 장별 구성

요한계시록을 해석하는 열쇠가 되는 중요한 구절은 요한계시록 1장 19절이다.
"그러므로 네가 본 것과 지금 있는 일과 장차 될 일을 기록하라"

❶ 1장은 요한을 기준으로 과거(네 본 것)

〈요한계시록 1장에서 요한이 본 예수 그리스도의 모습이다. 여기서 요한은 하늘에 승천하신 영광스러운 예수님의 모습을 보고 그 모습을 요한계시록 1장에서 자세히 묘사하여 기록한다. 〉

❷ 2~3장은 요한을 기준으로 현재(지금 있는 일)

〈요한계시록 2~3장을 통해 나타난 아시아의 일곱 교회를 향한 메시지다. 여기서 예수님께서는 일곱 교회의 영적인 상황에 대한 경고와 격려를 하신다. 〉

❸ 4~22장은 요한을 기준으로 미래(장차 될 일)

〈요한계시록 4~22장에 나타난 미래의 일들이다. 다시 말해서 요한계시록 4장 1절에 '이 일 후에' 일어나게 될 미래의 사건들을 다루고 있다. / 4~5장은 하늘의 아름다운 보좌가 보인다. / 6장은 보좌에 앉으신 어린양 예수께서 두루마리의 인을 떼면서부터 7년 대환란이 시작된다. / 6~16장까지 일곱 인의 재앙과 일곱 나팔의 재앙과 일곱 대접의 재앙이 차례차례 나타난다. / 17~18장은 음녀인 거짓 종교와 바벨론의 패망을 보여준다. 〉

❹ 19장은 예수 그리스도의 지상 재림

〈요한계시록 19장은 할렐루야 대 찬양으로 시작되며 어린양의 혼인 잔치가 벌어지고 예수께서 성도들과 함께 지상에 재림하셔서 모든 악의 세력을 멸하고 적그리스도인 짐승과 거짓 선지자가 잡혀서 산 채로 유황불 못에 던져진다. 〉

❺ 20장은 천년왕국 시대

〈예수 그리스도께서 이 땅에 오셔서 다스리는 천년왕국이 시작된다. 1,000년이라는 말이 여섯 번이나 등장하며 마귀 사탄은 1,000년 동안 무저갱에 감금된다. 〉

❻ 21~22장은 새 하늘과 새 땅과 새 예루살렘을 보여준다.

〈새 예루살렘이 하늘로부터 내려오는데 그 크기가 얼마나 큰지 인간의 상상을 뛰어넘는다. 새 하늘과 새 땅이 전개되어 영원한 세계가 이루어진다〉

계시록 개요

1. 요한계시록 서론 (1:1~8)

2. 과거에 본 것 (1:9~20)

사도 요한은 예수께서 자신에게 주신 계시를 기록하여 소아시아에 있는 일곱 교회에 보냈다.

3. 현재 보는 것 (2:1~3:22)

일곱 교회가 당면한 현실을 언급하며, 예수께서 어떤 분이시며, 칭찬과 책망의 내용이 무엇이며, 문제를 어떻게 해결할지 구체적인 권면과 문제를 해결하고 승리하는 이에게 예수께서 주시는 놀라운 축복을 약속한다.

4. 장차 될 미래의 사건 (4:1~22:5)

A. 대환란 사건 (4장~19장)

	①	4:1~5:14	하늘의 보좌
	②	6:1~17	6개의 인 심판
삽입장	③	7:1~17	14만 4천과 구원받은 큰 무리
	④	8:1~5	7번째 인 심판
	⑤	8:6~9:21	6개의 나팔 심판
삽입장	⑥	10:1~11	하늘에서 온 천사와 작은 책
삽입장	⑦	11:1~13	두 증인
	⑧	11:14~19	7번째 나팔 심판
삽입장	⑨	12:1~13:18	하늘에서의 전쟁, 적그리스도와 거짓 선지자
삽입장	⑩	14:1~15:4	하늘에 서있는 14만 4천과 추수 심판
	⑪	15:5~16:21	7개의 대접 심판
	⑫	17:1~18:24	바벨론의 멸망
	⑬	19:1~10	어린양의 혼인예식
	⑭	19:11~21	그리스도의 지상 재림

B. 천년왕국 (20:1~10)

C. 최후의 흰 보좌 심판 (20:11~15)

D. 새 하늘과 새 땅, 새 예루살렘 성, 영원한 상태 (21:1~22:5)

5. 요한계시록의 결론 (론22:6~21)

8. 요한계시록 확대 전체 개요

가. 요한계시록의 서론(1:1-8)

〈예수 그리스도의 계시는 미래에 반드시 속히 일어날 일들을 하나님 아버지께서 예수께 주시고 다시 예수께서 천사를 통해 예수의 열두 제자 중 한 사람이었던 사도 요한에게 주신 계시다. 사도 요한은 예수께서 자신에게 주신 계시를 기록하여 소아시아에 있는 일곱 교회에 보냈다. 요한은 예수께서 우리를 사랑하사 구속하시어 나라와 제사장으로 삼으신 예수 그리스도를 찬양하며 그분의 왕권과 주권을 드러낸다. 요한은 과거와 현재와 미래의 주이신 예수께서 이 땅에 모든 나라를 통치하기 위해 구름을 타고 오시는 전능하신 분으로 소개한다. 〉

나. 네가 본 것과(사도 요한이 본 것들, 1:9~20)

〈요한은 자신이 본 것을 써서 일곱 교회에 보내라는 명령을 받았다. 요한은 인자와 같은 예수님의 영광스러운 모습을 보았다. 예수께서는 요한에게 요한이 본 것과 지금 보고 있는 것과 이후에 있을 일어날 일들을 기록하라고 명령하신다. 〉

다. 지금 있는 일과(사도 요한에게 지금 있는 일들, 2:1-3:22)

〈요한은 소아시아에 있는 일곱 교회에 지금 교회가 당면한 현실을 언급하면서 계시의 말씀을 보내시는 예수께서 어떤 분이시며, 칭찬과 책망의 내용이 무엇이며, 문제를 어떻게 해결할지 구체적인 권면과 문제를 해결하고 승리하는 이에게 예수께서 주시는 놀라운 축복을 약속한다. 〉

라. 장차 될 일(이후에 있을 일들, 4:1-22:5)

〈요한이 본 미래의 환상은 어린양이신 예수 그리스도의 절대 주권, 대환란의 순서로 대환란 직전의 사건, 대환란 시작되는 시기의 사건, 대환란 전반기의 사건, 대환란 중간기의 사건, 대환란 후반기의 사건, 대환란 말기에 있을 예수 그리스도의 지상 재림, 대환란 직후의 사건, 천년왕국의 특징과 사건, 새 하늘과 새 땅이 연속적으로 이루어지는 영원한 상태를 다룬다. 〉

1) 대환란의 순서

❶ 대환란 직전의 사건

〈 교회가 휴거된다(살전 4:13-18, 고전 15:51-52, 계 3:10, 살전 1:10, 5:9)/ 막는지

성령께서 옮겨간다(살후 2:1-7)/ 하늘에서 믿는 자의 그리스도의 심판대가 시작된다(고전 3:12-15, 고후 5:10) 〉

❷ 대환란 시작 때의 사건

〈 적그리스도가 작은 뿔로서 그리고 불법의 사람으로서 세계 통치자로 나타난다(단 8:23-25, 살후 2:3-4)/ 적그리스도가 이스라엘과 계약을 맺는다(단 9:26-27)/ 14만 4천의 유대인들이 구원을 받고 인을 받고 전도자로 세워진다(계 7:1-8)/ 두 증인이 사역을 시작한다(계 11:3) 〉

❸ 대환란 전반기의 사건

〈 적그리스도가 세력을 떨치기 시작한다(단 7:20-24, 계 13:)/ 이스라엘은 고토에 평안히 거주하고 있다(겔 38:8)/ 환란 성전이 세워지고 제사가 시작된다(단 9:27, 계 11:1-2)/ 세계 교회가 종교계를 지배한다(계 13:)/ 허다한 무리가 구원을 받는다(계 7:9-17)/ 일곱 인의 심판이 시작된다(계 6:1-17) 〉

❹ 대환란 중간기의 사건

〈 곡과 그 동맹군이 북쪽에서 이스라엘을 침공한다(겔 38:2, 5-6, 13, 22)/ 곡과 그 동맹군이 하나님에 의해서 멸망한다(겔 38:17-23)/ 사탄이 하늘에서 쫓겨나지만, 적그리스도에게 능력을 준다(계 12:9-17)/ 적그리스도가 이스라엘과의 계약을 파기하고 제사를 중단한다(단 9:27)/ 적그리스도가 멸망의 가증한 것으로 불리는 자신의 우상을 성전에 세운다(단 9:27, 살후 2:4, 계 13:14-15)/ 두 증인이 사역을 마치고 순교를 당한 후에 부활한다(계 11:7-12) 〉

❺ 대환란 후반기의 사건

〈 적그리스도가 세계를 지배한다(계 17:12-13)/ 거짓 선지자가 적그리스도를 경배하게 만든다(계 13:11-18)/ 짐승의 표 때문에 적그리스도에게 경배하는 것이 촉진된다(계 13:16-18)/ 대환란 기간에 구원받은 많은 성도가 순교를 당한다(계 13:15)/ 이스라엘이 박해를 당하고 예루살렘은 이방인에게 짓밟힘을 당한다(계 12:1-6, 11:12)/ 일곱 나팔 재앙과 대접 재앙이 시작된다(계 8~9장, 16장) 〉

❻ 대환란 말기의 사건

〈 남방 왕인 이집트와 북방 왕이 팔레스타인 지역을 공격한다(단 11:40)/ 적그리스도가 이집트와 리비아(붓)와 에티오피아(구스)를 멸한다(단 11:40-43)/ 동방 군대와 북방군대가 팔레스타인 지역으로 출발한다(단 11:44, 계 16:12)/ 그리스도의 지상 재림을 위한 하늘의 여러 가지 징조가 나타난다(마 24:29)/ 예수 그리스도께서 지상에 재림하신다(마 24:30, 계 19:11-19)/ 인류의 마지막 전쟁인 아마겟돈 전쟁이 일어난다(계 19:17-19)/ 적그리스도와 그의 추종자들이 멸망한다. 적그리스도와 거짓 선지자가 불 못에 던져진다(계 19:19-21)〉

❼ 대환란 직후의 사건

〈이스라엘이 다시 모인다(사 11:11-12, 마 24:31)/ 이스라엘의 남은 자가 구원을 받는다(호 14:1-4, 슥 12:10)/ 다니엘서 9장 24절에 언급된 70 이레의 예언이 성취된다./ 이방인의 심판과 양과 염소의 심판이 있고 염소는 모두 지옥 불에 들어간다(마 25:31-46)/ 사탄이 천 년 동안 무저갱에 갇힌다(계 20:1-3)/ 구약시대의 성도들이 부활한다(사 26:19, 단 12:1-3)/ 대환란 기간에 순교를 당한 성도들이 부활한다(계 20:4-6)/ 그리스도께서 천년왕국을 통치할 준비를 하신다(시 72:8, 사 9:6-7, 단 2:14-35, 7:13-14)〉

2) 천년왕국의 특징과 사건

❶ 외적인 특징

〈지형의 변화가 있어 사막이 없어지고 온 세상이 에덴동산과 같이 된다. 사해 바다도 생물이 풍부한 바다가 된다(사 2:2, 겔 47:1-12, 48:8-20, 슥 14:4, 8, 10)/ 야생 동물들이 온순해진다(사 11:6-9, 35:9, 겔 34:25)/ 농작물이 풍부해진다(사 27:6, 35:1-7, 암 9:13, 슥 14:8)/ 인간의 수명이 길어진다(사 65:20-25)〉

❷ 영적인 특징과 종교적인 특징

〈사탄이 천 년 동안 무저갱에 갇혀 활동하지 않는다(계 20:1-3)/ 천년왕국의 왕국이 세워진다(겔 40:5-43:27)/ 성전에서 동물의 제사가 재게 된다. 그리스도의 죽음을 기념하기 위한 제사(사 56:7, 66:2-27, 렘 33:17-18, 43:18-27, 45:13-46:24, 말 3:3-4)/ 세계 모든 민족이 예루살렘에서 그리스도를 경배한다(사 2:2-4, 미 4:2, 7:12, 슥 8:20-23, 14:16-21)/ 하나님에 대한 지식이 세계에 편만하게 된다(사 11:9, 렘 31:34, 미 4:5, 합 2:14)/ 이스라엘과 세운 새 언약이 성취된다. (렘 31:31-34, 겔 11:11-20, 36:25-32)/ 그리스도에 의해 의와 공의로 통치된다(사 9:7, 11:4, 42:1-4, 렘 23:5)〉

❸ 정치적 특징

〈이스라엘은 민족국가로 재건된다(렘 3:18, 겔 37:15-23)/ 이스라엘은 자기 땅에 평안히 거한다(신 30:1-10, 사 32:18, 호 14:5-7, 암 9:15, 미 4:4, 5:4-5, 슥 8:10, 14:11)/ 이스라엘은 아브라함에게 약속한 땅을 차지한다(창 15:18-21, 겔 47:13-48:8, 23-27)/ 그리스도께서 예루살렘에서 이스라엘을 통치하신다(사 40:11, 미 4:7, 5:2)/ 다윗과의 언약이 성취되어 그리스도께서 다윗의 위를 차지하신다(삼상 7:11, 사 9:6-7, 렘 33:17-26, 암 9:11-12)/ 예루살렘이 전 세계의 수도가 되고 그리스도께서 전 세계를 통치하신다(사 11:3-5, 미 4:2-3, 슥 14:9, 계 19:12)/ 부활한 성도들이 그리스도와 함께 통치에 참여한다(마 19:28, 딤후 2:12, 계 5:10, 20:6)/ 범세계적인 평화가 지속된다(사 2:4, 32:17-18, 60:18, 호 2:18)/ 이스라엘이 다른 민족들보다 우월한 지위를 차지한다(사 14:1-2, 49:22-23, 60:14-17, 61:5-9)〉

❹ 천년왕국 직후의 사건

〈사탄이 무저갱에서 잠시 놓여 세계를 유혹한다(계 20:7-8)/ 세계군대가 예루살렘을 포위했다가 불로 멸망한다(계 20:9)/ 사탄이 불 못에 던져지고 악한 천사들이 심판을 당한다(계 20:10, 고전 6:3)/ 불신자들이 부활하여 백 보좌 심판을 당하고 불 못에 던져진다(단 12:2, 요 5:29, 계 20:11-19)〉

3) 영원한 상태

〈그리스도께서는 왕국을 아버지께 드린다(고전 15:24)/ 현재의 하늘과 땅은 없어진다(계 21:1)/ 새 하늘과 새 땅이 창조된다(벧후 3:10, 계 21:1)/ 새 예루살렘과 새 땅이 내려온다(계 21:2)/ 그리스도께서 영원한 천국에서 영원토록 통치하신다(사 9:6-9, 겔 37:24-28, 단 9:13-14, 눅 1:32-33)〉

마. 요한계시록의 결론(22:6~21)

〈천사는 성도에게 예언의 말씀을 봉하지 말고 신실하게 지키라고 권면한다(계 22:6-11)/ 예수께서는 당신의 명령을 지키는 사람에게 보상하신다(계 22:12-17)/ 예수께서는 마지막 경고로 계시의 말씀에 보태거나 뺄 수 없다고 권고하신다(계 22:18-19)/ 예수께서 속히 오신다는 약속에 요한은 '아멘, 주 예수여 오시옵소서'라고 대답한다(계 22:20)/ 요한계시록의 마지막 축복기도 '주 예수의 은혜가 모든 사람에게 있을지어다'(계 22:21)〉

2장

요한이 본 예수 그리스도

계시록 1장

1. 예수의 계시는 우리에게 온 계시

"예수 그리스도의 계시라 이는 하나님이 그에게 주사 반드시 속히 일어날 일들을 그 종들에게 보이시려고 그의 천사를 그 종 요한에게 보내어 알게 하신 것이라"(계 1:1)

우리는 요한계시록이라는 이름이 말하는 것처럼 '요한의 계시'라고 이해하지만, 사실은 예수 그리스도의 계시다. 하나님께서 창세기 1장 1절에서 "태초에 하나님이 천지를 창조하시니라"고 선포하신 것처럼 여기서도 요한계시록 1장 1절에서 '예수 그리스도의 계시'라고 선포한다.

그러므로 요한계시록은 예수 그리스도에 관한 계시로 요한계시록 전체가 어린양 되신 예수 그리스도의 존엄성과 영광스러움을 기록하였다. 요한계시록의 목적이나 모든 내용이 예수 그리스도에 관하여 기록되었다. 예수께서 신실한 증인이시며, 만왕의 왕이시며, 알파와 오메가이시며, 전에도 계셨고, 지금도 계시고, 장차 다시 오셔서 심판하실 분으로 계시한다. 요한계시록은 어린 양이신 예수 그리스도께서 구속의 주님이시오, 만왕의 왕이시며, 마지막 심판자이시며, 그분이 이 땅에 오셔서 하나님의 영원한 나라를 세우실 것을 보여준다.

요한계시록에 등장하는 이 계시는 예수 그리스도로부터 우리에게 온 계시다. 하나님 아버지께서 예수 그리스도에게 계시를 주시고(하나님이 그에게 주사), 다시 예수 그리스도께서 천사를 통해 예수님의 열두 제자 중 한 사람이었던 사도 요한에게 주셨고(그의 천사를 그 종 요한에게 보내어 알게 하신 것이라), 사도 요한은 예수께서 자신에게 주신 계시를 기록하여 요한계시록에 나오는 일곱 교회에 보냄으로 우리에게까지 요한계시록이 전해졌기에 요한계시록의 계시는 예수 그리스도로부터 우리에게 온 계시다.

그러므로 요한계시록을 자세히 이해하려면 '계시'라는 의미를 알아야 한다. '계시'라는 단어는 '숨겨진 것을 드러낸다.'라는 뜻이다. 우리가 알지 못하는 것을 하나님께서 계시를 통해서 우리에게 알려주신다.

계시를 뜻하는 히브리어 "깔라"라는 단어는 "벗겨진다"라는 뜻으로 '가려져 보이지 않던 것이 벗겨져 보이게 되었다'라는 뜻이다. 헬라어 단어 〈아포칼립토〉는 '가려져 있는 것을 제거하여 숨겨진 것을 공개적으로 드러내는 것'을 뜻한다. 요한계시록 1장 1절에서 이 계시는 미래에 반드시 속히 일어날 일들을 보여준다. 하나님께서 미래에 일어날 일들을 계획하셨으나 그 계획이 숨겨져 있어서 아직 사람들에게 알려지지 않았지만, 이제는 미래에 일어날 일들을 하나님이 알려주시는 것이다. 그리고 계시를 신학적으로 말할 때는 하나님께서 자기와 자기에 관한 것, 자신의 계획하신 내용을 인간에게 들어내는 행위를 의미한다.

그렇다면 인간에게 계시가 필요한 이유는 무엇인가? 인간이 타락하여 인간 자신의 힘으로는 하나님을 발견할 수 없어 하나님이 먼저 계시라는 수단을 통하여 당신 자신을 드러내셨다. 인류의 조상 아담과 하와가 죄를 범함으로 인간과 하나님 사이에는 넘을 수 없는 장벽이 생겼으며, 인간이 하나님을 알 수 있는 길은 완전히 봉쇄되었다. 그래서 하나님 편에서 먼저 인간에게 계시로 손길을 내밀었다. 그런데 인간에게는 하나님이 숨겨져 있어 많은 사람은 하나님이 없다고 말하기까지 한다.

"어리석은 자는 그의 마음에 이르기를 하나님이 없다 하는도다 그들은 부패하고 그 행실이 가증하니 선을 행하는 자가 없도다"(시 14:1)

사실 예수께서는 하나님을 보여주기 위해서 오셨다. 본래 하나님을 본 사람이 없었기 때문에 아버지 품속에 있는 독생하신 하나님이 자신을 나타내셨다(요 1:18). 그분이 오셔서 인간과 하나님 사이에 가로막혀 있는 장벽을 제거하셨다. 그러므로 인간은 예수 그리스도를 통해서 하나님을 만날 수 있다. 사도 바울은 우리가 예수님을 통해서 하나님과 가까워졌다고 선포한다.

"그 때에 너희는 그리스도 밖에 있었고 이스라엘 나라 밖의 사람이라 약속의 언약들에 대하여는 외인이요 세상에서 소망이 없고 하나님도 없는 자이더니 이제는 전에 멀리 있던 너희가 그리스도 예수 안에서 그리스도의 피로 가까워졌느니라 그는 우리의 화평이신지라 둘로 하나를 만드사 원수 된 것 곧 중간에 막힌 담을 자기 육체로 허시고 법조문으로 된 계명의 율법을 폐하셨으니 이는 이 둘로 자기 안에서 한 새 사람을 지어 화평하게 하시고 또 십자가로 이 둘을 한 몸으로 하나님과 화목하게 하려 하심이라 원수 된 것을 십자가로 소멸하시고 또 오셔서 먼 데 있는 너희에게 평안을 전하시고 가까운 데 있는 자들에게 평안을 전하셨으니 이는 그로 말미암아 우리 둘이 한 성령 안에서 아버지께 나아감을 얻게 하려 하심이라 그러므로 이제부터 너희는 외인도 아니요 나그네도 아니요 오직 성도들과 동일한 시민이요 하나님의 권속이라"(엡 2:12-19)

2. 예수의 계시는 반드시 속히 이루어질 일

요한계시록에 계시 된 사건들은 미래에 반드시 일어날 사건들이다. 그래서 요한계시록 1장 1절은 '반드시 속히 될 일'이라고 말한다. 여기서 '속히 될 일'이란 종말의 사건 시간표가 시작되면 지체하지 않고 계속해서 전개되므로 계시 되었던 사건들이 빠른 속도로 나타난다는 뜻으로 긴급성을 말한다. 그래서 3절의 "때가 가까움이라"에서 때를 뜻하는 헬라어 〈카이로스〉는 시간을 나타내는 것이 아니라 적합한 기간이나 시기나 시대를 뜻한다. 그래서 예수님의 재림에 관련된 시기가 아주 가까이 와 있으며, 예수께서 다시 오실 날이 가까이 와 있기에 사도 요한이나 베드로나 바울이나 야고보도 예수께서 다시 오실 날이 매우 가까이 와 있다고 기록했다(롬 13:12, 벧전 4:7, 약 5:7-9, 요일 2:18). 그러므로 요한계시록의 말씀을 듣는 자와 읽는 자와 그 가운데 기록한 것을 순종하는 자에게 놀라운 축복이 약속되어 있다.

"이 예언의 말씀을 읽는 자와 듣는 자와 그 가운데에 기록한 것을 지키는 자는 복이 있나니 때가 가까움이라"(계 1:3)

여기에 등장하는 세 종류의 사람은 읽는 자와 듣는 자들과 말씀을 지키는 자들이다. 그런데 '읽는 자'는 단수로 기록되어 있지만 '듣는 자들'은 복수 형태로 기록되어 있다. 그러므로 읽는 자는 말씀을 전하는 자를 지칭하는데 그 당시에는 지금처럼 종이가 흔하지 않아서 한 교회에 한 권의 성경책이 있었기 때문에 말씀을 전하는 자가 성경을 읽고 그것을 설명하면 청중들은 그 말씀을 들었다. 그러므로 '듣는 자들'은 청중들이다. 그리고 말씀을 지키는 사람들은 읽는 자와 듣는 자들 모두를 지칭한다. 그러므로 말씀을 지키는 순종이 가장 중요하다. 결국 우리가 하나님의 말씀을 듣고 순종으로 반응할 때 하나님의 축복이 임한다.

여기서 말씀을 읽고, 듣고, 지키는 자들이 복되다고 했는데 여기 '복'이라는 개념은 물질적인 축복이 아니라 내적인 평안으로서 행복을 의미한다. 결국 우리가 예수 그리스도의 재림하시는 시기의 징조를 알아보고 그 징조를 통하여 예수 그리스도를 맞이할 준비를 하는 사람에게 놀라운 하나님의 축복이 임한다. 사실 우리는 예수께서 언제 재림하시는지 정확하게 알 수 없다. 성경에서 오직 하나님 아버지만 아신다고 아주 분명하게 말씀하셨기 때문이다.

"그러나 그 날과 그 때는 아무도 모르나니 하늘의 천사들도, 아들도 모르고 오직 아버지만 아시느니라"(마 24:36)

그러므로 예수께서 우리에게 성경을 통해 징조를 말씀하시면서 깨어 있으라고 했는데 이는 예수님을 맞을 준비를 하며 살아가라는 것이다. 결국 우리 예수님이 오시면 우리도 부활하여 그분을 만나게 되고 그분과 함께 영원토록 살아가기에 사도 요한은 이런 소망을 가진 자들은 거룩하고 깨끗하게 살아가라고 권면한다.

"보라 아버지께서 어떠한 사랑을 우리에게 베푸사 하나님의 자녀라 일컬음을 받게 하셨는가, 우리가 그러하도다 그러므로 세상이 우리를 알지 못함은 그를 알지 못함이라 사랑하는 자들아 우리가 지금은 하나님의 자녀라 장래에 어떻게 될지는 아직 나타나지 아니하였으나 그가 나타나시면 우리가 그와 같을 줄을 아는 것은 그의 참모습 그대로 볼 것이기 때문이니 주를 향하여 이 소망을 가진 자마다 그의 깨끗하심과 같이 자기를 깨끗하게 하느니라"(요일 3:1-3)

그렇다면 사도 요한이 본 예수님은 어떤 분이신가?

3. 예수께서 은혜와 평강을 주심

"요한은 아시아에 있는 일곱 교회에 편지하노니 이제도 계시고 전에도 계셨고 장차 오실 이시며 그의 보좌 앞에 있는 일곱 영과 또 충성된 증인으로 죽은 자들 가운데에서 먼저 나시고 땅의 임금들의 머리가 되신 예수 그리스도로 말미암아 은혜와 평강이 너희에게 있기를 원하노라 우리를 사랑하사 그의 피로 우리 죄에서 우리를 해방하시고 그의 아버지 하나님을 위하여 우리를 나라와 제사장으로 삼으신 그에게 영광과 능력이 세세토록 있기를 원하노라 아멘"(계 1:4-6)

사도 요한은 여기서 성 삼위 하나님을 보았다. 여기서 '이제도 계시고 전에도 계셨고 장차 오실 이시며'라는 말씀은 성부 하나님을 지칭한다. 그리고 4절에 등장하는 '그의 보좌 앞에 일곱 영'은 성령 하나님이시며, 성령 하나님을 일곱 영으로 소개하는 이유는 성령님의 완전함과 일곱 가지 특성을 나타낸다. 이사야도 성령님의 특성을 이렇게 표현했다.

"그의 위에 여호와의 영 곧 지혜와 총명의 영이요 모략과 재능의 영이요 지식과 여호와를 경외하는 영이 강림하시리니"(사 11:2)

그리고 5절에서 예수 그리스도는 "충성된 증인으로 죽은 자들 가운데에서 먼저 나시고 땅의 임금들의 머리가 되신 예수 그리스도"라고 소개한다. 그러므로 예수께서는 자기가 본 그대로 증거하시는 충성된 증인이시며, 죽은 자들 가운데서 먼저 부활하심으로 모든 믿는 자들의 부활의 첫 열매가 되셨다.

그분이 부활하셨기에 우리 믿는 자들도 부활한다. 그러므로 그 당시나 지금이나 어떤 고난이나 육체적인 죽음의 순교를 당하더라도 부활의 소망으로 승리할 수 있다. 그분은 부활하시어 승천하셔서 하늘나라 우편 보좌에 계시기에 그분이 지상의 모든 왕의 머리가 되시며, 만왕의 왕으로서 친히 이 땅에 오셔서 모든 민족을 철장과 공의로 다스리신다. 그러므로 요한은 성 삼위 하나님으로부터 은혜와 평강이 일곱 교회 성도들에게 있기를 축복한다.

그런데 5절에서 직접적으로는 '예수 그리스도로 말미암아 은혜와 평강이 너희에게 있기를 원하노라'라고 축복한다. 그러므로 예수께서는 우리에게 은혜와 평강을 주시는 분이시다. 그렇다면 예수께서 우리에게 어떻게 은혜와 평강을 주셨는가? 바로 예수께서 우리를 사랑하사 그분의 피로 우리를 죄에서 해방하심으로 은혜와 평강을 주셨다.

여기에 등장하는 '사랑하사'라는 단어는 분사 현재형으로 그분은 언제나 항상 지속해서 우리를 사랑하신다는 뜻이다. 과거나 현재나 미래에도 우리를 사랑하시고, 어떤 형편이나 상황에서도 끝까지 우리를 사랑하시는 것이다. 그분이 우리를 이렇게 사랑하시기에 그분의 보혈로 우리 죄에서 우리를 해방하셨다. 우리를 사랑하신다는 결정적 증거는 십자가의 사랑이다. 그분이 친히 십자가에서 죽음으로 당신의 사랑을 보여주셨다. 그분이 우리를 사랑하시기에 우리에게 있는 지긋지긋한 죄로부터 우리를 해방하셨다. 그러므로 우리는 그분의 십자가 사랑을 통하여 그분의 사랑을 배우고 체험하여 우리도 그분을 사랑할 수 있게 되었다.

"우리가 사랑함은 그가 먼저 우리를 사랑하셨음이라, 그가 우리를 위하여 목숨을 버리셨으니 우리가 이로써 사랑을 알고 우리도 형제들을 위하여 목숨을 버리는 것이 마땅하니라"(요일 4:19, 3:16)

또한 그분은 우리를 사랑하사 우리의 죄를 속량하셨을 뿐만 아니라 우리를 하나님의 나라와 제사장으로 삼으셨다. 여기서 하나님의 나라로 삼으신 것은 그분의 백성으로 삼으셨다는 것이요, 제사장으로 삼으셨다는 것은 하나님께 예배할 수 있는 존재로 삼으셨다는 의미다. 결국 우리는 하나님의 자녀와 하나님의 백성으로서 살아갈 새로운 임무를 받았다. 이것이 바로 예수 그리스도로 말미암아 은혜와 평강이 우리에게 있게 된 것이다. 그러므로 우리는 예수 그리스도의 사랑으로 죄의 속량함을 받았고, 하나님의 백성이 되었으며, 하나님께 예배할 수 있는 존재가 되었기에 감사한 마음으로 예수 그리스도께 영광을 돌릴 수 있게 되었다. 그래서 요한은 우리에게는 은혜와 평강이 있기를 원하고 예수 그리스도께는 영광과 능력이 세세토록 있기를 원하는 것이다.

4. 예수께서 심판하시는 주로 재림하심

"볼지어다 그가 구름을 타고 오시리라 각 사람의 눈이 그를 보겠고 그를 찌른 자들도 볼 것이요 땅에 있는 모든 족속이 그로 말미암아 애곡하리니 그러하리라 아멘"(계 1:7)

여기서 '볼지어다'라는 표현은 예수님의 오심을 곰곰이 생각하라는 말이다. 세심한 주의를 기울이고 그분의 오심을 보라는 의미다. 사실 예수께서도 자신의 재림을 반복해서 말씀하셨고, 믿는 우리 그리스도인들에게 주님 맞을 준비를 하라고 경고하셨다. 그분이 구름을 타고 오신다고 했는데 성경에서 구름은 하나님의 임재를 자주 상징한다. 구름은 광야에서 이스라엘과 함께 하는 하나님 임재의 표현이었고, 시내산을 덮은 짙은 구름도 하나님의 임재를 상징했으며, 장막과 성전을 완성한 후 봉헌할 때도 하나님 영광의 상징으로 구름이 가득했다.
예수께서 하늘로 승천하실 때처럼 그분이 재림하실 때도 구름과 함께 오신다. 그분이 영광스럽게 구름을 타고 재림하실 때 '그를 찌른 자들도 볼 것이요'라는 말씀은 이스라엘 백성 전체를 의미한다. 그래서 사도 베드로는 그리스도 처형의 책임이 이스라엘 백성에게 있다고 지적한다.

"이스라엘 사람들아 이 말을 들으라 너희도 아는 바와 같이 하나님께서 나사렛 예수로 큰 권능과 기사와 표적을 너희 가운데서 베푸사 너희 앞에서 그를 증언하셨느니라 그가 하나님께서 정하신 뜻과 미리 아신 대로 내준 바 되었거늘 너희가 법 없는 자들의 손을 빌려 못 박아 죽였으나"(행 2:22-23)

그러나 영적인 의미로는 예수 그리스도를 거절하고 그분께 무관심한 모든 사람이다. 그리고 7절의 예수님의 재림을 목격할 '땅의 모든 족속'은 믿지 않는 모든 국가의 사람들이며, 그들이 회개하며 슬퍼하는 것이 아니라 아주 무서워서 눈물을 흘릴 것이며, 그들은 자신들이 거절한 예수 그리스도 때문이 아니라 자신들이 당할 파멸 때문에 애곡할 것이다. 이것은 불신자들이 자신들에게 닥친 임박한 심판을 직면하고 고통 가운데 눈물을 흘리는 것이다. 그러나 7절 마지막에 '그러하리라 아멘'은 우리 믿는 그리스도인은 예수께서 다시 오시기를 애타게 바라는 반응을 나타낸다. 우리를 사랑하시고 우리의 연약함을 아시는 그분이 마치 신부를 맞이하러 오는 신랑처럼 우리를 데리러 다시 오시기 때문이다. 그러므로 믿는 우리는 그분이 언제 오신다 해도 두려워할 필요가 없다. 그래서 사도 요한은 요한계시록 맨 마지막에서 "아멘 주 예수여 오시옵소서"라고 외친다.

그리고 요한계시록 1장 8절은 예수 그리스도 재림에 대한 확실성을 보여준다.

"주 하나님이 이르시되 나는 알파와 오메가라 이제도 있고 전에도 있었고 장차 올 자요 전능한 자라 하시더라"

이 내용은 예수 그리스도의 재림이 너무나 확실하게 이루어진다는 하나님의 최종적인 서명이다. 하나님 자신이 '알파와 오메가'라는 표현은 하나님의 완전한 지식의 강조이며, 헬라어 첫 글자와 마지막 글자처럼 완성의 표현이고, '이제도 있고 전에도 있었고 장차 올 자'라는 표현은 영원히 존재하시는 분으로 시간과 공간의 제한을 받지 아니하시고 반드시 오신다는 표현이다.

5. 예수께서 고난과 핍박을 견디는 자에게 찾아오심

사도 요한이 요한계시록을 기록할 때는 핍박이 아주 심했다. 그 당시 예수님의 열두 제자 중에 다른 모든 제자는 순교하였고, 사도 요한도 붙잡혀서 밧모섬에 유배되어 언제 죽을지 모르는 처지에 있었다. 그러나 사도 요한은 자신이 왜 밧모섬에 유배되었는지 잘 알고 있었는데 요한이 하나님의 말씀과 예수 그리스도를 열심히 전하다가 붙잡혀 왔기 때문이다. 사실 복음을 전하는 일에는 언제나 반대와 심한 핍박이 있기 때문이다.

"나 요한은 너희 형제요 예수의 환난과 나라와 참음에 동참하는 자라 하나님의 말씀과 예수를 증언하였음으로 말미암아 밧모라 하는 섬에 있었더니"(계 1:9)

사도 요한은 주님의 영광을 위하여 고난에 기꺼이 동참했으며, 어려움을 참을 줄 아는 사역자였다. 그런데 요한만이 아니라 다른 성도들도 복음을 전하다가 고난을 받고 있었기에 요한은 복음을 전하다가 환난을 겪고 있는 다른 성도들의 형제요, 그들이 당하는 환난과 참음에 동참했다고 말한다. 예수 그리스도로 인하여 핍박을 당하는 성도들이 자신의 형제라고 소개한다. 그런데 여기에 나오는 '예수의 환난과 나라와 참음'에서 가장 중요한 것은 하나님의 나라다. 우리는 오직 예수께서 통치하시는 하나님의 나라를 건설하기 위해 고난과 환난을 경험한다.

요한이 유배된 밧모섬은 에게해에 있으며 오늘날 그리스에서 64km에 있는 섬으로 아주 황량한 화산섬이지만 무인도는 아니고 수많은 사람이 살아가는 섬으로 그 당시에 아데미 여신과 황제 숭배를 위한 신전까지도 있었다. 그곳에서 로마 경비대의 감시를 받으면서 90세 노인이 심한 고생을 했는데 우리도 복음을 전파하고 선한 일을 위해 고난에 동참해야 하는 이유는 그것이 주님의 뜻이기 때문이다. 선을 행하므로 고난받는 것이 하나님의 뜻이며, 그때 우리는 그리스도의 고난에 동참한다.

"선을 행함으로 고난 받는 것이 하나님의 뜻일진대 악을 행함으로 고난 받는 것보다 나으니라 그리스도께서도 단번에 죄를 위하여 죽으사 의인으로서 불의한 자를 대신하셨으니 이는 우리를 하나님 앞으로 인도하려 하심이라 육체로는 죽임을 당하시고 영으로는 살리심을 받으셨으니, 모든 은혜의 하나님 곧 그리스도 안에서 너희를 부르사 자기의 영원한 영광에 들어가게 하신 이가 잠깐 고난을 당한 너희를 친히 온전하게 하시며 굳건하게 하시며 강하게 하시며 터를 견고하게 하시리라"(벧전 3:17-18, 5:10)

사도 베드로는 여기서 '선을 행함으로 고난받는 것이 하나님의 뜻'이라고 말씀한다. 하나님은 우리가 선을 행하고 아무런 잘못이 없지만 때때로 우리에게 고난을 허락하신다. 그분은 고난을 받은 우리를 그냥 내버려 두지 않으시고, 그 고난을 통하여 우리를 훈련하시어 우리를 온전하게 하신다. 하나님께서는 고난을 통해서 우리를 온전케 하시고 강하게 하신다.

"주의 날에 내가 성령에 감동되어 내 뒤에서 나는 나팔 소리 같은 큰 음성을 들으니 이르되 네가 보는 것을 두루마리에 써서 에베소, 서머나, 버가모, 두아디라, 사데, 빌라델비아, 라오디게아 등 일곱 교회에 보내라 하시기로"(계 1:10-11)

사도 요한은 밧모섬에 유배되어 있었지만, 주일이면 어려움 속에서도 성령에 감동되어 하나님을 섬겼다. 성경에 나오는 '주의 날'은 두 가지로 하나는 예수께서 이 세상을 심판하시는 종말론적인 주의 날을 지칭하며, 또 하나는 하나님을 예배하는 주의 날이다. 그러므로 여기에 소개되는 '주의 날'은 종말론적인 주의 날이 아니라 예수께서 우리 죄를 위해 죽으시고 사흘 만에 부활하신 날을 기념하여 하나님께 예배하는 주의 날이다. 사도 요한은 주의 날에 하나님을 섬기다가 성령에 완전히 이끌리어 나팔 소리 같은 예수 그리스도의 큰 음성을 들었다. 예수께서는 고난을 견디고 있는 요한을 만나주시고 그에게 요한계시록을 기록하여 소아시아 지방에 있는 일곱 교회에 보내라고 명령하셨다.

그러므로 요한계시록 1장 4~11절에 등장하는 일곱 교회는 소아시아 지방에 실제로 존재했던 교회들이며, 많은 교회 중에 여기 일곱 교회가 선택된 것은 일곱 교회가 속해 있는 도시들이 편지를 분배하는 중요한 도시였으며, 일곱 교회가 여러 교회의 전형적인 모습을 보여주기 때문이다. 어느 교회는 에베소 교회의 모습을 보여주고, 또 어느 교회는 라오디게아 교회 모습을 보여주며, 어느 교회는 빌라델비아 교회 모습을 보여주는 교회였기 때문이다. 그러므로 예수께서는 믿음으로 고난을 견디는 자에게 찾아오셔서 만나주시고 하나님의 말씀으로 위로해 주신다.

6. 예수께서 영광스러운 분으로서 심판하심

"몸을 돌이켜 나에게 말한 음성을 알아 보려고 돌이킬 때에 일곱 금 촛대를 보았는데 촛대 사이에 인자 같은 이가 발에 끌리는 옷을 입고 가슴에 금띠를 띠고 그의 머리와 털의 희기가 흰 양털 같고 눈 같으며 그의 눈은 불꽃 같고 그의 발은 풀무불에 단련한 빛난 주석 같고 그의 음성은 많은 물 소리와 같으며 그의 오른손에 일곱 별이 있

고 그의 입에서 좌우에 날선 검이 나오고 그 얼굴은 해가 힘있게 비치는 것 같더라"(계 1:12-16)

요한은 자신에게 말씀하시는 목소리를 알아보려고 돌아서면서 먼저 일곱 금 촛대를 보았다. 그리고 일곱 금 촛대는 요한계시록 1장 20절에 의하면 일곱 교회로 이것은 교회가 세상의 빛을 발하는 아름다운 교회라는 것을 보여준다. 그리고 요한은 금 촛대 사이에서 '인자 같은 이'를 보았는데 이것은 예수께서 고난과 핍박을 당하는 교회를 돌보고 계시는 것을 나타낸다.

다니엘도 같은 모습을 보았다고 고백하는데 "내가 보니 왕좌가 놓이고 옛적부터 항상 계신 이가 좌정하셨는데 그의 옷은 희기가 눈 같고 그의 머리털은 깨끗한 양의 털 같고 그의 보좌는 불꽃이요 그의 바퀴는 타오르는 불이며, 내가 또 밤 환상 중에 보니 인자 같은 이가 하늘 구름을 타고 와서 옛적부터 항상 계신 이에게 나아가 그 앞으로 인도되매 그에게 권세와 영광과 나라를 주고 모든 백성과 나라들과 다른 언어를 말하는 모든 자들이 그를 섬기게 하였으니 그의 권세는 소멸되지 아니하는 영원한 권세요 그의 나라는 멸망하지 아니할 것이니라"(단 7:9, 13~14)라고 말했다.

그러므로 13절에 등장하는 '인자 같은 이'는 부활하시고 하늘나라 우편 보좌로 승천하신 예수 그리스도를 지칭하며, 그분이 발에 끌리는 옷을 입고 가슴에 금띠를 띠고 서 계시는 모습은 예수께서 대제사장으로서 사역하시는 모습을 보여준다(출 28:4). 따라서 예수께서 대제사장으로서 우리의 모든 죄에 대한 완전한 제사를 마치셨고, 지금도 우리 죄를 위해 신실하게 간구하신다. 그리고 14절에서 그분의 '머리와 털이 희다'라는 것은 예수 그리스도의 '순결함과 무죄함'을 나타내며, 그분의 '불꽃 같은 눈'은 예수께서 인간의 심령을 꿰뚫어 보실 수 있는 통찰력을 가지셨기에 그분이 우리의 심령을 감찰하신다. 그러므로 사무엘과 다윗과 솔로몬도 그 사실을 지적한다.

"여호와께서 사무엘에게 이르시되 그의 용모와 키를 보지 말라 내가 이미 그를 버렸노라 내가 보는 것은 사람과 같지 아니하니 사람은 외모를 보거니와 나 여호와는 중심을 보느니라 하시더라. 여호와여 주께서 나를 살펴보셨으므로 나를 아시나이다 주께서 내가 앉고 일어섬을 아시고 멀리서도 나의 생각을 밝히 아시오며, 사람의 행위가 자기 보기에는 모두 정직하여도 여호와는 마음을 감찰하시느니라"(삼상 16:7, 시 139:1-2, 잠 21:2)

요한계시록 1장 15절에서 그분의 '풀무불에 단련한 빛난 주석 같은 발'은 심판하실 주님으로 오실 예수 그리스도를 보여준다. 풀무불에 금속이나 금속이 함께 들어 있는 돌을 달구면 불순물은 제거되고 순수한 금속이 나오기에 심판하실 주님으로 오시는 예수 그리스도를 나타낸다. 그분의 '많은 물소리 같은 음성'은 그분이 놀라운 권위를 가지셨다는 것을 나타낸다. 필자가 미국을 여행할 때 배를 타고 나이아가라 폭포 바로 밑까지 가서 그곳에서 떨어지는 많은 물소리를 들었는데 참으로 엄청난 물소리였다.

그러므로 예수 그리스도의 음성이 많은 물소리 같다는 것은 그분이 그만큼 엄청난 권위를 가지신 분이라는 것을 나타낸다. 그러므로 그분이 말씀하실 때 교회는 귀를 기울여 들어야 한다. 히브리서 저자도 "옛적에 선지자들을 통하여 여러 부분과 여러 모양으로 우리 조상들에게 말씀하신 하나님이 이 모든 날 마지막에는 아들을 통하여 우리에게 말씀하셨으니"(히 1:1-2)라고 말씀한다.

그리고 16절에서 그분의 '오른손에 일곱 별이 있다'라는 내용은 성경에서 오른손은 능력과 권세를 나타내기에 예수 그리스도의 권세와 지위를 나타낸다. 그리고 그분의 오른손에 있는 '일곱별'은 일곱 교회의 사자인 목사를 지칭하며, 그들이 주님의 '오른손'에 있다는 것은 교회에서 사역하는 목사의 영광스러운 지위와 위치를 나타낸다. 그러므로 하나님의 사역을 감당하는 목사가 그리스도의 손안에 있기에 하나님께서 세우신 목사를 절대로 무시하거나 우습게 여기지 말고 존중하는 마음으로 대해야 한다. 16절의 그분의 '입에서 나오는 좌우의 날선 검'은 하나님 말씀의 양면성을 나타낸다. 하나님의 말씀은 영혼을 구원하는 도구가 되지만 동시에 믿지 않는 사람을 심판하는 도구가 된다. 그리고 16절의 그분의 '해가 힘 있게 비취는 것 같은 얼굴'은 예수께서 죽음을 이기시고 부활하셨기 때문에 그분의 광채가 너무나 눈이 부셔서 그분의 얼굴을 똑바로 볼 수 없다는 표현이다.

"내가 볼 때에 그의 발 앞에 엎드러져 죽은 자 같이 되매 그가 오른손을 내게 얹고 이르시되 두려워하지 말라 나는 처음이요 마지막이니 곧 살아 있는 자라 내가 전에 죽었었노라 볼지어다 이제 세세토록 살아 있어 사망과 음부의 열쇠를 가졌노니"(계 1:17-18)

여기서 위의 말씀은 예수 그리스도께서 재림하실 때의 영광스러운 모습을 보여 준다. 사도 요한은 사실 예수께 사랑받는 제자였고 최후의 만찬 때는 그리스도의 무릎에 누웠던 제자였다. 그런데 요한이 여기서 주님의 발 앞에 엎드러져 죽은 자 같이 된 것은 예수께서 재림하실 때는 영광스러운 모습으로 오시기에 요한이 두려워하였다. 그러므로 그분이 재림하실 때는 초림 때와는 완전히 다르게 오신다. 죄인은 그 앞에 감히 설 수도 없지만, 예수께서는 요한에게 오른손을 얹으시며 두려워하지 말고 일어나라고 말씀하신다. 그분은 하나님의 자녀라면 누구나 붙들어 주시고 일으켜 세워주시기 때문이다. 그리고 부활하신 예수께서 요한에게 일곱 교회를 위해서 요한이 본 것을 기록하라고 명령하신다. 그리고 요한이 무엇을 보았는지 자세히 언급한다.

"그러므로 네가 본 것과 지금 있는 일과 장차 될 일을 기록하라 네 본 것은 내 오른손의 일곱 별의 비밀과 또 일곱 금 촛대라 일곱 별은 일곱 교회의 사자요 일곱 촛대는 일곱 교회니라"(계 1:19-20)

여기서 '일곱 금 촛대'는 일곱 교회이고, '일곱 별'은 일곱 교회의 사자인 목사를 지칭한다. 왜냐하면 요한계시록 1장 1절에서 '종들에게 보이시려고' 요한에게 지시하신 것이 요한계시록이기 때문이다. 결국 그들은 교회의 대표자들로서 요한이 기록한 계시록을 받아서 교회 성도들에게 전해 주었다. 결론적으로 요한이 본 예수 그리스도는 영광을 받으시기에 합당하신 분으로 심판하시는 주님이시다. 그분은 우리에게 온 특별한 계시이며, 우리에게 은혜와 평강을 주시고, 고난과 핍박을 견디는 자에게 찾아오시고, 심판하시는 주님으로 재림하신다.

3장

일곱교회를 향한메시지

계시록 2~3장

❶ 에베소 교회(2:1-7)

요한계시록 2장과 3장은 소아시아 지방에 실제로 존재했던 일곱 교회에 주신 주님의 메시지다. 그러므로 일곱 교회에는 공통으로 예수 그리스도께서 등장하시고, 교회가 잘한 부분에 대해서는 반드시 칭찬과 격려를 하시며, 잘못된 부분에 대해서는 반드시 책망하시고, 어떻게 잘못된 부분에서 벗어날 수 있는지 권면을 하시며, 모든 것을 잘 극복하고 승리했을 때 받을 수 있는 예수 그리스도의 약속이 등장한다. 그리고 일곱 교회의 이름은 요한계시록 1장 11절에 나온다.

"이르되 네가 보는 것을 두루마리에 써서 에베소, 서머나, 버가모, 두아디라, 사데, 빌라델비아, 라오디게아 등 일곱 교회에 보내라 하시기로"

여기에 등장하는 일곱 교회는 지금의 튀르키예 갈라디아 지방에 존재하는 교회들이었다. 그러나 요한에게 계시록을 써서 일곱 교회에 보내라고 했을 때, 각 교회에 해당하는 내용만 써서 보낸 것은 아니라 요한은 요한계시록 전체를 기록하여 각교회에 보냈다. 왜냐하면 각 교회에 주어진 주님의 메시지는 독립된 편지가 아니라 요한계시록 전체의 한 부분이기 때문이다.
이제 일곱 교회 중에 에베소 교회를 살펴볼 것이다.

1. 에베소 도시는 어떤 도시였는가?

에베소 교회를 이해하려면 먼저 에베소라는 도시를 이해해야 한다. 에베소 도시는 당시 소아시아의 항구도시로서 고대 상업과 정치의 중심지로 당시 소아시아 지역에서 인구 25만에서 많게는 50만이 사는 가장 큰 도시였다. 에베소는 자치가 행하여지는 도시로서 지방법원이 있었기에 아시아 곳곳에서 재판하기 위해 사람들이 모여들었다.

에베소 도시는 문화중심 도시로서 매년 5월이면 아데미 여신을 기념하기 위해 올림픽경기와 여러 가지 문화행사가 5만을 수용하는 경기장에서 열렸고, 세계박람회도 열렸다. 그러므로 사도 바울은 수많은 사람에게 예수 그리스도의 복음을 전하기 위해서 에베소에 머물기를 좋아했다.

"내가 오순절까지 에베소에 머물려 함은 내게 광대하고 유효한 문이 열렸으나 대적하는 자가 많음이라"(고전 16:8-9)

여기 '광대하고 공효를 이루는 문'에서 '공효'는 활동하는 중이라는 뜻이고, '문'은 기회를 뜻하기 때문에 에베소에 수많은 사람이 모였을 때 복음 전도의 많은 기회가 있었고, 바울이 계속 복음을 전하기 원하는 간절한 염원을 나타내고 있다.

에베소 도시는 종교 중심도시로 세계에서 가장 큰 여신 아데미 신전이 있었다. 아데미는 헬라어 이름이고 영어로는 다이애나인데 사도행전 19장 27절에서 '큰 여신 아데미의 전각'으로 소개한다. 백과사전에는 '아르데미스 신전'이라고 나오는데 '아데미'와 '아르데미스'는 같은 말이다. 이 신전은 AD 1869년 가이우스 바디우스 사리우타우스에 의해 발견되었는데 그 규모가 얼마나 큰지 아테네에 있는 파르테논 신전보다 4배나 더 컸으며 '고대 세계의 7대 불가사의' 중의 하나였다.

아데미 여신상은 장이 425척이며, 광이 225피트이며, 원주 기둥의 높이가 60피트이고, 37개의 보석으로 꾸며져 있고, 그 여신상은 하나만 있는 것이 아니라 두 줄로 130개의 여신상이 서 있었다.

아데미 여신의 신전 안에는 박물관이 있어서 고대의 부자들이 물건을 그곳에 모아 두었으며, 범죄자들의 도피소가 있어서 범죄자들이 들어가면 법의 효력이 없어졌다. 에베소에서 가장 큰 은행이 신전 안에 있어 왕과 부자들이 자신들의 귀중품을 그곳에 맡겨 보관했다. 그뿐만 아니라 그곳에서 벌어지는 큰 사업으로 부적들을 만들어 팔았다. 왜냐하면 그 당시 사람들은 부적이 안정과 행복을 가져다준다고 믿었기 때문이다. 그리고 아데미 신전에서 사용하는 여러 물품을 팔아 에베소 도시 수입의 중요한 원천이 되었다(행 19:24).

아데미 여신의 신전은 BC 1100년에 건축되어 BC 356년에 헤로스투라투스에 의해 방화 되어 잿더미가 되었다가 다시 아시아의 여러 명의 왕이 재건하였는데 그때 재건된 신전이 사도 바울 당시에 있었던 신전이다. 아데미 여신은 성의 풍요를 상징하여 여신상의 허리 위쪽에는 여러 개의 유방이 있었으며, 신전 안에는 신전 창녀들인 여 제사장들이 있어 신전을 찾은 사람들은 춤을 추고 제물을 바치고 나서는 마지막에 그 신전 안에 있는 여 제사장들과 성관계를 갖는 것으로 종교의식을 마무리했다. 신전 안에서 벌어지는 그들의 예배에는 성욕과 정욕을 호소하는 예배를 드리므로 도덕적으로 타락하였으며, 이것이 에베소 사람들의 생활 습관이었다. 그래서 그 당시 헬라의 철학자 헤라클레이투스는 신전의 도덕성을 바라보고 이렇게 한탄했다.

"신전의 도덕이 동물의 도덕보다 더 더러우니 내가 이를 보고 어찌 웃을 수 있겠는가?"

그리하여 에베소는 AD 252년에 고스족에 의해서 도시와 함께 신전이 파괴되었는데 그 신전은 채석장이 되었다가 후에는 연못이 되었다.

2. 에베소 교회는 어떤 교회였는가?

'에베소'라는 의미는 '사모하고 소원한다.'라는 뜻으로 에베소 교회는 사도 바울이 2차 전도 여행 때 세워졌다(행 18:19). 사도 바울이 2차 전도 여행 때 고린도에서 수리아 안디옥으로 내려가는 길에 에베소에 들려 복음을 전하고 브리스길라와 아굴라를 그곳에 머물게 하고 에베소를 떠났지만, 그곳에 남아 있는 브리스길라와 아굴라 부부가 에베소에서 복음을 전했다.

다음으로 능력 있는 설교자 아볼로가 합류하여 복음을 전했고(행 18:24-26), 사도 바울의 3차 전도 여행 때 에베소에 다시 와서 복음을 전할 때 기이한 이적들이 많이 일어났으며(행 19:1-20), 바울이 삼 년간 눈물과 기도와 훈계로 사역한 교회가 에베소 교회다(행 20:17-31).

그 후 바울이 로마에서 '에베소서'를 써서 보냈고(엡 1:1), 이곳에는 '두란노 서원'이 있어 바울은 그곳에서 전도하고 말씀을 가르쳤으며, 바울이 에베소에 있을 때 '고린도전서'를 기록하여 고린도 교회에 보냈다. 그러므로 에베소 교회는 사도 바울이 몸소 3년이나 머물러 있었고, 후에는 바울의 수제자 디모데가 목회를 하였으며, 아굴라와 브리스길라, 아볼로와 두기고가 목회를 하였고, 사도 요한도 그곳에서 목회할 때 요한 일서, 요한 이서, 요한 삼서를 기록했으며, 마지막에는 요한계시록까지 기록하여 그 교회에 보냈다. 사도 요한은 자신을 밧모섬에 유배 보냈던 도미티안 황제가 죽은 뒤 풀려나 다시 에베소로 돌아가 마지막 여생을 보내다가 거기서 죽어 지금도 에베소에 사도 요한의 묘가 있다. 따라서 에베소 교회는 신약시대에 가장 훌륭하고 큰 교회 중의 하나였다.

3. 에베소 교회를 통하여 보여주는 예수님의 모습은 어떤 모습인가?

❶ 예수님께서 교회의 주인 되신다.

예수께서는 교회의 주인이 되시기에 에베소 교회가 잘한 점은 칭찬하시고 잘못한 점은 책망하신다. 우리는 흔히 '내 교회' 또는 '우리 교회'라는 말을 하는데 엄격하게 말하면 '하나님의 교회'라고 말해야 하는 이유는 하나님께서 성경을 통해서 '하나님의 교회'라고 말씀하셨기 때문이다. 하나님이 교회의 주인이시기에 교회 안에 속한 모든 성도는 하나님의 종이 되어야 한다. 그러므로 우리는 겸손한 자세로 늘 하나님께 순종해야 한다. 교회 안에서 가장 잘 어울리는 모습은 겸손과 순종의 태도다.

신앙이 성숙한 그리스도인은 교회를 대하는 태도가 다르다. 진정 신앙이 성숙한 그리스도인은 교회를 함부로 대하지 않는다. 왜냐하면 교회는 하나님의 교회이기 때문이다. 그러므로 교회를 함부로 대하고 업신여기는 사람은 하나님을 업신여기는 사람이며 그 결과 하나님의 축복을 받을 수 없다.

❷ 예수께서 교회를 자세히 아신다.

예수께서는 교회의 주인이 되시기에 그 누구보다도 교회를 자세히 알고 계신다. 그분은 우리가 잘한 점도 아시고 잘못한 점도 아신다. 요한계시록 2장 1절부터 7절에서 가장 중요한 단어는 3절의 '아노라'라는 단어다. 물론 교회는 구원받은 성도들로 구성되어 있어서 교회를 잘 아신다는 것은 교회 성도들을 잘 아시는 것이며, 바로 나를 잘 아시고 그분만이 모든 것을 잘 아시기 때문에 그분만이 우리를 책망할 수 있고 칭찬하실 수 있다.

❸ 예수께서 교회의 성도들을 칭찬하신다.

① 예수께서 주님을 위해 수고한 것을 칭찬하신다.

"내가 네 행위와 수고와 네 인내를 알고 또 악한 자들을 용납하지 아니한 것과 자칭 사도라 하되 아닌 자들을 시험하여 그의 거짓된 것을 네가 드러낸 것과 또 네가 참고 내 이름을 위하여 견디고 게으르지 아니한 것을 아노라"(계 2:2-3)

우리 주님은 무엇보다도 주님과 교회를 위해서 낙심하지 않고 열심을 내서 수고한 것을 다 아시고 칭찬하신다. 그분은 우리가 주님의 나라에 들어갈 때도 주님을 위해서 열심히 수고한 성도들을 칭찬하신다.

② 예수께서 고난 속에서도 인내한 것을 칭찬하신다(계 2:2).

에베소 교회 성도들은 참으로 힘든 상황에서 예수의 이름으로 견디고 참았다. 당시 로마 황제들은 대부분 기독교를 핍박했다. 그런 상황에서 신앙생활을 한다는 것은 참으로 힘든 일이었다. 하지만 에베소 교회 성도들은 모든 것을 이기고 승리했으며 신앙생활을 잘했다. 교회사의 많은 성도 중에 어려움 속에서도 굴하지 않고 인내하며 신앙생활을 하시는 분들이 있다. 우리 주님께서 그것을 다 아시고 칭찬하신다. 우리 주님께서 알아주시면 되는 것이다.

③ 예수께서 영적 분별력을 칭찬하신다(계 2:2).

에베소 교회의 성도들은 도덕적인 분별력과 영적 분별력이 있어 악한 자들을 용납하지 않았다. 또한 하나님의 말씀을 잘 알아 거짓 사도를 시험하여 잘못된 것을 드러내기도 했으며, 기독교와 이방 종교를 혼합하려는 니골라당의 행위를 분별하여 미워하고 거절하였다.

"오직 네게 이것이 있으니 네가 니골라 당의 행위를 미워하는도다 나도 이것을 미워하노라"(계 2:6)

여기서 '니골'은 정복을 뜻하며 '라'는 사람을 뜻하기 때문에 '니골라당'은 교회 내에 위계질서를 만들어 사람이 사람을 정복하려는 권위주의를 나타낸다. 그러므로 교회 내에 있는 영적인 자유로움을 박탈하는 것이 바로 니골라당의 교훈이다. 로마 가톨릭은 교회가 교회를 정복하려는 잘못된 사상이 있었다. 그러므로 에베소 교회는 올바른 교회 체계를 가지고 있었기에 예수께서 칭찬하셨다.

❹ 예수께서 잘못된 것을 책망하신다.
① 에베소 교회가 첫사랑을 잃은 것을 책망하셨다.
"그러나 너를 책망할 것이 있나니 너의 처음 사랑을 버렸느니라"(계 2:4)
에베소 교회는 좋은 점을 많이 가지고 있었지만, 치명적인 약점도 가지고 있었는데 그것이 바로 첫사랑을 잃어버린 것이다. 에베소 교회는 AD 35년에는 사랑이 넘치는 교회여서 사도 바울은 로마에서 에베소 교회 성도들의 넘치는 사랑 때문에 하나님께 감사하기도 했었다.
"이로 말미암아 주 예수 안에서 너희 믿음과 모든 성도를 향한 사랑을 나도 듣고 내가 기도할 때에 기억하며 너희로 말미암아 감사하기를 그치지 아니하고"(엡 1:15-16)
그러나 사랑이 풍성했던 에베소 교회가 그만 첫사랑이 식어서 예수께 책망을 받고 있다. 여기서 '첫사랑'은 맨 처음 주님을 만난 감격을 말하기도 하고, 모든 성도를 뜨겁게 사랑하는 것을 말한다. 바울은 에베소 교회 성도들 간의 사랑을 말하면서 '주 예수 안에서 너희 믿음과 모든 성도를 향한 사랑을 나도 듣고'라고 말한다. 에베소 교회 성도들이 서로 뜨겁게 사랑한다는 소식을 듣고 하나님께 감사하지 않을 수 없다고 말했다. 하지만 그러한 첫사랑이 식으면 봉사를 해도 기쁘지 않고 피곤해진다. 예수께서는 그들에게 그 첫사랑을 회복하기를 간절히 바라고 계신다. 그렇다면 어떻게 첫사랑을 회복할 수 있는가?
그것은 먼저 원인 규명을 바로 해야 한다.
"그러므로 어디서 떨어졌는지를 생각하고 회개하여 처음 행위를 가지라 만일 그리하지 아니하고 회개하지 아니하면 내가 네게 가서 네 촛대를 그 자리에서 옮기리라"(계 2:5) '내가 언제부터 잘못되었는가?' '어떤 사건이 있고 나서 잘못되었는가?'
'그때 내가 무엇을 잘못했는가?'

우리가 분명하게 첫사랑을 잃어버린 그 원인을 규명하고 잘못된 것을 깊이 생각한 후에 그것을 회개해야 한다. 만일 회개하지 않고 첫사랑을 회복하지 않으면 촛대를 옮기겠다고 경고하신다. 촛대를 옮긴다는 것은 교회가 생명력을 잃어버리는 것, 교회로서 올바른 기능을 하지 못하도록 하겠다는 무서운 경고다. 이런 교회는 결국에 문을 닫을 수밖에 없게 된다. 그러므로 교회가 처음 사랑을 회복하지 못하면 망하고 역사 속으로 사라질 수밖에 없다. 하지만 정확한 원인 규명을 통해서 회개하고 돌이키면 교회가 다시 회복되어 예수께서 맡겨주신 놀라운 사명을 다시 감당할 수 있다.

4. 에베소 교회를 통해서 배울 수 있는 교훈은 무엇인가?

❶ 예수께서 교회에 지대한 관심을 가지고 계신다.

하나님께서 구약에서는 한민족인 이스라엘에만 관심을 가지고 계셨다. 그러나 신약에서는 오직 주님의 몸이 된 교회에 지대한 관심을 가지고 계신다. 그만큼 교회의 역할이 중요하다. 그분은 특별히 교회를 사랑하시는데 그분이 교회를 사랑하시기 때문에 교회를 위해서 자신의 모든 것을 주셨다. 교회를 위해서 자신의 하나밖에 없는 생명까지 주셨다.

그러므로 교회는 예수님의 피 값으로 사신 기관이다.

"여러분은 자기를 위하여 또는 온 양 떼를 위하여 삼가라 성령이 그들 가운데 여러분을 감독자로 삼고 하나님이 자기 피로 사신 교회를 보살피게 하셨느니라"(행 20:28)

요한계시록은 교회를 '금 촛대'로 비유했는데 교회가 생명의 불을 밝히는 곳이기 때문이다. 예수께서는 교회의 목사를 오른손으로 붙잡고 계신다. 요한계시록 2장 1절에 예수께서 "오른손에 일곱별을 붙잡고"라고 했는데 1장 20절에 의하면 '일곱 별'은 일곱 교회의 사자라고 했기 때문에 일곱별은 일곱 교회의 목사들이다. 여기서 우리가 깊이 생각해야 할 것은 일곱 교회의 모든 목사를 다 붙잡고 계신다는 사실이다. 일곱 교회는 사랑받는 빌라델비아 교회도 있었지만, '죽은 교회'라는 가장 심한 책망을 받았던 사데 교회도 있었다. 하지만 예수님은 비록 잘못된 교회의 목사라도 오른손으로 붙잡고 계신다. 누구보다도 그들을 잘 아시기 때문에 예수님께서 다루신다. 그러므로 성도가 교회 목사를 함부로 대적해서는 안 된다. 예수께서 오른손에 붙잡고 있어서 목사를 대적하는 것은 곧 하나님을 대적하는 것이다. 모세를 원망하고 대적하는 이스라엘 백성들에게 하나님 자신을 원망하고 하나님을 대적했다고 말한 것을 깊이 생각해야 한다.

❷ 예수님께서는 교회에서 일하시는 분이시다.

요한계시록 2장 1절에는 우리 예수님을 "일곱 금 촛대 사이에 다니시는 분"으로 소개한다. 이것은 예수님께서 교회에서 일하시고 활동하시는 것을 보여준다. 여기에 가장 중요한 교훈이 있다.

① 교회는 '하나님의 교회'다.

② 하나님께서 '교회의 주인'이 되신다.

③ 예수께서 교회의 목사를 붙잡고 계신다.

④ 예수께서 교회를 칭찬하신다.

그러므로 우리는 하나님의 교회를 귀중히 여기고, 교회를 통해서 하나님을 바로 섬겨야 한다. 그리고 예수님은 "귀 있는 자는 성령께서 교회들에게 하시는 말씀을 들으라"(계 2:7)라고 도전하신다. 귀가 없는 사람은 믿지 않는 사람이거나 듣기에 둔한 사람이다. 우리가 하나님의 말씀에 순종할 때 이기는 사람이 될 수 있으며, 7절 마지막은 우리 그리스도인들이 이기고 승리하면 하나님의 낙원에 있는 생명나무 과실을 먹게 해 주신다고 약속하셨다.

"이기는 그에게는 내가 하나님의 낙원에 있는 생명나무의 열매를 주어 먹게 하리라"

여기 생명 나무는 창세기 2장 9절에 나오는 에덴동산에 처음 등장하지만, 아담이 죄를 범하므로 먹는 것이 금지되었으나 요한계시록에 등장하는 하늘의 생명 나무(계 20장)는 영원토록 있으며 영원한 생명을 상징한다. 그러므로 우리는 이기는 자가 되어야 한다. 사도 요한은 자신이 기록한 요한일서 5장 4~5절에서도 이기는 승리의 비결을 제시했다.

"무릇 하나님께로부터 난 자마다 세상을 이기느니라 세상을 이기는 승리는 이것이니 우리의 믿음이니라 예수께서 하나님의 아들이심을 믿는 자가 아니면 세상을 이기는 자가 누구냐"

❷ 서머나 교회(2:8-11)

서머나 도시는 현재 '이즈미르'라고 불리는 튀르키예의 세 번째 도시로서 소아시아 지방에서 가장 아름다운 항구도시였다. 서머나는 "쓰다"라는 뜻으로 몰약과 관련이 있는데 서머나 도시가 몰약을 세계 여러 나라에 수출하는 항구였기 때문이다. 하지만 서머나 도시는 과거에 멸망한 도시로 300년 이상이나 폐허가 되었으나 알렉산더 대왕의 후계자들이 BC 290년에 도시를 재건해서 거리는 잘 정비되어 있었고, 아주 유명한 황금길이 있었으며, 수많은 공공건물과 여러 신전이 들어서 있었으며 여기에 언급된 서머나는 재건된 도시였다. 또한 서머나는 유명한 시인 '호머'가 출생한 도시로 BC 8세기에 '일리아드'와 '오디세이'라는 문학 작품을 썼는데 '일리아드'는 트로이 목마로 유명한 트로이 전쟁에 관한 내용이고, '오디세이'는 오디세이라는 장군이 트로이 전쟁이 끝난 후 돌아오다가 바닷길에서 겪은 모험담을 다룬 작품이다.

이러한 지역에 있는 서머나 교회는 그들이 가진 믿음 때문에 심한 핍박을 받았지만, 예수께서는 그들이 어떠한 형편에 처하더라도 그들을 정확하게 아시고 보살펴주신다. 사실 우리 인간은 누구나 인정받기를 원하며, 특별히 사랑하는 사람으로부터 인정받기를 원한다. 사랑하는 사람으로부터 인정을 받으면 긍지와 자부심을 느끼지만, 인정받지 못한 사람은 낙심하고 슬퍼하며 심지어 자살까지 선택한다. 그런데 우리의 모든 형편을 아시는 예수님은 우리가 잘한 것, 우리가 억울한 일을 당한 것, 심지어는 우리의 고통까지도 자세히 아시고 그것을 알아주신다.

1. 예수께서 우리의 모든 형편을 아시는 이유가 무엇인가?

"서머나 교회의 사자에게 편지하라 처음이며 마지막이요 죽었다가 살아나신 이가 이르시되"(계 2:8)

여기서 핍박받는 서머나 교회에 예수께서 어떠한 모습으로 등장하는지 말한다. 우리 예수께서는 처음이요 나중이 되시며 죽었다가 부활하신 분이기에 우리의 모든 형편을 아신다. 우리 예수께서는 처음이 되시는 분으로 그분이 우주 만물을 시작하셨다. 현재 이 세상에 존재하는 모든 것은 그분이 만들어 존재하게 되었기에 사도 요한은 요한복음 1장 3절에서 이렇게 말한다.

"만물이 그로 말미암아 지은 바 되었으니 지은 것이 하나도 그가 없이는 된 것이 없느니라"

또한 우리 예수께서는 나중이 되시는 분으로 그분이 우주 만물을 창조하셨다. 그래서 사도 바울은 우주 만물은 그분을 위해 존재한다고 골로새서 1장 16절에서 이렇게 말한다.

"만물이 그에게서 창조되되 하늘과 땅에서 보이는 것들과 보이지 않는 것들과 혹은 왕권들이나 주권들이나 통치자들이나 권세들이나 만물이 다 그로 말미암고 그를 위하여 창조되었고"

그러므로 우주 만물이 그분께 영광을 돌리지 않는다면 그분은 마지막 심판하시는 주로서 모든 것을 심판하신다. 또한 그분은 우리의 죄를 위해 돌아가셨으며, 우리를 의롭게 하려고 부활하셨으며, 우리의 중보자로서 지금도 살아 계시기 때문에 예수께서 우리의 모든 형편을 아신다.

2. 예수님께서 우리의 무엇을 아시는가?

❶ 예수께서 우리가 성도로서 당하는 환난을 아신다.

"내가 네 환난과 궁핍을 알거니와"(계 2:9)

서머나 교회는 한마디로 그들의 믿음 때문에 환난과 핍박을 받았다. 여기에 등장하는 환난은 심한 압력을 받는 것을 의미한다. 그러므로 서머나 교회 성도들은 핍박과 슬픔과 죽음의 압력을 받았으며, 그들은 유대인들의 핍박과 극악한 황제 숭배 강요 가운데서도 신앙을 지켰다. 그래서 성경은 박해와 영적 성숙을 하나로 연결한다. 야고보는 믿음의 시련을 참아내는 사람이 영적으로 부족하지 않게 된다고 말한다(약 1:2-4). 사도 베드로도 육체의 고난을 받는 성도가 죄를 정복하게 되며, 모든 은혜의 하나님께서 그리스도 안에서 우리를 부르사 잠깐 고난을 당한 우리를 친히 온전하게 하시며 굳건하게 하시며 강하게 하시며 견고하게 하신다고 말씀한다(벧전 4:1, 5:10).

사실 서머나 도시는 로마가 지배하던 당시에 로마의 여신을 섬기는 신전을 처음으로 세운 도시였고, 그리스가 지배하던 당시에도 장엄한 신전들인 키벨레 신전과 제우스 신전과 아폴로 신전과 아스킬레피오스 신전과 아프로디테 신전이 있었다. 그런 환경에서 예수 그리스도를 주님으로 섬기는 서머나 교회 성도들은 이방의 우상들을 섬기지 않아 새로운 이단으로 정죄를 당했다.

서머나 교회 성도들이 예수 그리스도를 세상 사람들이 믿는 신들과 동등하게 여겼다면 그들은 당연하게 핍박을 받지 않는다. 사실 로마에는 모든 신들을 섬기는 만신 전이 있었다. 그래서 로마 사람들은 그리스도인들이 섬기는 예수 그리스도를 하나의 신으로 인정하면서 그들의 신전 안에 있는 주피터 신 옆에 예수님을 모시라고 제안을 받았으나 그 당시 그리스도인들은 예수님을 많은 신 중의 하나로 인정할 수는 없었다. 예수님만이 유일하게 우리의 참된 주님이 되시기에 그들의 제안을 거절하여서 핍박을 받는 것은 너무나 당연했다. 또한 서머나 교회 성도들은 도미티안 황제 숭배의 요구를 거절하였다. 결국 서머나 교회 성도들은 핍박을 피해 다니다 보니 경제적으로 어려움을 당하여 물질적으로 가난한 사람들도 많았다. 그들의 궁핍은 절대적 빈곤으로 아무것도 가진 것이 없는 몹시 가난한 상황이었지만 끝까지 신실하게 신앙을 지켰다. 우리 예수께서 이 모든 것을 알아주신다.

❷ 예수님께서 우리가 이룩한 영적 성장을 아신다.

"내가 네 환난과 궁핍을 알거니와 실상은 네가 부요한 자니라 자칭 유대인이라 하는 자들의 비방도 알거니와 실상은 유대인이 아니요 사탄의 회당이라"(계 2:9)

서머나 교회는 물질적으로는 가난했지만, 영적으로 부유한 교회였다. 그래서 예수님은 '내가 네 환난과 궁핍을 알거니와 실상은 네가 부요한 자니라'라고 말씀하셨다. 여기서 '네가 부요한 자니라'라는 말은 물질적인 부요가 아니라 그들이 어려움 속에서도 핍박을 잘 견디고 참아내어 영적으로 성숙했기에 그들은 절대로 변하지 않고 결코 빼앗길 수 없는 영원한 부를 소유했다는 의미다. 그러므로 바울은 고린도후서 6장 10절에서 영적인 부를 소유한 성도들을 이렇게 소개한다.

"근심하는 자 같으나 항상 기뻐하고 가난한 자 같으나 많은 사람을 부요하게 하고 아무것도 없는 자 같으나 모든 것을 가진 자로다"

서머나 교회는 모든 어려움을 극복하고 승리했으며 영원한 부를 소유했기에 예수께 책망을 받지 않았다. 요한계시록 2장과 3장에 등장하는 일곱 교회에서 오직 빌라델비아교회와 서머나 교회만 예수님의 책망을 받지 않았다. 그러나 라오디게아 교회와 사데 교회는 예수님의 책망은 받았지만, 칭찬은 없다.
그래서 비록 물질적으로는 부유하지 못해도 영적으로 성숙한 성도가 될 수 있다. 비록 물질적으로는 부유하지 못해도 영적으로 믿음이 아름다운 성도가 되어야 한다. 하지만 어떤 사람들은 모든 것을 물질적으로 평가한다. 그래서 서머나 교회 성도들은 고난을 통과하면서 정결한 신앙을 소유했다. 그래서 고난 속에서도 주님을 잘 섬긴 교회는 가짜가 없지만 아무런 어려움이 없는 교회는 가짜가 많다.

그러므로 서머나 교회 성도들이 어려움을 잘 참아 성숙한 교회가 될 수 있었던 것처럼 우리도 핍박이 있을 때 잘 견디어 내야 우리도 성숙한 성도가 될 수 있다. 어떤 그리스도인은 예수 믿는다는 이유로 직장과 이웃들과 가정과 친구들에게 미움을 받는 일도 있다. 괜히 빈정거리는 소리를 들을 수 있다.
그럴 때 우리는 잘 참아야 우리도 영적으로 성숙해지며 하나님의 귀한 축복을 받을 수 있다. 그러므로 우리의 모든 형편을 아시는 예수께서 이렇게 말씀하셨다.

"나로 말미암아 너희를 욕하고 박해하고 거짓으로 너희를 거슬러 모든 악한 말을 할 때에는 너희에게 복이 있나니 기뻐하고 즐거워하라 하늘에서 너희의 상이 큼이라 너희 전에 있던 선지자들도 이같이 박해하였느니라"(마 5:11-12)

❸ 예수님께서 우리의 대적들의 악독함과 거짓된 것을 아신다.

"자칭 유대인이라 하는 자들의 비방도 알거니와 실상은 유대인이 아니요 사탄의 회당이라"(계 2:9)

이 세상에는 거짓된 비 진리를 가지고 있으면서도 큰소리치는 사람들이 많다. 자기들만이 유일한 교회이며, 참된 종교라고 말하지만, 그 실상을 우리 주님께서 다 아신다. 여기에 나오는 자칭 유대인들이란 예수 그리스도를 믿는 참된 신앙이 없는 유대인들로 이들이 서머나 교회 성도들을 괴롭혔다. 그들을 '사탄의 회당'이라고 말하는 것은 그 지방에 있는 유대인 회당이며, 그 회당은 '사탄의 교회'였다. 그러므로 마귀 사탄도 자기 교회가 있다. 사도 바울은 이렇게 말한다.

"그런 사람들은 거짓 사도요 속이는 일꾼이니 자기를 그리스도의 사도로 가장하는 자들이니라 이것은 이상한 일이 아니니라 사탄도 자기를 광명의 천사로 가장하나니 그러므로 사탄의 일꾼들도 자기를 의의 일꾼으로 가장하는 것이 또한 대단한 일이 아니니라 그들의 마지막은 그 행위대로 되리라"(고후 11:13-15)

❹ 예수님께서 우리가 앞으로 당할 시련도 아신다.

"너는 장차 받을 고난을 두려워하지 말라 볼지어다 마귀가 장차 너희 가운데에서 몇 사람을 옥에 던져 시험을 받게 하리니 너희가 십 일 동안 환난을 받으리라 네가 죽도록 충성하라 그리하면 내가 생명의 관을 네게 주리라 귀 있는 자는 성령이 교회들에게 하시는 말씀을 들을지어다 이기는 자는 둘째 사망의 해를 받지 아니하리라"(계 2:10-11) 우리 예수님은 우리의 과거와 현재와 미래까지 아시기에 우리가 앞으로 당할 시련도 아신다. 그래서 예수님은 서머나 교회 성도들에게 '너는 장차 받을 고난을 두려워하지 말라'라고 격려하신다. 여기서 '마귀가 장차 너희 가운데에서 몇 사람을 옥에 던져 시험을 받게 하리니'라는 말씀은 실제로 서머나 교회 성도들 가운데 자신들의 신앙 때문에 몇 사람이 감옥에 들어갈 것을 말한다. 그 당시에 감옥에 들어가는 것은 거의 죽음으로 이어져 원형극장에서 사자의 밥이 되기도 하고 화형을 당하기도 했다. 하지만 예수께서 그들에게 고난을 두려워하지 않고 죽도록 충성하면 생명의 면류관을 주시겠다고 약속하셨다. 이러한 격려는 그들이 장차 받을 고난을 미리 대비하도록 도와준다.

요한계시록 2장 10절에 등장하는 "10일 동안"이라는 의미를 어떤 학자는 완전한 박해로 해석한다. 그리고 다른 학자는 로마 황제들의 10대 박해로 본다. 그 열 명의 황제들은 네로 황제(AD 54~68년)와 도미티안 황제(AD 81~96년)와 트리안 황제(AD 98-117년)와 아우렐리우스 황제(AD 161-180년)와 셉티무스 세베루스 황제(AD 193~211년)와 막시미아누스 황제(AD 235~238년)와 데시우스 황제(AD 249~251년)와 발레리안 황제(AD 235~260년)와 아우렐리아누스 황제(AD 270~275년)와 디오클레티안 황제(AD 284~305년)와 콘스탄티누스 대제다.
그리고 콘스탄티누스 황제는 AD 313년에 국가교회와 종교의 자유를 선포한 밀라노 칙령을 내린다. 그러나 여기서 가장 확실하고 중요한 교훈은 그 고난이 10일 동안에 한정되어 있다는 것이다. 이것은 아무리 혹독한 시련이라도 이 세상에만 한정되어 있다는 것을 보여준다. 그러므로 우리가 고난을 받을 때 그 고난은 한정되어 있다는 사실을 기억해야 한다. 비록 이 세상에는 시련이 있고 환난이 있어도 그것은 이 세상에만 한정되어 있고 천국에는 결코 환난이나 핍박이 없다는 사실이다. 그리고 성도들이 비록 감옥에 들어가고 순교를 당하더라도 그들에게는 부활의 소망과 천국의 소망이 있기에 환난이나 죽음을 두려워할 이유가 없다.

3. 우리 예수님은 우리를 격려하시고 보답하신다.

"네가 죽도록 충성하라 그리하면 내가 생명의 관을 네게 주리라 귀 있는 자는 성령이 교회들에게 하시는 말씀을 들을지어다 이기는 자는 둘째 사망의 해를 받지 아니하리라"(계 2:10-11)

예수께서 고난을 두려워하지 않고, 죽도록 충성하여 승리한 서머나 교회 성도들에게 생명의 면류관을 약속하시며, 둘째 사망의 해를 당하지 않게 하신다고 약속하셨다. 사실 생명의 면류관은 죽도록 충성한 성도들과 무서운 핍박과 시험을 참는 자들이 받는다. 그래서 야고보 사도는 야고보서 1장 12절에서 이렇게 말한다.

"시험을 참는 자는 복이 있나니 이는 시련을 견디어 낸 자가 주께서 자기를 사랑하는 자들에게 약속하신 생명의 면류관을 얻을 것이기 때문이라"

여기서 '이기는 자는 둘째 사망의 해를 받지 아니하리라'라고 했는데 우리는 둘째 사망에 들어가지 않는 것이 얼마나 큰 축복인지 알아야 한다. 그렇다면 여기서 말하는 둘째 사망이란 무엇인가? 둘째 사망이란 불과 유황으로 타는 지옥에 들어가는 것이다(계 21:8). 사실 사람들은 첫째 사망도 무서워하고 싫어한다. 하지만 첫째 사망이 사람들에게 공포의 대상이지만 둘째 사망과는 비교가 될 수 없다. 왜냐하면 둘째 사망은 지옥에서 영원히 지내야 하는 끔찍하고 처참한 죽음이기 때문이다. 그러므로 우리 사람이 진짜 두려워해야 할 분은 우리의 목숨만 빼앗아갈 수 있는 인간이 아니라 우리의 영혼까지도 지옥에 멸하시는 하나님만 두려워해야 한다. 그러므로 둘째 사망의 해를 당하지 않는 것은 놀라운 축복이다.

"내가 내 친구 너희에게 말하노니 몸을 죽이고 그 후에는 능히 더 못하는 자들을 두려워하지 말라 마땅히 두려워할 자를 내가 너희에게 보이리니 곧 죽인 후에 또한 지옥에 던져 넣는 권세 있는 그를 두려워하라 내가 참으로 너희에게 이르노니 그를 두려워하라"(눅 12:4-5)

4. 우리는 고난 겪을 때 어떤 태도를 지녀야 하는가?

❶ 우리는 고난을 두려워하지 말아야 한다.

고난이라는 것은 그 고난 자체보다도 그것을 대하는 태도가 더 중요하다. 고난을 두려워하는 것 그 자체가 더 큰 문제다. 그러므로 우리 주님은 고난을 두려워하지 말라고 명령하신다.

❷ 우리는 고난 속에서도 자기 일에 충성해야 한다.

우리는 신앙생활이 아무리 어렵더라도 성도로서의 본분을 포기해서는 안 된다. 고난을 이기는 비결은 어려움 속에서도 열심히 일하는 것이다. 그러므로 우리는 예수님께 죽도록 충성해야 한다.

❸ 우리는 고난 속에서 예수님을 바라보아야 한다.

사실 서머나 교회에는 죽음의 위협을 느끼는 성도들도 있었지만, 우리 예수님은 누구보다도 그 사실을 자세히 아신다. 그래서 그분은 우리에게 이렇게 말씀하신다.

"그래, 나도 죽음의 위협을 받아 보았다. 나는 실제로 십자가에서 죽기까지 했다. 그리고 나는 그 죽음을 극복했으며 마침내 부활했다. 그래서 너희가 영원히 살 수 있다. 그러므로 나를 바라보고 고난을 참아라"

서머나 교회에서 죽도록 충성했던 대표적인 인물은 사도 요한의 제자 폴리갑이다. 서머나 도시는 지금 '이즈미르'라는 도시가 되었는데 그곳에는 폴리갑을 기념하는 교회가 있다. 그는 AD 168년에 서머나 교회에서 목회하다가 나이 86세에 화형으로 순교를 당했다. 그가 죽을 때, 교회의 적들은 그를 화형대에 묶어놓고 지금이라도 예수를 부인하면 살려준다고 말했지만, 그는 이렇게 대답했다.

"나는 그동안 예수 그리스도를 나의 주님으로 섬겨왔고, 그분은 86년 동안 나를 한 번도 부인한 적이 없는데 내가 인제 와서 어떻게 주님을 부인할 수 있겠는가?"

그러므로 폴리갑은 서머나 교회에게 주시는 '죽도록 충성하라 그리하면 내가 생명의 면류관을 네게 주리라'라는 말씀을 들었고 그 말씀에 순종하여 주님을 위해 순교를 당했기에 당연히 생명의 면류관을 받는다. 하지만 생명의 면류관은 꼭 순교해야 받는 것은 아니다. 어려운 고난을 잘 참는 성도도 생명의 면류관을 받는다.

"시험을 참는 자는 복이 있나니 이는 시련을 견디어 낸 자가 주께서 자기를 사랑하는 자들에게 약속하신 생명의 면류관을 얻을 것이기 때문이라"(약 1:12)

❸ 버가모 교회(2:12-17)

버가모 교회는 주위 환경이 좋지 않아 비진리에 타협하고 세속화된 교회였다. 세속화란 하늘에 속한 영원한 것을 보지 못하고 세상 것에 사로잡혀 사는 삶이다. 그러므로 예수께서는 좌우에 날 선 검을 가지신 분으로 등장한다.

"버가모 교회의 사자에게 편지하라 좌우에 날선 검을 가지신 이가 이르시되"(계 2:12)

예수께서 가지신 좌우에 날이 선 검은 하나님 말씀의 양면성을 나타낸다. 첫째로 하나님의 말씀은 믿는 자들에게 구원과 위로와 축복을 가져다준다. 하나님께서 말씀을 통해 우리에게 축복을 주시기 때문에 우리는 말씀을 사모하고 사랑할 수 있다.

"주의 규례들을 항상 사모함으로 내 마음이 상하나이다, 내가 주의 법을 어찌 그리 사랑하는지요 내가 그것을 종일 작은 소리로 읊조리나이다, 내가 주의 계명들을 사모하므로 내가 입을 열고 헐떡였나이다"(시 119:20, 97, 131)

시편 기자는 여기서 말씀을 사랑하고 사모하는 것을 다양하게 표현했다. 그는 말씀을 사모하니 마음이 상했고, 말씀을 종일 묵상했으며, 말씀을 섭취하기 위해 입을 열고 헐떡였다. 이 모든 표현은 그가 하나님의 말씀을 진정으로 사랑하고 사모했다는 것을 나타낸다. 그러므로 우리도 시인처럼 말씀을 사모해야 한다. 둘째로 믿지 않는 사람들은 말씀을 통해 심판과 정죄를 당한다.
그렇다면 버가모 교회에 소개되는 예수님은 어떤 분이신가?

1. 예수께서 우리가 처해있는 처지를 정확하게 아신다.

버가모는 서머나에서 북쪽으로 약 100Km 떨어진 도시로 가파른 산 위에 세워졌으며, 주전 133년부터 거의 250년 동안 소아시아 지방에서 가장 큰 수도였다. 에베소와 서머나가 상업적으로 아시아의 중심역할을 했다만 버가모는 문화적인 측면에서 중심역할을 했다. 그러므로 이곳에는 의학이 매우 발달하여 의학을 배우는 학교가 있었으며, 그 당시 세계에서 두 번째로 큰 도서관으로 장서 20만 권을 소장한 도서관이 있었다. 당시 세계에서 가장 큰 도서관은 이집트의 알렉산드리아에 있었으며, 장서 50만 권을 보유하고 있었다. 따라서 버가모 지역은 자연스럽게 책을 만드는 양피지를 생산하였다.

버가모의 가장 큰 특징은 '사탄의 권좌'였다. 그 당시 버가모에는 신전이 많은 도시로 우상 숭배의 중심지였으며, 특히 황제 숭배의 중심지였다. 처음에는 바벨론이 사탄이 역사하는 중심지였으나 바벨론이 황폐하여지자 마귀 사탄이 버가모를 선택한 이유는 그곳에서 우상 숭배가 강했기 때문이다.

그곳은 로마의 아우구스투스 황제에게 바치는 신전을 제일 먼저 세웠으며, 버가모 도시의 뒤쪽 언덕에도 많은 신전이 있었는데 제우스 신전과 치료의 신으로 불리며 뱀을 형상화한 아스 클레피우스라는 신전도 있었다. 소데르 데우스라는 신전은 구세주 하나님께서 제우스에게 바쳐졌다는 뜻으로서 하나님을 제우스 아래로 비하한 신전이다. 특별히 제우스 신전은 크기가 36.5m에서 34.1m였고, 높이가 5.5m나 되는 기둥들이 늘어서 있었다. 그래서 이 제우스 신전을 바라보고 사탄의 권좌로 이해하는 사람들도 있었다.
그러므로 예수께서 버가모 교회 성도들이 어디에 사는 것을 아셨다.

"네가 어디에 사는지를 내가 아노니 거기는 사탄의 권좌가 있는 데라"(계 2:13)

이것은 예수께서 단순히 그들이 버가모에 사는 것을 아는 것이 아니라 버가모가 황제 숭배와 온갖 우상 숭배의 중심지였기에 그들이 신앙을 지키기가 얼마나 어려운가를 아신 것이다. 그래서 우리가 아무리 어려운 가운데 신앙생활을 하여도 예수께서는 그것을 아시고 우리에게 반드시 보상해 주신다.

2. 예수께서 믿음을 지키는 성도들을 칭찬하셨다.

"네가 어디에 사는지를 내가 아노니 거기는 사탄의 권좌가 있는 데라 네가 내 이름을 굳게 잡아서 내 충성된 증인 안디바가 너희 가운데 곧 사탄이 사는 곳에서 죽임을 당할 때에도 나를 믿는 믿음을 저버리지 아니하였도다"(계 2:13)

예수께서는 버가모 교회 성도들이 그곳에서 신앙생활을 하는 것이 얼마나 어려운가를 이해하셨다. 그래도 버가모 교회 성도들은 담대함과 용기를 가지고 예수 그리스도를 굳게 잡고 예수 그리스도를 믿는 믿음을 지켰다. 결국 우상 숭배와 황제 숭배를 거절하고 하나님을 섬기다가 '안디바'가 순교를 당하였다.

교회사 이야기에 의하면 놋으로 큰 솥을 만들어 그 속에 안디바를 넣어 서서히 태워 죽였다고 전한다. 특히 안디바가 전도를 열심히 했기에 예수께서는 안디바를 '내 충성된 증인'이라고 소개한다. 그러나 이 말씀의 교훈은 안디바를 강조한 것이 아니라 안디바가 순교를 당할 정도로 어려운 여건에서 버가모 교회 성도들이 예수의 이름을 굳게 잡고 믿음을 저버리지 않았다는 사실을 칭찬하신다.

3. 예수께서 발람의 교훈을 책망하셨다.

"그러나 네게 두어 가지 책망할 것이 있나니 거기 네게 발람의 교훈을 지키는 자들이 있도다 발람이 발락을 가르쳐 이스라엘 자손 앞에 걸림돌을 놓아 우상의 제물을 먹게 하였고 또 행음하게 하였느니라"(계 2:14)

황제 숭배와 우상 숭배가 극심한 가운데서 믿음을 지킨 버가모 교회 내에도 잘못된 사람들이 있었다. 특히 발람의 교훈과 니골라당의 교훈을 따르는 사람들이 있었는데 예수께서 그들을 책망하셨다. 발람의 교훈은 우상 숭배와 행음의 죄였다. 발람은 민수기 22장부터 24장에 등장하는데 이스라엘 백성들이 광야에서 방황하다가 요단강 건너편 모압 지방에 진을 치자 모압의 발락 왕이 발람 선지자를 매수해 데려와서는 이스라엘 백성들을 저주해 달라고 부탁하지만, 하나님께서 그것을 막으셨다.

민수기 22장부터 24장을 읽어보면 모압 왕 발락이 발람에게 이스라엘을 저주해 달라고 부탁하여도 발람은 그것을 거절하고 하나님의 말씀에 순종한 것처럼 보인다.

"발람이 발락의 신하들에게 대답하여 이르되 발락이 그 집에 가득한 은금을 내게 줄지라도 내가 능히 여호와 내 하나님의 말씀을 어겨 덜하거나 더하지 못하겠노라, 발람이 발락에게 이르되 내가 오기는 하였으나 무엇을 말할 능력이 있으리이까 하나님이 내 입에 주시는 말씀 그것을 말할 뿐이니이다"(민 22:18, 38)

이 상황에서 발람이 한 말을 들어보면 하나님의 말씀에 순종하는 것처럼 보이지만, 그것은 형식적인 순종이었고, 불의의 삯을 탐하는 내적인 불순종이었다. 발람이 발락의 초청을 단호하게 거절하지 못한 것은 발람의 외식적인 경건과 내적 부패의 가중함을 보여준다. 그러므로 하나님께서는 그를 불의에 도구로 쓰시는 것에 불과하다. 그런데 발람이 민수기 24장에서 돌아가고 25장에서는 이스라엘 남자들이 음행의 죄와 우상 숭배의 죄를 범하는 내용이 나온다. 이것은 발람하고 아무런 관련이 없는 것처럼 보이지만 민수기의 말씀을 읽어보면 그것이 발람의 계획이었다는 것을 확실하게 보여준다.

"이스라엘이 싯딤에 머물러 있더니 그 백성이 모압 여자들과 음행하기를 시작하니라 그 여자들이 자기 신들에게 제사할 때에 이스라엘 백성을 청하매 백성이 먹고 그들의 신들에게 절하므로 이스라엘이 바알브올에게 가담한지라 여호와께서 이스라엘에게 진노하시니라 여호와께서 모세에게 이르시되 백성의 수령들을 잡아 태양을 향하여 여호와 앞에 목매어 달라 그리하면 여호와의 진노가 이스라엘에게서 떠나리라 모세가 이스라엘 재판관들에게 이르되 너희는 각각 바알브올에게 가담한 사람들을 죽이라 하니라 이스라엘 자손의 온 회중이 회막 문에서 울 때에 이스라엘 자손 한 사람이 모세와 온 회중의 눈앞에 미디안의 한 여인을 데리고 그의 형제에게로 온지라 제사장 아론의 손자 엘르아살의 아들 비느하스가 보고 회중 가운데에서 일어나 손에 창을 들고 그 이스라엘 남자를 따라 그의 막사에 들어가 이스라엘 남자와 그 여인의 배를 꿰뚫어 두 사람을 죽이니 염병이 이스라엘 자손에게서 그쳤더라 그 염병으로 죽은 자가 이만 사천 명이었더라"(민 25:1-9)

"보라 이들이 발람의 꾀를 따라 이스라엘 자손을 브올의 사건에서 여호와 앞에 범죄하게 하여 여호와의 회중 가운데에 염병이 일어나게 하였느니라"(민 31:16)

이 말씀은 발람이 발락을 가르쳐 이스라엘 앞에 올무를 놓았다고 전한다. 그러므로 발람은 발락 왕에게 이스라엘 군인들을 잔치에 초대하자고 제안하였고, 이스라엘 남자들이 발락 왕의 잔치에 초대되어 술에 취하고, 우상 숭배의 제물인 음식을 먹었으며, 가나안 여인들과 간음하는 큰 죄를 범했다. 그러므로 발람은 겉으로는 하나님이 원하시는 대로 하는 것처럼 행동하면서도 실제로는 자기 마음대로 하는 그런 엉터리였다. 그런데 구약시대뿐만 아니라 신약시대에도 발람의 교훈을 따르는 자들이 있었기에 사도 베드로와 유다도 그 사실을 언급하며, 예수께서도 버가모 교회에게 발람의 교훈을 따르는 자들이 있다고 말씀하신다.

"그러나 네게 두어 가지 책망할 것이 있나니 거기 네게 발람의 교훈을 지키는 자들이 있도다 발람이 발락을 가르쳐 이스라엘 자손 앞에 걸림돌을 놓아 우상의 제물을 먹게 하였고 또 행음하게 하였느니라"(계 2:14)

"그들이 바른 길을 떠나 미혹되어 브올의 아들 발람의 길을 따르는도다 그는 불의의 삯을 사랑하다가 자기의 불법으로 말미암아 책망을 받되 말하지 못하는 나귀가 사람의 소리로 말하여 이 선지자의 미친 행동을 저지하였느니라, 화 있을진저 이 사람들이여, 가인의 길에 행하였으며 삯을 위하여 발람의 어그러진 길로 몰려 갔으며 고라의 패역을 따라 멸망을 받았도다"(벧후 2:15-16, 유 1:11)

그런데 오늘날도 마찬가지다. 겉으로는 믿는다고 하면서도 발람처럼 그리스도인이 해서는 안 되는 일들을 행하고 있다. 도대체 하나님을 믿는 사람인지, 구원을 받은 사람인지, 천국에 소망을 두고 사는 사람인지 알 수 없도록 행동한다. 사업을 하면서 상대방을 속이고 거짓말도 하고, 술도 마시고, 담배도 피우고, 제사도 지내고, 세상 쾌락을 추구하며 완전히 이 세상 사람처럼 살아가면서 자신들은 하나님을 믿는다고 큰소리친다. 그러므로 예수께서 발람처럼 잘못된 길을 가는 사람들, 우상 숭배하는 사람들, 다른 사람을 속이는 자들에게 회개하라고 경고하신다. "그러므로 회개하라 그리하지 아니하면 내가 네게 속히 가서 내 입의 검으로 그들과 싸우리라"(계 2:16)
그들이 회개하지 아니하면 예수께서 그런 자들에게 속히 가서 입에서 나오는 검으로 그들과 싸우시겠다고 말씀하신다. 사실 발람의 유혹에 넘어가 음행을 밤하고 우상 숭배의 죄를 범한 사람들은 엄청난 재앙을 당했는데 그 죄로 이스라엘 백성들에게 염병이 일어나 2만 4천 명이 죽임을 당했으며, 나중에는 발람도 비참하게 죽었다. 발람이란 뜻은 '백성을 파멸시키는 자'라는 뜻으로 메소포타미아의 유명한 복술가로서 이스라엘을 저주하려다가 훗날에는 이스라엘 군대에 의해서 미디안의 다섯 왕과 함께 비참하게 죽임을 당했다(민 31:8). 그러므로 우리도 우리의 삶 속에서 이런 모습이 있다면 하나님의 무서운 심판을 당하기 전에 어서 속히 회개하고 돌이켜야 한다.

4. 예수께서 니골라당의 교훈을 책망하셨다.

니골라당의 교훈은 가톨릭의 교권제도와 같이 교회 내에 권위주의와 계급주의가 만연된 것을 말한다. 버가모라는 의미는 결혼을 통해 승진되었다는 뜻이다. 사실

가톨릭은 세상 권력과 결합하여 종교적으로 승진했다. 그러므로 그들은 생명보다 조직을 더 강조한다. 어떤 교회는 생명은 없지만, 조직이 뛰어난 교회가 있다. 그래서 구원의 확신도 없지만, 교회 내에서 어떤 조직의 임원이 된다. 그래서 주님은 그런 그들에게 회개하라고 촉구하신다.

"그러므로 회개하라 그리지 아니하면 내가 네게 속히 가서 내 입의 검으로 그들과 싸우리라"(계 2:16)

얼마나 잘못된 교회이면 예수께서 오셔서 그들과 싸우겠다고 말씀하겠는가? 그러나 우리 예수께서는 이러한 죄를 회개하고 승리한 성도에게는 감추었던 만나와 흰 돌을 약속하셨다.

"귀 있는 자는 성령이 교회들에게 하시는 말씀을 들을지어다 이기는 그에게는 내가 감추었던 만나를 주고 또 흰 돌을 줄 터인데 그 돌 위에 새 이름을 기록한 것이 있나니 받는 자 밖에는 그 이름을 알 사람이 없느니라"(계 2:17)

여기에 등장하는 감추었던 만나는 무엇을 의미하는가? 성전 법 쾌 안에 있던 만나는 지금은 보이지 않는다. 그러므로 유대인의 문헌에는 천사가 법 쾌 안의 만나를 메시아의 도래까지 계속 보존하고 있다가 메시아가 오면 다시 먹게 된다고 기록하였다. 그러므로 이것은 어린양의 혼인 잔치에 참여한다는 상징적인 의미다. 그리고 흰 돌은 유대인들에게 세 가지 용도인 투표용으로 사용되었고, 죄인을 용서할 때 사용되었고, 잔칫집에 초대장으로 사용되었다. 그러므로 여기서는 하나님 나라에 들어갈 수 있는 자격이나 어린양의 혼인 잔치에 참여하도록 초대하는 초대장의 역할을 의미한다. 그리고 흰 돌 위에 기록한 새 이름은 받는 자들만이 알 수 있다고 기록되어 있다. 그러므로 우리도 우리 자신을 돌아보고 우리에게 발람의 죄나 니골라당의 죄가 있다면 우리의 모든 죄를 회개하고 정결하고 구별된 삶을 살아야 한다.

"그런즉 사랑하는 자들아 이 약속을 가진 우리는 하나님을 두려워하는 가운데서 거룩함을 온전히 이루어 육과 영의 온갖 더러운 것에서 자신을 깨끗하게 하자"(고후 7:1)

④ 두아디라 교회(2:18-29)

두아디라 교회는 한 마디로 죄를 용납한 교회였다. 예수 그리스도의 교회가 죄를 해결하지 못할 때 가장 치욕적인 교회가 된다. 교회에서 징계를 실행하는 이유는 성도들이 죄에서 돌이키도록 기회를 주기 위함이요, 죄에서 끝까지 돌이키지 못하는 성도는 출교의 징계를 통해서라도 교회가 정결을 유지하는 것이다. 그러므로 예수께서는 불꽃 같은 눈을 가지고 마음의 숨은 뜻을 살피시는 분으로 등장하신다.

두아디라의 도시는 버가모와 사데 사이에 위치한 도시로 소아시아의 일곱 교회가 있는 도시 중에 가장 작은 도시였다. 이곳은 BC 290년에 건설되어 소아시아의 수도 버가모를 지키기 위한 초소 같은 도시였으나 적의 공격을 오랫동안 방어하지 못해 도시가 여러 차례 정복당했다. BC 190년 무렵에 로마가 정복해 로마에 합병됨으로 로마 시대에는 두아디라 도시가 어느 정도 상업중심지가 되어 이곳에서 울과 염색 산업이 발달하여 고대 시대에 사람들은 아주 비싼 자주 물감을 이곳에서 구해 사용했다. 현재는 '악히사르'라는 도시로 약 2만 5천의 인구가 사는 곳이며, 동양의 양탄자를 짜서 파는 소도시로 남아 있다.

1. 두아디라 교회에 소개되는 예수님은 어떤 분이신가?

❶ 예수께서는 불꽃 같은 눈을 가지고 계신다.

세상에 수많은 사기꾼이 존재하는 이유가 무엇인가? 그것은 사람들이 상대방의 마음을 볼 수 없기 때문이다. 옛 속담에 "열 길 물속은 알아도 한 길 사람 속은 모른다."라는 말처럼 상대방의 마음을 볼 수 없기에 사기꾼들은 사람들을 속인다.

그러나 어떤 사람이라도 한 분만은 결코 속일 수 없는데 그분이 바로 예수님이시다. 왜냐하면 그분은 불꽃 같은 눈을 가지고 사람의 뜻과 마음을 살피시는 분이기 때문이다. 그래서 요한계시록 2장 18절에서는 우리 예수님을 이렇게 소개한다.

"두아디라 교회의 사자에게 편지하라 그 눈이 불꽃 같고 그 발이 빛난 주석과 같은 하나님의 아들이 이르시되"

그래서 우리 예수께서는 요한계시록 2장 23절에서 "나는 사람의 뜻과 마음을 살피는 자"라고 소개하신다. 그렇다면 우리 예수께서 불꽃 같은 눈을 가지셨다는 의미는 무엇인가? 바로 우리 예수께서 가지신 불꽃 같은 눈은 사람의 심령을 꿰뚫어 보시는 눈, 그릇된 것을 보시고 분노하시는 눈을 소유하셨다는 의미다. 그러므로 사람들이 다른 사람은 속일 수 있어도 우리 예수님은 속일 수 없다.

그리고 예수님이 가지신 빛난 주석 같은 발은 심판하시는 주님을 나타낸다. 사실 고대 시대에 사람들이 사용하는 거울은 주석으로 만들었는데 주석은 청동이다. 그 당시에 사람들이 청동으로 거울 모양으로 만들어 광이 나도록 닦으면 얼굴이 잘 비취기 때문에 거울로 사용했다. 그러므로 사람들이 거울 앞에 모든 것을 숨길 수 없는 것처럼 예수께서 인간의 모든 것을 아시기 때문에 심판하시는 주님으로 등장하셔서 사람들을 심판하신다.

❷ 예수님께서는 두아디라 교회를 칭찬하신다.

두아디라 교회도 우리 예수님으로부터 먼저 칭찬을 받았다. 우리 예수께서는 모든 것을 정확하게 아시기에 두아디라 교회 성도들이 무엇을 잘했는지 정확하게 아시고 칭찬하신다.

요한계시록 2장 19절에서 예수님은 "내가 네 사업과 사랑과 믿음과 섬김과 인내를 아노니 네 나중 행위가 처음 것보다 많도다"라고 말씀하신다. 그러므로 두아디라 교회는 주님을 위해 사업을 하였고, 사랑도 하였으며, 믿음과 섬김과 인내도 있었다. 여기에 등장하는 '믿음'이라는 단어는 헬라어로 '피스티스'라는 단어로 '신실함'이라는 의미가 더 정확하다. 그리고 섬김과 인내는 믿음과 사랑에서 나온다. 상대방을 사랑하기에 섬기고 인내하며 신실하기에 믿음을 지킨다. 또한 그들은 신앙의 진보가 있어 시간이 지날수록 주님을 위해서 점점 더 많은 일을 행하였다. 시간이 지날수록 믿음과 사랑이 식지 않고 점점 더 뜨거워지고 좋아져서 우리 주님과 교회를 섬겼기에 우리 예수께서는 그들을 칭찬하셨다. 그러므로 두아디라 교회 성도들처럼 우리의 신앙도 점점 더 성장하여 뜨겁게 봉사하고 주님을 섬겨 주님으로부터 칭찬을 받는 성도가 되어야 한다.

❸ 예수께서는 두아디라 교회를 책망하신다.

두아디라 교회는 많은 시간 동안 모범적이고 훌륭한 교회였으나 세월이 흐르면서 점차 타락하여 죄를 용납하는 교회가 되었다. 그래서 예수께서는 요한계시록 2장 20절에서 두아디라 교회를 이렇게 책망하셨다.

"그러나 네게 책망할 일이 있노라 자칭 선지자라 하는 여자 이세벨을 네가 용납함이니 그가 내 종들을 가르쳐 꾀어 행음하게 하고 우상의 제물을 먹게 하는도다"

두아디라 교회에 구약에 등장하는 아합의 아내 이세벨과 같은 여 선지자가 있었다. 그러면 아합의 아내 이세벨은 어떤 여자였는가? 열왕기상 16장 30절부터 33절을 읽어보면 아합의 아내 이세벨은 바알 숭배자로서 사마리아에 바알 신당을 지어놓고 그곳에 바알을 위한 단과 아세라 목상을 세우고 이스라엘 백성들을 유혹하여 우상 숭배의 죄를 범하게 했다. 그녀는 여호와의 선지자를 가장 많이 죽였으며, 그 시대에 이스라엘 백성들이 우상 숭배의 죄를 가장 극심하게 범하게 만든 장본인이다. 그리고 이세벨은 이스라엘 백성들이 영적인 행음의 죄를 범하게 만든 장본인이다. 그런데 두아디라 교회에도 이세벨과 같은 여자가 있어 두아디라 교회 성도들을 유혹하여 행음하게 하고 우상의 제물을 먹게 했다. 그러면 그 여자는 어떻게 교회 성도들을 유혹하였는가? 여기 20절에서 '그가 내 종들을 가르쳐 꾀어'라는 말처럼 그 여자는 잘못된 비진리를 가르쳐 유혹했다. 사실 오늘날 수많은 이단이 활동하고 있는데 이단들 대부분은 두 종류로 구분할 수 있다. 보여주는 이단과 가르치는 이단이다. 보여주는 이단은 신사도 운동에 가담하여 여러 가지 거짓 기적이나 거짓 역사를 보여주면서 이단에 빠지게 한다. 하지만 더 심각한 이단은 가르치는 이단이다. 이들은 잘못된 비진리를 체계적으로 가르쳐 세뇌하여 이단에 빠지게 한다. 그들에게는 자신들의 교리를 세뇌하는 체계적인 교재가 있다. 그 교재를 가르치면 이단에 빠진다. 그래서 예수께서는 이세벨 같은 여자를 교회에서 내쫓지 못하고 용납한 두아디라 교회를 책망하셨다.

❹ 예수께서는 죄의 대가를 거두게 하신다.

인간은 죄의 대가를 모르기 때문에 죄를 범하는 경우가 많다. 그래서 예수께서는 요한계시록 2장 22절과 23절에서 죄가 얼마나 무서운가를 죄의 대가를 통해서 말씀하신다.

"볼지어다 내가 그를 침상에 던질 터이요 또 그와 더불어 간음하는 자들도 만일 그의 행위를 회개하지 아니하면 큰 환난 가운데에 던지고 또 내가 사망으로 그의 자녀를 죽이리니 모든 교회가 나는 사람의 뜻과 마음을 살피는 자인 줄 알지라 내가 너희 각 사람의 행위대로 갚아 주리라"

예수께서는 그들이 무엇을 잘못했는지 20절에서 아주 분명하게 말씀하셨다. 그리고 요한계시록 2장 21절에서 죄에 대한 회개를 촉구하고 회개하지 않으면 죄의 대가를 거두게 하신다고 아주 분명하게 경고하셨다.

"또 내가 그에게 회개할 기회를 주었으되 자기의 음행을 회개하고자 하지 아니하는도다"

그래서 여기 22절과 23절에서 그들이 범한 죄에 대한 징계로 죄의 대가를 치르게 하시겠다고 말씀하신다. 우리 주님께서는 각 사람이 범한 죄의 행위대로 갚아주신다. 다시 말하면 심는 대로 거두게 하신다. 그래서 사도 바울도 갈라디아서 6장 7절과 8절에서 이렇게 경고했다.

"스스로 속이지 말라 하나님은 업신여김을 받지 아니하시나니 사람이 무엇으로 심든지 그대로 거두리라 자기의 육체를 위하여 심는 자는 육체로부터 썩어질 것을 거두고 성령을 위하여 심는 자는 성령으로부터 영생을 거두리라"

그렇다면 예수께서는 두아디라 교회 성도들이 범한 죄의 대가로 무엇을 거두게 하시는가?

❶ 두아디라 교회 성도들은 죄의 대가로 질병에 걸린다.

여기 요한계시록 2장 22절에 죄를 회개하지 않는 자를 '침상'에 던진다고 말씀하셨는데 여기서 침상이란 휴식용 침대와 환자용 침상이 있는데 여기에 등장하는 침상은 환자용 침상이다. 그러므로 그들이 죄를 회개하지 않으면 하나님께서는 때때로 질병으로 그들을 징계하신다. 사람이 왜 질병에 걸리는가? 어떤 질병은 하나님의 영광을 나타내기 위한 질병이 있으나 또 어떤 질병은 죄의 대가로 찾아온다. 그러므로 우리는 우리가 범한 죄를 인정하고 회개해야 건강하게 살아갈 수 있다.

❷ 두아디라 교회 성도들은 죄의 대가로 큰 환난에 빠진다.

그래서 우리 예수께서는 그들이 죄를 범하고도 회개하지 아니하는 두아디라 교회 성도에게 그들을 '환난 가운데 던지겠다'라고 말씀하신다. 이 환난이 어떤 환난인지는 알 수 없으나 아주 심각한 어려움을 당하게 하는 것이다.

❸ 두아디라 교회 성도들은 죄의 대가로 자신들의 자녀들이 죽는 일이 일어났다.

왜냐하면 그들은 행음의 죄를 범하였기 때문이다. 그래서 사도 바울도 고린도전서 5장 1절부터 5절에서 음행의 죄와 육신의 죽음을 연결하여 설명하였다.

"너희 중에 심지어 음행이 있다 함을 들으니 그런 음행은 이방인 중에서도 없는 것이라 누가 그 아버지의 아내를 취하였다 하는도다 그리하고도 너희가 오히려 교만하여져서 어찌하여 통한히 여기지 아니하고 그 일 행한 자를 너희 중에서 쫓아내지 아니하였느냐 내가 실로 몸으로는 떠나 있으나 영으로는 함께 있어서 거기 있는 것 같이 이런 일 행한 자를 이미 판단하였노라 주 예수의 이름으로 너희가 내 영과 함께 모여서 우리 주 예수의 능력으로 이런 자를 사탄에게 내주었으니 이는 육신은 멸하고 영은 주 예수의 날에 구원을 받게 하려 함이라"

우리는 이곳에서 사망에 이르는 죄를 발견할 수 있는데 그것이 바로 음행의 죄였다. 그러므로 자기의 죄를 숨기고 회개하지 아니하는 자는 형통하지 못하나 자신의 죄를 자복하고 버리는 사람은 하나님께서 불쌍히 여겨 주신다(잠 28:13). 그래서 우리는 죄의 대가가 얼마나 무서운가를 알아야 하고 속히 그 죄를 회개하고 자복해야 한다. 우리 예수님은 각 사람이 행한 대로 갚아주시기 때문이다.

2. 두아디라 교회를 통해서 배울 수 있는 영적인 교훈은 무엇인가?

❶ 우리는 순수한 동기로 하나님을 섬겨야 한다.
우리가 순수한 동기로 하나님을 섬겨야 하는 이유는 우리 예수님께서 우리의 중심을 훤히 다 보시기 때문이다.

❷ 우리는 우리 자신을 죄로부터 지켜야 한다.
오늘날 우상 숭배의 죄와 행음의 죄가 과연 무엇인가? 구약시대에는 하나님을 섬기지 않고 이방 신을 섬기는 것이 우상 숭배였다. 그러나 오늘날에는 하나님의 자녀인 우리가 예수님을 사랑하지 않고 세상을 더 사랑하는 것이 우상 숭배다. 그러므로 우리는 언제나 변함없이 주님을 사랑하고 세상으로부터 분리된 삶을 살아야한다. 죄를 용납하지 말고 죄로부터 분리된 삶을 살아야 한다. 그래야 우리는 죄로부터 우리 자신을 지킬 수 있다.

❸ 우리는 항상 올바른 생각을 해야 한다.
우리 예수께서 불꽃 같은 눈으로 우리의 심령을 살펴보시면 우리가 무엇을 생각하고 있는지 아시기 때문이다. 그러므로 우리는 시편 기자처럼 하나님께 이런 기도를 드려야 한다.
"하나님이여 나를 살피사 내 마음을 아시며 나를 시험하사 내 뜻을 아옵소서 내게 무슨 악한 행위가 있나 보시고 나를 영원한 길로 인도하소서"(시 139:23-24)
시편 기자가 하나님께 왜 이렇게 기도했는가? 시편 139편 1절부터 18절을 읽어보면 시편 기자는 하나님께서 누구보다도 자신의 모든 것을 다 아시고 계신다는 사실을 믿었기 때문이다. 자신이 하는 모든 말, 자신의 모든 행동, 자신의 모든 생각을 하나님이 아시며, 자신이 어머니 모태에 있을 때부터 아시기 때문에 하나님께 자신을 살피사 자신의 마음과 뜻을 아시라고 기도할 수밖에 없었다.

❹ 우리는 끝까지 최선을 다하는 성도가 되어야 한다.

"두아디라에 남아 있어 이 교훈을 받지 아니하고 소위 사탄의 깊은 것을 알지 못하는 너희에게 말하노니 다른 짐으로 너희에게 지울 것은 없노라"(계 2:24)

여기서 '이 교훈을 받지 아니하고'라는 말씀은 두아디라 교회에 이세벨의 잘못된 신앙을 끝까지 따르지 않은 소수의 사람이 있었다는 것을 말한다. 이들은 사탄의 깊은 것을 알지 못했기에 비진리에 물들지 않았으며 올바른 진리로 완전하게 무장했다. 그래서 예수께서는 그들에게 자신이 주신 올바른 신앙을 자신이 올 때까지 굳게 잡으라고 격려하신다.

"다만 너희에게 있는 것을 내가 올 때까지 굳게 잡으라"(계 2:25)

❺ 우리는 그리스도와 함께 통치하는 특권을 누릴 수 있어야 한다.

이제 요한계시록 2장 26절부터 29절에서 우리가 신앙생활에서 패배하지 않고 승리하고 이기는 자가 된다면 우리에게 예수 그리스도와 함께 천년왕국에서 통치할 특권을 주시겠다고 약속하셨다.

"이기는 자와 끝까지 내 일을 지키는 그에게 만국을 다스리는 권세를 주리니 그가 철장을 가지고 그들을 다스려 질그릇 깨뜨리는 것과 같이 하리라 나도 내 아버지께 받은 것이 그러하니라 내가 또 그에게 새벽 별을 주리라 귀 있는 자는 성령이 교회들에게 하시는 말씀을 들을지어다"

그래서 우리는 예수님과 함께 만국을 다스리는 놀라운 특권을 누릴 수 있어야 한다. 그리고 진리로 무장하고 끝내 승리한 사람들에게는 예수께서 자신의 별인 '새벽 별'을 주시겠다고 약속하셨다. 우리 예수께서 환히 빛나는 새벽 별이 되시는 분이시기 때문이다. 요한계시록 22장 16절에서도 예수께서 친히 '나 예수는 광명한 새벽 별이라'라고 말씀하셨다. 그러므로 예수께서 자신을 우리에게 주시겠다고 말씀하신다. 우리에게 가장 큰 축복은 예수님 자신이기 때문이다. 그분이 나와 함께 하시면 모든 것은 끝난다. 그분 한 분이면 족한 것이다. 예수께서 자신을 우리에게 주시면 우리는 그분과 함께 왕으로서 통치하고 다스리며, 천국에서 그분과 함께 영원히 살아가는 것이다.

❺ 사데 교회(3:1-6)

사데 교회는 한 마디로 죽은 교회였다. 그러므로 예수께서는 일곱 영과 일곱별을 가지신 분으로 등장한다. 여기서 일곱 영은 이사야 11장 2절에서 말하는 성령의 일곱까지 특성으로 여호와의 영, 지혜의 영, 총명의 영, 모략으로 충고하는 영, 재능과 능력의 영, 지식의 영, 하나님을 경외하는 영이며, 일곱별은 일곱 교회의 목사다. 그러므로 우리 예수께서는 성령님과 교회의 사역자들을 통해서 영적으로 죽은 사람들을 복음으로 살리신다.

사데의 도시는 두아디라에서 남동쪽으로 약 48km 지점에 있는 도시로 현재 튀르키예의 '사트'라는 도시이며, 과거 아주 부유한 리디아 왕국의 수도였으며, 상업적으로 번창한 도시였다. 특히 염직 공업과 양털 염색과 금모래가 유명하여 사데에서 가까운 곳에 있는 팩톨루스강에서 캔 금으로 금은보석 산업과 모직 옷감 산업이 발달하여 사치와 부의 도시였으며 무역의 요충지였다.

이 도시는 에베소와 마찬가지로 아주 큰 아데미 신전이 있었는데 가로가 100m이고 세로가 50m나 되는 큰 신전이다. 사데는 군사적인 면에서 성채가 남쪽만을 제외하고 모두 암벽으로 되어 있어 삼면이 450m나 되는 깎아지른 벼랑으로 이루어져 난공불락의 성을 이루고 있었기 때문에 상당히 안일한 생활을 영위하고 있었다. 사데 사람들은 그 안일함으로 인해 두 번 정복을 당하였는데 BC 549년에 페르시아 제국의 고레스의 공격과 BC 195년에 안티오쿠스의 침략을 받았다. 사데는 AD 17년에 큰 지진으로 파괴되었지만, 티베리우스 황제의 재정 지원으로 다시 건설되었다. 사데는 고대 세계에서 가장 유명한 도시 중의 하나였고, 리디아의 왕들은 농산물과 교역으로 큰 부를 누렸으며 종교적으로는 시벨리 여신을 섬겼고 황제 숭배가 극심했다. 사데 도시가 한 때 번영했다가 쇠퇴했던 것처럼 사데 교회도 생명력을 잃어버리고 죽은 교회가 되었다.

그렇다면 사데 교회에 소개되는 예수님은 어떤 분이신가?

1. 예수께서는 잘못된 교회를 안타까워하신다.

사데 교회는 살았다 하는 이름은 가졌으나 실상은 죽은 교회였다. 사실 이 세상에서 죽은 교회보다 더 비참한 교회는 없다. 그러므로 사데 교회는 처음부터 예수님으로부터 칭찬은 없고 책망만 받았다.

"사데 교회의 사자에게 편지하라 하나님의 일곱 영과 일곱 별을 가지신 이가 이르시되 내가 네 행위를 아노니 네가 살았다 하는 이름은 가졌으나 죽은 자로다"(계 3:1)

사데 교회 교인들은 말로만 그리스도인임을 자처하였으나 우리의 주님은 우리의 말이 아니라 우리의 행함을 가지고 우리를 평가하신다. 말로만 그리스도인임을 자처하는 사람들은 명목상 그리스도인이다. 어떤 사람이 진실로 구원받은 사람인지 어떻게 알 수 있는가? 그것은 그 사람의 행위 즉 행함을 보면 알 수 있다. 그러므로 자신이 구원받은 사람이라고 하면서 행함이 뒤따르지 않는 사람은 진실로 구원받은 사람이 아니기에 야고보 사도도 야고보서에서 그것을 지적한다.

"내 형제들아 만일 사람이 믿음이 있노라 하고 행함이 없으면 무슨 유익이 있으리요 그 믿음이 능히 자기를 구원하겠느냐, 어떤 사람은 말하기를 너는 믿음이 있고 나는 행함이 있으니 행함이 없는 네 믿음을 내게 보이라 나는 행함으로 내 믿음을 네게 보이리라 하리라, 아아 허탄한 사람아 행함이 없는 믿음이 헛것인 줄을 알고자 하느냐, 영혼 없는 몸이 죽은 것 같이 행함이 없는 믿음은 죽은 것이니라"(약 2:14, 18, 20, 26)

여기서 '만일 사람이 믿음이 있노라 하고'라는 말씀은 자신은 믿음이 있는 사람이라고 구원을 받은 사람이라고 말하는 사람이다. 그런데 본인이 그렇게 말하면서 행함이 없다면 그러한 믿음은 아무런 유익이 없어 야고보는 '그 믿음이 능히 자기를 구원하겠느냐'라고 말한다. 여기서 '그 믿음'이라는 것은 행함이 없는 믿음이요 죽은 믿음을 지칭한다. 그러므로 그러한 믿음은 자신을 구원할 수 없다고 아주 분명하게 말씀한다.

구원에 있어서 가장 중요한 것은 무엇인가?

구원에 있어서 가장 중요한 것은 무엇보다도 주님의 평가다. 왜냐하면 구원 문제에 있어서 어떤 사람들은 잘못된 착각 속에 빠질 수 있기 때문이다. 본인이 확실하게 구원을 받지 못했는데도 자신은 구원받은 사람이라고 착각할 수 있다. 그래서 사도 바울은 갈라디아서 6장 7절에서 "스스로 속이지 말라 하나님은 업신여김을 받지 아니하시나니 사람이 무엇으로 심든지 그대로 거두리라"고 경고한다. 사도 바울은 고린도후서 13장 5절에서도 이렇게 경고한다.

"너희는 믿음 안에 있는가 너희 자신을 시험하고 너희 자신을 확증하라 예수 그리스도께서 너희 안에 계신 줄을 너희가 스스로 알지 못하느냐 그렇지 않으면 너희는 버림 받은 자니라"

사데 교회는 '살았다' 하는 이름은 가지고 있었다. 다시 말하면 사람들로부터는 인정받는 교회였다. 무엇으로 인정을 받았는가? 사데 도시가 부유한 도시였기에 그 교회는 혹시 큰 건물이나 다양한 프로그램이 있었는지도 모른다. 그러나 예수께서는 그런 사데 교회에 그분의 완벽한 지식으로 '죽었다.'라고 평가하셨다. 다시 말하면 사람들이 인정해도 하나님께서 인정하지 않는 행위가 있다는 것을 보여준다. 고린도전서 3장 10절부터 15절에 등장하는 불타버린 공력이 그것을 잘 설명해 준다. 그 사람은 열심히 수고하여 나무와 풀과 짚으로 신앙의 집을 지었지만 결국에는 그러한 공력이 불타버려 하나님으로부터 인정을 받지 못했다. 그렇다면 우리의 신앙생활은 어떠한가? 우리는 과연 올바른 구원을 받았는가? 예수께 인정받는 신앙생활을 하고 있는가? 그렇지 않다면 올바르게 회개하고 돌아서야 한다.

2. 예수께서는 회개의 기회를 주신다.

아무리 잘못된 신앙이라도 회개하고 돌아서면 바른 신앙으로 회복될 수 있기 때문이다.

그러므로 우리 예수께서는 요한계시록 3장 2절과 3절에서 그들에게 다시 돌아올 기회를 주신다.

"너는 일깨어 그 남은 바 죽게 된 것을 굳건하게 하라 내 하나님 앞에 네 행위의 온전한 것을 찾지 못하였노니 그러므로 네가 어떻게 받았으며 어떻게 들었는지 생각하고 지켜 회개하라 만일 일깨지 아니하면 내가 도둑 같이 이르리니 어느 때에 네게 이르는지 네가 알지 못하리라"

여기서 '일깨어'라는 말은 신앙의 잠에서 깨어나라는 의미다. 그러므로 그들은 영적인 잠에서 깨어나야 했다. 영적으로 무관심하게 지낼 때가 아니었다. 그리고 '그 남은 바 죽게 된 것을 굳건하게 하라'는 말은 이 교회가 완전히 죽지는 않았기에 회개할 기회가 있다고 말씀하신다. 그래서 우리가 회개하고 주님께 돌아오면 예수께서는 요한계시록 3장 5절에서 우리에게 의의 옷을 입혀 주시며, 우리의 이름을 생명책에 반드시 기록해 주신다고 말씀하신다.

"이기는 자는 이와 같이 흰 옷을 입을 것이요 내가 그 이름을 생명책에서 결코 지우지 아니하고 그 이름을 내 아버지 앞과 그의 천사들 앞에서 시인하리라"

그러므로 예수께서는 생명이 없는 죽은 교회에 가장 합당한 말로서 그들을 일깨워 주신다. 오늘날 많은 사람이 신앙의 다른 옷을 입고 있지만, 우리 예수께서는 오직 흰옷을 입은 사람들만 인정해 주신다. 여기서 '흰옷'은 예수 그리스도의 보혈로 죄를 용서받고 의로운 옷을 입었기 때문이다. 그러므로 예수 그리스도의 복음으로 구원받은 그리스도인들은 나중에 부활하여 공중으로 승천했다가 예수께서 지상으로 다시 재림하실 때 하늘에 있는 군대가 되어 희고 깨끗한 세마포 옷을 입고 백마를 타고 예수 그리스도를 따르게 된다(계 19:14). 그리고 요한계시록 3장 5절 하반절에서 예수 그리스도의 복음으로 구원을 받은 사람은 그 이름이 하늘의 생명책에 아주 분명하게 기록이 되고 지워지지 않는다고 약속하셨다.

아마 어떤 사람들은 출애굽기 32장 33절의 말씀을 통해서 하늘의 생명책에서 누군가의 이름이 지워질 수도 있다고 생각한다.

"여호와께서 모세에게 이르시되 누구든지 내게 범죄하면 내가 내 책에서 그를 지워 버리리라"

하지만 출애굽기에 나와 있는 책과 요한계시록 3장 5절에 나와 있는 책은 같은 생명책이 아니다. 출애굽기에 나와 있는 책은 살아 있는 사람들을 기록한 책으로 이 책에서 지워지는 것은 영원한 생명이 지워지는 게 아니라 육체적 죽음으로 그 이름이 지워진다. 오늘날 각 도시의 행정센터에는 시민들의 인명부가 등록되어 있다. 그 도시의 시민이 사망하면 사망신고를 통해서 그 사람의 이름이 지워지는 것처럼 그 당시에도 시민의 인명부가 있었으며, 어떤 시민이 죽으면 그 사람의 이름이 인명부에서 지워졌다. 하지만 요한계시록 3장 5절에 나와 있는 책은 예수 그리스도의 복음으로 구원을 받으면 영원한 생명을 얻고 그 이름이 하늘의 생명책에 기록이 되어 영원히 지워지지 않는 것을 아주 분명하게 말한다. 그리스도인의 이름은 하나님 아버지와 그분의 천사들 앞에서 공개적으로 그분에게 속했다고 선포한다. 한 번 영생을 얻고 구원을 받으면 영원히 멸망하지 않기 때문이다.

"내가 그들에게 영생을 주노니 영원히 멸망하지 아니할 것이요 또 그들을 내 손에서 빼앗을 자가 없느니라"(요 10:28)

3. 예수께서는 바른 신앙을 간직한 사람을 칭찬하신다.

사데 교회가 잘못된 교회였지만 그래도 신앙의 옷을 더럽히지 않고 진실하게 믿는 소수의 사람이 있었다. 그래서 예수께서는 이러한 소수의 사람에게 관심을 가지고 계신다.

"그러나 사데에 그 옷을 더럽히지 아니한 자 몇 명이 네게 있어 흰옷을 입고 나와 함께 다니리니 그들은 합당한 자인 연고라"(계 3:4)

사데에는 양모 산업이 발달하여 옷에 관심을 가진 사람들이 많았다. 우리가 입는 흰옷은 더럽히지 않는 것이 중요한데 옷을 '더럽힌다'라는 단어는 헬라어로 '몰뤼노'라는 단어로 '얼룩지게 하다' '오염을 시킨다'라는 뜻이다. 그래서 얼룩이 없고 오염되지 않은 깨끗한 옷을 입는 것도 중요하지만 가장 중요한 사실은 신앙의 옷이다. 신앙의 옷을 더럽히지 아니했다는 것은 '세속에 물들지 않아 구별되고 깨끗한 삶을 살았다'라는 것을 말한다, 다시 말해서 죄로부터 분리된 삶을 살아가고 거룩하고 성결한 삶을 살아가는 것이 신앙의 바른 옷을 입은 것이다. 그렇게 살아갈 때 주님으로부터 합당한 사람으로 인정을 받는다. 그래서 우리는 모두 성령께서 교회들에 하시는 말씀을 들어야 한다.

"귀 있는 자는 성령이 교회들에게 하시는 말씀을 들을지어다"(계 3:6)

그러므로 우리는 죽은 교회가 아니라 진정으로 살아 있는 교회가 되어야 한다.

❻ 빌라델비아 교회(3:7-13)

빌라델비아 교회는 예수께 사랑받는 교회로 비록 작은 교회였지만 자신들의 작은 능력으로도 주님의 이름을 배반하지 않았으며 끝까지 주님을 잘 섬기는 교회였다.

그러므로 우리 예수님은 빌라델비아 교회에 거룩하고 진실한 분으로 등장한다. 진정한 사랑에 가장 잘 어울리는 성품은 바로 거룩함과 진실함이기 때문이다. 그러나 이 세상에는 거룩하지도 아니하고 진실하지도 않은 거짓된 사랑이 많아 사람들이 사랑에 속아 울부짖지만, 우리를 사랑하시는 예수님은 거룩하시고 진실하신 분으로 우리를 사랑할 능력을 소유하셨다.

그분은 권위가 있고 위엄이 있으며 이 세상을 통치할 능력을 갖추고 계시고 다윗의 열쇠를 가지고 있어서 그분이 한 번 닫으면 누구도 열 수 없으며, 그분이 열면 누구도 닫을 수 없다.

빌라델비아 도시는 아탈루스 2세의 별명 필라델푸스에서 비롯된 이름으로 사데 남동쪽 약 40km 지점에 있는 중앙 고원에 있는 도시로 높이 244m 언덕에 있어 모든 길을 내려다볼 수 있었으며 교통의 중심지였으며, 포도 생산지로 유명한 곳으로 '작은 아덴'으로 불리며 문화의 꽃을 피웠으며, 서머나와 리디아 왕국에서 동방으로 가기 위하여 제일 먼저 들러야 해서 동방의 관문이었다.

그런데 AD 17년에 큰 지진이 나서 도시가 파괴되었는데 카이사르 티베리우스 황제가 이 지역을 잘 복원하였다. 이 지역은 교통의 중심지여서 상공업이 발달하였고, 직물과 가죽과 관계된 여러 산업이 발달하였고, 특별히 이 지역에서 포도가 잘 영글어 아주 좋은 양질의 포도주를 많이 생산하였으며, 농업과 상업이 발달하여 경제적으로 상당한 부를 누렸으나 그로 인해서 상당히 세속화되었고, 향락적인 도시가 되었으며, 많은 우상을 섬기는 도시가 되었다.

1. 빌라델비아 교회는 어떻게 예수께 사랑받는 교회가 되었는가?

❶ 빌라델비아 교회가 전도하는 교회였기 때문이다.
"볼지어다 내가 네 앞에 열린 문을 두었으되 능히 닫을 사람이 없으리라 내가 네 행위를 아노니 네가 작은 능력을 가지고서도 내 말을 지키며 내 이름을 배반하지 아니하였도다"(계 3:8)
예수께서는 빌라델비아 교회에게 열린 문을 주셨다. 이 열린 문은 선교와 복음을 전도할 기회의 문이었다. 사도 바울 또한 전도의 기회를 항상 찾았으며, 여러 성도에게 전도의 문을 열어 달라는 기도를 자주 부탁하였다.

"내게 광대하고 유효한 문이 열렸으나 대적하는 자가 많음이라, 내가 그리스도의 복음을 위하여 드로아에 이르매 주 안에서 문이 내게 열렸으되, 또한 우리를 위하여 기도하되 하나님이 전도할 문을 우리에게 열어 주사 그리스도의 비밀을 말하게 하시기를 구하라 내가 이 일 때문에 매임을 당하였노라"(고전 16:9, 고후 2:12, 골 4:3)

그러므로 빌라델비아 교회는 전도의 기회를 통해서 복음을 전한 아름다운 교회였기에 우리 예수께서는 이러한 교회를 사랑하신다. 전도야말로 교회의 대 사명이요 천하보다도 귀중한 생명을 살리는 일이기 때문이다. 교회가 전도하지 않는다면 교회로서의 일차적인 사명을 감당하지 못한 것이며, 아무리 어려운 환경이라도 복음을 전한다면 주님께 사랑받는 교회가 될 수 있다. 그러므로 우리도 예수께 사랑받는 교회가 되기 위해서 열심히 복음을 전해야 한다.

❷ 빌라델비아 교회가 하나님의 말씀에 순종하는 교회였기 때문이다
요한계시록 3장 8절에서 예수께서는 빌라델비아 교회가 적은 능력으로 말씀을 지켰다고 칭찬하신다. 이 교회는 비록 적은 성도가 모였는지도 모른다. 우리는 빌라델비아 교회가 큰 교회였기 때문에 예수께 사랑받았을 것으로 생각하지만, 그것은 마귀 사탄의 생각이다. 그래서 사탄은 욥기 1장 9절부터 11절에서 이렇게 말한다.

"사탄이 여호와께 대답하여 이르되 욥이 어찌 까닭 없이 하나님을 경외하리이까 주께서 그와 그의 집과 그의 모든 소유물을 울타리로 두르심 때문이 아니니이까 주께서 그의 손으로 하는 바를 복되게 하사 그의 소유물이 땅에 넘치게 하셨음이니이다 이제 주의 손을 펴서 그의 모든 소유물을 치소서 그리하시면 틀림없이 주를 향하여 욕하지 않겠나이까"

하나님께서 욥을 칭찬하시자 사탄은 욥이 하나님의 많은 축복을 받았기에 하나님을 잘 섬겼다고 말한다. 사탄은 하나님께서 욥의 손으로 하는 바를 복되게 하사 욥의 소유물이 땅에 넘치게 하여서 하나님을 잘 섬기고 하나님을 경외했다고 말한다. 그래서 하나님께서 욥의 모든 소유물을 치시면 욥은 반드시 주님을 향하여 욕할 것이라고 주장한다. 이것이 바로 사탄의 생각이다.

빌라델비아 교회는 비록 적은 능력으로 주님의 말씀에 순종하는 아름다운 교회였다. 그들은 세상의 그 어떤 것보다도 주의 말씀에 관심을 가졌으며, 매일의 삶에서 하나님의 말씀에 순종하는 것이 습관처럼 되어 있었다. 그렇다면 빌라델비아 교회가 어떻게 하나님의 말씀에 순종할 수 있었는가? 교회 성도들이 주님을 사랑했기 때문이다. 그래서 요한은 주님을 사랑하는 사람이 하나님의 말씀에 순종할 수 있다고 말한다.

"나의 계명을 지키는 자라야 나를 사랑하는 자니 나를 사랑하는 자는 내 아버지께 사랑을 받을 것이요 나도 그를 사랑하여 그에게 나를 나타내리라"(요 14:21)

예수님을 사랑하기 때문에 그분의 말씀에 순종하는 것이요, 예수께서 그것을 아시기 때문에 예수께서도 그들을 사랑해 주신다. 그러므로 하나님의 말씀에 순종하는 것은 하나님을 사랑하는 것을 행동으로 표현하는 것이다. 우리가 진심으로 하나님을 사랑한다면 하나님의 말씀에 순종해야 한다. 그러면 우리 예수께서도 그런 우리를 사랑해 주신다. 그러므로 "나도 그를 사랑하여 그에게 나를 나타내리라"라고 말씀하시며, 요한계시록 3장 9절에서는 "내가 너를 사랑하는 줄을 알게 하리라"라고 말씀하신다.

❸ 빌라델비아 교회가 주님의 이름을 배반하지 않았기 때문이다.

요한계시록 3장 8절에서 예수께서는 빌라델비아 교회가 예수님의 이름을 배반치 않았다고 칭찬하신다. 그렇다면 그들은 어떻게 예수님의 이름을 배반하지 않았는가? 그 당시 예수 믿는 사람들은 많은 환난과 핍박을 당하였다. 특별히 로마 황제 가운데 네로 황제는 아주 사악한 황제로 수많은 그리스도인을 처형했는데 사도 바울과 사도 베드로도 네로 황제에게 순교를 당했다. 또한 요한계시록이 기록된 AD 90년경에는 도미티안 황제가 로마제국을 통치했는데 그가 통치하는 기간에도 많은 그리스도인이 심한 핍박과 박해를 받았다.

예수 믿는 그리스도인을 붙잡다가 황제가 신이라고 고백하게 하고 그것을 거절하면 그 즉시 사형에 처하였으며, 짐승의 밥이 되어 죽기도 했으며, 십자가에 못을 박아 죽이기도 했고, 불에 화형을 당하기도 했다.

이러한 박해가 300년 가까이 지속되었으나 콘스탄티누스 황제가 313년 기독교를 공인할 때까지 말할 수 없는 환난과 핍박을 당했다. 이러한 핍박을 받는 기간에 여러 사람이 예수님의 이름을 모른다고 부인하고 황제를 신으로 숭배하여 주님의 이름을 배반했지만, 빌라델비아 교회는 환난과 핍박이 다가오고 어려움이 다가와도 예수의 이름을 끝까지 배반하지 않고 적은 능력으로 하나님의 말씀에 순종했으며 열심히 주님을 섬겼다.

사실 우리 예수님은 언제나 항상 우리를 신실하게 사랑해 주신다. 그러한 분이 우리에게 배반을 당한다면 얼마나 섭섭하시겠는가? 그러나 빌라델비아 교회는 주님의 이름을 배반하지 않았기에 우리 예수님은 빌라델비아 교회를 사랑해 주셨다. 그리고 예수께 사랑받는 사람은 모습이 아름다울 수밖에 없다. 그래서 잘못된 원수들까지도 우리가 하나님께 사랑받는 사람이라는 것을 알게 해 주신다. 그래서 예수님은 요한계시록 3장 9절에서 이렇게 말씀하신다.

"보라 사탄의 회당 곧 자칭 유대인이라 하나 그렇지 아니하고 거짓말하는 자 중에서 몇을 네게 주어 그들로 와서 네 발 앞에 절하게 하고 내가 너를 사랑하는 줄을 알게 하리라"

여기 이 말씀은 사탄의 회당인 잘못된 사람들이 거짓말하고 문제를 일으키고 싸우게 만들던 사람들이 빌라델비아 교회 성도들에게 와서 무릎을 꿇으며 '내가 너를 사랑하는 줄을 알게 하리라'라는 말씀처럼 하나님께 사랑받는 교회라는 것을 알게 해 주시겠다고 말씀하신다. 그러므로 우리도 예수님의 이름을 배반하지 아니하고 맘과 뜻과 정성을 다하여 목숨 바쳐 주님을 위해 충성한다면, 원수들이 우리 앞에 와서 무릎을 꿇게 되며 우리가 하나님께 사랑받는 사람이라는 것을 알려주신다.

2. 예수님께 사랑받는 빌라델비아 교회가 받은 보상은 무엇인가?

❶ 예수께서 빌라델비아 교회에게 전도의 기회를 주셨다.

"볼지어다 내가 네 앞에 열린 문을 두었으되 능히 닫을 사람이 없으리라 내가 네 행위를 아노니 네가 작은 능력을 가지고서도 내 말을 지키며 내 이름을 배반하지 아니하였도다, 말씀하시되 나를 따라오라 내가 너희를 사람을 낚는 어부가 되게 하리라 하시니"(계 3:8, 마 4:19)

이 말씀은 주님을 신실하게 따르는 사람이 사람 낚는 전도의 전문가가 되게 해 주시겠다는 약속이다. 마치 초대교회에 날마다 영혼을 더하신 것처럼 주님을 사랑하는 사람에게 영혼을 허락해 주신다.

❷ 예수께서 빌라델비아 교회에게 원수가 무릎 꿇게 하셨다.

"보라 사탄의 회당 곧 자칭 유대인이라 하나 그렇지 아니하고 거짓말 하는 자들 중에서 몇을 네게 주어 그들로 와서 네 발 앞에 절하게 하고 내가 너를 사랑하는 줄을 알게 하리라"(계 3:9)

앞에서 설명한 것처럼 원수들이 이 교회에 찾아와서 발 앞에 절하고 무릎 꿇게 해 주시겠다는 약속이다.

❸ 예수께서 빌라델비아 교회에게 시험의 때를 면하게 해 주셨다.

"네가 나의 인내의 말씀을 지켰은즉 내가 또한 너를 지켜 시험의 때를 면하게 하리니 이는 장차 온 세상에 임하여 땅에 거하는 자들을 시험할 때라"(계 3:10)

이 말씀은 요한계시록에서 가장 중요한 구절이다. 교회가 받는 축복 가운데 이보다 더 놀라운 축복은 없다. 왜냐하면 요한계시록 6장부터 19장까지는 무시무시한 대환란을 다루는데 이 교회가 이러한 대환란에 들어가지 않기 때문이다. 사실 대환란 기간에 이 세상 사람들 절반이 죽임을 당하고, 지구상의 모든 생명체가 해를 당한다.

이러한 대환란은 이전에도 없었고 이후에도 없을 가장 무시무시한 대환란이다. 이러한 대환란은 장차 올 것이며, 온 세상에 임한다. 그러므로 우리 예수께서 빌라델비아교회만 아니라 모든 교회에 속한 모든 성도를 환난 전에 휴거를 통해서 데려가시므로 이 약속을 성취하신다. 사도 바울도 이렇게 말씀하고 있다.

"또 죽은 자들 가운데서 다시 살리신 그의 아들이 하늘로부터 강림하실 것을 너희가 어떻게 기다리는지를 말하니 이는 장래의 노하심에서 우리를 건지시는 예수시니라, 하나님이 우리를 세우심은 노하심에 이르게 하심이 아니요 오직 우리 주 예수 그리스도로 말미암아 구원을 받게 하심이라"(살전 1:10, 5:9)

사도 바울도 죽은 자들 가운데서 다시 살아나신 예수께서 장래 노하심인 대환란에서 우리를 건져 주신다고 말하며, 하나님께서 십자가의 복음으로 우리를 구원하여 세우심은 하나님의 노하심인 대환란에 이르게 하심이 아니라고 아주 분명하게 말씀하신다. 그리고 오직 우리 주 예수 그리스도로 말미암아 대환란에서 구원을 받게 해 주시겠다고 말씀하신다.

김상복 목사는 교회가 대환란을 면하게 된다는 것을 다음과 같이 말했다.

"이 시험의 때란 요한계시록 6장부터 펼쳐질 대환란 시기를 말하는 것으로 보입니다. 그저 지금 우리 성도들이 겪는 시련을 말하는 것이 아닙니다. 이러한 사실을 종합해 보면 결국, 믿음을 지킨 자들은 대환란을 겪지 않을 것임을 알 수 있습니다. 시험의 때를 '면한다.'라는 것은 재앙이 내려진 상황을 면해서 재앙을 조금도 겪지 않는다는 것을 말하는 것입니다."

왜 교회는 대환란 전에 휴거되어 환란의 때를 면하게 되는가?

"네가 나의 인내의 말씀을 지켰은즉 내가 또한 너를 지켜 시험의 때를 면하게 하리니 이는 장차 온 세상에 임하여 땅에 거하는 자들을 시험할 때라"(계 3:10)

여기 요한계시록 3장 10절의 시험의 때는 '장차'라는 말을 통하여 미래에 있을 시험의 때를 말한다. 또한 시험의 때는 제한된 기간을 말한다. 또한 시험의 때는 환란을 당하는 사람을 실제로 드러내는데 '땅에 거하는 자들을 시험할 때'라고 말한다. 다시 말해서 믿지 아니하는 사람을 시험하는 때가 바로 대환란 기간이다. 또한 시험의 때는 그 범위가 전 세계적이라 '온 세상에 임하여'라는 말처럼 온 세상에 미칠 대환란이다. 그리고 교회가 환란을 통과한다고 믿는 사람들은 '시험의 때를 면하게 하리니'라는 말을 시험을 받는 그 시기에 보존된다고 주장하면서 교회가 환란을 통과할 때 하나님께서 그 환란 가운데서 교회를 보존한다고 믿는다. 하지만 여기 '시험의 때를 면하게 하리니'라는 헬라어 문장은 '테레소 엑크'로 그 의미는 "무엇에서부터 지킨다, 무엇에서 벗어난다, 무엇에서 떨어져"라는 뜻이다. 그러므로 시험의 때인 대환란 자체로부터 벗어나고, 대환란에서 떨어지므로 교회는 대환란 전에 휴거가 된다. 그리고 그들은 대환란 안에서 보존된다고 말하지만, 대환란 기간에 믿는 사람들은 보존되지 못하고 오히려 수많은 믿는 자들이 대환란 기간에 실제로 순교를 당한다.

❹ 예수께서 빌라델비아 교회에게 면류관을 주셨다.

"내가 속히 오리니 네가 가진 것을 굳게 잡아 아무도 네 면류관을 빼앗지 못하게 하라"(계 3:11)

빌라델비아 교회는 주님께 잘못한 것이 없으므로 칭찬은 있어도 책망은 없다. 이러한 교회가 주님의 면류관을 받는 것은 너무나 지극히 당연하다. 믿는 그리스도인들은 예수께서 속히 재림하시기에 우리가 가진 믿음을 굳게 잡아야 한다. 여기서 '네가 가진 것을 굳게 잡아'라는 말씀은 빌라델비아 교회 성도들이 예수께 신실했다는 증거다. 그러나 예수께서는 그들에게 계속 신실하라고 명령하신다. 그들이 가진 믿음을 굳게 잡고 끝까지 지키는 사람들은 자신이 받은 구원이 진짜라는 것을 증명해 낸다.

우리 그리스도인들이 한 번 구원을 받으면 그 구원이 영원히 안전하지만, 하나님께서는 그들에게 인내하는 믿음을 주심으로 그들이 영원히 안전하게 하신다. 그리스도인들은 하나님의 은혜와 능력으로 구원을 받았지만, 일관성 있게 믿음을 포기하지 말고 끝까지 믿어야 한다. 그래서 사도 요한은 요한 일서 2장 19절에서 나름대로 믿다가 중간에 믿음을 포기하고 믿음을 저버린 사람들은 그들이 처음부터 진짜 구원받은 사람이 아니라는 것을 드러내는 것이라고 말한다.

"그들이 우리에게서 나갔으나 우리에게 속하지 아니하였나니 만일 우리에게 속하였더라면 우리와 함께 거하였으려니와 그들이 나간 것은 다 우리에게 속하지 아니함을 나타내려 함이니라"

'그들이 우리에게서 나갔으니 그들은 실제로 우리에게 속하지 않은 것이 분명하다. 그들이 우리에게 속했다면 그들은 우리와 함께 남아 있었을 것이다. 그러나 그들이 우리에게서 분명히 나갔고, 이 일을 통해서 그들이 우리에게 속하지 않은 사람이라는 것을 분명하게 보여준다'

그러므로 끝까지 신실하게 인내하며 믿음을 지킨 사람들은 그 보상으로 면류관을 받는다.

❺ 예수께서 승리자에게 하나님의 성전의 기둥이 되는 축복을 주셨다.

"이기는 자는 내 하나님 성전에 기둥이 되게 하리니 그가 결코 다시 나가지 아니하리라 내가 하나님의 이름과 하나님의 성 곧 하늘에서 내 하나님께로부터 내려오는 새 예루살렘의 이름과 나의 새 이름을 그이 위에 기록하리라"(계 3:12)

이기는 자가 성전의 기둥이 되면 어떠한 환난과 문제와 어려움이 다가와도 절대로 요동하지 않는다. 실제로 빌라델비아 지역에 지진으로 모든 건물이 무너졌을 때 기둥만은 든든히 서 있었다. 그래서 성전기둥으로 세워지는 것은 어떠한 환난이 다가와도 절대로 요동하지 않을 것을 보여준다.

당시 빌라델비아 지역은 잦은 지진으로 건물들이 폐허가 되었으나 파괴된 건물 가운데 유일하게 남아 있는 것은 신전의 돌기둥이다. 그러므로 빌라델비아 교회 성도들에게 하나님께서 계시는 성전의 기둥이 되게 하신다는 약속은 승리자가 하나님 나라에서 중요하고 요동하지 않을 것을 보여준다.

그런데 요한은 요한계시록 3장 12절에서 성도들이 성전의 기둥이 되면 "그가 결코 다시 나가지 아니하리라"라고 말씀한다. 이 내용은 빌라델비아 지역에 큰 지진이 자주 일어나니 사람들이 지진이 일어날 때 건물 밖으로 뛰어나가는 일이 많았었다. 하지만 우리가 천국에 들어가면 그곳은 너무나 안전한 곳이기에 천국에서 밖으로 나가는 일이 없이 우리 예수님과 함께 영원히 살아갈 것을 보여준다.
그리고 성전의 기둥이 되는 우리에게 하나님의 이름을 기록하시겠다고 말씀한다. 이것은 우리가 하나님의 영원한 소유가 되는 것이다. 그러므로 우리 모든 그리스도인은 하나님께 속하여 그분과 영원히 친밀한 인격적 교제를 누린다.
그리고 우리에게 하나님의 성 새 예루살렘을 기록하시겠다고 말씀하신다.

'내가 하나님의 이름과 하늘에서 내 하나님께로부터 내려오는 새 예루살렘의 이름과 나의 새 이름을 그이 위에 기록하리라'

이것은 요한계시록 21장에 등장하는 새 예루살렘 성의 시민권을 우리에게 주시는 것을 말한다. 우리가 영원히 안전하며 영광스러운 특권을 누리는 것으로 우리에게 예수님의 새 이름을 기록하겠다고 말씀하신다. 사실 빌라델비아 도시는 여러 번 이름이 바뀌었다. 지진이 일어나고 난 다음에 티베리우스 황제로부터 그 이름을 따서 이름이 바뀌었고, 다음에 베스파시안 황제 때 이름이 바뀌었고, 다음에 이슬람이 그것을 점령해서 알라의 도시라고 이름으로 달라졌다. 하지만 세상에 지명은 다 달라져도 우리에게 주신 영광스러운 예수님의 새 이름은 영원히 바뀌는 일이 없다. 이렇게 아주 분명하게 이러한 이름을 우리에게 기록하시니 우리가 영원히 안전하고 잃어버리는 일도 없고 지워지지도 않고 영원히 안전하다는 것을 보여준다.

❼ 라오디게아 교회(3:14-22)

라오디게아 교회는 차지도 않고 뜨겁지도 않은 아주 미지근한 교회였다. 그들은 신앙생활에서 그들이 믿는 것인지 믿지 않는 것인지 분간할 수 없을 정도로 마치 취미 생활하듯이 신앙생활을 했다. 사실 믿는 사람들이 그렇게 신앙생활을 하면 부패하고 타락할 수밖에 없다. 우리가 먹는 음식물을 보아도 팔팔 끓어서 뜨겁든 지 아니면 냉장고에 보관하여 아주 차가우면 음식물이 상하지 않지만, 음식물이 미지근한 상태로 있으면 부패할 수밖에 없는 것처럼, 우리의 신앙생활도 미지근 하면 부패하고 타락할 수밖에 없다. 하지만 우리 예수님은 요한계시록 3장 14절에 서 그들의 신앙생활과는 완전히 다른 모습으로 나타나신다.

"라오디게아 교회의 사자에게 편지하라 아멘이시요 충성되고 참된 증인이시요 하나 님의 창조의 근본이신 이가 이르시되"

여기에 소개되는 우리 예수님은 '아멘이시요, 충성되고 참된 증인이 되시며, 창조 의 근본이 되시는 분'이다. 우리 예수님은 신실하신 분이셔서 모든 부분에 아멘을 받으시기에 합당하신 분이다. 여기 '아멘'이란 의미는 진리가 확실하기에 진리가 절대로 변하지 않고 확실하여 우리 예수님이 전적으로 믿을 수 있고, 전적으로 신 뢰할 수 있는 분이라는 뜻이다. 우리 예수님은 처음부터 끝까지 모든 것을 아시고 참된 진리가 되시기에 라오디게아 교회의 영적인 상태를 정확하게 평가해서 미지 근한 라오디게아 교회를 책망하신다. 그리고 그분은 '창조의 근본이신 분'으로 그 분이 자신의 능력으로 모든 것을 창조하셨다. 그래서 사도 요한은 요한복음 1장 3 절에서도 "만물이 그로 말미암아 지은 바 되었으니 지은 것이 하나도 그가 없이는 된 것이 없느니라"라고 말씀하신다.

라오디게아 도시는 소아시아의 일곱 도시 가운데 가장 남쪽에 있는 도시로 빌라델비아에서 64km 떨어져 있었고, 에베소로부터 동쪽으로 약 150km 떨어진 도시다. 그리고 가까운 도시는 동쪽으로 16km 떨어진 곳이 골로새가 있었고, 북쪽으로 10km 떨어진 곳에 히에라볼리가 있었다. 그리고 라오디게아 도시는 아주 높은 고원지대라서 지리적으로 적들이 거의 침략할 수 없는 도시였으며, 경제적으로 매우 부유한 도시로 양모 사업과 금융업이 발달하여 이 도시에 사는 사람들도 부유하게 사는 사람들이 아주 많았다. AD 60년에 충격적인 지진으로 도시가 파괴되었을 때도 로마의 재정 지원을 거부하고 라오디게아 도시 자력으로 도시를 재건할 정도로 부유했다. 이 도시는 부드러운 검은 양털 생산으로 옷을 만들고 양탄자를 짰으며, 고대 의료사업이 발달하여 프리지아 신 멘 카루 신전에 의학을 가르치는 학교가 있었고, 그 학교에서 안연고를 개발하여 생산하기도 하였다.

1. 라오디게아 교회는 과연 어떤 교회인가?

❶ 라오디게아 교회는 대부분 구원받지 못한 사람들로 가득했다.

이 교회에 구원에 관계된 여러 교훈을 말씀하고 있기 때문이다. 그러므로 이 교회는 예수님을 문밖에 세워둔 교회여서 예수께서는 이 교회에 이렇게 말씀하신다.

"볼지어다 내가 문 밖에 서서 두드리노니 누구든지 내 음성을 듣고 문을 열면 내가 그에게로 들어가 그와 더불어 먹고 그는 나와 더불어 먹으리라"(계 3:20)

교회 안에 구원받지 못한 사람이 존재하는 이유는 무엇인가? 마귀 사탄이 인간들을 속이고 있기 때문이다. 마귀는 진리를 거짓으로 바꾸는데 천재다. 그러므로 마귀는 거짓의 아비요 처음부터 거짓말을 했으며 자신을 광명의 천사로 가장한다. 그러므로 마귀 사탄의 가장 큰 특징은 속임수다. 그래서 사람들은 마귀 사탄에게 속아서 자기기만에 빠져 자신이 구원받은 것으로 착각하기에 우리 예수께서는 그들에게 합당한 권고를 하신다.

❷ 라오디게아 교회는 신앙이 미지근한 교회였다.

그들은 선한 사역에 열심이 없었으며, 복음 전도에도 관심이 없었으며, 영혼에 관해서도 관심이 없었으며, 교회사역에도 관심이 없었다. 그러므로 예수께서는 요한계시록 3장 15절과 16절에서 이렇게 책망하신다.

"내가 네 행위를 아노니 네가 차지도 아니하고 뜨겁지도 아니하도다 네가 차든지 뜨겁든지 하기를 원하노라 네가 이같이 미지근하여 뜨겁지도 아니하고 차지도 아니하니 내 입에서 너를 토하여 버리리라"

사실 라오디게아 지역에 세워진 이 교회는 미지근한 것이 무엇인지 잘 아는 교회였다. 왜냐하면 라오디게아 도시가 물 사정이 좋지 않았기 때문이다. 라오디게아에서 16Km 떨어진 골로새 도시에서 시원한 물을 수로를 통해 가져오면 그렇게 시원했던 물이 미지근한 물로 변했다. 또한 서쪽 히에라볼리에는 뜨거운 온천수가 유명했지만, 그 뜨거운 온천수를 수로를 통해 라오디게아에 끄러 오면 미지근한 물로 변했다. 그러므로 라오디게아 사람들은 미지근한 것을 매우 싫어했다. 그런데도 그들 자신의 신앙이 미지근하여 주님으로부터 "네가 이같이 미지근하여 뜨겁지도 아니하고 차지도 아니하니 내 입에서 너를 토하여 버리리라"라고 아주 심한 책망을 받았다.

그러므로 우리 그리스도인들은 뜨겁게 믿고, 시원시원하게 믿어야 한다. 우리가 뜨겁게 믿으면 영적으로 살아 있어 변화된 삶을 열정적으로 살아간다. 우리가 예수를 믿을 바에는 구원의 확신을 가지고, 하나님께 헌신하며, 하나님의 귀한 사역에 열정적으로 동참해야 한다. 그러나 우리가 미지근한 신앙을 소유했다면 우리 주님으로부터 무서운 책망을 받을 수밖에 없다.

❸ 라오디게아 교회는 자신들의 문제를 알지 못하는 교회였다.

"네가 말하기를 나는 부자라 부요하여 부족한 것이 없다 하나 네 곤고한 것과 가련한 것과 가난한 것과 눈먼 것과 벌거벗은 것을 알지 못하는도다"(계 3:17)

그들은 영적으로 가난하였으며 눈이 멀었고 벌거벗은 사람들로 아주 심각한 문제를 가지고 있었다. 그런데도 그들은 부자라고 생각했던 이유는 그들이 육체적으로는 부자였기 때문이다. 그들은 부를 자랑했지만, 완전히 불쌍한 사람들로 착각 속에 빠져 있었다. 라오디게아는 에베소에서 동쪽으로 150Km에 있는 도시로서 부루기아의 수도였다. 그곳은 은행이 많은 금융의 중심지였으며, 그곳은 직물 공장이 많았으며, 그곳은 그리스 문명의 도시였으며, 상업중심지였기 때문에 돈이 많은 부유한 도시였다. 그러므로 라오디게아 교회도 물질적으로 부족함이 없는 교회로 교회 건물도 매우 컸으며, 교인들도 좋은 옷을 입은 사람들로서 외적으로는 전혀 부족함이 없어 보였다. 그래서 자신들의 문제를 전혀 보지 못하는 아주 심각한 교회였다.

그러나 우리 주님은 그들이야말로 정말 영적으로 가난한 사람들이며 불쌍한 사람들이라고 말씀하신다. 그들은 자신들이 아주 좋은 옷을 입었다고 생각했지만, 주님의 눈에는 벌거벗은 교회였으며, 그들은 스스로 본다고 생각했지만, 주님은 그들이 볼 수 없는 시각장애인이라고 말씀하신다. 영적으로 가장 불쌍하고 가련한 사람으로 표현하며, 그들이 가장 비참하고, 가장 불쌍하고, 가장 가난하고, 눈이 완전히 멀었고, 벌거벗은 상태라고 말씀하신다.

2. 예수께서는 라오디게아 교회에 어떤 권고를 하셨는가?

❶ 예수님은 불로 연단 한 금을 사서 영적인 부자가 되라고 말씀하셨다.

"내가 너를 권하노니 내게서 불로 연단 한 금을 사서 부요하게 하고 흰 옷을 사서 입어 벌거벗은 수치를 보이지 않게 하고 안약을 사서 눈에 발라 보게 하라"(계 3:18)

라오디게아 교회 사람들이 부자라 하고 부족한 것이 없다지만 실상은 가난한 자였기 때문에 불로 연단 한 금을 사서 영적인 부자가 되라고 권고하신다.

라오디게아 도시는 금융의 중심지였고 특히 금이 풍부했다. 하지만 재물이 많고 돈이 많다고 부자가 아니라 참된 믿음과 순수한 신앙을 소유해야 참된 부자다. 그러므로 여기에 언급된 금은 시련을 통해 단련된 순수한 신앙을 의미한다. 그러므로 영원한 부자는 그리스도의 보혈로 살 수 있는 참된 믿음과 순수한 신앙을 소유한 자다. 그러므로 우리는 우리의 자녀들에게 세상의 어떤 재물보다도 참된 믿음과 순수한 신앙을 물려줄 수 있어야 한다.

❷ 예수님은 흰옷을 사서 입어 수치를 보이지 않게 하라고 말씀하셨다.

"흰 옷을 사서 입어 벌거벗은 수치를 보이지 않게 하고"(계 3:18)

라오디게아는 모직의 명산지였기에 옷을 잘 입고 사치가 심했다. 그러나 우리 예수께서 주시는 의의 옷을 입지 못해서 수치를 당하고 있으니 예수님은 그런 그들에게 흰옷을 사서 입고 수치를 면하라고 권고하신다. 여기에 언급되는 흰옷은 회개한 사람에게 주는 의의 옷이다. 그러므로 구원받지 못한 사람은 누구나 다 죄의 옷을 입었다.

"무릇 우리는 다 부정한 자 같아서 우리의 의는 다 더러운 옷 같으며 우리는 다 잎사귀 같이 시들므로 우리의 죄악이 바람 같이 우리를 몰아가나이다, 여호수아가 더러운 옷을 입고 천사 앞에 서 있는지라 여호와께서 자기 앞에 선 자들에게 명령하사 그 더러운 옷을 벗기라 하시고 또 여호수아에게 이르시되 내가 네 죄악을 제거하여 버렸으니 네게 아름다운 옷을 입히리라 하시기로"(사 64:6, 슥 3:3-4)

그렇다면 어떤 옷을 입은 사람이 기뻐할 수 있는가? 바로 의의 옷을 입은 사람들이다.

"내가 여호와로 말미암아 크게 기뻐하며 내 영혼이 나의 하나님으로 말미암아 즐거워하리니 이는 그가 구원의 옷을 내게 입히시며 공의의 겉옷을 내게 더하심이 신랑이 사모를 쓰며 신부가 자기 보석으로 단장함 같게 하셨음이라"(사 61:10)

❸ 예수님은 안약을 사서 눈에 발라 보게 하라고 말씀하셨다.

"안약을 사서 눈에 발라 보게 하라"(계 3:18)

라오디게아는 안약이 유명한 곳이며 실제 의과대학이 있었다. 그래서 그곳에 사는 사람들은 몸의 치료는 잘 받았으나 그들이 영적으로는 눈먼 소경이었기에 안약을 사서 눈에 발라 영적으로 눈이 뜬 사람이 되라고 권고하신다. 이 세상에서 누가 영적인 진리를 보지 못하는가? 그들은 구원받지 못한 육에 속한 사람들로 영적인 지식과 복음이 없는 자들이다. 그들은 영적인 진리를 이해할 수 없다.

"육에 속한 사람은 하나님의 성령의 일들을 받지 아니하나니 이는 그것들이 그에게는 어리석게 보임이요, 또 그는 그것들을 알 수도 없나니 그러한 일은 영적으로 분별되기 때문이라"(고전 2:14)

그러나 하나님의 말씀을 통해서 구원을 받고 새사람이 된 사람은 늘 하나님의 말씀을 가까이하고 영적인 분별력이 뛰어나 모든 것을 바로 볼 수 있다. 하지만 비록 구원받은 성도라도 말씀을 멀리하고 기도하지 않으면 영적인 분별력이 떨어져 모든 것을 분별할 수 없다. 그래서 시편에서 시인은 하나님의 말씀과 영적인 분별력을 연결하여 설명한다.

"여호와의 교훈은 정직하여 마음을 기쁘게 하고 여호와의 계명은 순결하여 눈을 밝게 하시도다" (시 19:8)

하나님의 말씀은 정직하여 마음을 기쁘게 하고 하나님의 말씀은 순결하여 우리의 영적인 눈을 밝게 한다. 마치 시각장애인처럼 앞을 제대로 보지 못해 안타까운 것처럼, 우리 그리스도인이 하나님의 말씀에 따라 영적인 분별력이 없으면 영적으로 캄캄한 암흑 속에서 살아서 참으로 불쌍한 사람이 될 수밖에 없다.

❹ 예수님은 회개하고 열심을 내라고 말씀하셨다.

신앙이 미지근한 사람들은 반드시 회개해야 한다. 그리고 열심을 품고 주님을 섬겨야 한다.

"무릇 내가 사랑하는 자를 책망하여 징계하노니 그러므로 네가 열심을 내라 회개하라"(계 3:19)

우리 주님은 신앙이 미지근한 라오디게아 교회 성도들에게 사랑으로 책망하여 징계하신다. 누구나 책망을 싫어하지만, 우리 주님은 사랑하기에 책망하시고 징계하신다. 그들에게 다시 한번 신앙을 회복할 기회를 주신다. 그러므로 사랑의 책망과 징계는 미지근한 사람에게 가장 적절한 예수님의 권고다. 우리 주님이 그들을 사랑하지 않는다면 그들을 토해버리고 내버려 둘 텐데 우리 예수님을 그들을 사랑하기 때문에 책망하며 열심을 내고 회개하라고 권면하신다.

그러므로 우리도 우리의 믿음과 신앙생활이 미지근하고 열정이 없다면 회개하고 열심을 품고 주님을 섬겨야 한다. 그래서 사도 바울도 로마서 12장 9절부터 11절에서 "사랑에는 거짓이 없나니 악을 미워하고 선에 속하라 형제를 사랑하여 서로 우애하고 존경하기를 서로 먼저 하며 부지런하여 게으르지 말고 열심을 품고 주를 섬기라"라고 권면한다.

❺ 예수님은 구원받지 못한 사람에게 주님을 영접하라고 말씀하셨다.

"볼지어다 내가 문 밖에 서서 두드리노니 누구든지 내 음성을 듣고 문을 열면 내가 그에게로 들어가 그와 더불어 먹고 그는 나와 더불어 먹으리라"(계 3:20)

여기에 등장하는 '문'은 인간의 중심인 마음의 문이다. 우리 예수께서는 하나님의 말씀을 통해서 인간의 마음의 문을 두드리신다. 또한 그리스도인의 전도를 통해서 두드리신다. 또한 성령의 역사를 통해서 두드리신다. 또한 하나님의 섭리와 환경을 통해서 두드리신다. 그러므로 어떤 사람은 사업의 실패로 주님께 돌아온다. 어떤 사람은 건강의 실패로 주님께 돌아온다. 어떤 사람은 사랑하는 가족의 죽음으로 주님의 부르심을 깨닫고 돌아온다. 누가복음 15장에 등장하는 탕자는 궁핍과 기근을 통해서 주님께로 돌아왔다. 그러므로 구원받지 못한 사람은 우리 주님께서 여러 부분과 십자가로 완성하신 복음으로 우리의 마음의 문을 열라고 두드리실 때 회개하고 주님께 돌아와야 한다. 그리고 우리 주님은 마지막으로 미지근한 신앙을 회복하고 승리하는 자에게 놀라운 축복을 약속하신다.

"이기는 그에게는 내가 내 보좌에 함께 앉게 하여 주기를 내가 이기고 아버지 보좌에 함께 앉은 것과 같이 하리라"(계 3:21)

여기에 등장하는 이기는 자는 신앙생활에서 참된 믿음으로 순수한 신앙으로 모든 것을 극복하고 승리한 자들이다. 그들에게 걸맞게 주님의 보좌에 주님과 함께 앉아 왕처럼 통치하는 특권을 주신다고 약속하신다. 이것은 모든 성도가 참여하는 특권이 아니다. 오직 이기는 자에게 주어지는 특권이다. 우리 그리스도인들의 이 땅에서 어떻게 신앙생활을 했느냐에 따라 받는 상급이 다르다. 이러한 놀라운 특권에 참여하는 것이 얼마나 놀랍고 영광스럽겠는가? 우리의 주인이 되시는 예수께서 마태복음 19장 28절에서도 "예수께서 이르시되 내가 진실로 너희에게 이르노니 세상이 새롭게 되어 인자가 자기 영광의 보좌에 앉을 때에 나를 따르는 너희도 열두 보좌에 앉아 이스라엘 열두 지파를 심판하리라"라고 말씀하셨다.
사도 바울도 디모데후서 2장 12절에서 "참으면 또한 함께 왕 노릇 할 것이요"라고 말씀한다. 사도 요한도 요한계시록 20장 6절에서 "이 첫째 부활에 참여하는 자들은 복이 있고 거룩하도다 둘째 사망이 그들을 다스리는 권세가 없고 도리어 그들이 하나님과 그리스도의 제사장이 되어 천 년 동안 그리스도와 더불어 왕 노릇 하리라"라고 말씀하신다. 우리는 마지막 말씀을 들어야 한다.

"귀 있는 자는 성령이 교회들에게 하시는 말씀을 들을지어다"(계 3:22)

이 말씀은 소아시아의 여섯 교회에 마지막으로 말씀하신 것처럼, 여기 라오디게아 교회도 같은 말씀으로 마무리한다.

4장

하늘에서 이루어지는 일

계시록 4~5장

요한계시록 4~5장은 요한계시록 6장에서부터 본격적으로 펼쳐질 대환란 사건에 대한 서론이다. 하나님께서는 6장부터 시작될 하나님 심판의 정당함을 여기 요한계시록 4~5장에서 보여준다. 요한계시록의 구성을 알려주는 요한계시록 1장 19절이 있다.

"그러므로 네가 본 것과 지금 있는 일과 장차 될 일을 기록하라"

여기에서 '네 본 것'은 1장이며, '이제 있는 일'은 2~3장의 일곱 교회이며, '장차 될 일'은 4~22장의 미래 사건이다.

그러므로 요한계시록 4장 1절의 '이 일 후에 내가 보니'라는 의미는 새로운 환상을 알리는 전환이다. 이 표현은 요한계시록 7장 9절과 15장 5절에서 새로운 시작을 알리는 의미로 등장한다. 따라서 요한계시록 2~3장에 언급된 일곱 교회에 대한 메시지가 끝나고, 요한계시록 1장 19절에 언급된 '장차 될 일'에 대한 미래의 사건을 알려주려고 요한을 하늘에 초대하는 장면이다. 그러므로 요한계시록 4장부터 새로운 시대가 열리는 아주 중요한 전환점이다. 요한계시록 1~3장은 땅에서 일어난 일이라면 4장부터는 하늘에서 일어나는 극적인 장면으로 들어가는 전환이다. 이제부터 새로운 장면은 하나님의 보좌에 초점을 두고 6~22장까지 전개될 미래의 사건을 다룬다. 그러므로 6~22장이 미래 사건의 본론이라면 4~5장은 그 미래 사건의 서론이다.

1. 요한이 보고 들은 내용

"이 일 후에 내가 보니 하늘에 열린 문이 있는데 내가 들은 바 처음에 내게 말하던 나팔 소리 같은 그 음성이 이르되 이리로 올라오라 이 후에 마땅히 일어날 일들을 내가 네게 보이리라 하시더라"(계 4:1)

여기서 요한이 무엇을 보았는지 자세히 나온다. 사도 요한은 '하늘에 열린 문'이 있는 것을 보았다. 그리고 "이리로 올라오라"라는 음성을 들었다. 그런데 요한에게 들린 음성은 '나팔 소리 같은 그 음성'이라고 말씀한다. 요한에게 들린 그 음성은 요한계시록 1장 10절에서 들었던 바로 그 음성이다.

"주의 날에 내가 성령에 감동되어 내 뒤에서 나는 나팔 소리 같은 큰 음성을 들으니"

이 내용은 요한계시록 1장에서 사도 요한이 환상을 통해서 보았고 들었던 예수님의 음성이다. 그런데 그 나팔 소리 같은 예수님의 음성이 여기 요한계시록 4장에서 다시 들렸는데 그것은 예수님이 계시는 하늘로 "이리로 올라오라"라는 음성이었다.

2. 요한이 올라간 하늘

세 가지 하늘이 있다.
❶ 첫째 하늘은 대기권으로 공중의 권세 잡은 마귀 사탄이 있는 하늘이다.
❷ 둘째 하늘은 우주로 천체가 있는 하늘이다.
❸ 셋째 하늘은 사도 요한이 올라간 하나님의 보좌가 있는 하늘이다.

셋째 하늘에 올라간 두 사람이 있었는데 그들이 바로 사도 바울과 사도 요한이다. 사도 바울은 고린도후서 12장에서 자신이 셋째 하늘에 올라간 경험을 이야기하지만, 본인이 그 하늘에 올라가서 말로 표현할 수 없는 말을 들었으나 그가 들었던 말은 하나도 말하지 못했다.

"무익하나마 내가 부득불 자랑하노니 주의 환상과 계시를 말하리라 내가 그리스도 안에 있는 한 사람을 아노니 그는 십사 년 전에 셋째 하늘에 이끌려 간 자라 (그가 몸 안에 있었는지 몸 밖에 있었는지 나는 모르거니와 하나님은 아시느니라) 내가 이런 사람을 아노니 (그가 몸 안에 있었는지 몸 밖에 있었는지 나는 모르거니와 하나님은 아시느니라"(고후 12:1-3)

하지만 사도 요한은 바울과는 다르게 자신이 하늘에 올라가서 보았고 들었던 내용을 자세히 말하고 기록할 수 있는 특권을 허락받았다. 우리는 사도 요한을 통해서 우리가 미래에 앞으로 들어갈 하늘나라에 대해서 미리 보고 들을 수 있는 특권을 누린다. 그러므로 하나님께서는 '이후에 마땅히 될 일'을 요한에게 보여주기 위해서 사도 요한을 하늘에 초청했다.

3. 예수님의 공중 재림과 휴거

요한계시록 4장에서 가장 중요한 내용을 찾으라면 4장 1절의 '하늘의 열린 문이 있는데, 이리로 올라오라'라는 내용이다. 이것은 일차적으로 요한에게 미래의 사건을 보여주기 위해서 하늘에 올라오라고 초청한 것이나 이차적으로 우리 그리스도인의 휴거를 상징적으로 보여준다. 사실 하늘이 열리는 것은 예수께서 재림하실 때만 열리기에, 요한계시록 4장 1절과 19장 11절에만 나온다. 그러므로 4장 1절은 예수님이 공중에 오시는 것이며, 19장 11절은 예수님이 지상에 재림하시는 것이다.

"또 내가 하늘이 열린 것을 보니 보라 백마와 그것을 탄 자가 있으니 그 이름은 충신과 진실이라 그가 공의로 심판하며 싸우더라"

그런데 성도의 휴거 중에 세 가지 휴거설이 있다.
❶ 교회가 대환란 전에 휴거 된다는 환난 전 휴거설이다.
❷ 교회가 대환란 중간에 휴거 된다는 환난 중간 휴거설이다.
❸ 교회가 대환란 후에 휴거 된다는 환난 후 휴거설이다.

그렇다면 이 세 가지 휴거설 중에 어느 것이 가장 성경적으로 합당한가?

여기 요한계시록 2~3장에서 교회 시대가 끝나고 요한은 하늘에 초대를 받는다. 그리고 요한계시록 4장 이후에는 교회에 대한 언급이 사라진다. 그러므로 요한이 하늘에 올라간 것은 교회의 성도들이 휴거 되는 것을 상징적으로 보여준다. 요한계시록 1~3장은 교회에 대한 언급이 있으며, 4~5장은 하늘의 환상을 보여주고, 6장부터는 대환란을 소개한다. 그러나 환란기간 동안 교회에 대한 언급은 하나도 등장하지 않는다.

그리고 요한계시록 4~18장에는 구약의 술어와 상징들이 대체로 기록되어 있다. 예를 들면, 장막, 언약 궤, 장로, 인, 나팔, 향로, 제단 등이다. 그러므로 대환란을 다루는 이 기간은 이스라엘의 환란의 때로서 하나님께서 이스라엘을 다루기 위해서 정하신 기간이다. 그러므로 교회의 성도들은 대환란에 참여하지 않고 대환란 전에 휴거 되기에 환란 전 휴거설이 가장 합당한 휴거설이다.

4. 휴거의 의미

사실 '휴거'라는 단어는 성경에 나오지 않지만, 휴거의 장면을 소개하는 데살로니가전서 4장 17절에 '휴거'라는 의미를 자세히 설명한다.

"그 후에 우리 살아 남은 자들도 그들과 함께 구름 속으로 끌어 올려 공중에서 주를 영접하게 하시리니 그리하여 우리가 항상 주와 함께 있으리라"

여기서 휴거는 우리 그리스도인들을 '구름 속으로 끌어 올려 공중에서 주를 영접하게 하시리니'라고 말씀한다. 그러므로 휴거란 구름 속으로 끌려 올라가는 것, 공중으로 끌려 올라가는 것이다. 성경에서 사람이 끌려 올라간 사례는 예수님 외에도 구약에서 에녹이 죽음을 보지 않고 올라갔으며(창 5:21-24), 엘리야도 회오리바람을 타고 올라갔다(왕하 2:11). 그리고 '휴거'라는 단어는 라틴어 '라페레'라는 말에서 나왔는데 데살로니가전서 4장 17절에서 그리스어 '하르파즈'로 사용되었다.

그리스도인의 휴거는 사람들이 꾸며낸 이야기가 아니라 성경에 기록된 아주 중요한 교리며, 휴거는 모든 그리스도인에게 정말 즐겁고 놀라운 소망이 이루어지는 것이다. 우리가 공중으로 휴거가 되기 위해서 우리의 몸이 부활하여 우리가 영화로운 몸을 소유하게 되기 때문이다. 하늘이 열리고 나팔 소리가 날 때 우리의 이름을 부르면 우리 각자는 주님의 음성을 듣고 부활하여 휴거가 되고 공중에서 주님을 만나게 된다. 이 휴거를 위한 우리의 몸의 영화로운 부활은 사도 바울이 고린도전서 15장 51절부터 54절에서도 자세히 설명한다.

"보라 내가 너희에게 비밀을 말하노니 우리가 다 잠잘 것이 아니요 마지막 나팔에 순식간에 홀연히 다 변화되리니 나팔 소리가 나매 죽은 자들이 썩지 아니할 것으로 다시 살아나고 우리도 변화되리라 이 썩을 것이 반드시 썩지 아니할 것을 입겠고 이 죽을 것이 죽지 아니함을 입으리로다 이 썩을 것이 썩지 아니함을 입고 이 죽을 것이 죽지 아니함을 입을 때에는 사망을 삼키고 이기리라고 기록된 말씀이 이루어지리라"

우리의 몸이 영화로운 몸으로 부활하면 썩지 아니할 몸을 소유하고, 죽지 아니할 몸을 소유하여 죽음을 정복하고 영원히 주님과 함께 살아간다. 앞에서 살펴본 것처럼, 휴거는 데살로니가전서 4장 13절부터 18절이 더 자세히 소개하는데 하늘이 열리고 예수께서 공중에 재림하실 때 그동안 예수 믿고 죽은 성도들이 어떻게 될지, 그리고 예수님이 공중에 재림하실 때까지 살아 있는 성도들이 죽지 않고 어떻게 변화되어 휴거가 되는지를 자세히 설명한다.

"형제들아 자는 자들에 관하여는 너희가 알지 못함을 우리가 원하지 아니하노니 이는 소망 없는 다른 이와 같이 슬퍼하지 않게 하려 함이라 우리가 예수께서 죽으셨다가 다시 살아나심을 믿을진대 이와 같이 예수 안에서 자는 자들도 하나님이 그와 함께 데리고 오시리라 우리가 주의 말씀으로 너희에게 이것을 말하노니 주께서 강림하실 때까지 우리 살아 남아 있는 자도 자는 자보다 결코 앞서지 못하리라 주께서 호령과 천사장의 소리와 하나님의 나팔 소리로 친히 하늘로부터 강림하시니 그리스도 안에서 죽은 자들이 먼저 일어나고 그 후에 우리 살아 남은 자들도 그들과 함께 구름 속으로 끌어 올려 공중에서 주를 영접하게 하시리니 그리하여 우리가 항상 주와 함께 있으리라 그러므로 이러한 말로 서로 위로하라"

이처럼 우리 성도들의 부활과 휴거가 이루어지면 우리는 하늘에 올라가 제일 먼저 하늘에 있는 보좌와 보좌에 앉으신 예수 그리스도를 보게 된다.

5. 하늘 보좌에 앉으신 전능하신 성부 하나님

요한이 하늘에 올라간 후에 제일 먼저 본 것은 하늘 보좌였다. 요한계시록 4장에서 보좌가 11회나 언급되고 5장까지 합하면 보좌에 대한 언급이 18회나 반복된다. 하나님께서 앉아 계시는 보좌는 하늘의 중심이요, 권위의 자리이며, 하늘의 모든 권세를 다스리시는 하나님 통치권의 중심이다. 그러므로 이 보좌에는 성 삼위의 하나님께서 앉아서 하늘과 땅과 우주 만물을 다스리시는데 그분의 주권적 다스림이 확고하고 영구하며 흔들리지 않는 것을 보여준다.
그런데 4장 2~3절은 하늘 보좌와 보좌에 앉아 계시는 전능하신 하나님을 소개한다.

"내가 곧 성령에 감동되었더니 보라 하늘에 보좌를 베풀었고 그 보좌 위에 앉으신 이가 있는데 앉으신 이의 모양이 벽옥과 홍보석 같고 또 무지개가 있어 보좌에 둘렸는데 그 모양이 녹보석 같더라"

이 말씀에서 사도 요한이 보좌에 앉아 계시는 전능하신 하나님을 보았는데 그분의 모습을 인간적으로 표현할 수 없어 '무엇과 같고, 무엇과 같더라'라로 표현한다. 인간이 절대자 하나님을 표현하는 것은 한계가 있기 때문이다. 하나님은 절대 지존이시며 거룩하시며 그 무엇에도 견줄 수 없는 권위를 가지신 분이다. 여기서 요한은 보좌에 앉으신 분이 누구인지 자세히 설명하지는 않지만, 보좌에 앉으신 분의 모습을 영광스러운 보석과 빛으로 묘사한다.

그런데 구약에서 이사야도 보좌에 앉아 계시는 하나님의 모습을 보았는데 이사야 6장 1~3절을 보면 보좌에 앉은 하나님과 그분을 모시고 있는 천사들의 모습까지 소개한다.

"웃시야 왕이 죽던 해에 내가 본즉 주께서 높이 들린 보좌에 앉으셨는데 그의 옷자락은 성전에 가득하였고 스랍들이 모시고 섰는데 각기 여섯 날개가 있어 그 둘로는 자기의 얼굴을 가리었고 그 둘로는 자기의 발을 가리었고 그 둘로는 날며 서로 불러 이르되 거룩하다 거룩하다 거룩하다 만군의 여호와여 그의 영광이 온 땅에 충만하도다 하더라"

마가야도 열왕기상 22장 19절에서 보좌에 앉아 계시는 하나님과 하늘의 천사들이 좌우편에서 그분을 모시고 서 있는 모습을 보았다.

"미가야가 이르되 그런즉 왕은 여호와의 말씀을 들으소서 내가 보니 여호와께서 그의 보좌에 앉으셨고 하늘의 만군이 그의 좌우편에 모시고 서 있는데"

다니엘도 다니엘서 7장 9절과 10절에서 보좌에 앉아 있는 하나님과 그분을 모시고 있는 천사들의 모습을 보았다.

"내가 보니 왕좌가 놓이고 옛적부터 항상 계신 이가 좌정하셨는데 그의 옷은 희기가 눈 같고 그의 머리털은 깨끗한 양의 털 같고 그의 보좌는 불꽃이요 그의 바퀴는 타오르는 불이며 불이 강처럼 흘러 그의 앞에서 나오며 그를 섬기는 자는 천천이요 그 앞에서 모셔 선 자는 만만이며 심판을 베푸는데 책들이 펴 놓였더라"

에스겔도 에스겔서 1장 26~28절에서 보좌에 앉아 계시는 하나님의 모습을 보았다.

"그 머리 위에 있는 궁창 위에 보좌의 형상이 있는데 그 모양이 남보석 같고 그 보좌의 형상 위에 한 형상이 있어 사람의 모양 같더라 내가 보니 그 허리 위의 모양은 단쇠 같아서 그 속과 주위가 불 같고 내가 보니 그 허리 아래의 모양도 불 같아서 사방으로 광채가 나며 그 사방 광채의 모양은 비 오는 날 구름에 있는 무지개 같으니 이는 여호와의 영광의 형상의 모양이라 내가 보고 엎드려 말씀하시는 이의 음성을 들으니라"

❶ 사도 요한이 본 하나님은 벽옥같이 아름다우시다.

여기서 '벽옥'은 주로 붉은색이 많고 다른 여러 가지 색깔들로 만들어진 보석이다. 이것은 예수께서 대제사장의 직분을 감당하시는 것을 의미한다. 왜냐하면 구약의 대제사장의 에봇에는 벽옥이 달려 있기 때문이다. 그곳에는 베냐민 지파의 이름이 쓰여 있다.

❷ 사도 요한이 본 하나님은 홍보석 같이 아름다우시다.

여기서 홍보석은 붉은색이 나는 보석인데 홍보석도 대제사장의 에봇에 달려 있으며 그곳에는 루우벤의 이름이 쓰여 있다. 제사장의 에봇에 달린 이 두 보석은 첫 줄과 마지막 줄에 달려 있다. 대제사장의 에봇은 이스라엘 백성을 품에 안고 중보의 기도를 드리시는 것을 보여준다.

6. 하나님의 보좌 주위에 있는 다양한 것들

❶ 보좌 주위에 녹보석 같은 무지개가 둘러 있다.

보좌 주위에는 녹보석 같은 무지개가 보좌를 둘러싸고 있다. 무지개는 보통 아치형으로 생겼는데 여기에 나오는 무지개는 원형으로 되어 있어 보좌를 중심으로 무지개가 둘러싸고 있다. 여기서 녹보석은 초록색 빛깔이 나는 아름다운 보석으로 영어 성경에서는 '에메랄드'라고 번역했다. 그래서 녹보석은 하나님의 영원성을 상징한다. 이러한 모든 것은 매우 놀랍고 아름다움을 표현한 것이다.

보좌에서는 붉은빛이 찬란하게 빛나고 보좌 주위에는 녹색 빛의 무지개가 찬란하게 빛나니 이 얼마나 아름다운 모습인가?

❷ 보좌 주위에 이십사 장로들이 둘러 있다.

요한계시록 4장 4절에는 이십사 장로들이 보좌에 앉아 흰옷을 입고 금관을 쓰고 하나님의 보좌 주위에 둘려 있다.

"또 보좌에 둘려 이십사 보좌들이 있고 그 보좌들 위에 이십사 장로들이 흰 옷을 입고 머리에 금관을 쓰고 앉았더라"

그렇다면 여기에 등장하는 이십사 장로는 과연 누구인가? 요한은 이십사 장로의 역할은 기록하지만, 이들이 누구인지 구체적으로 말하지는 않았다. 그래서 많은 학자는 이들을 인간의 그룹으로 소개하기도 하고 하나님을 가장 가까이에서 섬기는 천사들 그룹으로 소개하기도 한다. 하지만 이들은 영적인 존재는 아니다. 영은 흰옷과 금관을 쓰지 못하기 때문이다. 또한 천사도 아니다. 천사들은 이십사 장로와 구별되어 이십사 장로들 주위에 서 있기 때문이다. 또한 천사를 24명이라고 개별적으로 헤아리지 않고 머리에 금관도 쓰지도 않기 때문이다.

그러므로 이십사 장로는 구약 성도들의 대표와 신약 성도들의 대표들이거나 아니면 교회의 대표들이다. 교회의 대표라고 말하는 것은 교회 시대에 구원을 받고 부활하여 공중으로 휴거가 된 하나님의 백성을 대표하는 사람들이기 때문이다. 그래서 이십사 장로들은 요한계시록 5장 8~10절에서도 구속의 찬양을 어린양 되신 예수 그리스도께 드리고 있다.

"이십사 장로들이 그 어린 양 앞에 엎드려 각각 거문고와 향이 가득한 금 대접을 가졌으니 이 향은 성도의 기도들이라 그들이 새 노래를 불러 이르되 두루마리를 가지고 그 인봉을 떼기에 합당하시도다 일찍이 죽임을 당하사 각 족속과 방언과 백성과 나라 가운데에서 사람들을 피로 사서 하나님께 드리시고 그들로 우리 하나님 앞에서 나라와 제사장들을 삼으셨으니 그들이 땅에서 왕 노릇 하리로다"

그들을 이십사 장로라고 소개되는데 '장로'라는 단어는 이스라엘과 교회의 지도자들을 말할 때 쓰인다. 그들은 지금 흰옷을 입고 머리에 금 면류관을 쓰고 보좌에 앉아 있다. 그런데 면류관은 두 종류로 왕이 쓰는 면류관이 있고, 승리자가 쓰는 면류관이 있다. 그러므로 이십사 장로가 쓴 면류관은 왕이 쓰는 면류관이 아니라 승리자의 면류관이다. 그들이 입은 흰옷은 예수 그리스도의 보혈로 속량이 이루어진 구원의 상징으로 흰옷을 입었다. 이것은 장차 성도들이 누릴 놀라운 영광을 보여준다. 요한계시록 3장 21절에 보면 예수께서는 라오디게아 교회에도 승리자는 보좌에 앉게 되리라고 말씀하셨다.

"이기는 그에게는 내가 내 보좌에 함께 앉게 하여 주기를 내가 이기고 아버지 보좌에 함께 앉은 것과 같이 하리라"

이십사 장로들은 하늘에서 하나님을 경배하고 하나님께 예배를 드리면서 자신들이 머리에 쓴 면류관을 벗어 보좌 앞에 드리고 있는 것을 보아도 그들이 구원받은 성도들의 대표로 하나님께 모든 영광을 돌리며 하나님께 경배와 예배를 드리는 것이다. 그들이 머리에 쓴 면류관을 하나님이 앉아 계시는 보좌 앞에 던지는 것은, 자신들의 거룩함과 영애와 영광은 모두 하나님으로부터 온 것이며, 하나님의 영광에 비교할 수 없기 때문이다. 그래서 그들은 요한계시록 4장 10~11절에서 보좌에 앉으신 하나님 앞에 면류관을 드리고 오직 하나님만 높이는 놀라운 찬양을 드린다.

"이십사 장로들이 보좌에 앉으신 이 앞에 엎드려 세세토록 살아 계시는 이에게 경배하고 자기의 관을 보좌 앞에 드리며 이르되 우리 주 하나님이여 영광과 존귀와 권능을 받으시는 것이 합당하오니 주께서 만물을 지으신지라 만물이 주의 뜻대로 있었고 또 지으심을 받았나이다 하더라"
여기서 오직 우리 하나님만이 "영광과 존귀와 권능을 받으시는 것이 합당하오니"라고 했는데 오직 그분이 우주 만물을 지으셨기에 그분이 구속하실 권리와 심판하실 권리가 있다고 시인한다.

❸ 보좌로부터 심판의 표인 번개와 음성과 뇌성이 나온다.

"보좌로부터 번개와 음성과 우렛소리가 나고"(계 4:5)

여기서 하나님 심판의 표가 보좌 주위에 있다. 이 말씀은 앞에서 살펴본 아름다운 보좌와 보좌 주위의 대상들이 하나님께 영광을 돌리는 모습과는 완전히 다른 모습이다. 이것은 하나님의 위엄과 그분의 심판은 너무나 끔찍하고 무서우므로 보좌로부터 번개와 음성과 뇌성이 나온다. 우리 하나님은 하나님의 사랑을 거절하고 믿지 않는 대상을 향하여 진노하시고 심판하신다. 특별히 하나님의 보좌는 심판을 위한 보좌도 있다. 시편 9편 7절에서 시인은 하나님이 심판을 위하여 보좌를 준비하셨다고 선포한다.

"여호와께서 영원히 앉으심이여 심판을 위하여 보좌를 준비하셨도다"

따라서 여기 요한계시록 4장 5절에서 보좌로부터 나오는 번개와 음성과 뇌성은 요한계시록 6~19장에서 전개되는 대환란 저주의 전주곡과 같다. 따라서 천사가 인을 뗄 때와 나팔 심판이 선포된 후에 그리고 분노의 대접을 쏟은 후에 번개와 음성과 뇌성이 나타났다(계 8:5, 11:19, 16:18).

❹ 보좌 앞에 하나님의 일곱 영이 있다.

요한계시록 4장 4절 하 반절에는 성령 하나님을 등불로 묘사한다.

"보좌 앞에 켠 등불 일곱이 있으니 이는 하나님의 일곱 영이라"

이것은 성령 하나님의 모든 충만함과 성령님의 일곱 가지 특성을 보여준다. 그리고 성령 하나님의 사역으로 하나님께서 모든 것을 볼 수 있는 능력이 있음을 상징적으로 보여준다.

❺ 보좌 앞에는 수정과 같은 유리 바다가 있다.

요한계시록 4장 6절 상 반절에 유리 바다를 이렇게 소개한다.

"보좌 앞에 수정과 같은 유리 바다가 있고"

여기 수정과 같은 유리 바다가 하나님의 보좌 앞에 펼쳐져 있는데 그 모습은 너무나 아름답다. 이것은 물고기가 사는 이 세상의 바다가 아닌 이유는 하늘에는 이 땅의 바다는 없기 때문이다. 수정과 같은 유리 바다는 하나님의 말씀을 상징하며 솔로몬 성전의 물두멍과 같다. 그리고 물두멍은 제사장이 하나님께 나아가기 전에 반드시 그곳에서 씻고 하나님께 나아갈 수 있었다. 그러므로 보좌 앞에 펼쳐진 바다는 하나님의 영광과 거룩함과 성결을 상징한다. 그래서 역대하 4장 2~6절은 솔로몬이 만든 바다에 대하여 자세히 설명한다.

"또 놋을 부어 바다를 만들었으니 지름이 십 규빗이요 그 모양이 둥글며 그 높이는 다섯 규빗이요 주위는 삼십 규빗 길이의 줄을 두를 만하며 그 가장자리 아래에는 돌아가며 소 형상이 있는데 각 규빗에 소가 열 마리씩 있어서 바다 주위에 둘렸으니 그 소는 바다를 부어 만들 때에 두 줄로 부어 만들었으며 그 바다를 놋쇠 황소 열두 마리가 받쳤으니 세 마리는 북쪽을 향하였고 세 마리는 서쪽을 향하였고 세 마리는 남쪽을 향하였고 세 마리는 동쪽을 향하였으며 바다를 그 위에 놓았고 소의 엉덩이는 다 안으로 향하였으며 바다의 두께는 한 손 너비만 하고 그 둘레는 잔 둘레와 같이 백합화의 모양으로 만들었으니 그 바다에는 삼천 밧을 담겠으며 또 물두멍 열 개를 만들어 다섯 개는 오른쪽에 두고 다섯 개는 왼쪽에 두어 씻게 하되 번제에 속한 물건을 거기서 씻게 하였으며 그 바다는 제사장들이 씻기 위한 것이더라"

❻ 보좌 가운데와 보좌 주위에 네 생물이 있다.

요한계시록 4장 6절 하 반절부터 9절에는 보좌 가운데와 보좌 주위에 네 생물이 등장하여 밤낮 쉬지 않고 하나님께 영광과 존귀와 감사를 드린다.

"보좌 가운데와 보좌 주위에 네 생물이 있는데 앞뒤에 눈들이 가득하더라 그 첫째 생물은 사자 같고 그 둘째 생물은 송아지 같고 그 셋째 생물은 얼굴이 사람 같고 그 넷째 생물은 날아가는 독수리 같은데 네 생물은 각각 여섯 날개를 가졌고 그 안과 주위에는 눈들이 가득하더라 그들이 밤낮 쉬지 않고 이르기를 거룩하다 거룩하다 거룩하다 주 하나님 곧 전능하신 이여 전에도 계셨고 이제도 계시고 장차 오실 이시라 하고 그 생물들이 보좌에 앉으사 세세토록 살아 계시는 이에게 영광과 존귀와 감사를 돌릴 때에"(계 4:6-9)

그렇다면 여기에 등장하는 네 생물은 어떤 존재이며 누구인가? 네 생물은 독특하게 사자의 모습과 송아지의 모습과 사람의 모습과 독수리의 모습이었으며, 네 생물은 각기 여섯 날개가 있었고, 그 안과 주위에는 눈들이 가득했다. 그래서 어떤 학자는 하나님의 보좌 주위에 있는 네 생물이 하나님이라고 주장하기도 하지만 본문에서 네 생물은 하나님과 구별되어 등장하니 하나님은 아니다. 네 생물은 요한계시록 4장 8절에서는 하나님을 찬양하고, 요한계시록 5장 13~14절에서는 하나님께 '아멘'으로 화답하고 있기 때문이다. 그러므로 네 생물은 천사들이다. 이사야 6장 3절의 천사의 찬양과 요한계시록 4장 8절의 찬양이 서로 비슷한 것을 보여주며, 또한 에스겔 1장 5~25절에 등장하는 천사의 모습과 거의 비슷한 것을 볼 수 있는데 특별히 에스겔서 1장 5~6절과 11절과 10장 14절에 등장하는 천사의 모습과도 거의 비슷해서 네 생물은 천사들이다.

"그 속에서 네 생물의 형상이 나타나는데 그들의 모양이 이러하니 그들에게 사람의 형상이 있더라 그들에게 각각 네 얼굴과 네 날개가 있고, 그 얼굴은 그러하며 그 날개는 들어 펴서 각기 둘씩 서로 연하였고 또 둘은 몸을 가렸으며, 그룹들에게는 각기 네 면이 있는데 첫째 면은 그룹의 얼굴이요 둘째 면은 사람의 얼굴이요 셋째는 사자의 얼굴이요 넷째는 독수리의 얼굴이더라"(겔 1:5-6, 11, 10:14)

여기서 네 생물을 그룹들이라고 했고, 이사야 6장 4절에서는 스랍들이라고 했는데 그룹들과 스랍들은 성경에서 천사들로 소개된다. 또한 요한계시록에서 소개되는 네 생물의 천사들은 모습이 특이하게 소개되지만, 상징적으로 눈들이 많은 것은 보지 못할 것이 없음을 상징하고, 사자의 모습은 용기가 있음을 상징하고, 송아지의 모습은 온유하고 충성스러움을 상징하며, 사람의 모습은 지혜로움을 상징하고, 독수리의 모습은 빠르고 민첩함을 상징한다. 이들은 하나님의 사자로서 갖추어야 할 모든 것을 다 갖추고 있다.

이들 네 생물의 주된 임무는 보좌에 앉으신 하나님을 찬양하고 경배하는 일이다. 그들이 밤낮 쉬지 않고 찬양하기를 '거룩하다 거룩하다 거룩하다 주 하나님 곧 전능하신 이여 전에도 계셨고 이제도 계시고 장차 오실 이시라'라고 찬양하였다.

그러므로 그들은 하나님의 거룩하심을 찬양하였고, 하나님의 전능하심을 찬양하였고, 하나님의 영원하심을 찬양하였다. 하나님은 거룩하시기에 죄가 없으시며, 죄가 없으시기에 전능하시며, 전능하시기에 당신이 창조하신 우주 만물을 주관하시고 통치하신다. 하나님께서 '전에도 계셨고 이제도 계시고 장차 오실 분'이라는 것은, 하나님께서 영원하신 하나님으로서 과거와 현재와 미래까지도 통치하신다는 것을 보여준다.

7. 하늘 보좌에 앉으신 어린양 예수 그리스도(5:1-14)

요한계시록 5장은 4장과 연결된 본문이다. 4장과 마찬가지로 5장에서도 하늘 보좌 중심으로 모든 사건이 진행된다. 요한은 4장에서 네 생물과 이십사 장로가 하늘 보좌에 앉아 계신 하나님을 찬양하고 경배하는 모습을 보았다. 그런데 이제 5장에서는 경배의 대상이 성부 하나님으로부터 어린양 되시는 예수 그리스도로 옮겨진다.

❶ 요한계시록에는 다양한 책들이 등장한다.
① 생명책 : 이 책에는 어린양의 피로 구원받은 모든 사람이 기록되어 있다.
그러므로 이 책에 기록된 사람들이 하늘나라에 들어갈 수 있다.
"무엇이든지 속된 것이나 가증한 일 또는 거짓말하는 자는 결코 그리로 들어가지 못하되 오직 어린 양의 생명책에 기록된 자들만 들어가리라"(계 21:27)
그러나 이 책에 기록되지 못한 자들은 천국에 들어갈 수 없고 지옥에 들어갈 수밖에 없다.
"누구든지 생명책에 기록되지 못한 자는 불못에 던져지더라"(계 20:15)

② 행위의 책 : 이 책은 인간이 행한 모든 행위가 기록된 책으로서 믿지 않는 사람들은 이 책에 기록된 대로 심판을 받는다.

"또 내가 보니 죽은 자들이 큰 자나 작은 자나 그 보좌 앞에 서 있는데 책들이 펴 있고 또 다른 책이 펴졌으니 곧 생명책이라 죽은 자들이 자기 행위를 따라 책들에 기록된 대로 심판을 받으니"(계 20:12)

   ③ 증거의 책 : 이 책은 예수께서 사도 요한에게 주신 책으로서 요한이 많은 백성과 나라와 임금에게 예언해야 할 책이다(계 10:8-11).

   ④ 인봉한 책 : 이 책은 요한계시록 5장에 등장한다.
"내가 보매 보좌에 앉으신 이의 오른손에 두루마리가 있으니 안팎으로 썼고 일곱 인으로 봉하였더라"(계 5:1)
이 책은 하나님의 오른손에 있는 책으로서 안팎으로 썼고 일곱 인으로 봉한 책이다. 이 책 안에는 예수께서 공중에 재림하시고 성도들이 휴거된 후에 7년 대환란 기간에 지상에서 벌어질 모든 재앙이 들어 있다. 그러므로 이 책은 심판의 책으로서 예수께서 인봉을 떼면 그때부터 7년 대환란이 시작된다.

❷ 인을 떼기에 합당하신 어린양 예수 그리스도
"내가 보매 보좌에 앉으신 이의 오른손에 두루마리가 있으니 안팎으로 썼고 일곱 인으로 봉하였더라 또 보매 힘 있는 천사가 큰 음성으로 외치기를 누가 그 두루마리를 펴며 그 인을 떼기에 합당하냐 하나 하늘 위에나 땅 위에나 땅 아래에 능히 그 두루마리를 펴거나 보거나 할 자가 없더라 그 두루마리를 펴거나 보거나 하기에 합당한 자가 보이지 아니하기로 내가 크게 울었더니 장로 중의 한 사람이 내게 말하되 울지 말라 유대 지파의 사자 다윗의 뿌리가 이겼으니 그 두루마리와 그 일곱 인을 떼시리라 하더라"(계 5:1-5)

먼저 요한은 보좌에 앉으신 이와 그분의 오른손에 있는 두루마리 책을 보았는데 이 두루마리 책은 안팎으로 썼고 일곱 인으로 봉하였다.
그렇다면 여기 일곱 인으로 봉한 책의 일곱 인을 떼기에 합당한 분은 누구인가?
이것은 힘 있는 천사가 큰 음성으로 외친 내용이다.

왜냐하면 하늘 위에도, 땅 위에도 그리고 땅 아래에도 이 책의 인을 떼기에 합당한 자가 없었기 때문이다. 처음에 요한은 인을 떼기에 합당한 분이 누구인지 몰라서 크게 울었다. 여기서 '내가 울었더니'라는 헬라어 단어는 '클라이오'라는 단어로 자신의 감정을 억제하지 못하여 아주 강하게 통곡한 경우를 의미한다. 예수께서 멸망할 예루살렘을 바라보시며 울 때도 이 단어가 사용되었고, 베드로가 대제사장 뜰에서 예수님을 세 번 부인하고 배반할 때 예수께서 돌이켜 베드로를 보시니 베드로가 주의 말씀 곧 오늘 닭 울기 전에 네가 세 번 나를 부인하리라 하심이 생각나서 밖에 나가서 심히 통곡할 때도 이 단어가 사용되었다.

그래서 요한은 진심으로 인봉한 책의 인을 떼기에 합당한 분을 알고 싶어 울었을 때 이십사 장로 중의 하나가 유대 지파의 사자이시며 다윗의 뿌리가 되시는 예수께서 이겼으니 책에서 일곱 인을 떼신다고 선포한다. 여기서 '유다 지파의 사자'라는 칭호는 창세기 49장 8~10절에서 야곱이 유다 지파를 축복할 때 사용한 칭호이며, '다윗의 뿌리'라는 칭호는 이사야 11장 1절과 10절에서 가져온 칭호다. 사도 바울도 로마서 1장 3절에서 예수님을 소개할 때 "그의 아들에 관하여 말하면 육신으로는 다윗의 혈통에서 나셨고"라고 말했다.

여기서 유다 지파는 이스라엘을 통치하는 지파를 나타내며, 사자는 동물의 왕으로서 바로 메시아이신 예수님을 지칭하며, 다윗의 뿌리는 예수께서 다윗의 뿌리를 통해서 출생하셨기 때문이다. 따라서 5절 마지막에서 '유대 지파의 사자 다윗의 뿌리가 이겼으니 그 두루마리와 그 일곱 인을 떼시리라'라고 선포한다. 여기서 이겼다는 의미는 십자가를 통하여 마귀 사탄과 죽음을 정복하고 승리했다는 의미다.

이러한 승리는 세상의 권력으로 승리한 것이 아니라 십자가의 희생과 죽음으로 승리하셨기에 그분이 인을 떼기에 합당하신 분이다. 그래서 예수께서는 구약에 예언된 메시아로서 두루마리 책의 일곱 인을 떼기에 합당하신 분이다. 이것은 마치 예수님을 통하지 않고는 누구의 이름으로도 구원을 얻을 수 없는 것과 같다.

"예수께서 이르시되 내가 곧 길이요 진리요 생명이니 나로 말미암지 않고는 아버지께로 올 자가 없느니라, 다른 이로써는 구원을 받을 수 없나니 천하 사람 중에 구원을 받을 만한 다른 이름을 우리에게 주신 일이 없음이라 하였더라"(요 14:6, 행 4:12)

이제 요한은 더 놀라운 장면을 보았는데 하나님의 영광스러운 보좌와 네 생물과 24 장로들 사이에 서 계시는 어린양을 바라보았다.

"내가 또 보니 보좌와 네 생물과 장로들 사이에 한 어린 양이 서 있는데 일찍이 죽임을 당한 것 같더라 그에게 일곱 뿔과 일곱 눈이 있으니 이 눈들은 온 땅에 보내심을 받은 하나님의 일곱 영이더라"(계 5:6)

여기서 어린양은 이스라엘 백성이 애굽을 탈출할 때 시행했던 유월절에서 가져온 그림으로 십자가에서 돌아가신 예수님을 나타낸다. 구약에서는 이사야 53장 7절의 "그가 곤욕을 당하여 괴로울 때에도 그의 입을 열지 아니하였음이여 마치 도수장으로 끌려 가는 어린 양과 털 깎는 자 앞에서 잠잠한 양 같이 그의 입을 열지 아니하였도다"라는 말씀에서 사용되었으며, 신약에서는 요한복음 1장 29절의 "요한이 예수께서 자기에게 나아오심을 보고 이르되 보라 세상 죄를 지고 가는 하나님의 어린 양이로다"라고 소개하면서 사용되었다.
그러므로 예수께서 일찍 죽임을 당하신 어린양으로서 구속의 사역을 완성하셨다. 그러므로 어린양 되신 예수 그리스도께서 십자가의 죽음을 통해서 인을 떼기에 합당하신 자격을 얻으셨다.

사실 5절에서 유대의 사자나 다윗의 뿌리는 구약에 예언된 메시아의 힘과 권력을 상징한다. 하지만 예수께서는 힘과 권력으로 승리하신 것이 아니라 6절에서 강조하는 것처럼 십자가의 죽음을 통해 궁극적인 승리를 얻으셨다. 일찍이 죽임을 당한 어린양에게는 일곱 뿔과 일곱 눈을 가졌는데 여기 일곱 뿔은 예수님의 강한 능력과 권세를 나타내고, 일곱 눈은 예수께서 완전하시며 완벽한 이해와 지식을 가지신 분이며 하나님의 일곱 영을 가지신 분을 나타낸다.

그러므로 어린양 되시는 예수 그리스도는 더는 죽임을 당할 연약한 어린양이 아니시다. 그분이 초림 때는 십자가에서 죽임을 당할 어린양으로 오셨지만 온 세상을 심판하실 주님으로 오시는 재림 때에는 능력과 권세와 지혜를 가지신 전능하신 심판하시는 주님으로 오신다. 그러므로 오직 예수님만이 인을 떼기에 합당하신 분이다. 그 누구도 미래의 계시를 미리 알 수 있는 사람은 없지만, 오직 예수님만이 미래를 아시는 분이다.

❸ 대 합창

"그 어린 양이 나아와서 보좌에 앉으신 이의 오른손에서 두루마리를 취하시니라 그 두루마리를 취하시매 네 생물과 이십사 장로들이 그 어린 양 앞에 엎드려 각각 거문고와 향이 가득한 금 대접을 가졌으니 이 향은 성도의 기도들이라 그들이 새 노래를 불러 이르되 두루마리를 가지시고 그 인봉을 떼기에 합당하시도다 일찍이 죽임을 당하사 각 족속과 방언과 백성과 나라 가운데에서 사람들을 피로 사서 하나님께 드리시고 그들로 우리 하나님 앞에서 나라와 제사장들을 삼으셨으니 그들이 땅에서 왕 노릇 하리로다 하더라"(계 5:7-10)

드디어 하나님의 어린양 되시는 예수께서 보좌에 앉으신 성부 하나님에게서 인봉한 책을 취하시자 네 생물과 이십사 장로들이 각각 거문고와 향이 가득한 금 대접을 가지고 어린양 앞에 엎드려 경배하며 새 노래로 찬양을 드렸다. 여기서 거문고는 전통 악기로 하나님을 찬양할 때 사용하는 악기이며, 금 대접에 담긴 향은 성도가 드리는 기도다. 여기서 네 생물과 24 장로들이 부른 새 노래의 찬양은 이런 내용이다.

"어린양이신 예수님, 당신은 성부 하나님의 오른손에 있는 두루마리 책을 가져다가 그 인을 떼시기에 합당하십니다. 왜냐하면 당신이 십자가 위에서 죽임을 당하셨고, 하나님을 위해 각 족속과 방언과 백성과 나라 가운데에서 사람들을 당신의 피로 사서 하나님께 드리셨기 때문입니다. 그들을 하나님을 위해 나라와 제사장들로 삼으셨기에 그들이 이 땅에서 왕 노릇 하며 다스릴 것입니다."

그러므로 이 찬양의 가장 중요한 내용은 어린양이신 예수 그리스도의 죽음을 통한 속량에 있다. 속량을 뜻하는 헬라어 '아고라조'라는 단어는 노예 시장에서 노예를 사서 자유롭게 풀어주는 것을 의미한다. 그러므로 예수께서 십자가 위에서 모든 족속과 방언과 백성과 나라 가운데에서 사람들을 속량하시려고 당신의 피를 값으로 치르셨다. 그리고 우리를 나라와 제사장으로 삼으셨다. 이것은 결국 우리가 예수님의 피로 속량함을 받은 것은 제사장으로서 하나님을 섬기게 하시려는 것이다. 그러므로 사도 베드로는 우리가 속량함을 받은 목적을 아주 분명하게 말한다.

"그러나 너희는 택하신 족속이요 왕 같은 제사장들이요 거룩한 나라요 그의 소유가 된 백성이니 이는 너희를 어두운 데서 불러내어 그의 기이한 빛에 들어가게 하신 이의 아름다운 덕을 선포하게 하려 하심이라"(벧전 2:9)

결국 우리를 왕 같은 제사장으로 삼으시고 거룩한 나라와 그분의 소유된 백성으로 삼으신 것은 분명한 목적이 있는데 그 목적은 우리를 죄악 된 세상에서 복음으로 우리를 불러내어 하나님의 놀라운 빛 가운데로 인도하신 예수 그리스도의 십자가 사역을 선포하게 하려는 것이다. 이제 네 생물과 이십사 장로들이 새 노래로 어린양이신 예수님께 찬양을 드리기를 마치자 다시 요한은 수많은 천군 천사들도 하나님께 찬양을 드리는 것을 보고 들었다.

"내가 또 보고 들으매 보좌와 생물들과 장로들을 둘러 선 많은 천사의 음성이 있으니 그 수가 만만이요 천천이라 큰 음성으로 이르되 죽임을 당하신 어린 양은 능력과 부와 지혜와 힘과 존귀와 영광과 찬송을 받으시기에 합당하도다 하더라"(계 5:11-12)
여기서 천군 천사의 수가 만만이요 천천이라는 것은 헤아릴 수 없는 엄청난 무리의 천사를 나타낸다. 이렇게 많은 엄청난 무리의 천군 천사들이 다시 한번 죽임을 당하신 어린양을 강조하며 예수께서 그렇게 하셨기에 능력과 부와 지혜와 힘과 존귀와 영광과 찬송을 받으시기에 합당하시다고 큰 목소리로 외쳤다. 그럴 뿐만 아니라 요한은 마지막으로 모든 만물이 어린양이신 예수 그리스도께 찬양을 드리는 소리를 들었다.

"내가 또 들으니 하늘 위에와 땅 위에와 땅 아래와 바다 위에와 또 그 가운데 모든 피조물이 이르되 보좌에 앉으신 이와 어린 양에게 찬송과 존귀와 영광과 권능을 세세토록 돌릴지어다 하니"(계 5:13)

이렇게 놀라운 대합창의 노래에는 하늘과 땅과 땅 아래와 바다에 있는 모든 피조물이 동참했다. 이러한 우주 만물의 찬양은 시편 69편 34절의 "천지가 그를 찬송할 것이요 바다와 그 중의 모든 생물도 그리할지로다"라고 소개하며, 시편 150편 6절의 "호흡이 있는 자마다 여호와를 찬양할지어다 할렐루야"라고 소개된다. 그러므로 온 우주 만물의 놀라운 찬양은 보좌에 앉으신 성부 하나님과 어린양이신 예수 그리스도께 '찬송과 존귀와 영광과 권능을 세세토록 돌릴지어다'라고 놀라운 경배로 아버지 하나님과 어린양이신 예수 그리스도께 돌려진다.

그러므로 요한계시록 4장과 5장에는 놀라운 찬양의 대합창이 소개되고 있다.

❶ 네 생물이 찬양한다.
❷ 이십사 장로들이 찬양한다.
❸ 네 생물과 이십사 장로들이 함께 찬양한다.
❹ 수많은 천군 천사들이 찬양한다.
❺ 온 우주 만물이 함께 입을 모아 찬양을 한다.

이 얼마나 놀라운 대합창이며 아름다운 모습인가? 이러한 놀라운 대합창이 끝나자 이제는 네 생물이 아멘으로 화답한다. 그러자 이십사 장로들이 엎드려 경배를 드린다.

"네 생물이 이르되 아멘 하고 장로들은 엎드려 경배하더라"(계 5:14)

요한계시록 4장은 하늘 보좌에 앉으신 성부 하나님을 찬양하는 내용이고, 5장은 십자가를 통하여 우리를 속량하신 어린양이신 예수 그리스도를 찬양하는 내용이다. 우리는 여기서 어린양이신 예수 그리스도께서 일곱 인을 떼기에 합당하신 분이시며, 대 심판주가 되시는 분이라는 사실을 다시 한번 확인할 수 있다. 이제 우리도 어린양이신 예수 그리스도처럼 힘이나 권세가 아니라 희생과 사랑으로 승리해야 한다는 사실을 배우고 실천해야 한다.

5장

다니엘의 70이레와 대환란

요한계시록 6장에서 예수께서 일곱 인의 심판에서 첫째 인을 떼시자 이제부터 7년 대환란이 시작된다. 이 세상이 창조된 이후에 이렇게 끔찍한 대환란은 없었다. 그리고 7년 대환란이 지나면 이러한 대환란은 이 지구상에 다시는 없기에 가장 끔찍한 대환란이다. 여기 요한계시록 6~18장에 등장하는 대환란은 인간의 상상을 뛰어넘는 무시무시한 대환란이다. 하나님께서 인간을 심판하시는 기간이요, 하나님의 진노를 이 땅에 쏟아부으시는 기간이요, 예수께서 지상에서 통치하실 천년왕국의 도래를 준비하는 정화작업의 기간이다.

사실 우리 하나님께서는 여러 차례 이 세상을 청소하셨다. 노아 시대에는 물로써, 소돔과 고모라에는 불과 유황으로써, 그리고 가나안 족속에게는 이스라엘 군대를 통한 토벌로써 심판하셨다. 하나님께서 그 당시 인간들의 타락을 더는 참으실 수 없었기 때문이다.

우리 하나님께서는 오래 참으신다. 죄인들에게 회개하고 돌아오라고 시간적인 여유를 주시기 때문이다. 그러나 어떤 죄인들은 하나님께로 돌아오지 않고 시간이 지날수록 더욱 타락의 길로 걸어간다. 그럴 때 하나님의 인내에도 한계가 있어 하나님께서는 이렇게 경고하셨다.

"혹 네가 하나님의 인자하심이 너를 인도하여 회개하게 하심을 알지 못하여 그의 인자하심과 용납하심과 길이 참으심이 풍성함을 멸시하느냐 다만 네 고집과 회개하지 아니한 마음을 따라 진노의 날 곧 하나님의 의로우신 심판이 나타나는 그 날에 임할 진노를 네게 쌓는도다"(롬 2:4-5)

그러므로 하나님의 오래 참으심에도 돌아오지 않는 사람들은 하나님의 인자하심과 용납하심과 길이 참으시는 하나님의 풍성함을 멸시하기에 그들은 하나님의 심판을 받을 수밖에 없다. 그래서 하나님께서는 하나님의 오래 참으심을 거절한 사람들에게 이처럼 7년 대환란의 심판으로 갚아주신다.

그런데 7년 대환란은 크게 두 단계로 나누어진다. 먼저 3년 반이 시작되고 다시 3년 반이 시작된다. 이러한 3년 반을 한때와 두 때와 반 때로 구분하며(단 7:25, 12:7, 계 12:14, 13:6), 42달로 계산하며(계 11:2), 날수로 1,260일로 나타낸다(계 11:3, 12:6). 그런데 하나님께서는 7년 대환란을 다니엘의 70 이레로 다니엘서 9장에서 이미 예언하셨다.

다니엘의 70이레 (단9:24-27)

다니엘의 백성인 유대인들을 향한 70이레

- 49년+434년+7년=490년
- 교회시대는 유대인에게 공백기간

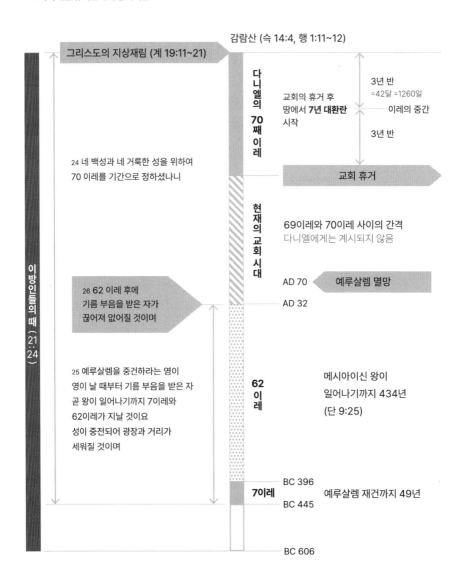

감람산 (슥 14:4, 행 1:11~12)

그리스도의 지상재림 (계 19:11~21)

다니엘의 70째 이레

교회의 휴거 후 땅에서 **7년 대환란** 시작

3년 반 =42달 =1260일
이레의 중간
3년 반

교회 휴거

24 네 백성과 네 거룩한 성을 위하여 70 이레를 기간으로 정하셨나니

현재의 교회 시대

69이레와 70이레 사이의 간격
다니엘에게는 계시되지 않음

AD 70　예루살렘 멸망

26 62 이레 후에 기름 부음을 받은 자가 끊어져 없어질 것이며

AD 32

이방인들의 때 (21 : 24)

62 이레

메시아이신 왕이 일어나기까지 434년 (단 9:25)

25 예루살렘을 중건하라는 영이 영이 날 때부터 기름 부음을 받은 자 곧 왕이 일어나기까지 7이레와 62이레가 지날 것이요 성이 중전되어 광장과 거리가 세워질 것이며

BC 396

7이레

예루살렘 재건까지 49년

BC 445

BC 606

1. 다니엘의 70 이레와 대환란

다니엘서 9장을 읽어보면 유다 예루살렘이 바벨론에 의하여 멸망할 때 포로로 끌려왔던 다니엘이 다리오 왕 1년에 예레미야가 예언한 이스라엘의 포로 생활이 70년이 되면 끝난다는 사실을 깨달았다.

"메대 족속 아하수에로의 아들 다리오가 갈대아 나라 왕으로 세움을 받던 첫 해 곧 그 통치 원년에 나 다니엘이 책을 통해 여호와께서 말씀으로 선지자 예레미야에게 알려 주신 그 연수를 깨달았나니 곧 예루살렘의 황폐함이 칠십 년만에 그치리라 하신 것이니라"(단 9:1-2)

그래서 다니엘은 자신의 조국 이스라엘이 앞으로 어떻게 될 것인지 매우 궁금했다. 그래서 다니엘은 하나님의 심판으로 자신의 조국 이스라엘이 멸망했기에 이스라엘이 범한 죄를 회개하되 본인이 베옷을 입고 재를 덮어쓰고 금식하며 자신의 개인적인 죄와 이스라엘의 국가적인 죄를 자복하되 자신의 조상들이 무엇을 잘못했는지 하나님께서 왜 이스라엘 백성들을 징계하사 이러한 고통을 당하게 하셨는지 다니엘 9장 4~15절에서 구체적으로 하나님께 회개하고 자복하였다.
다니엘은 기도를 통하여 이스라엘 백성에게 가나안 땅을 영원히 주시겠다는 아브라함의 언약과 이스라엘에 영원한 왕과 영원한 왕국을 주시겠다는 다윗의 언약을 상기시킨다. 그리고 이스라엘의 부정과 우상 숭배와 하나님께 범한 죄의 결과로 하나님께서 정당하게 죄의 값을 치르게 하셨다는 사실을 인정하였다.
다니엘은 자신을 포함하여 이스라엘이 범한 죄를 자복하되 '우리'라는 표현으로 죄를 자복하는 기도를 드렸다.

"우리는 이미 범죄하였고, 우리는 이미 패역했으며, 우리는 이미 반역하였으며, 우리는 이미 말씀을 떠났으며, 우리는 이미 주의 이름으로 우리에게 말씀한 것을 듣지 아니하였으며, 우리는 하나님 여호와의 목소리를 듣지 아니하였으며, 우리는 우리 앞에 세우신 율법을 행하지 아니하였으며, 우리는 죄를 범하였고 악을 행하였나이다."

"크시고 두려워할 주 하나님, 주를 사랑하고 주의 계명을 지키는 자를 위하여 언약을 지키시고 그에게 인자를 베푸시는 이시여 우리는 이미 범죄하여 패역하며 행악하며 반역하여 주의 법도와 규례를 떠났사오며 우리가 또 주의 종 선지자들이 주의 이름으로 우리의 왕들과 우리의 고관과 조상들과 온 국민에게 말씀한 것을 듣지 아니하였나이다 주여 공의는 주께로 돌아가고 수치는 우리 얼굴로 돌아옴이 오늘과 같아서 유다 사람들과 예루살렘 거민들과 이스라엘이 가까운 곳에 있는 자들이나 먼 곳에 있는 자들이 다 주께서 쫓아내신 각국에서 수치를 당하였사오니 이는 그들이 주께 죄를 범하였음이니이다 주여 수치가 우리에게 돌아오고 우리의 왕들과 우리의 고관과 조상들에게 돌아온 것은 우리가 주께 범죄하였음이니이다 주 우리 하나님께는 긍휼과 용서하심이 있사오니 이는 우리가 주께 패역하였음이오며 우리 하나님 여호와의 목소리를 듣지 아니하며 여호와께서 그의 종 선지자들에게 부탁하여 우리 앞에 세우신 율법을 행하지 아니하였음이니이다 온 이스라엘이 주의 율법을 범하고 치우쳐 가서 주의 목소리를 듣지 아니하였으므로 이 저주가 우리에게 내렸으되 곧 하나님의 종 모세의 율법에 기록된 맹세대로 되었사오니 이는 우리가 주께 범죄하였음이니이다 주께서 큰 재앙을 우리에게 내리사 우리와 및 우리를 재판하던 재판관을 쳐서 하신 말씀을 이루셨사오니 온 천하에 예루살렘에서 일어난 일 같은 것이 없나이다 모세의 율법에 기록된 대로 이 모든 재앙이 이미 우리에게 내렸사오나 우리는 우리의 죄악을 떠나고 주의 진리를 깨달아 우리 하나님 여호와의 얼굴을 기쁘게 하지 아니하였나이다 그러므로 여호와께서 이 재앙을 간직하여 두셨다가 우리에게 내리게 하셨사오니 우리의 하나님 여호와께서 행하시는 모든 일이 공의로우시나 우리가 그 목소리를 듣지 아니하였음이니이다 강한 손으로 주의 백성을 애굽 땅에서 인도하여 내시고 오늘과 같이 명성을 얻으신 우리 주 하나님이여 우리는 범죄하였고 악을 행하였나이다"(단 9:4-15)

다니엘서 9장 16~19절은 다니엘의 간절한 기도를 보여 준다. 다니엘은 하나님께 기도하면서 지금 예루살렘이 처한 비참한 상황을 주의 귀로 들으시고 주의 눈으로 보시라고 기도한다. 지금 예루살렘과 주의 백성이 조상들의 죄악으로 말미암아 수치를 당하고 있다고 기도한다. 그래서 다니엘은 하나님께 간절히 간구하면서 주의 이름으로 불리는 성을 위해서 주의 진노를 떠나게 해달라고 기도한다. 하나님께서 바로 지금 본인의 기도와 간구를 들으시고 하나님을 위하여 하나님의 얼굴빛을 하나님의 황폐한 성소에 비추게 해달라고 기도한다. 다니엘 자신이 기도하는 것은 이스라엘 백성의 공의를 의지하여 기도하는 것이 아니라 하나님의 긍휼하심을 의지하여 기도한다고 고백한다. 하나님의 큰 긍휼에 자신과 이스라엘 백성을 완전히 맡김으로써 간절히 기도한다. 그러므로 하나님께서 자신의 기도를 응답하시고 죄를 용서해 주시고 귀를 기울이시고 응답하시되 지체하지 마시고 지금 당장 자신의 기도를 응답해 달라고 하나님께 간절히 기도하였다.

"주여 구하옵나니 주는 주의 공의를 따라 주의 분노를 주의 성 예루살렘, 주의 거룩한 산에서 떠나게 하옵소서 이는 우리의 죄와 우리 조상들의 죄악으로 말미암아 예루살렘과 주의 백성이 사면에 있는 자들에게 수치를 당함이니이다 그러하온즉 우리 하나님이여 지금 주의 종의 기도와 간구를 들으시고 주를 위하여 주의 얼굴 빛을 주의 황폐한 성소에 비추시옵소서 나의 하나님이여 귀를 기울여 들으시며 눈을 떠서 우리의 황폐한 상황과 주의 이름으로 일컫는 성을 보옵소서 우리가 주 앞에 간구하옵는 것은 우리의 공의를 의지하여 하는 것이 아니요 주의 큰 긍휼을 의지하여 함이니이다 주여 들으소서 주여 용서하소서 주여 귀를 기울이시고 행하소서 지체하지 마옵소서 나의 하나님이여 주 자신을 위하여 하시옵소서 이는 주의 성과 주의 백성이 주의 이름으로 일컫는 바 됨이니이다"(단 9:16-19)

다니엘이 이렇게까지 간절히 기도하는데 하나님께서 빨리 응답하지 않으시고 그냥 계시겠는가? 그러므로 하나님께서는 다니엘의 기도에 응답하셔서 천사 가브리엘을 다니엘에게 보냈다. 그런데 천사 가브리엘이 언제 다니엘에게 왔는가? 바로 다니엘이 기도하고 간구할 때 천사 가브리엘이 온 것이다. 그래서 20~21절에서는 "내 하나님 여호와 앞에 간구할 때 곧 내가 기도할 때에" 빨리 날아서 다니엘에게 왔다고 말하고 있다. 또한 하나님께서는 언제 천사 가브리엘에게 다니엘에게 가서 응답을 전하라고 명령을 내렸는가? 23절에서 가브리엘은 "네가 기도를 시작할 즈음에 명령이 내렸으므로 이제 네게 알리러 왔느니라"라고 말한다. 그러므로 우리 하나님께서는 우리가 기도하기도 전에 우리에게 무엇이 필요한지 다 아시는 전능하신 하나님이시다. 우리의 기도를 다 들어보시고 계획을 세워서 응답으로 반응하시는 분이 아니다. 그래서 다니엘이 기도를 시작할 즈음에 다니엘에게 가서 하나님의 응답을 전하라고 천사 가브리엘을 다니엘에게 보낸 것이다.

"내가 이같이 말하여 기도하며 내 죄와 내 백성 이스라엘의 죄를 자복하고 내 하나님의 거룩한 산을 위하여 내 하나님 여호와 앞에 간구할 때 곧 내가 기도할 때에 이전에 환상 중에 본 그 사람 가브리엘이 빨리 날아서 저녁 제사를 드릴 때 즈음에 내게 이르더니 내게 가르치며 내게 말하여 이르되 다니엘아 내가 이제 네게 지혜와 총명을 주려고 왔느니라 곧 네가 기도를 시작할 즈음에 명령이 내렸으므로 이제 네게 알리러 왔느니라 너는 크게 은총을 입은 자라 그런즉 너는 이 일을 생각하고 그 환상을 깨달을지니라"(단 9:20-23)

그리고 하나님께서는 천사 가브리엘을 통해서 다니엘에게 미래에 이루어질 특별한 예언을 주셨는데 그 예언은 하나님의 모든 말씀 가운데 있는 가장 중요하고 놀라우며 가장 심오한 예언이라고 말씀하셨다. 그리고 예언의 내용은 다니엘의 백성과 다니엘의 예루살렘 성을 위하여 이스라엘 백성의 죄들이 끝나며 죄악이 용서되며 영원한 의가 드러나며 예언이 성취되기까지 70 이레로 기간을 정한다고 다니엘 9장 24~27절에서 말씀하셨다. 그러므로 하나님께서는 이스라엘 백성들을 위하여 70 이레로 기간을 정하셨다.

"네 백성과 네 거룩한 성을 위하여 일흔 이레를 기한으로 정하였나니 허물이 그치며 죄가 끝나며 죄악이 용서되며 영원한 의가 드러나며 환상과 예언이 응하며 또 지극히 거룩한 이가 기름 부음을 받으리라 그러므로 너는 깨달아 알지니라 예루살렘을 중건하라는 영이 날 때부터 기름 부음을 받은 자 곧 왕이 일어나기까지 일곱 이레와 예순 두 이레가 지날 것이요 그 곤란한 동안에 성이 중건되어 광장과 거리가 세워질 것이며 예순두 이레 후에 기름 부음을 받은 자가 끊어져 없어질 것이며 장차 한 왕의 백성이 와서 그 성읍과 성소를 무너뜨리려니와 그의 마지막은 홍수에 휩쓸림 같을 것이며 또 끝까지 전쟁이 있으리니 황폐할 것이 작정되었느니라 그가 장차 많은 사람들과 더불어 한 이레 동안의 언약을 굳게 맺고 그가 그 이레의 절반에 제사와 예물을 금지할 것이며 또 포악하여 가증한 것이 날개를 의지하여 설 것이며 또 이미 정한 종말까지 진노가 황폐하게 하는 자에게 쏟아지리라 하였느니라 하니라"(단 9:24-27)

❶ 70 이레란 무엇인가?

다니엘서 9장 24~27절에 나오는 70 이레 예언은 누구를 위한 예언인가? 여기 24절에서 "네 백성과 네 거룩한 성을 위하여"에서 이들은 어떤 대상을 의미하는가? 여기 이 대상은 본문 해석에 결정적인 열쇠다. 여기서 답을 얻지 못하면 "70 이레"의 계시는 해결점을 찾지 못한다. 그런데 상징적 해석이나 어떤 학자들은 여기에 등장하는 대상을 "신약 시대의 성도들과 하나님의 교회"라고 보지만, 여기 이 대상은 분명히 "유대인들과 예루살렘 성"을 가리킨다. 이 계시는 다니엘에게 주셨다. "네 백성과 네 거룩한 성"이란 말의 "네"라는 대상은 다니엘을 지칭하는 말이다. 그러므로 "네 백성과 네 거룩한 성"이란 말은 다니엘의 백성인 유대인과 다니엘의 고국인 예루살렘 성을 의미한다. 70 이레 예언은 오직 다니엘의 백성인 이스라엘을 위한 예언이다.

그렇다면 우리는 여기서 70 이레를 어떻게 이해하고 어떻게 해석해야 하는가?
70 이레를 해석하려면 본문의 전후 문맥을 참고하고 본문의 문장 전체를 통해서 70 이레가 무엇인지 자세히 이해하여 해석해야 한다.
먼저 70 이레에서 한 이레는 7일을 나타내기에 70 이레는 7일이 70번이고, 날로 계산하면 490일을 나타낸다. 하지만 미래의 이스라엘 백성을 위하여 다니엘에게 주신 다니엘서 9장 1~27절의 예언은 결코 490일 만에 이루어지지 않는다. 만일 490일에 관한 예언이라면 예루살렘의 중건령이 내려진지 7 이레인 49일 만에 중건이 완료되어야 하고, 그 후 62 이레인 434일 만에 한 왕에 의한 언약이 성사되어야 하고, 그리고 다시 7일 만에 메시아가 끊어져야 한다. 이런 역사적 과정은 490일인데 이 기간은 1년 6개월도 되지 않는다. 만약 예루살렘의 중건령이 B.C. 445년에 내려졌다면 B.C. 443년 안에 모든 것이 다 이루어져야 한다. 그렇다면 이스라엘 백성을 위한 70 이레 예언은 잘못된 예언인가?

그러므로 다니엘서 9장에 등장하는 하루를 1년으로 계산하는 방법으로 불순종하는 이스라엘 백성에게 40일간 정탐한 기간을 하루를 1년으로 계산하여 40년간의 방황 생활을 하게 하신 일과 에스겔에게도 하루를 1년으로 계산하게 하신 일이 있었다.

"너희는 그 땅을 정탐한 날 수인 사십 일의 하루를 일 년으로 쳐서 그 사십 년간 너희의 죄악을 담당할지니 너희는 그제서야 내가 싫어하면 어떻게 되는지를 알리라 하셨다 하라"(민 14:34)

"내가 그들의 범죄한 햇수대로 네게 날수를 정하였나니 곧 삼백구십 일이니라 너는 이렇게 이스라엘 족속의 죄악을 담당하고 그 수가 차거든 너는 오른쪽으로 누워 유다 족속의 죄악을 담당하라 내가 네게 사십 일로 정하였나니 하루가 일 년이니라"(겔 4:5-6)

이런 방법으로 계산하면 예루살렘의 중건령이 내려진 해로부터 "기름 부음을 받은 자가 끊어져 없어질" 그 기간까지 초림의 메시아가 오셔서 고난을 겪으신 기간과 거의 일치한다. 그러므로 70 이레는 70년 곱하기 7년으로 490년을 나타낸다.

70 이레를 상징으로 해석하는 학자들

70 이레를 상징으로 해석하는 이들은 다니엘서 9장 26-27절에 두 번씩이나 나오는 "장차"라는 기간을 전혀 고려하지 않고 69 이레와 1 이레는 중간에 "교회시대"라는 중간의 갭이 없이 계속되어야 한다고 주장한다. 이러한 상징적 해석의 모순은 "예루살렘을 중건하라는 영이 날 때부터"라는 말씀을 다루지 않으며 그 연대도 정하지 않는다. 그래서 7 이레는 예루살렘의 중건 기간으로 간주하고, 62 이레는 그 이후 예수님의 초림, 죽음, 부활, 승천까지의 기간으로 보지만, 이런 계산 방법은 어떤 성경적 근거가 없이 연대로 계산하기가 어려워서 상징적으로 해석한다. 결국 70 이레에서 7 이레나 62 이레나 1 이레를 설정한 의미가 전혀 없다. 그래서 "예루살렘을 중건하라는 영이 날 때부터"라고 명시된 70 이레 시작의 연대에 대한 하나님 말씀의 뜻이 사라진다. 그런데 마지막 1 이레는 티도의 예루살렘 침공으로 해석한다. 하지만 7 이레나 62 이레나 1 이레를 합한 70 이레가 실질적으로

아무 의미가 없는 상징이라면 하나님께서 의미 없는 숫자에 "기름 부음 받은 자의 끊어짐"이나 "한 이레의 절반에 일어날 제사와 예물의 금지"에 대해 큰 의미를 부여하시는가?

❷ 70 이레의 시작은 언제인가?

70 이레의 시작은 다니엘 9장 25절에 나오는 예루살렘을 중건하라는 칙령이 있을 때인데 그날은 주전 445년 3월 14일로 아닥사스다 왕 20년 니산월 1일에 아닥사스다 왕이 느헤미야에게 칙령을 내린 때다. 예루살렘의 중건령은 "70 이레"의 출발점이다. 유대인들이 바벨론 포로로 잡혀간 이후 세 번에 걸친 귀환령이 있었다. 첫 번째 귀환령은 고레스 왕 원년 B.C. 536년경으로 그 당시의 귀환령은 예루살렘의 중건령이 아니라 예루살렘 "성전의 건축령"이었다.

"바사 왕 고레스는 말하노니 하늘의 하나님 여호와께서 세상 모든 나라를 내게 주셨고 나에게 명령하사 유다 예루살렘에 성전을 건축하라 하셨나니 이스라엘의 하나님은 참 신이시라 너희 중에 그의 백성 된 자는 다 유다 예루살렘으로 올라가서 이스라엘의 하나님 여호와의 성전을 건축하라 그는 예루살렘에 계신 하나님이시라"(스 1:2-3) 그러므로 가브리엘이 다니엘에게 전한 중건령은 "예루살렘에 성전을 건축하라"라는 영이 아니라 "예루살렘을 중건하라"라는 영이다.

두 번째의 귀환령은 아닥사스다 왕 7년이 되는 B.C. 457년이다. 여기의 귀환령도 예루살렘의 중건을 위한 영이 아니라 새로 건축한 예루살렘 성전에 봉헌물에 관한 영이다(스 7:12-20).

세 번째 귀환령은 아닥사스다 왕 20년이 되는 B.C. 445년에 내려진 귀환령으로 본문에 나오는 "예루살렘 중건령"과 일치된다. 예루살렘 성은 성벽이 다 무너졌고 성문은 불에 타 없어졌으므로 예루살렘이 황폐하여 유대인들이 당하는 곤경이 극심했으므로 느헤미야가 이 사실을 왕께 아뢰어 허락을 받아내었다(느 1:3, 2:11-17). 그러므로 70 이레의 예언이 시작된 시기는 B.C. 445년이다. 느헤미야는 느헤미야 2장에서 그때를 이렇게 기록했다.

"아닥사스다 왕 제이십년 니산월에 왕 앞에 포도주가 있기로 내가 그 포도주를 왕에게 드렸는데 이전에는 내가 왕 앞에서 수심이 없었더니 왕이 내게 이르시되 네가 병이 없거늘 어찌하여 얼굴에 수심이 있느냐 이는 필연 네 마음에 근심이 있음이로다 하더라 그 때에 내가 크게 두려워하여 왕께 대답하되 왕은 만세수를 하옵소서 내 조상들의 묘실이 있는 성읍이 이제까지 황폐하고 성문이 불탔사오니 내가 어찌 얼굴에 수심이 없사오리이까 하니 왕이 내게 이르시되 그러면 네가 무엇을 원하느냐 하시기로 내가 곧 하늘의 하나님께 묵도하고 왕에게 아뢰되 왕이 만일 좋게 여기시고 종이 왕의 목전에서 은혜를 얻었사오면 나를 유다 땅 나의 조상들의 묘실이 있는 성읍에 보내어 그 성을 건축하게 하옵소서 하였는데 그 때에 왕후도 왕 곁에 앉아 있었더라 왕이 내게 이르시되 네가 몇 날에 다녀올 길이며 어느 때에 돌아오겠느냐 하고 왕이 나를 보내기를 좋게 여기시기로 내가 기한을 정하고 내가 또 왕에게 아뢰되 왕이 만일 좋게 여기시거든 강 서쪽 총독들에게 내리시는 조서를 내게 주사 그들이 나를 용납하여 유다에 들어가기까지 통과하게 하시고 또 왕의 삼림 감독 아삽에게 조서를 내리사 그가 성전에 속한 영문의 문과 성곽과 내가 들어갈 집을 위하여 들보로 쓸 재목을 내게 주게 하옵소서 하매 내 하나님의 선한 손이 나를 도우시므로 왕이 허락하고"(느 2:1-8)

① 느헤미야는 예루살렘 성읍의 성과 성문을 중건하였다.
② 삼림감독 아삽에게 조서를 내리게 했다(2:8)
③ 느헤미야서와 에스라서는 곤경 가운데 성이 중건된 것을 보여준다.
  (느 4:7-23, 단 9:25)
④ 다음에 페르시야 왕들에 의한 예루살렘 중건의 명령은 다시 없었다.

❸ 69 이레의 끝은 언제인가?

하나님께서는 천사 가브리엘을 통해서 7 이레와 62 이레 즉 69 이레 후에 기름 부음을 받은 메시아가 끊어져 없어진다고 했는데 그렇다면 69 이레의 끝은 언제인가?

"그러므로 너는 깨달아 알지니라 예루살렘을 중건하라는 영이 날 때부터 기름 부음을 받은 자 곧 왕이 일어나기까지 일곱 이레와 예순두 이레가 지날 것이요 그 곤란한 동안에 성이 중건되어 광장과 거리가 세워질 것이며 예순두 이레 후에 기름 부음을 받은 자가 끊어져 없어질 것이며 장차 한 왕의 백성이 와서 그 성읍과 성소를 무너뜨리려니와 그의 마지막은 홍수에 휩쓸림 같을 것이며 또 끝까지 전쟁이 있으리니 황폐할 것이 작정되었느니라"(단 9:25-26)

여기서 69 이레 후에 기름 부음 받은 자가 끊어져 없어진다고 했는데 이것은 예수 그리스도의 죽음을 가리킨다. 이날은 예루살렘 성을 중건하라는 아닥사스다 왕의 명령이 있었던 BC 445년에서 69 이레인 483년이 지나서 AD 32년 3월 30일에 예수께서 예루살렘 성에 승리의 입성을 하실 때를 지칭한다.

그리고 4일 후에 예수께서 갈보리 산에서 죽으셨다(눅 19:28-40).

영국 런던 경찰청 부청장이었던 로버트 앤더슨 경(1841-1918)은 그의 저서 〈미래의 왕자〉에서 70 이레의 시작점과 69 이레의 끝날을 이렇게 계산하였다. 아닥사스다왕 재위 20년 니산월 1일인 BC 445년 3월 14일을 기산점으로 계산하며, 예수님의 메시아임을 알리는 예루살렘 입성일 AD 32년 4월 6일로 정하고, 날짜로 계산하면 고대 유대력은 1년을 360일로 계산하고, 고대의 모든 달력도 1년을 360일로 계산했기에 69 이레는 69X7X360=173,880일이 된다. 그래서 주전 445년 3월 14일부터 기원후 32년 4월 6일까지는 날수로는 173,740일이 되기에 3월 14일에서 4월 6일까지가 24일을 더해야 하고, 율리어스력에 의한 윤달을 계산하면 116일을 더해야 하기에 173,740일+24일+116일=173,880일이 나온다. 그리고 대영백과사전에도 아닥사스다 왕의 칙령이 주전 445년 3월 14일로 기록되어 있다.

이러한 연도의 계산법은 정확한 날짜까지는 알 수 없으므로 약간의 견해 차이가 있지만, 그러나 가장 중요한 것은 69 이레 후에 이스라엘에 대한 예언적인 시각은 정지된다는 사실이다. 그리고 그때부터 교회 시대가 시작되고, 다시 교회 시대가 끝나서 교회가 휴거가 되면, 이스라엘 백성을 위한 마지막 남은 한 이레 즉 7년이 다시 시작된다는 것이 70 이레에서 가장 중요한 핵심이다.

❹ 69 이레와 70째 이레 사이에 있는 이스라엘 백성들에게 있는 공백 기간은 무엇인가?

본문 자체가 공백 기간을 인정한다. 69 이레 후에 예수께서 공중에 재림하시고 교회가 휴거될 시기까지 이스라엘에 공백 기간이 있다. 이 기간은 이방인의 기간이요, 교회 시대의 기간이다. 이 기간은 이스라엘과는 아무런 상관이 없는 기간으로 이 공백 기간인 교회 시대에 이방인의 충만한 수가 예수 그리스도의 복음을 깨닫고 하나님께로 돌아온다.

❺ 마지막 한 이레인 70째 이레는 무엇인가?

교회 시대가 끝나고 이스라엘의 대환란의 때가 시작되면 다니엘의 백성 유대인의 70째 이레가 시작된다. 70째 이레가 시작되면 하나님께서는 이방인들을 통해서 이스라엘을 징계하신다. 그것이 7년 대환란이다. 그러나 7년 대환란은 유대인에게 다음의 6가지 목적을 이루기 위한 기간이다. 그래서 다니엘 9장 24절에서 그 6가지 목적을 이렇게 소개한다.

"허물이 그치며 죄가 끝나며 죄악이 용서되며 영원한 의가 드러나며 환상과 예언이 응하며 또 지극히 거룩한 이가 기름 부음을 받으리라"(단 9:24)

❶ 허물을 그치게 한다.

이스라엘 백성들이 그동안 자신들의 메시아를 거부한 허물을 그치게 하려고 하나님께서 그렇게 하신다.

❷ 죄를 끝내게 된다.

이스라엘의 죄들을 완전히 제거하기 위해서 하나님께서 그렇게 하신다.

❸ 죄악이 용서된다.

이스라엘 백성의 죄악을 용서함으로 하나님과의 관계가 완전히 회복된다.

❹ 영원한 의가 드러난다.

대환란이 끝나면 천년왕국에서 하나님의 영원한 의가 드러난다.

❺ 환상과 예언이 성취된다.

7년 대환란을 통해서 모든 환상과 예언이 성취된다.

❻ 지극히 거룩하신 메시아가 기름 부음을 받는다.

그리스도의 이스라엘 구원 사역 성취를 통해서 메시아로 인정을 받게 된다.

그러므로 다니엘에게 다니엘서 9장 25절에서 "그러므로 너는 깨달아 알지니라"라고 말씀하신다. 그리고 다니엘 9장 26절에서는 69 이레가 끝나고 교회 시대의 공백 기간도 끝나고 마지막 남은 한 이레인 7년의 기간에 갑자기 한 통치자가 등장한다고 예언한다.

"장차 한 왕의 백성이 와서 그 성읍과 성소를 무너뜨리려니와"

여기에 등장하는 한 통치자는 유대인들과 전쟁을 하며 성소를 무너뜨리게 된다. 그리고 다니엘 9장 27절에 보면, 한 통치자는 유대인들과 한 이레 동안 언약을 맺었다가 그 이레의 중간에 그 언약을 파기하고 대환란 기간에 등장하는 성전에서 희생제물을 드리지 못하게 중지하며, 가증한 것으로 성소를 더럽히고 황폐하게 만든다. 여기에 등장하는 한 통치자가 7년 대환란 기간에 세계를 통치할 적그리스도다. 사실 유대인의 70 이레 중에 69 이레는 이스라엘 백성에게 이미 지나갔고 끝났다. 마지막 한 이레인 7년만 남아 있다. 그러므로 마지막 70째 이레로 이스라엘을 징계하시는 것이 끝난다.

"이것이 다니엘의 70 이레와 대환란의 관계다."

그러므로 7년 대환란은 일차적으로 유대인들이 대환란을 통해서 정결하게 되며, 메시아인 예수 그리스도를 구원자로 인정하게 되는 때다. 사실 대환란이란 고난과 고통의 기간이다. 70 이레는 다니엘의 백성인 유대인들에게만 해당되는 기간이며, 교회 시대에 구원받은 그리스도인들은 70 이레와 아무런 관련이 없다. 교회 시대의 그리스도인들은 69 이레와 마지막 한 이레 사이에 있는 공백 기간으로 이방인의 교회 시대로 존재한다. 그러나 교회 시대에 해당하는 공백 기간이 끝나면 예수 그리스도께서 공중에 재림하시고 교회 시대에 해당하는 그리스도인들은 부활하여 들림을 받으면 인류 역사에 마지막 남은 한 이레인 7년 대환란이 이 땅에 임한다.

예수님께서도 마태복음 24장에서 대환란에 대하여 자세히 설명하셨다.

"이는 그 때에 큰 환난이 있겠음이라 창세로부터 지금까지 이런 환난이 없었고 후에도 없으리라"(마 24:21)

모든 그리스도인이 부활하여 하늘로 휴거가 되고 이 땅에 남아 있는 모든 사람은 이 대환란에 동참한다. 이 대환란은 전에도 없었고 앞으로도 없을 무시무시한 대환란이다. 그리고 이 대환란의 기간은 7년인데 다니엘 9장 27절에서 한 이레를 7

년으로 예언되었기 때문이다.

"그가 장차 많은 사람들과 더불어 한 이레 동안의 언약을 굳게 맺고 그가 그 이레의 절반에 제사와 예물을 금지할 것이며 또 포악하여 가증한 것이 날개를 의지하여 설 것이며 또 이미 정한 종말까지 진노가 황폐하게 하는 자에게 쏟아지리라 하였느니라 하니라"(단 9:27)

여기서 적그리스도가 '장차 많은 사람들과 더불어 한 이레 동안의 언약을 굳게 맺고'라고 했는데 여기에 등장하는 한 이레가 바로 7년이다. 그리고 적그리스도는 많은 사람과 언약을 굳게 맺는다고 했는데 그는 많은 사람에게 평화를 약속하며 자신을 따르게 할 것이다. 또한 예수께서는 마태복음 24장 15절과 21절에서 다니엘이 예언한 내용을 인용하여 이 땅에 임하는 대환란에 대하여 자세히 말씀하셨다.

"그러므로 너희가 선지자 다니엘이 말한 바 멸망의 가증한 것이 거룩한 곳에 선 것을 보거든 (읽는 자는 깨달을진저, 이는 그 때에 큰 환난이 있겠음이라 창세로부터 지금까지 이런 환난이 없었고 후에도 없으리라"(마 24:15, 21)

여기서 '멸망의 가증한 것이 거룩한 곳에 선 것을 보거든'이라는 말은 적그리스도가 7년 대환란의 기간에서 3년 반이 되는 시기에 이스라엘과의 언약을 파기하고 예루살렘 성전에 들어가서 자기가 하나님이라고 말하며 성전에 자기 우상을 만들고 많은 사람에게 자기를 숭배하게 하면서 경배를 요구할 것이다. 이러한 사실에 대하여 사도 바울도 데살로니가후서 2장 3~4절에서 말한다.

"누가 어떻게 하여도 너희가 미혹되지 말라 먼저 배교하는 일이 있고 저 불법의 사람 곧 멸망의 아들이 나타나기 전에는 그 날이 이르지 아니하리니 그는 대적하는 자라 신이라고 불리는 모든 것과 숭배함을 받는 것에 대항하여 그 위에 자기를 높이고 하나님의 성전에 앉아 자기를 하나님이라고 내세우느니라"(살후 2:3-4)

여기에 등장하는 불법의 사람, 멸망의 아들, 대적하는 자, 자기를 높이고 하나님의 성전에 앉아 자기를 하나님이라고 내세우는 자, 그가 바로 적그리스도다. 그는 7

년 대환란 기간에 짐승의 표인 666표를 가지고 세계 경제체계로 세상을 통치한다. 그리고 7년 대환란 기간은 크게 둘로 나누면 전반부가 3년 반이고, 후반부도 3년 반이며, 성경의 다른 곳에서는 "한 때와 두 때와 반 때"로 표현하는데 그것이 바로 3년 반을 의미하며, 3년 반을 달수로 계산하면 42달이고, 날수로 계산하면 1,260일이다. 그리고 성경에서는 특히 후 3년 반 동안에 적그리스도가 더 적극적으로 활동할 것을 말하며, 하나님의 진노도 더 심해질 것으로 언급한다. 우리는 지금까지 7년 대환란을 예언한 다니엘의 70 이레에 대해 살펴보았다. 그렇다면 하나님께서 이스라엘에 대환란을 허락한 이유가 무엇인가?

2. 이스라엘과 대환란(야곱의 환난의 때)

이스라엘은 하나님이 선택하신 백성으로 성경에 보면 그들과 관련된 모든 예언이 있고, 그 예언들이 성취되었다. 특별히 이사야 43장을 1절과 3~4절과 10절과 15~21절을 살펴보면 하나님과 이스라엘 관계가 어떤 관계이며, 하나님이 이스라엘을 선택하신 이유가 무엇인지 자세히 소개한다.

"야곱아 너를 창조하신 여호와께서 지금 말씀하시느니라 이스라엘아 너를 지으신 이가 말씀하시느니라 너는 두려워하지 말라 내가 너를 구속하였고 내가 너를 지명하여 불렀나니 너는 내 것이라, 대저 나는 여호와 네 하나님이요 이스라엘의 거룩한 이요 네 구원자임이라 네가 내 눈에 보배롭고 존귀하며 내가 너를 사랑하였은즉 내가 네 대신 사람들을 내어 주며 백성들이 네 생명을 대신하리니, 나 여호와가 말하노라 너희는 나의 증인, 나의 종으로 택함을 입었나니 이는 너희가 나를 알고 믿으며 내가 그인 줄 깨닫게 하려 함이라, 나는 여호와 너희의 거룩한 이요 이스라엘의 창조자요 너희의 왕이니라, 이 백성은 내가 나를 위하여 지었나니 나를 찬송하게 하려 함이니라"

하나님께서 이스라엘을 하나님의 백성으로 선택하셨다. 하나님께서 이스라엘을 창조하셨고, 이스라엘을 지었고, 이스라엘을 사랑하여 구속하였고, 이스라엘을 지명하여 불렀으며, 이스라엘을 하나님의 증인과 하나님의 종으로 선택하셨다. 따라서 이스라엘은 하나님의 소유이며, 하나님의 눈에 보배롭고 존귀한 존재다. 그리고 이사야 43장을 계속 살펴보면 하나님께서 이스라엘과 관련하여 어떤 분이신지 소개한다. 하나님은 이스라엘의 하나님이 되시고, 이스라엘의 거룩한 분이요, 이스라엘의 구원자가 되시고, 이스라엘을 창조하신 분이요, 이스라엘의 왕이되신다. 그리고 하나님께서 이스라엘을 선택하신 이유는 이스라엘 백성들이 하나님을 알고 믿으며 깨닫게 하려는 것이며, 하나님을 찬송하게 하려는 것이며, 하나님의 이름을 열방에 알리려는 것이다. 그래서 하나님께서는 이스라엘을 통해서 성경이 기록되게 하셨으며, 필사 과정을 통해 후손에게 전달하게 하셨으며, 온 인류를 구원하시기 위한 목적으로 그들 중에 약속된 메시아가 태어나게 하셨고, 십자가에서 완성한 완전한 복음을 성경을 통해 온 인류에게 전달하셨다. 그러므로 성경이 없었다면 우리는 하나님이 누구신지 알 수 없으며, 예수 그리스도의 완전한 복음을 알 수도 없다.

사실 이스라엘의 나라는 세상의 가장 중심 지역에 있다. 그래서 지중해 주변에 있는 팔레스타인 지역은 세상 모든 나라와의 평균 거리가 가장 짧다. 그리고 튀르키예의 수도 앙카라와 노아의 방주가 멈추었던 아라라트산과 이스라엘의 예루살렘과 이라크의 바그다드가 800Km 이내에 있다.

이 지역은 고대로부터 이집트와 메소포타미아를 잇는 중요한 무역 거점 지역이었으며, 중동과 아시아와 아프리카, 유럽을 잇는 중요한 위치였으며, 바벨론 제국과 페르시아 제국과 그리스제국과 로마제국과 오스만제국과 나중에는 영국이 점령하여 차지했던 지역으로 성경의 무대가 된 지역이다. 그래서 에스겔 선지자는 에스겔 38장 12절에서 이스라엘 백성이 "세상 중앙에 거주하는 백성"이라고 언급했으며, 5장 5절에서는 하나님께서 예루살렘을 이방인 가운데에 두어 세상 나라들이 둘러 있게 하였다고 말씀하셨다. 그러므로 이스라엘은 온 열방에 하나님의 이름을 전파할 책임이 있었다.

❶ 이스라엘의 멸망과 회복

하나님의 백성으로 세워진 이스라엘이 하나님을 따르지 않고 우상 숭배의 죄를 범하자 이스라엘은 이방인에게 공격당하여 구약에서 BC 586년에 바벨론에 의해서 멸망하였다가 70년 만에 다시 회복되었고, 신약에서는 하나님께서 보내신 구원자이시며 참된 메시아 되시는 예수님을 거절한 죄로 AD 70년에 로마에 의해 완전히 멸망하였다. 그들이 범한 죄는 선지자들을 죽이고 그들에게 파송된 자들을 돌로 쳤으며, 예수님을 거절했으며, 무죄한 예수님을 십자가에 못 박아 흘린 피를 자신들과 자신들의 후손에게 돌리라고 소리쳤기 때문이다. 그 결과 그들의 집이 황폐되었으며, 돌 위에 돌 하나 남지 않고 완전하게 성전이 파괴되고 이스라엘 나라가 완전히 멸망하였다.

"예루살렘아 예루살렘아 선지자들을 죽이고 네게 파송된 자들을 돌로 치는 자여 암탉이 그 새끼를 날개 아래에 모음 같이 내가 네 자녀를 모으려 한 일이 몇 번이더냐 그러나 너희가 원하지 아니하였도다 보라 너희 집이 황폐하여 버려진 바 되리라, 백성이 다 대답하여 이르되 그 피를 우리와 우리 자손에게 돌릴지어다 하거늘, 예수께서 성전에서 나와서 가실 때에 제자들이 성전 건물들을 가리켜 보이려고 나아오니 대답하여 이르시되 너희가 이 모든 것을 보지 못하느냐 내가 진실로 너희에게 이르노니 돌 하나도 돌 위에 남지 않고 다 무너뜨려지리라"(마 23:37-38, 27:25, 24:1-2))

그러므로 예수님을 거절한 죄가 얼마나 무서운가를 알아야 한다. 결국 이스라엘은 완전히 멸망하여 그들을 부르고 세우신 하나님의 거룩한 이름까지 더럽힘을 당한다. 그러자 하나님께서는 하나님 자신의 거룩한 이름을 회복하기 위해 이스라엘을 다시 회복할 것을 에스겔에서 예언을 통해 약속하셨다.

"그러나 이스라엘 족속이 들어간 그 여러 나라에서 더럽힌 내 거룩한 이름을 내가 아꼈노라 그러므로 너는 이스라엘 족속에게 이르기를 주 여호와께서 이같이 말씀하시기를 이스라엘 족속아 내가 이렇게 행함은 너희를 위함이 아니요 너희가 들어간 그 여러 나라에서 더럽힌 나의 거룩한 이름을 위함이라 여러 나라 가운데에서 더럽혀진 이름 곧 너희가 그들 가운데에서 더럽힌 나의 큰 이름을 내가 거룩하게 할지라 내가 그들의 눈 앞에서 너희로 말미암아 나의 거룩함을 나타내리니 내가 여호와인 줄을 여러 나라 사람이 알리라 주 여호와의 말씀이니라"(겔 36:21-23)

이스라엘이 AD 70년에 멸망하여 수많은 세월이 흐르는 동안 다시는 회복될 가능성이 없어 보였지만 하나님께서는 에스겔에게 보여준 마른 뼈의 환상을 통하여 이스라엘이 다시 회복될 것을 보여주셨다.

"여호와께서 권능으로 내게 임재하시고 그의 영으로 나를 데리고 가서 골짜기 가운데 두셨는데 거기 뼈가 가득하더라 나를 그 뼈 사방으로 지나가게 하시기로 본즉 그 골짜기 지면에 뼈가 심히 많고 아주 말랐더라 그가 내게 이르시되 인자야 이 뼈들이 능히 살 수 있겠느냐 하시기로 내가 대답하되 주 여호와여 주께서 아시나이다 또 내게 이르시되 너는 이 모든 뼈에게 대언하여 이르기를 너희 마른 뼈들아 여호와의 말씀을 들을지어다 주 여호와께서 이 뼈들에게 이같이 말씀하시기를 내가 생기를 너희에게 들어가게 하리니 너희가 살아나리라 너희 위에 힘줄을 두고 살을 입히고 가죽으로 덮고 너희 속에 생기를 넣으리니 너희가 살아나리라 또 내가 여호와인 줄 너희가 알리라 하셨다 하라 이에 내가 명령을 따라 대언하니 대언할 때에 소리가 나고 움직이며 이 뼈, 저 뼈가 들어 맞아 뼈들이 서로 연결되더라 내가 또 보니 그 뼈에 힘줄이 생기고 살이 오르며 그 위에 가죽이 덮이나 그 속에 생기는 없더라 또 내게 이르시되 인자야 너는 생기를 향하여 대언하라 생기에게 대언하여 이르기를 주 여호와께서 이같이 말씀하시기를 생기야 사방에서부터 와서 이 죽음을 당한 자에게 불어서 살아나게 하라 하셨다 하라 이에 내가 그 명령대로 대언하였더니 생기가 그들에게 들어가매 그들이 곧 살아나서 일어나 서는데 극히 큰 군대더라"(겔 37:1-10)

에스겔 37장은 하나님께서 에스겔에게 나타나셔서 대화하시는 내용으로 구성되어 있다. 하나님께서 에스겔에게 "이 마른 뼈들이 다시 살아날 수 있겠느냐?"라고 질문하신다. 그러자 에스겔은 "주 여호와여 이 일은 오직 주님께서만 아시나이다."라고 대답한다. 이제 하나님께서 에스겔에게 마른 뼈들에게 "너희는 여호와의 말씀을 들을지어다 내가 생기를 너희에게 들어가게 하리니 너희가 살아나리라 너희 위에 힘줄을 두고 살을 입히고 가죽으로 덮고 너희 속에 생기를 넣으리니 너희가 살아나리라"라고 전하라 명령하셨다. 그래서 에스겔은 마른 뼈들에게 하나님의 말씀을 대신 전하자 놀라운 일이 일어나 모든 마른 뼈들이 다시 움직이되 소리가 나고 움직이며 뼈들이 서로 들어맞아 뼈들이 서로 연결되고 그 뼈에 힘줄이 생기고 살이 오르며 그 위에 가죽이 덮이는 기적이 일어났다.

그러자 하나님께서는 이제 에스겔에게 사방에 있는 생기에게 하나님의 말씀을 대언하라고 명령하셨다. 그래서 에스겔이 사방에 있는 생기에게 하나님의 말씀을 전하니 생기가 그들에게 들어가서 마른 뼈들이 살아나서 일어나 서는데 극히 큰 군대가 되었다. 결국 골짜기 가운데 있던 마른 뼈들이 죽은 지 아주 오래되어 심히 말랐지만, 하나님의 말씀과 성령의 역사로 결국에는 군대처럼 다시 살아나고 일어나는 역사가 있었는데 하나님께서는 에스겔 37장 11절에서 다시 살아난 마른 뼈들이 이스라엘 족속이라고 말씀하시며, 그들이 하나님의 백성이기에 하나님께서 무덤을 열고 그들을 나오게 하며, 이스라엘 고국 땅으로 돌아오게 하시겠다고 말씀하셨다.

"또 내게 이르시되 인자야 이 뼈들은 이스라엘 온 족속이라 그들이 이르기를 우리의 뼈들이 말랐고 우리의 소망이 없어졌으니 우리는 다 멸절되었다 하느니라 그러므로 너는 대언하여 그들에게 이르기를 주 여호와께서 이같이 말씀하시기를 내 백성들아 내가 너희 무덤을 열고 너희로 거기에서 나오게 하고 이스라엘 땅으로 들어가게 하리라 내 백성들아 내가 너희 무덤을 열고 너희로 거기에서 나오게 한즉 너희는 내가 여호와인 줄을 알리라 내가 또 내 영을 너희 속에 두어 너희가 살아나게 하고 내가 또 너희를 너희 고국 땅에 두리니 나 여호와가 이 일을 말하고 이룬 줄을 너희가 알리라 여호와의 말씀이니라"(겔 37:11-14)

하나님께서 이스라엘 백성을 무덤에서 나오게 하시며 이스라엘 땅으로 들어가게 하시며, 하나님께서 이 일을 말씀하셨고, 하나님께서 말씀하셨으니 반드시 이루시겠다고 아주 분명하게 말씀하셨다. 결국 이스라엘은 나라를 잃고 세계 각처에 흩어져 살았지만, 1948년 5월 14일에 기적처럼 다시 독립하고 자신들의 옛날 땅이었던 이스라엘 땅으로 돌아왔다.

❷ 이스라엘이 다시 회복되기까지의 역사

이스라엘은 AD 70년에 로마의 티투스 장군에 의해서 예수님의 예언대로 완전히 멸망하였다(마 24:1-2). 예루살렘 남쪽 100Km 지점에 세워진 마사다 요새에서 끝까지 저항하던 유대인들마저도 로마군에게 함락되어 이스라엘은 완전히 멸망하였다. 그리고 AD 135년에 마지막 유대인 반란이 있었으나 성공하지 못하고 굶주림과 질병으로 사망한 사람까지 합하면 무려 100만 명이 넘는 유대인들이 죽었다. 결국 이스라엘은 AD 135년부터 AD 640년까지 로마의 지배하에 예루살렘은 폐허가 되고 '엘리아 카피톨리나'라는 도시가 그곳에 세워지고 이방 사원이 세워졌으며, 그 지역은 시리아 팔레스티나로 바뀌게 되었다.

다시 AD 640년부터 AD 1,090년까지 이슬람이 이 지역을 장악하여 다스리게 되면서 이스라엘 성전에 있던 자리에 알 사크라 사원이 세워졌다. 이 사원은 이슬람교의 성지이며 예루살렘의 성전산 위에서 AD 691년에 완공되었다.

이 사원을 바위 돔 사원으로 부르기도 하는데 그 사원 안에 아브라함이 아들 이삭을 번제로 드리려고 했던 자리에 큰 바위가 있었기 때문이다. 그 바위의 크기는 길이가 13.5m, 폭이 10.8m, 높이가 1.8m나 된다. 그리고 그 사원은 황금 돔 사원으로 부르기도 하는데 사원 꼭대기에 황금으로 만든 돔이 있기 때문이다. 이 황금 돔은 AD 1959년과 AD 1993년에 만들어졌다. 그리고 알 사크라 사원에서 조금 떨어진 곳에 AD 705년에 알 아크사 사원을 하나 더 지었다.

AD 1095년부터 AD 1492년까지 십자군 전쟁 시대로 로마 가톨릭교회가 예루살렘 성지를 탈환하기 위해 십자군 원정으로 이슬람교도였던 튀르키예인들과 여러 차례 싸웠지만 1099년에 예루살렘 성지를 빼앗기도 했으나 다시 아랍에 빼앗기고 1492년까지 전쟁이 이어졌으나 결국 예루살렘 성지를 탈환하지 못했다. 1250년부터 1517년까지 튀르키예인 사라단이 이슬람의 맘루크 왕조를 무너뜨리고 이 지역을 다스렸다. 1517년부터 1917년까지 오스만제국이 이 지역을 포함하여 지중해 동쪽 지역과 북아프리카까지 다스렸다.

1918년부터 1946년까지 영국이 이 지역을 점령하여 다스렸는데 1918년에 영국은 알렌지 장군을 보내 예루살렘을 점령할 때 그 장군은 전투를 치르지 않았지만 튀르키예의 항복을 받아낸다. 사실 영국이 이 지역을 위임 통치하게 된 배경은 제1

차 세계대전 이후 국제연맹이 영국에게 이 지역을 통치하도록 할당해 주었기 때문이다. 그렇다면 어떤 배경하에 이스라엘이 1948년 5월 14일에 독립하게 되었는가?

❸ 시온주의 태동

1800년대부터 시온주의가 태동하였다. 여기서 시온은 예루살렘의 남쪽 언덕에 있던 옛 여부스족 요새의 이름이다. 그러다가 시간이 흐름에 따라 시온은 점차 그 가리키는 범위가 넓어졌다. 다윗은 이 요새를 점령한 뒤 다윗 성이라 불렀다. 그리고 솔로몬이 북쪽에 예루살렘 성전을 지은 후, 시온은 성전과 그 주변 지역까지 포함하게 되었다.

시온은 성경에 나오는 유대인들의 고향 예루살렘 혹은 옛 이스라엘을 상징한다. 그러다가 이스라엘 신앙의 수도로서 예루살렘 전체나 그곳의 주민을 의미하게 되었고, 후에는 이스라엘 나라 전체 또는 하나님 백성으로서의 이스라엘을 비유하는 이름으로 쓰였다(다음 백과사전).

시온주의는 팔레스타인 지역을 이스라엘 땅으로 회복시키려는 운동이다. 시온주의의 조짐은 16~17세기에 유대인들 사이에 나타났으며, 19세기 후반 테오도르 헤즐이 팔레스타인 지역에 유대인의 국가를 세우겠다고 선언하면서 구체화 되었다. 동유럽에 살던 유대인들은 서구문화에 동화되지 않았다. 그들은 러시아 황제였던 차르의 유대인 대학살에 대응하고 유대인 농민과 수공업자들의 팔레스타인 정착을 추진하기 위해 "시온을 사랑하는 사람들"이라는 뜻을 가진 〈호베베이 시온〉을 결성했다.

이 시기에 시온주의의 정치적 토대를 만든 사람은 오스트리아 출신 언론인이며 유대인인 〈테오도르 헤즐〉이다. 그는 헝가리 수도 부다페스트에서 부유한 유대인 상인의 아들로 태어나 변호사와 작가로 활동했다. 그는 파리에서 언론인으로 활동하던 중 유대인 장교 드레퓌스의 재판이 불공평하게 처리되는 것을 목격하여 유대인들도 스스로 살아갈 터전을 마련해야 한다는 것을 깨닫는다. 1896년에 자신의 저서 〈유대인 국가〉라는 책에서 시온주의 운동의 목적을 밝히고, 1897년 드디어 스위스 바젤에서 제1차 시온주의자 대회가 열렸다. 이 대회에서 그는 〈시온주의는 팔레스타인에 국제법으로 보장되는 유대인의 조국을 건설하고자 한다 〉라고 선언하고, 시온주의 운동의 바젤 강령을 세웠다.

시온주의 운동 본부는 빈에 세워졌으며, 이곳에서 헤즐은 공식 주간지 벨트(Die Welt)를 발간한다. 시온주의자 대회는 1897년부터 1901년까지는 매년 열렸다가 다음에는 2년마다 한 차례씩 열렸다. 시온주의자들은 다윗의 방패로 알려진 육각형의 별과 성전 예식에 쓰이던 일곱 촛대인 〈메노라〉를 자신들의 상징으로 선택했다. 헤즐은 튀르키예의 오스만 정부에 팔레스타인 자치권을 요구했으나 거절당했고 대신 영국의 도움을 받게 되었다. 1903년 영국 정부는 우간다에 있는 3,750㎢의 비거주지역을 정착지로 제의했지만, 시온주의자들은 팔레스타인을 고집했다.

1904년 헤즐이 죽자 러시아에서 과학자로 활동하다 영국으로 귀화한 유대인 〈하임 와이즈만〉이 지도자가 되었다. 그는 러시아 서부 지방에서 태어나 독일의 대학에서 공부했으며 영국의 맨체스터 대학의 화학 교수가 되었다. 제1차 세계대전 기간에는 영국에서 뛰어난 과학자로 인정을 받았다. 그는 시온주의자로서 〈벨푸어 선언〉이 의회에서 통과되는 데 큰 공을 세웠다. 1917년부터 1930년과 1935년부터 1946년까지 시온주의자 연맹의 의장직을 수행했으며, 특별히 영국 정부에서 유대인 국가를 세우는 데 많은 도움을 얻어내는 일에 큰 역할을 감당했으며, 1949년에 〈이스라엘의 초대 대통령〉이 되어 유대인들의 교육과 문화의 수준을 높이는 일에 헌신하였다.

1905년 러시아 혁명이 실패하고 뒤이어 대학살과 탄압의 물결이 일어나자, 더 많은 러시아 출신의 유대인 젊은이들이 선구자적인 정착민으로서 팔레스타인으로 이주했다. 1914년경 팔레스타인에 정착한 유대인은 약 9만 명에 이르렀고, 그중에 1만 3천 명은 43개의 유대인 농업 정착지에서 살았다. 이들은 대부분 프랑스 출신 유대인 박애주의자 〈에드몽 드 로트실〉 남작에게서 큰 도움을 받았다(다음 백과사전).

❹ 1917년 밸푸어 선언과 유대인의 팔레스타인 이주

1914년에 제1차 세계대전이 일어나자 지금까지 팔레스타인 영토를 다스리던 튀르키예는 영국의 적국이 되었다. 그리하여 와이즈만과 시온주의자들은 영국이 자신들을 도와줄 것을 기대하게 되었다. 그 당시 영국 내각에는 영국계 유대인 헐버트 사무엘이 있었으며, 1916년에 영국 총리가 된 들로드 조지와 〈외무장관 아더 벨푸어〉는 유대인들이 팔레스타인에 유대 국가를 세우는 일에 호의적이었으며, 하임 와이즈만과 나훔 소콜로프는 1917년 11월 2일에 팔레스타인에 유대민족의 나라를 세우는 것을 지원하는 〈밸푸어 선언〉을 영국 정부로부터 얻어낸다. 영국의 외무장관 아더 벨푸어는 독일과의 전쟁에 영향력 있는 유대인들의 후원을 받아내려고 영국 정부가 승인하는 다음과 같은 〈벨푸어 선언〉을 발표하였다.

"영국은 팔레스타인에 유대인들의 안식처를 건설하는 것을 진심으로 동의하며, 이러한 목적을 완수하기 위해 최대한의 노력을 할 것이며, 팔레스타인에 거주하는 비유대인 공동체들의 시민적, 종교적 권리, 또는 다른 나라에 사는 유대인들의 권리와 정치적 신분 등에 차별이 없다."

그 후 몇 년 동안 시온주의자들은 팔레스타인에 도시와 농업 정착지를 세우고, 자치기구를 만들었으며, 그들의 생활방식과 히브리어 교육을 강화했다.
1919년 1월에 제1차 세계대전이 끝나자 1920년 4월에 산 레모에서 오스만제국의 정복자들을 만나 UN의 감독하에 오스만제국의 영토를 나누기 시작했다. 프랑스는 레바논을 포함하여 시리아를 위임통치하게 되었고, 〈영국은 메소포타미아와 팔레스타인의 통치권을 얻어냈으며〉 이집트의 통치권은 그대로 유지하여 영국이 다스리게 되었다. 그러나 시온주의자들은 가능한 빠른 기간 내에 팔레스타인 지역에 유대인들을 거주시키기로 작정하였다. 그들은 유대인 기구를 창설하고 유대인 이민자들을 도와서 살아갈 집과 일자리를 마련해 주었다.

영국은 팔레스타인 지역에 영국 고등판무관 헐버트 사무엘을 파견하여 1920년부터 1925년까지 유대인들과 아랍인들까지 세심한 배려를 아끼지 않고 그들을 도와주었다. 1925년 3월의 공식 집계에 따르면, 당시 팔레스타인에 살고 있던 유대인은 10만 8,000명 정도였으며, 1933년 무렵 이 숫자는 대략 23만 8,000명(전체 주민의 20%)으로 늘어났다. 유럽에서 히틀러가 기세를 떨치기 전에는 유대인의 이민이 비교적 천천히 이루어졌지만, 아랍계 주민들은 팔레스타인이 결국 유대인들의 나라가 될 것에 두려움을 느끼고 시온주의와 이를 지지하는 영국 정책에 거세게 저항했다.

1936년에 영국의 위임통치와 계속되는 유대인 이민을 반대하는 아랍인 봉기가 발생한다. 1937년에 영국이 팔레스타인 땅을 팔레스타인의 국가와 이스라엘의 국가로 나누는 것을 제안하자 유대인들은 찬성하고 아랍인들은 반대한다. 그러자 영국은 1939년에 아랍인과 유대인이 공존하는 국가를 설립하자고 제안하여 아랍인들은 찬성하고 유대인들은 반대했다. 결국 영국은 아랍인들과 유대인들의 요구를 절충하는 안을 짜내야만 했다.

제2차 세계대전이 일어나 히틀러의 나치주의가 대대적인 유럽 유대인 말살 정책이 진행되면서 수많은 유대인이 팔레스타인 땅으로 이주하였으며, 그 외 지역의 많은 유대인과 특히 미국에 살고 있던 유대인들도 시온주의를 받아들이기 시작했다. 1945년 제2차 세계대전에서 승리했을 때 영국은 최강국으로 부상했고, 영국 군대는 중동의 여러 지역을 지배하고 통치했다. 아랍인들과 시온주의자들 사이에 긴장이 고조됨에 따라 영국의 처칠과 미국의 투르먼이 합의하여 당시 영국이 통치하는 팔레스타인 일부를 이스라엘 영토로 주었으며, 영국은 팔레스타인 문제를 UN에 제출했다. 결국 UN은 1947년 11월 29일에 팔레스타인 땅을 아랍인들과 유대인들의 나라로 나누었다. 그리고 예루살렘은 국제지역으로 선포하였다. 유대인들은 찬성했으나 아랍인들을 거부했다.

〈1948년 5월 14일에 영국의 위임통치가 끝나자〉 벤구리온은 텔아비브에서 〈이스라엘의 독립〉을 선포했다. 미국은 즉각적으로 이스라엘의 존재를 인정했고 세계 여러 나라도 도움의 손길을 보냈다. 아랍인들이 UN의 결의를 거부하고 화해할 수 없어 보였기 때문에 이스라엘은 그 무엇보다도 무기와 무기를 사들일 자금이 절실하게 필요하게 되었다. 벤구리온은 이러한 자금 마련을 위해 골다 메이어를 미국으로 파송했다. 뉴욕에 도착한 그녀는 성공적인 캠페인으로 미국 유대인들로부터 5,000만 달러를 모아서 이스라엘로 귀국했다.

그녀는 우크라이나에서 출생하여 1906년에 미국으로 이민을 갔으나 1921년 남편 모리스 메이어슨과 팔레스타인으로 와서 키부츠에 들어와 히스타드루에서 활동했으며, 시온주의 연맹에서 대변인으로 활동했으며, 1949년에는 이스라엘 벤구리온 정부에서 노동부 장관을 역임했고, 1956년에는 외무부 장관을 역임했고, 1969년부터 1974년까지 이스라엘 총리로 헌신했다. 그리고 세계 곳곳에 흩어진 유대인들도 조국을 위해 무기 구매를 위해 자금을 보냈다. 이렇게 이스라엘은 아랍을 대적할 준비를 하고 있었다.

이스라엘의 독립을 선포한 〈데이비드 벤구리온〉은 1886년 폴란드에서 태어나 시온주의자가 되었고, 1906년에 농민으로 팔레스타인으로 이주한 인물이며, 그는 유대인 노동조합을 결성했으며, 제1차 세계대전 때에는 영국군 내에서 유대인 군단을 창설했으며, 1921년에는 히스타투르 노동연맹을 창설했고, 노동당의 사무총장으로 활동했으며, 1942년부터 1948년까지 시온주의자 연맹의 대변인으로 활동했고, 1948~1953년까지, 1955~1963년까지 〈이스라엘의 수상직〉을 역임했으며, 그는 현대 이스라엘의 건국자라는 평을 받고 있다.

결국 이스라엘이 1948년 5월 14일에 독립을 선언하자 영국은 5월 15일까지 팔레스타인 문제에서 손을 떼겠다고 선언했고, 바로 다음 날 5월 15일에 이집트와 시리아와 요르단과 이라크와 레바논이 동시에 이스라엘을 공격하였다. 〈1948년부터 1949년까지 일어난 전쟁에서 이스라엘이 승리하여〉 UN에서 결정했던 지역보다 더 많은 지역을 영토로 차지하며, 예루살렘 서쪽 지역을 점령하여 이때부터 정치적 수도가 되었으며, 영토가 18,000㎢로 확장되었다. 이때 80만 명의 팔레스타인 피난민들이 인근 아랍 국가들로 쫓겨났다(Hashomer Hatzair / wikipedia | Public Domain, 다음 백과사전).

1956년 7월 20일에 이집트 나세르 대통령이 영국과 프랑스 소유의 수에즈 운하를 이집트 소유의 국유화를 시키고 모든 재산을 몰수하고 이집트의 이익을 위해 이집트가 관리한다고 선포하자 1956년 10월 29일 이스라엘은 영국과 프랑스와 연합하여 이집트를 공격하여 시나이반도와 가자지구를 차지했으나 UN의 압력으로 이스라엘은 1957년에 점령지역에서 철수했다.

❺ 1964년 팔레스타인 해방기구(PLO) 설립

이세르 아라파트는 이집트 카이로에서 PLO를 설립하였는데 그는 예루살렘에서 태어나 이집트 카이로대학에서 팔레스타인 망명 학생들의 지도자로 활동하다가 이집트와 쿠에이트에서 기술자로 일했으며, 1956년 팔레스타인 영토를 회복하기 위해 엘파타 겔릴라 부대를 조직했고, PLO의 의장이 되었다. PLO의 목적은 유대인들을 몰아내고 자신들만의 독립된 팔레스타인 국가를 세우는 것이다. 그리하여 1970년까지는 요르단에서 활동했으며, 다음은 레바논에 본부를 두고 팔레스타인 지역에서 게릴라식 전투를 통해 활동하다가 1974년에는 국제적인 인정을 받았으며, UN에서 팔레스타인 국가의 대표로 연설을 하기도 했다. 〈1988년에 자치정부〉를 수립하고 이스라엘의 존재를 인정했으며, 1991년 마드리드 평화협정과 1993년에 오슬로 협정과 2012년 11월 29일에 팔레스타인이 정식으로 국가 지위를 인정받았다.

❻ 이스라엘의 전쟁과 협정들

1967년 6월 5~10일까지 이스라엘은 아랍지역을 선제공격하여 6일 전쟁이 시작되었다. 이 전쟁에서 이스라엘은 자신들보다 30배나 우세한 아랍의 여러 연합국가를 이기고 시나이반도와 요르단 서안지구와 가자지구와 동예루살렘을 점령하였다. 그리고 시리아로부터 골란고원을 빼앗았으며, 이 6일 전쟁으로 이스라엘은 영토가 4배까지 확장되었다. 1973년 이집트와 시리아가 시나이반도와 골란고원을 공격하였으나 결국에는 이스라엘이 승리하였다.

1977년 이집트 사다트 대통령이 이스라엘을 방문하고, 1978년 9월에 미국 대통령의 전용 별장인 캠프 데이비드에서 12일 동안 카터 대통령의 주선으로 〈이스라엘과 이집트 사이의 회담〉이 이루어졌으며, 이 회담에서 시나이반도를 이집트와 넘겨줌으로 이집트와 이스라엘이 관계를 정상화하는 것이고, 이집트와 이스라엘과 요르단과 팔레스타인 사이에 회담을 열어 서안지구와 가자지구에 팔레스타인 자치정부를 설립하자는 내용이었다. 결국 이스라엘과 이집트는 3월에 캠프 데이비드 협정을 체결하고 이스라엘은 시나이반도에서 군대를 단계적으로 철수하여 1982년에 시나이반도 전체를 이집트에 넘겨준다.

1982년 이스라엘은 PLO를 몰아내기 위해 레바논을 침공한다. 이 전쟁에서 시리아군은 베이루트에서 철수하고 이스라엘군은 10주 동안 레바논 수도 베이루트를 공격하였다. 이런 상황에서 레바논에 있던 기독교 민병대는 난민촌에 있는 팔레스타인 난민들을 학살하였다. 미국의 중재로 PLO는 베이루트에서 철수하였다. 1987년 서안지구와 가자지구의 팔레스타인 사람들이 '인티파나'라는 폭동을 일으켜 최근까지도 계속되고 있다. 결국 팔레스타인 난민 문제가 전 세계적으로 알려지게 되고 도움을 받게 되었다.

1981년 10월 아랍-이스라엘 전쟁기념식에서 사열하던 중 이슬람교 극단주의자에 의해 이집트 사다트 대통령이 암살당하고, 1995년 11월 4일에 이스라엘의 라빈 총리가 극우파 청년에게 암살당했으며, 2004년 팔레스타인 자치정부 수반이었던 아라파트도 사망한다. 그리고 이스라엘은 2020년 8월 13일에 미국 대통령 트럼프의 주선으로 이스라엘과 아랍에미리트와 바레인이 참여하는 아브라함 협정을 맺었다.

❼ 이스라엘의 온전한 회복

그렇다면 성경이 말하는 이스라엘의 온전한 회복은 언제 이루어지는가? 이스라엘의 온전한 회복은 예수님께서 지상에 재림하시어 천년왕국을 건설하시고 통치하실 때 이루어진다. 구약성경에 예언된 이스라엘의 회복 가운데 온전히 회복될 모습이 예언되어 있다.

"내가 그들을 그들의 땅에 심으리니 그들이 내가 준 땅에서 다시 뽑히지 아니하리라 네 하나님 여호와의 말씀이니라, 그들이 다시는 이방의 노략 거리가 되지 아니하며 땅의 짐승들에게 잡아먹히지도 아니하고 평안히 거주하리니 놀랠 사람이 없으리라, 내가 너희 위에 사람과 짐승을 많게 하되 그들의 수가 많고 번성하게 할 것이라 너희 전지위대로 사람이 거주하게 하여 너희를 처음보다 낫게 대우하리니 내가 여호와인 줄을 너희가 알리라 내가 사람을 너희 위에 다니게 하리니 그들은 내 백성 이스라엘이라 그들은 너를 얻고 너는 그 기업이 되어 다시는 그들이 자식들을 잃어버리지 않게 하리라, 전에는 네가 버림을 당하며 미움을 당하였으므로 네게로 가는 자가 없었으나 이제는 내가 너를 영원한 아름다움과 대대의 기쁨이 되게 하리니 네가 이방 나라들의 젖을 빨며 뭇 왕의 젖을 빨고 나 여호와는 네 구원자, 네 구속자, 야곱의 전능자인 줄 알리라"(암 9:15, 겔 34:28, 36:11-12, 사 60:15-16)

여기서 이스라엘 백성들은 하나님이 그들에게 주신 땅에서 다시는 뽑히지 아니하며, 다시는 이방의 노략 거리가 되지 아니하며, 자신들의 땅에서 평안히 거주하며, 하나님께서 이스라엘 백성들의 숫자를 많이 번성하게 하시며, 하나님께서 그들을 영원한 아름다움과 대대의 기쁨이 되게 하신다고 말씀하신다. 그 결과 열방이 이스라엘로 오게 될 것이라고 말씀한다. 이사야 선지자는 열방이 이스라엘을 어떻게 대우하는지 소개한다.

"네 눈을 들어 사방을 보라 그들이 다 모여 네게로 오느니라 나 여호와가 이르노라 내가 나의 삶으로 맹세하노니 네가 반드시 그 모든 무리를 장식처럼 몸에 차며 그것을 띠기를 신부처럼 할 것이라, 주 여호와가 이같이 이르노라 내가 뭇 나라를 향하여 나의 손을 들고 민족들을 향하여 나의 기치를 세울 것이라 그들이 네 아들들을 품에 안고 네 딸들을 어깨에 메고 올 것이며 왕들은 네 양부가 되며 왕비들은 네 유모가 될 것이며 그들이 얼굴을 땅에 대고 네게 절하고 네 발의 티끌을 핥을 것이니 네가 나를 여호와인 줄을 알리라 나를 바라는 자는 수치를 당하지 아니하리라"(사 49:18, 22-23)

세계 여러 민족이 예루살렘으로 와서 하나님을 찾고 하나님의 은혜를 구하며 하나님을 경배할 것을 말씀한다.

"끝날에 이르러는 여호와의 전의 산이 산들의 꼭대기에 굳게 서며 작은 산들 위에 뛰어나고 민족들이 그리로 몰려갈 것이라 곧 많은 이방 사람들이 가며 이르기를 오라 우리가 여호와의 산에 올라가서 야곱의 하나님의 전에 이르자 그가 그의 도를 가지고 우리에게 가르치실 것이니라 우리가 그의 길로 행하리라 하리니 이는 율법이 시온에서부터 나올 것이요 여호와의 말씀이 예루살렘에서부터 나올 것임이라, 만군의 여호와가 이와 같이 말하노라 다시 여러 백성과 많은 성읍의 주민이 올 것이라 이 성읍 주민이 저 성읍에 가서 이르기를 우리가 속히 가서 만군의 여호와를 찾고 여호와께 은혜를 구하자 하면 나도 가겠노라 하겠으며 많은 백성과 강대한 나라들이 예루살렘으로 와서 만군의 여호와를 찾고 여호와께 은혜를 구하리라 만군의 여호와가 이와 같이 말하노라 그 날에는 말이 다른 이방 백성 열 명이 유다 사람 하나의 옷자락을 잡을 것이라 곧 잡고 말하기를 하나님이 너희와 함께 하심을 들었나니 우리가 너희와 함께 가려 하노라 하리라 하시니라"(미 4:1-2, 슥 8:20-23)

이 모든 내용은 예수 그리스도께서 지상에 재림하셔서 이 땅에 천년왕국을 건설하실 때 이루어진다. 예수 그리스도께서 만왕의 왕으로서 온 세상을 통치하실 때 이스라엘에 약속한 모든 예언이 성취되어 이루어진다. 그러나 이스라엘이 온전히 회복되려면 먼저 이스라엘의 유대인들이 예수 그리스도를 메시아로 인정하고 구원을 받아야 한다.

그러나 이스라엘 백성들은 그냥 순순히 예수님을 메시아로 인정하지 않는다. 그래서 하나님께서는 이 땅에 천년왕국을 건설하시기 전에 이스라엘을 정결하게 하시려고 야곱의 환난의 때인 7년 대환란을 준비하셨다. 비로소 이스라엘 백성들은 7년 대환란을 통해서 예수 그리스도가 자신들을 구원할 메시아가 되심을 깨닫고 민족적으로 회개하고 돌아올 것이다. 그러므로 7년 대환란은 이스라엘과 관련된 야곱의 환란의 때다.

"내가 너희를 여러 나라 가운데에서 인도하여 내고 여러 민족 가운데에서 모아 데리고 고국 땅에 들어가서 맑은 물을 너희에게 뿌려서 너희로 정결하게 하되 곧 너희 모든 더러운 것에서와 모든 우상 숭배에서 너희를 정결하게 할 것이며, 여호와께서 이스라엘과 유다에 대하여 하신 말씀이 이러하니라 여호와께서 이와 같이 말씀하시되 우리가 무서워 떠는 자의 소리를 들으니 두려움이요 평안함이 아니로다 너희는 자식을 해산하는 남자가 있는가 물어보라 어찌하여 모든 남자가 해산하는 여자 같이 손을 자기 허리에 대고 모든 얼굴이 겁에 질려 새파래졌는가 슬프다 그 날이여 그와 같이 엄청난 날이 없으리라 그 날은 야곱의 환난의 때가 됨이로다 그러나 그가 환난에서 구하여 냄을 얻으리로다"(겔 36:24-25, 렘 30:4-7)

결국 이스라엘 백성들은 야곱의 환난의 때를 통과하면서 자신들이 그들의 메시아인 참된 구원자 예수 그리스도를 거절한 불손한 행위를 기억하고 자신들의 모든 죄악과 가증한 일을 회개하고 민족적으로 돌아올 것이다(겔 36:31). 하지만 그들이 대환란을 통과하면서 많은 사람이 죽지만 삼 분의 일은 살아남을 것이라고 말씀한다.

"내가 그 삼분의 일을 불 가운데에 던져 은 같이 연단하며 금 같이 시험할 것이라 그들이 내 이름을 부르리니 내가 들을 것이며 나는 말하기를 이는 내 백성이라 할 것이요 그들은 말하기를 여호와는 내 하나님이시라 하리라"(슥 13:9)

❽ 교회와 이스라엘의 구분

그러므로 7년 대환란은 교회가 아니라 이스라엘과 관계가 있다. 이스라엘과 교회를 구분하지 못하는 사람들은 사도 바울이 바울 서신에서 구원받은 이방인이 아브라함의 자손이라고 말한 내용을 잘못 이해해서 이스라엘과 교회를 구분하지 못하고 있다. 이스라엘과 교회는 분명히 구별되지만, 이방인인 우리가 예수 그리스도의 복음을 믿음으로 구원을 받으면 아브라함의 자손이 되는 것은 맞다. 그러나 그렇다고 우리가 새로운 이스라엘이 되는 것은 아니다. 사도 바울이 갈라디아서에서 강조하는 것은 믿음으로 의인이 되는 것을 강조한 것이다. 교회에 속한 자들은 이방인이나 유대인이나 누구든지 예수 그리스도의 복음을 믿고 구원을 받으면 믿음으로 아브라함의 자손이 된다는 것이지 새로운 이스라엘이라고 주장한 것이 결코 아니다. 그러므로 성경 전체에서 교회가 영적 이스라엘이나 새 이스라엘이라고 가르치는 내용은 존재하지 않는다.

"아브라함이 하나님을 믿으매 그것을 그에게 의로 정하셨다 함과 같으니라 그런즉 믿음으로 말미암은 자들은 아브라함의 자손인 줄 알지어다 또 하나님이 이방을 믿음으로 말미암아 의로 정하실 것을 성경이 미리 알고 먼저 아브라함에게 복음을 전하되 모든 이방인이 너로 말미암아 복을 받으리라 하였느니라 그러므로 믿음으로 말미암은 자는 믿음이 있는 아브라함과 함께 복을 받느니라"(갈 3:6-9)

그러므로 바울은 유대인과 이방인과 교회를 분명하게 구분하고 있다.

"유대인에게나 헬라인에게나 하나님의 교회에나 거치는 자가 되지 말고"(고전 10:32)

교회가 받을 축복이 따로 있고 이스라엘이 받을 축복이 따로 있다. 교회는 본질에서 이스라엘의 예루살렘을 중심으로 시작되었으며, 교회는 사도들 위에 세워졌지만 교회가 구약이 예언한 이스라엘을 대체하는 새로운 이스라엘은 아니다.

그래서 탈봇신학교 조직신학 교수인 로버트 소시는 이 부분에 대하여 이렇게 설명한다.

"신약성경의 저자들은 구약의 이스라엘에 존재했던 하나님의 백성에 대한 많은 설명을 교회에 적용했다. 교회 성도들은 아브라함의 자손이며, 이삭과 같이 약속의 자녀이며, 참된 할례를 받는 자들이고, 택하신 족속이요 왕 같은 제사장들이요 거룩한 나라요 그의 소유된 백성들로, 이러한 모든 내용은 이스라엘에 적용된 호칭들이다. 교회가 아브라함의 자손이며, 약속의 자녀들이라고 하는 것은 아브라함 안에서 땅의 모든 족속이 복을 얻을 것이라는 구약과 신약 모두에서 나타나는 진리와 잘 조화된다. 이방인들에 대한 복음의 적용, 그리고 그들이 아브라함의 자손이라는 것과 관련하여 사도 바울이 아브라함 언약의 오직 이 측면만을 인용했다는 것이 중요하다(갈 3:14, 29)."

"마치 아브라함의 자손으로서 이방인들이 이제는 그 나라가 되었다거나 혹은 그 일부라도 된 것처럼 나라에 대해 언급하지 않는다. 이는 이방인들이 아브라함을 자신의 조상으로 삼기 위하여 영적 유대인으로서 여겨질 필요는 없음을 보여준다. 교회가 종말론적 이스라엘이 아니라는 더 확실한 증거는 교회가 이스라엘에 예언된 사명을 성취하지 않는다는 사실에서 나타난다. 교회는 이방 나라에 가서 하나님 백성의 공동체로서 그 나라들에 살면서 말씀과 삶으로 복음을 선포하여 하나님을 영화롭게 하도록 사명을 받았다. 이스라엘은 하나님께서 이스라엘을 국가로서 역사적으로 다루시는 것을 통하여 세상에 자신의 영광을 드러내신다고 성경이 선언하고 있다. 이것은 세상의 모든 나라의 눈앞에서 가시적이고 공개적으로 이루어진다. 열방을 향한 하나님의 영광의 극적인 계시는 이스라엘을 구속하시고 회복하셔서 하나님께서 자신의 능력과 은혜를 모든 이가 보도록 나타내실 때 일어나게 될 것이다."

구약에서는 이스라엘 백성에게만 하나님의 백성이라고 불렀지만, 신약에서는 유대인과 이방인 모두가 포함된 교회에 속한 모든 사람이 하나님의 백성이 된다. 그렇지만 성경은 유대인과 이방인이 함께 포함된 교회를 새 이스라엘이라고 부르지 않는다. 신약에서 이스라엘이라는 용어가 68번 등장하지만 대부분 구약의 국가적, 하나님과 언약을 맺은 백성을 지칭할 때 사용되었다. 그러므로 교회와 이스라엘과의 관계에서 교회에 속한 이방인의 충만한 수가 차면 남은 유대인들이 구원을 받을 때가 다가온다. 교회 시대에 이방인의 충만한 수가 차기까지 이스라엘은 우둔하게 되어 그들이 참된 메시아를 알아보지 못하고 믿지 않았다. 하지만 이방인의 충만한 수가 차면 온 이스라엘이 구원을 받을 차례가 된다. 이것이 바울이 강조한 내용이다.

"형제들아 너희가 스스로 지혜 있다 하면서 이 신비를 너희가 모르기를 내가 원하지 아니하노니 이 신비는 이방인의 충만한 수가 들어오기까지 이스라엘의 더러는 우둔하게 된 것이라 그리하여 온 이스라엘이 구원을 받으리라 기록된 바 구원자가 시온에서 오사 야곱에게서 경건하지 않은 것을 돌이키시겠고 내가 그들의 죄를 없이 할 때에 그들에게 이루어질 내 언약이 이것이라 함과 같으니라"(롬 11:25-27)

이스라엘이 참된 구원자 되시며 메시아인 예수 그리스도를 믿지 못하고 거절할 때 교회에 속한 이방인들이 긍휼을 입었고, 이스라엘이 순종하지 아니하여 이방인인 우리에게 긍휼을 베푸신 것처럼 하나님께서는 이제 그들도 긍휼을 얻게 하려는 것이 하나님의 계획이라고 바울은 강조한다.

"너희가 전에는 하나님께 순종하지 아니하더니 이스라엘이 순종하지 아니함으로 이제 긍휼을 입었는지라 이와 같이 이 사람들이 순종하지 아니하니 이는 너희에게 베푸시는 긍휼로 이제 그들도 긍휼을 얻게 하려 하심이라"(롬 11:30-31)

사도 바울은 이것이 바로 하나님의 계획이요, 하나님의 지혜요, 하나님의 판단이라고 결론으로 말한다.

"그러므로 내가 말하노니 그들이 넘어지기까지 실족하였느냐 그럴 수 없느니라 그들이 넘어짐으로 구원이 이방인에게 이르러 이스라엘로 시기나게 함이니라 그들의 넘어짐이 세상의 풍성함이 되며 그들의 실패가 이방인의 풍성함이 되거든 하물며 그들의 충만함이리요, 하나님이 모든 사람을 순종하지 아니하는 가운데 가두어 두심은 모든 사람에게 긍휼을 베풀려 하심이로다 깊도다 하나님의 지혜와 지식의 풍성함이여, 그의 판단은 헤아리지 못할 것이며 그의 길은 찾지 못할 것이로다"(롬 11:11-12, 32-33)

그러므로 교회는 7년 대환란 전에 이미 부활하여 휴거가 되었고, 7년 대환란은 야곱의 환난의 때가 되어 이스라엘과 관계가 있다.

6장

일곱 인의 심판

계시록 6장

요한계시록 6~18장에는 일곱 인의 심판과 일곱 나팔의 심판과 일곱 대접 심판이 등장한다. 그러나 이 모든 심판은 7년 대환란 동안 벌어지는 일곱 인의 심판에 모두 포함된다. 첫째 인부터 여섯 번째 인까지는 자세한 설명이 나오지만 일곱 번째 인은 설명이 없고 일곱 나팔 심판으로 연결되기 때문이다. 그리고 일곱 나팔 심판도 첫째 나팔부터 여섯 번째 나팔까지는 자세한 설명이 나오지만, 다시 일곱 번째 나팔 심판은 설명이 없고, 일곱 대접 심판으로 연결된다. 따라서 일곱 나팔 심판과 일곱 대접 심판은 모두 일곱 인의 심판에 포함된다.

이제부터 요한계시록 6~18장까지 전개되는 7년 대환란에서 어떤 재앙들이 이 땅에 쏟아지는지 살펴볼 것이다. 여기 요한계시록 6장에서는 여섯째 인까지 나오기 때문에 먼저 여섯째 인까지만 살펴볼 것이다. 그런데 인 심판은 처음에는 4개, 다음에는 2개, 다음에는 다른 사건의 삽입(7장), 다음에는 1개로 구성되어 있다. 인 심판에서 처음 4개는 같은 일정한 배열로 이루어진다.

처음에 어린양이신 예수 그리스도께서 인을 떼시고, 네 생물 중의 하나가 우렛소리로 말을 탄 자에게 오라고 명령하고, 말을 탄 자가 명령에 순종하여 각기 다른 색깔의 말을 타고 나타나 자신에게 주어진 임무를 실행하여 인 심판이 이루어진다. 하지만 다섯째 인과 여섯째 인은 다른 배열로 등장한다. 어린양이신 예수 그리스도께서 인을 떼시는 내용은 같지만, 생물이나 말을 탄 자가 등장하지도 않고 다섯째 인은 대환란 기간에 순교를 당한 영혼들이 자신들의 원한을 풀어달라는 간청이 나오고, 여섯째 인은 순교를 당한 영혼들의 간청에 성부 하나님과 어린양이신 예수 그리스도께서 응답하셔서 이 땅에 무시무시한 재앙이 쏟아지는 내용이다. 그리고 요한계시록 7장에서는 바로 일곱째 인을 다루지 않고 여섯째와 일곱째 중간에 삽입된 장으로 하나님의 인을 받은 14만 4천의 유대인들과 큰 무리를 다룬다. 그리고 요한계시록 8장에 가서 마지막 일곱째 인을 다룬다.

1. 첫째 인의 심판 (적그리스도의 등장)

"내가 보매 어린 양이 일곱 인 중의 하나를 떼시는데 그 때에 내가 들으니 네 생물 중의 하나가 우렛소리 같이 말하되 오라 하기로 이에 내가 보니 흰 말이 있는데 그 탄 자가 활을 가졌고 면류관을 받고 나아가서 이기고 또 이기려고 하더라"(계 6:1-2)

예수께서 첫째 인을 떼시자 요한계시록 4~5장에 나오는 네 생물 중의 하나가 '오라'하고 소리를 친다. 그러자 활을 가진 자가 흰말을 타고 나타나서 면류관을 받고 나서서 전쟁에서 이기려 한다. 그러면 흰말을 탄 자는 누구인가? 일부 학자는 흰말을 탄 자가 예수 그리스도라고 주장하지만, 예수님은 아니다. 왜냐하면 대부분 말을 타고 등장하는 자들이 인간에게 재앙을 주기 때문에 예수님과는 어울리지 않는다. 그럴 뿐만 아니라 문맥으로도 어울리지 않는다. 왜냐하면 예수께서 인을 떼시고 네 생물인 천사가 오라고 했을 때 예수께서 오신다면 이치에 맞지 않는다. 예수께서는 7년 대환란이 끝나고 19장에 가서야 백마를 타고 수많은 천군 천사와 성도들을 데리고 하늘에서 내려오기 때문이다(계 19:11-12).

그러므로 흰말을 탄 자는 적그리스도다. 그가 흰말을 탄 것은 거짓 평화를 위장한 것이다. 성도들의 휴거가 이루어지고 7년 대환란이 시작되면 이 세상은 극심한 혼란에 빠지게 되고, 이러한 7년 대환란 초기에 적그리스도가 세계 지도자로 나타나서 사람들에게 거짓 평화를 약속하고 사람들을 미혹하기에 예수께서도 마태복음 24장 5절에서 이렇게 경고하셨다.

"많은 사람이 내 이름으로 와서 이르되 나는 그리스도라 하여 많은 사람을 미혹하리라"

마침내 적그리스도는 전쟁을 통하여 나라와 땅을 정복하고 세력을 점점 더 확장해 나가다가 세계를 완전히 장악한다. 백마를 탄 적그리스도는 자신의 군사력으로 세계를 정복한 결과 그 보상으로 승리자에게 주어지는 면류관을 받는다.

그리고 곧바로 자신을 신격화하는 작업을 시작한다. 요즘에도 인간을 신처럼 섬기는 일들이 많이 일어나고 있는데 특별히 수많은 이단은 하나님 만드는 교리를 알고 있다. 사람들이 어리석어서 어떤 이단의 교주가 자신이 하나님이라는 논리를 전하면 사람들은 그 교주를 하나님으로 섬기는 것을 지켜보면서, 다른 이단의 교주들도 자칭 하나님이라고 나서는 것이다. 북한의 김일성도, 중국의 모택동도,

로마의 황제들도 자신을 신격화했다.

예수님께서 공중에 재림하시고 이 땅의 성도들이 공중으로 들림을 받으면 이 세상은 매우 혼란스러운 일들이 일어난다. 휴거가 일어나는 순간 수많은 사고가 일어날 것이며 갑자기 예수 그리스도를 믿는 성도들이 사라지면 이 세상은 매우 혼란에 빠진다. 이러한 상황에서 적그리스도가 나타나 사람들을 안심시키며 자신을 따르게 한다. 적그리스도는 이스라엘을 3년 반 동안 보호해 주기 위해서 이스라엘과 평화조약을 맺지만 3년 반이 지나 적그리스도가 자신을 신격화할 때, 이스라엘 사람들이 그것을 거부하면 이스라엘과 맺었던 거짓된 평화조약은 깨어진다. 그러므로 적그리스도는 7년 대환란에서 7년 동안 활동한다.

2. 둘째 인의 심판(전쟁과 수많은 사람의 피 흘림)

"둘째 인을 떼실 때에 내가 들으니 둘째 생물이 말하되 오라 하니 이에 다른 붉은 말이 나오더라 그 탄 자가 허락을 받아 땅에서 화평을 제하여 버리며 서로 죽이게 하고 또 큰 칼을 받았더라"(계 6:3-4)

예수께서 이제 둘째 인을 떼시자 붉은 말을 탄 자가 등장한다. 여기 붉은 말을 탄 자는 이 땅에 전쟁을 일으키는 자다. 그가 이 땅에서 '평화를 제한다'라는 것은, 그가 전쟁을 일으켜 사람들이 서로 죽여서 이 세상을 피로 물들게 한다는 뜻이다. 여기서 붉은 말을 탄 자가 큰 칼을 받았다는 것은 사람을 무자비하게 죽여 학살하는 것이다. 적그리스도는 문제가 많은 중동 지역을 평화로 이끌기 위해 이스라엘과 조약을 맺고 그들을 보호하겠다고 주장하며 평화를 약속했지만, 그 평화는 오래 가지 못하고 세계 각처에서 수많은 전쟁이 일어날 것이며, 그 전쟁의 결과 수많은 사람이 죽고 이 세상은 경제가 더 어려워질 것이다. 오늘날에도 전쟁이 계속 일어나고 있으며 전쟁이 일어나면 세계 경제에 악영향을 끼쳐 어려움을 경험하게 된다.

3. 셋째 인의 심판(기근과 흉년으로 식량부족 현상)

"셋째 인을 떼실 때에 내가 들으니 셋째 생물이 말하되 오라 하기로 내가 보니 검은 말이 나오는데 그 탄 자가 손에 저울을 가졌더라 내가 네 생물 사이로부터 나는 듯한 음성을 들으니 이르되 한 데나리온에 밀 한 되요 한 데나리온에 보리 석 되로다 또 감람유와 포도주는 해치지 말라 하더라"(계 6:5-6)

예수께서 셋째 인을 떼시자 이번에도 셋째 생물이 나타나 오라고 외치자 검은 말을 탄 자가 손에 저울을 들고 등장한다. 여기 검은 말을 탄 자는 전쟁 후에 이 세상에 기근을 가져오는 자다. 기근은 전쟁의 필연적 결과며 예수께서도 세계 곳곳에 기근과 지진이 일어날 것을 말씀하셨는데(마 24:7), 이때 일어나는 기근은 세계역사에서 가장 극심한 기근이 일어난다. 그리고 검은색 말을 탄 자의 손에 저울이 있었는데 이것은 물건의 값이 너무나 비싸진다는 것을 의미한다. 이것은 전쟁이 일어나면 경제적으로 어려워지는 것은 너무나 당연하다.
'한 데나리온에 밀 한 되요 한 데나리온에 보리 석 되로다'
여기에 나오는 한 데나리온은 일군의 하루 품삯이다. 그러므로 과거에는 한 데나리온으로 밀 8되와 보리 24되를 살 수 있었지만 검은 말을 탄 자가 등장하자 한 데나리온에 밀 한 되와 보리 3되를 살 수 있다는 것은 식량이 절대적으로 부족하여 물가가 8배로 상승한 것을 보여준다. 그만큼 경제가 어려워졌다.
그러나 '감람유와 포도주는 해치지 말라'라는 의미는 사치품이라고 할 수 있는 포도주와 감람유는 그대로 남아 있어 그만큼 빈부의 격차가 점점 더 커진다는 것이다. 가난한 사람은 더 극심한 고통을 겪을 것이고 부유한 사람은 사치하는 삶을 산다는 의미다. 2022년 러시아와 우크라이나 전쟁으로 곡물 가격이 상승하여 2022년 3월 기준 밀 가격은 전년 대비 50%, 옥수수는 전년 대비 30%, 대두는 전년 대비 20%, 해바라기씨유는 전년 대비 100% 상승하여 곡물 수입 의존도가 높은 중동, 북아프리카, 아시아, 아프리카 등이 이미 식량 불안을 겪고 있는데 7년 대환란 때는 더 심각한 상황에 직면하여 많은 사람이 식량부족으로 고통을 겪을 것이다.

4. 넷째 인의 심판(세 가지 심판으로 나타나는 죽음)

"넷째 인을 떼실 때에 내가 넷째 생물의 음성을 들으니 말하되 오라 하기로 내가 보매 청황색 말이 나오는데 그 탄 자의 이름은 사망이니 음부가 그 뒤를 따르더라 그들이 땅 사분의 일의 권세를 얻어 검과 흉년과 사망과 땅의 짐승들로써 죽이더라"(계 6:7-8)

예수께서 넷째 인을 떼시자 넷째 생물이 등장하여 오라고 외치자 이제는 청황색 말을 탄 자가 등장한다. 여기 청황색 말을 탄 자가 죽음을 몰고 온다. 이것은 앞의 세 가지 심판으로 전쟁과 기근의 결과로 수많은 사람이 죽을 것을 나타내고 있다. 사람이 죽으면 그 시체의 색깔이 창백하고 빛이 흐린 색인 청황색으로 변한다. 그래서 청황색 말을 탄 자가 등장했다. 이 기간에 칼과 흉년과 사망과 짐승 때문에 전 세계 인구의 4분의 1이 죽게 되는 끔찍한 일이 벌어진다.

여기에 등장하는 사람들을 죽이는 도구로 칼은 전쟁으로, 흉년은 기근으로, 사망은 죽음으로, 짐승은 7년 대환란 기간의 적그리스도와 그의 통치 정부를 통해서 사람들을 죽이게 된다. 그 후 7년 대환란 후반기에 들어가면 이 땅에 남아 있는 사람들 가운데 또 3분의 1이 더 죽는다.

"이 세 재앙 곧 자기들의 입에서 나오는 불과 연기와 유황으로 말미암아 사람 삼 분의 일이 죽임을 당하니라"(계 9:18)

그리하여 세계 인구는 짧은 기간 내에 절반으로 감소한다. 7년 대환란이 이러한 상황이라면 얼마나 비참하겠는가?

5. 다섯째 인의 심판(순교 당한 성도들의 하소연)

"다섯째 인을 떼실 때에 내가 보니 하나님의 말씀과 그들이 가진 증거로 말미암아 죽임을 당한 영혼들이 제단 아래에 있어 큰 소리로 불러 이르되 거룩하고 참되신 대주재여 땅에 거하는 자들을 심판하여 우리 피를 갚아 주지 아니하시기를 어느 때까지 하시려 하나이까 하니 각각 그들에게 흰 두루마기를 주시며 이르시되 아직 잠시 동안 쉬

되 그들의 동무 종들과 형제들도 자기처럼 죽임을 당하여 그 수가 차기까지 하라 하시더라"(계 6:9-11)

예수께서 다섯째 인을 떼시자 순교 당한 성도들이 하나님께 자신들의 피의 원수를 갚아 주기를 큰 소리로 간절히 요청한다. 그들은 하나님을 대주제이신 하나님과 거룩하신 하나님과 참되신 하나님으로 부르며 하나님께 요청한다. 그렇다면 이들은 누구인가? 여기에 등장하는 순교자들은 7년 대환란 동안 넷째 인의 심판까지 하나님의 말씀과 복음을 전하다가 순교를 당한 성도들이다. 7년 대환란 전까지 순교 당한 성도들은 이미 대환란 전에 부활하여 휴거가 되었다. 그러므로 이들은 대환란 동안 구원받은 성도들 가운데 하나님의 말씀을 전하다가 순교 당한 성도들이다. 7년 대환란 기간에는 적그리스도가 통치하기에 적그리스도를 따르고 추종해야 하지만 7년 대환란 기간에 구원받은 성도들은 적그리스도를 따를 수 없어 순교를 당했다. 그러므로 대환란 기간에도 영혼들이 구원받는 구원의 역사가 있다. 왜냐하면 대환란 기간에도 성경이 있으며, 신앙 서적이 있으며, 설교한 내용이 녹음되어 있으며, 과거에 전도를 받아 본 사람들이 있기 때문이다. 그리고 앞으로 또다시 순교 당할 성도들이 있음을 보여준다.

"각각 그들에게 흰 두루마기를 주시며 이르시되 아직 잠시 동안 쉬되 그들의 동무 종들과 형제들도 자기처럼 죽임을 당하여 그 수가 차기까지 하라 하시더라"(계 6:11) 그러므로 그들에게 두루마기라는 흰 예복을 주면서 잠시 쉬라고 말씀하시며 그 수가 차기까지 기다리라고 말씀하신다. 하나님의 진노가 이루어질 때까지 하늘에서 쉼을 누리라고 말씀하신다. 그러므로 처음 4개의 인 심판은 이 세상인 땅에서 이루어진 심판이지만 여기 다섯째 인은 하늘에서 이루어진다. 이들은 대환란 기간에 순교를 당하자 바로 하나님이 계시는 이곳 하늘로 올라온 것이다. 그러나 7년 대환란이 끝나면 이들도 부활하여 그리스도로 더불어 천 년 동안 왕 노릇 하게 될 것이다.

"또 내가 보좌들을 보니 거기에 앉은 자들이 있어 심판하는 권세를 받았더라 또 내가 보니 예수를 증언함과 하나님의 말씀 때문에 목 베임을 당한 자들의 영혼들과 또 짐승과 그의 우상에게 경배하지 아니하고 그들의 이마와 손에 그의 표를 받지 아니한 자들이 살아서 그리스도와 더불어 천 년 동안 왕 노릇 하니"(계 20:4)

6. 여섯째 인의 심판(천재지변에 일어나는 현상)

"내가 보니 여섯째 인을 떼실 때에 큰 지진이 나며 해가 검은 털로 짠 상복 같이 검어지고 달은 온통 피 같이 되며 하늘의 별들이 무화과나무가 대풍에 흔들려 설익은 열매가 떨어지는 것 같이 땅에 떨어지며 하늘은 두루마리가 말리는 것 같이 떠나가고 각 산과 섬이 제 자리에서 옮겨지매 땅의 임금들과 왕족들과 장군들과 부자들과 강한 자들과 모든 종과 자유인이 굴과 산들의 바위 틈에 숨어 산들과 바위에게 말하되 우리 위에 떨어져 보좌에 앉으신 이의 얼굴에서와 그 어린 양의 진노에서 우리를 가리라"(계 6:12-16)

예수께서 여섯째 인을 떼자 이제부터는 더 극심한 재앙이 이 땅에 쏟아지고 천재지변이 일어난다. 앞의 다섯째 인까지는 사람들과 관련하여 재앙이 일어났으나 이제부터는 상상할 수 없는 재앙이 사람들이 살아가는 자연환경에 일어난다. 그래서 요한계시록 6장 17절은 "진노의 큰 날이 이르렀다"라고 선포하는데 이것은 구약에 여러 번 예언된 "주의 날"을 보여준다. 그러므로 이제부터 더 극심한 재앙을 시작하는, 후 3년 반이 시작되었다. 특별히 여섯째 인을 뗄 때는 지구상의 천체에 이상이 생긴다. 해가 검은색으로 변하고, 달이 핏빛으로 변하고, 별이 하늘에서 떨어지는 현상이 일어난다.

그리고 여기 여섯째 인은 다섯째 인에서 순교한 성도들이 자신들의 피 값을 갚아달라는 기도의 응답으로 이루어진 것이다. 12절에서 첫 번째로 일어난 사건은 큰 지진인데 지진은 항상 말세의 징조를 나타낸다. 예수께서 말세의 징조를 말씀할 때 곳곳에 기근과 지진이 일어날 것을 말씀하셨다.

"민족이 민족을, 나라가 나라를 대적하여 일어나겠고 곳곳에 기근과 지진이 있으리니"(마 24:7)

세계 각국에서 지금까지 지진으로 수많은 사람이 죽었는데 인류 역사 4천 년 동안 1천 3백만 명이 지진으로 죽었다. 하지만 7년 대환란 기간에 일어나는 지진은 어떤 지진보다 더 강력한 지진이다.

여기 12절의 '해가 검은 털로 짠 상복같이 검어지고 달은 온통 피 같이 되며'라는 내용은 너무 무시무시한 내용인데 요엘 선지자가 예언한 내용과 같다.

"여호와의 크고 두려운 날이 이르기 전에 해가 어두워지고 달이 핏빛 같이 변하려니 와"(욜 2:31)

결국 하나님의 심판으로 온 세상이 어두워지는데 세계 곳곳에서 지진이 일어나고 화산들이 폭발하여 화산재와 연기로 태양과 달이 가리어 그런 현상이 일어난 것으로 보인다. 세계역사에서 1883년 8월 27일에 카라카스에서 대 화산이 폭발할 때도 이러한 현상이 일어났다. 그곳에서 300마일 떨어진 비타비아에서 태양이 검어지고 달이 핏빛으로 변했다. 그럴 뿐만 아니라 쿠웨이트의 유전 폭발 때에도 태양이 빛을 잃고 검은색으로 변했다.

그리고 13절에서 '하늘의 별들이 무화과나무가 대풍에 흔들려 설익은 열매가 떨어지는 것 같이 땅에 떨어지며'라는 것은 실제로 하늘의 별들이 떨어지는 것이 아니라 소행성이나 유성들이 떨어지는 현상일 것이다. 어떤 별들은 지구보다 더 큰데 그런 큰 별이 문자적으로 지구에 떨어진다는 것은 이치에 맞지 않기 때문이다.

그리고 요한계시록은 하늘과 산과 섬들에 일어나는 현상을 소개한다.

"하늘은 두루마리가 말리는 것 같이 떠나가고 각 산과 섬이 제 자리에서 옮겨지매"(계 6:14)

이것은 지구 표면에 물리학적인 현상이 일어나 땅 전체의 불안정한 표면이 움직이는 것을 보여준다. 이것은 핵전쟁의 결과로 일어나는 현상일 수도 있다.

그리고 요한계시록 6장 15~16절은 무시무시한 대환란의 상황에 사람들이 하나님을 믿기보다는 극심한 두려움으로 떨고 있으며, 피하려는 반응을 나타낸다.

"땅의 임금들과 왕족들과 장군들과 부자들과 강한 자들과 모든 종과 자유인이 굴과 산들의 바위 틈에 숨어 산들과 바위에게 말하되 우리 위에 떨어져 보좌에 앉으신 이의 얼굴에서와 그 어린 양의 진노에서 우리를 가리라"(계 6:15-16)

여기 이 내용은 그 당시 사람들의 마음속에 있는 두려움과 공포를 나타낸다. 땅의 왕들은 세계 전체 나라의 수장들이며, 장군들은 군대 지도자들이며, 부자들은 세계 상공업을 통제하는 경제 자본가들이며, 강한 자들은 영향력 있는 사람들이다. 그러므로 대환란의 재앙을 견디다 못한 이 땅의 권세 있는 사람들이 산 위와 동굴에 숨어서, 산이 무너져 내려 차라리 죽기를 소원한다. 그러므로 이 기간은 사람이 죽고 싶어도 죽지 못하는 대환란 기간이다. 돈을 아무리 많이 가지고 있어도 소용이 없고 아무리 큰 권력을 가지고 있어도 소용이 없다.

여기 16절에서 이 무서운 심판과 재앙을 주관하시는 분이 누구인지 소개한다.

'보좌에 앉으신 이의 얼굴에서와 그 어린 양의 진노에서'

여기 보좌에 앉으신 분은 하나님 아버지이시며 어린양은 예수 그리스도를 지칭한다. 얼마나 무시무시한 대환란이면, 하나님과 어린양이신 예수 그리스도의 진노가 얼마나 무서우면 사람들이 이러한 반응을 보이겠는가? 사람들은 심판하시는 하나님 앞에 감히 설 수 있는 모든 용기가 사라지는 것이다.

오늘날 사람들은 하나님의 심판을 가볍게 여기지만 실제로 무시무시한 심판을 당하게 되면 너무나 두려워서 감히 설 수도 없게 된다. 그만큼 무시무시한 대재앙을 당하는 것이요 이러한 재앙은 아직도 끝나지 않았다. 앞으로 계속해서 일곱 나팔 재앙과 일곱 대접 재앙이 더 남아 있기 때문이다.

그러므로 이러한 대환란의 심판을 당하지 않으려면 지금 예수 그리스도의 복음을 믿고 하나님께로 돌아와야 한다.

그래서 바울은 고린도후서 6장 2절에서 "내가 은혜 베풀 때에 너에게 듣고 구원의 날에 너를 도왔다 하셨으니 보라 지금은 은혜 받을 만한 때요 보라 지금은 구원의 날이로다"라고 말한다. 그러므로 하나님께서 은혜를 베풀 때가 바로 구원의 날이다. 항상 하나님의 은혜가 주어지는 것이 아니다. 하나님의 은혜는 은혜 베풀 때만 주어진다. 그러므로 은혜의 때가 지나가면 무시무시한 대환란의 때와 심판의 때가 다가온다. 그때는 하나님의 은혜로 구원받지 못한 사람은 감히 하나님 앞에 설수 없고 무시무시한 심판을 당해야 한다. 그러므로 우리는 은혜의 때에 구원의 날에 예수 그리스도의 복음을 믿고 구원을 받아야 한다.

7장

14만 4천의 유대인과
구원받은 큰 무리

삽입장, 계시록 7장

요한계시록 7장이 시작되기 전에 요한계시록 6장 17절에서는 "그들의 진노의 큰 날이 이르렀으니 누가 능히 서리요"라는 말씀으로 끝났다. 따라서 '진노의 큰 날이 이르렀으니 누가 능히 서리요'라는 말씀에 따라 7장에서는 진노의 큰 날인 7년 대 환란 기간에 설 수 있는 두 무리를 소개한다.

첫째는 7장 1~8절에 소개되는 하나님께 인침을 받은 14만 4천의 유대인들이요, 둘째는 7장 9~17절에 소개되는 각 나라와 족속과 백성과 방언에서 어린양의 피로 구원받은 큰 무리다.

요한계시록 6장에서 여섯 번째 인의 심판이 끝나고 다시 요한계시록 8장에서 일 곱 번째 인의 심판이 시작되기 전에 여기 요한계시록 7장은 삽입된 장으로 중간에 있는 두 무리의 이야기다.

1. 인치심을 받은 14만 4천의 유대인

사실 7년 대환란은 믿지 않는 이방인들을 심판하는 기간이지만 또한 이스라엘 백 성을 구원하는 기간이다. 그래서 예레미야 선지자는 이스라엘이 대환란에서 구원 함을 받을 것을 예언한다.

"슬프다 그 날이여 그와 같이 엄청난 날이 없으리라 그 날은 야곱의 환난의 때가 됨이 로다 그러나 그가 환난에서 구하여 냄을 얻으리로다"(렘 30:7)

여기 이 말씀은 세 가지로 구분된다.
① '슬프다 그 날이여 그와 같이 엄청난 날이 없으리라'
② '그 날은 야곱의 환난의 때가 됨이로다'
③ '그러나 그가 환난에서 구하여 냄을 얻으리로다'

그러므로 7년 대환란은 슬픈 날이요 엄청난 대재앙의 날이다. 그리고 7년 대환란은 야곱의 환난의 때이다. 그리고 이스라엘 백성은 대환란에서 구하여 냄을 얻는다. 이스라엘 백성은 7년 대환란 기간에 예수 그리스도가 그들의 참된 구원자요 메시아 되심을 깨닫게 되어 구원받는 역사가 일어난다.

하나님께서는 이스라엘을 구원하시려고 복음을 전할 전도자들을 준비하셨는데 그들이 바로 이스라엘 12지파에서 12,000명씩 인치심을 받은 14만 4천의 유대인들이다. 그래서 요한계시록 7장 1~8절에 14만 4천의 유대인들에게 인치는 사건이 등장한다. 단 지파와 에브라임 지파를 제외한 이스라엘의 12지파 가운데 각 지파에서 12,000명씩 선택되어 인치심을 받는데 여기서 인치심을 받는다는 것은 소유권과 안전과 보호를 의미하기에 14만 4천의 유대인들은 대환란 동안 재앙을 당하지 않는다. 그들이 하나님의 말씀과 예수님을 전하다가 순교를 당하더라도 하나님께서 그들을 보호해 주신다.

"이 일 후에 내가 네 천사가 땅 네 모퉁이에 선 것을 보니 땅의 사방의 바람을 붙잡아 바람으로 하여금 땅에나 바다에나 각종 나무에 불지 못하게 하더라 또 보매 다른 천사가 살아 계신 하나님의 인을 가지고 해 돋는 데로부터 올라와서 땅과 바다를 해롭게 할 권세를 받은 네 천사를 향하여 큰 소리로 외쳐 이르되 우리가 우리 하나님의 종들의 이마에 인치기까지 땅이나 바다나 나무들을 해하지 말라 하더라"(계 7:1-3)

요한은 먼저 땅과 바다를 해롭게 할 권세를 받은 네 천사가 땅 네 모퉁이에 서 있는 모습을 보았다. 네 천사는 땅의 사방의 바람을 붙잡아 땅이나 바다에나 각종 나무에 불지 못 하게 하였다. 그런데 또 다른 천사가 등장하여 살아 계신 하나님의 인을 가지고 해 돋는 데로부터 올라와서 땅과 바다를 해롭게 할 네 천사에게 '우리가 우리 하나님의 종들의 이마에 인치기까지 땅이나 바다나 나무들을 해하지 말라'라고 명령한다. 결국 하나님의 심판이 잠시 연기되는 기간에 하나님의 인을 가진 다른 천사는 하나님의 종들인 14만 4천의 유대인들의 이마에 하나님의 인을 치게 된다.

❶ 그렇다면 인치심을 받은 14만 4천은 누구인가?

어떤 사람은 구약시대의 성도들과 신약시대의 성도들을 합한 하나님 백성들의 온전한 숫자라고 말한다. 그리고 이단 가운데 여호와 증인은 자신들이 인침 받은 14만 4천이라고 주장한다. 여호와 증인의 창시자는 러셀(C. T. Russell, 1852-1916)이지만 '여호와의 증인'이라는 명칭을 처음으로 사용한 사람은 그의 후계자인 러더퍼드(J. F. Rutherford, 1869-1942)이며, 러셀은 지옥에 관한 기성교회들의 교리를 부인한 후, 예수님께서 1874년에 재림하신다고 주장했던 사람이다. 그러나 1874년이 지나도 예수의 재림이 이루어지지 않자 이제는 1914년에 재림하신다고 주장했으나 1914년에도 예수의 재림이 이루어지지 않자 그는 예수님께서 1914년에 영적으로 재림하셨는데 사람들의 눈에 보이지 않게 재림했다고 주장했다. 또한 러더퍼드는 계시록에 나오는 '14만 4천'을 여호와의 증인들로 해석하여 자신들만이 구원을 얻는다고 주장했다. 그러나 1940년 이후 자신들의 신도 수가 14만 4천을 넘어서자 이제는 14만 4천외에도 구원에 참여할 수 있는 또 다른 여호와의 증인들이 있다고 번복하였다.

❷ 신천지는 14만 4천을 누구로 해석하는가?

신천지에서는 인침을 받은 14만 4천은 영육이 합일하여 첫째 부활에 참여하여 천년왕국에서 왕 노릇 할 신천지 사람들이라고 해석한다. 그러므로 신천지에서 발행한 〈요한계시록 실상〉 409페이지에 이렇게 기록되어 있다.

"첫째 부활이란 하나님의 말씀과 예수님의 증거를 인하여 목 베임을 당한 영혼들과 짐승과 그의 우상에게 경배하지도 표를 받지도 아니한 자들이 살아서 하나님과 그리스도의 제사장이 되어 그리스도와 더불어 천년 동안 왕 노릇 하는 것이다"

신천지에서 선택받은 14만 4천의 신부가 차면 순교한 영혼들과 '영육 합일'이 이루어지는데 육체가 없는 순교한 영들과 신천지의 14만 4천의 사람들이 합쳐지면 영원히 살아간다는 것이 그들이 말하는 '영육 합일 교리'다. 신천지에서 발행한 〈요한계시록 실상〉 410페이지에 이렇게 기록되어 있다.

"육체가 없는 순교한 영들은 육체가 있는 이긴 자들을 덧입고 이긴 자들은 순교한 영들을 덧입어 신랑과 신부처럼 하나가 되어 산다. 이것이 바로 영과 육이 한 몸을 이루는 결혼이요, 첫째 부활이다. 이들은 하나님과 그리스도의 제사장 곧 목자가 되어 1000년 동안 주와 함께 말씀을 가르치며 성도를 다스리는 왕 노릇을 한다. 십사만 사천 명의 제사장이 완성된 이후에 셀 수 없이 몰려오는 흰옷 입은 무리는 백성으로서 첫째 부활에 참여하여 천년 성에서 함께 살게 된다."

그들은 예수님의 열두 제자 이름으로 지역별 지파를 만들었지만, 성경에 나오는 14만 4천이 속한 열두 지파와는 아무런 관련이 없다. 14만 4천은 모두 야곱의 아들과 손자들로 이루어진 유대인들이기 때문이다. 그리고 신천지는 천년왕국의 실상이 1984년에 이미 자신들에게 이루어졌다고 주장한다. 그래서 그들의 책 〈요한계시록 실상〉 412페이지에 이렇게 기록되어 있다.

"이 천년왕국은 하나님의 뜻이 하늘 영계에서 이루어진 것 같이 영적 새 이스라엘 열두 지파가 이 땅에 창조된 날(1984년 3월 14일)로부터 시작되었다"

그러나 신천지는 1984년 3월 14일에 열두 지파를 창조하지 못했다. 그들의 책 〈신천지 발전사〉 4페이지 연혁에 보면 1984년 2월 7일에 선고유예 기간이 끝난 후다시 증거하기 시작하여 1984년 6월 3일에 안양시 동안구 비산동 아파트 지하에 성전을 마련하여 이때부터 100명이 안 되는 소수의 무리가 정식으로 그들의 예배를 드리게 되었기 때문이다. 그들의 〈신천지 발전사〉 5페이지에서 1995년 3월 14일, 창립 11주년 기념일에 본부 7교육장, 12지파장, 24장로 등의 보좌로 구성하였다고 말하기 때문이다.

❸ 요한계시록 7장에 등장하는 14만 4천의 인 맞은 자들은 누구인가?
"내가 인침을 받은 자의 수를 들으니 이스라엘 자손의 각 지파 중에서 인침을 받은 자들이 십사만 사천이니 유다 지파 중에 인침을 받은 자가 일만 이천이요 르우벤 지파 중에 일만 이천이요 갓 지파 중에 일만 이천이요 아셀 지파 중에 일만 이천이요 납달리 지파 중에 일만 이천이요 므낫세 지파 중에 일만 이천이요 시므온 지파 중에 일만 이천이요 레위 지파 중에 일만 이천이요 잇사갈 지파 중에 일만 이천이요 스불론 지파 중에 일만 이천이요 요셉 지파 중에 일만 이천이요 베냐민 지파 중에 인침을 받은 자가 일만 이천이라"(계 7:4-8)

어떤 학자들은 여기 14만 4천을 상징적으로 해석하여 완전수를 나타내며 유대인의 구원받은 전체 성도이며, 또 어떤 학자는 14만 4천이 모든 교회를 지칭한다고 주장한다. 하지만 여기 이 내용은 이스라엘 각 지파의 이름이 개별적으로 등장하고 각 지파의 숫자가 개별적으로 소개되는 것으로 보아 상징적인 해석을 배제하고 문자적인 해석을 해야 함을 보여준다. 이 내용은 문자적인 이스라엘을 지칭하지 않는다면 결코 이해할 수 없는 내용이다.

물론 이 내용은 구약의 12지파와는 구성이 다르다. 본래 이스라엘의 12지파에서 장자인 르우벤 지파를 가장 먼저 언급하지만 여기서 유다 지파가 가장 먼저 언급되는 이유는 이스라엘 회복과 연관이 있는데 이스라엘 회복은 유다 지파이며 다윗의 후손인 예수께서 이루시기 때문이다. 그리고 단 지파와 에브라임 지파가 빠지고, 레위 지파와 요셉 지파가 다시 들어가기 때문이다. 원래는 요셉 지파는 없었고 요셉의 두 아들 에브라임 지파와 므낫세 지파로 세워주셨다. 그리고 레위 지파는 제사장 지파로 12지파에 속하지 않았다. 그러므로 에브라임 지파가 빠지고 요셉 지파가 들어갔고, 단 지파를 대신해서 레위 지파가 들어갔다. 단 지파가 빠진 이유는 성경학자들에 의하면 사사기 18장 30~31절에 등장하는 단 지파의 우상 숭배의 죄와 관련이 있는 것으로 보인다.

그러므로 요한계시록 7장의 14만 4천은 구원받은 유대인들이며, 환란기간 동안 복음을 전하기 위해서 따로 떼어놓은 특별한 전도자들이요 사명을 가진 자들이다. 이들은 9절부터 나오는 각 나라와 족속과 백성과 방언에서 아무도 능히 셀 수 없는 큰 무리에게 복음을 전할 사명을 가진 자들이다.

사실 7년 대환란은 하나님께서 믿지 않는 이방인들을 심판하시는 기간이지만 동시에 이스라엘 백성을 구원하시는 기간이다. 그러므로 이스라엘 백성은 그 기간에 메시아 되시는 예수 그리스도를 알게 되어 구원받는 역사가 일어난다. 이 구원의 역사를 위해서 하나님께서 이스라엘 백성의 각 지파에서 12,000명씩 세워서 복음을 전하도록 그들의 이마에 인치신 것이다. 그들이 하나님의 인치심을 받은 것은 하나님의 소유로 삼아 주시고, 하나님께서 친히 보호해 주시고 보살펴주신다는 표시다. 그래서 다섯째 나팔 심판에서도 무저갱에서 올라온 황충들에게 "오직 이마에 하나님의 인침을 받지 아니한 사람들만 해하라"(계 9:4)라고 명령한다. 그리고 구약 에스겔서에도 이마에 인을 표로 그리는 내용이 나온다.

"여호와께서 이르시되 너는 예루살렘 성읍 중에 순행하여 그 가운데에서 행하는 모든 가증한 일로 말미암아 탄식하며 우는 자의 이마에 표를 그리라 하시고 그들에 대하여 내 귀에 이르시되 너희는 그를 따라 성읍 중에 다니며 불쌍히 여기지 말며 긍휼을 베풀지 말고 쳐서 늙은 자와 젊은 자와 처녀와 어린이와 여자를 다 죽이되 이마에 표 있는 자에게는 가까이 하지 말라 내 성소에서 시작할지니라 하시매 그들이 성전 앞에 있는 늙은 자들로부터 시작하더라"(겔 9:4-6)

여기서도 이마에 하나님의 인 침을 받지 못한 사람은 남녀노소를 가리지 않고 다 죽이라고 명령하되 오직 이마에 인치심을 받은 사람은 보호하라고 명령한다. 그러므로 하나님의 인치심을 받은 성도는 심판이나 멸망으로부터 안전하게 보호를 받는다. 그래서 사도 바울은 로마서 11장 25~26절에서 교회 시대에 이방인의 충만한 수가 구원을 받으면 7년 대환란 기간에 온 이스라엘이 구원을 받게 될 것이라고 말씀했다.
다시 말해서 이스라엘이 민족적으로 구원을 받고 하나님께 돌아올 것을 말씀한다. 그러므로 요한계시록 7장의 14만 4천은 7년 대환란 기간에 하나님께서 사용하시는 복음을 전하는 유대인들이요 전도자들이다.

2. 어린양의 피로 구원받은 큰 무리

"이 일 후에 내가 보니 각 나라와 족속과 백성과 방언에서 아무도 능히 셀 수 없는 큰 무리가 나와 흰 옷을 입고 손에 종려 가지를 들고 보좌 앞과 어린 양 앞에 서서 큰 소리로 외쳐 이르되 구원하심이 보좌에 앉으신 우리 하나님과 어린 양에게 있도다 하니"(계 7:9-10)

여기에는 어린양의 피로 구원받은 큰 무리가 등장한다. 그렇다면 여기에 등장하는 큰 무리는 누구이며 어디서 나온 자들인가? 여기에 나오는 큰 무리는 각 나라와 족속과 백성과 방언에서 아무도 능히 셀 수 없는 큰 무리라고 말씀한다. 그런데 요한계시록 7장 9절은 "이 일 후에 내가 보니"라는 말로 시작된다. 다시 말해서 요한계시록 7장 1~8절에서 14만 4천의 유대인들이 일어나 복음을 전하자 그 결과로 큰 무리가 등장한 것이다. 그런데 큰 무리가 흰 옷을 입고 손에 종려 가지를 들고 하늘 보좌 앞과 어린양 앞에 서서 큰 소리로 하나님을 찬양하였다.
그렇다면 그들이 찬양한 내용은 무엇인가?

"큰 소리로 외쳐 이르되 구원하심이 보좌에 앉으신 우리 하나님과 어린 양에게 있도다"(계 7:10)

큰 무리는 자신들을 구원하신 분이 누구인지 찬양하였다. 자신들의 구원의 출처가 인간의 공로나 인간의 지혜나 인간의 선행으로 구원받은 것이 아니라, 오직 자신들을 구원하심이 보좌에 앉으신 우리 하나님 아버지와 십자가에서 우리를 위해 돌아가신 어린양께 있다고 선포한다.
따라서 우리의 구원과 관계된 일은 하나에서 열까지 아니 모든 것은 오직 우리 하나님께서 하셨다. 우리가 받은 구원은 100% 하나님께서 계획하시고 하나님께서 희생하시고 하나님께서 성취하셔서 믿는 우리에게 구원을 선물로 주셨다. 그래서 보좌와 어린 양 앞에 서 있는 큰 무리가 자신들을 구원하신 하나님을 찬양하고 있다. 큰 무리가 하나님께 찬양을 드리자 이제 모든 천사도 보좌와 장로들과 네 생물 주위에 있다가 보좌 앞에 엎드려 얼굴을 대고 하나님을 경배하며 찬양한다. 그리고 모든 천사가 하나님을 찬양한 내용은 하나님과 관련된 7가지로 '찬송과 영광과 지혜와 감사와 존귀와 권능과 힘이 우리 하나님께 세세토록 있을지어다'라고 찬양하였다.

"모든 천사가 보좌와 장로들과 네 생물의 주위에 서 있다가 보좌 앞에 엎드려 얼굴을 대고 하나님께 경배하여 이르되 아멘 찬송과 영광과 지혜와 감사와 존귀와 권능과 힘이 우리 하나님께 세세토록 있을지어다 아멘 하더라 장로 중 하나가 응답하여 나에게 이르되 이 흰 옷 입은 자들이 누구며 또 어디서 왔느냐 내가 말하기를 내 주여 당신이 아시나이다 하니 그가 나에게 이르되 이는 큰 환난에서 나오는 자들인데 어린 양의 피에 그 옷을 씻어 희게 하였느니라"(계 7:11-14)

그러자 24 장로 중 하나가 요한에게 '이 흰 옷 입은 자들이 누구며 또 어디서 왔느냐'라고 질문하자 요한은 '내 주여 당신이 아시나이다'라고 대답하였다. 그러자 24 장로 중 하나가 그들이 누구이며 어디에서 나온 사람들인지 소개하면서 그들이 큰 환난에서 나온 자들이라고 소개한다.

그러므로 여기에 나오는 큰 무리는 대환란 기간에 구원받은 큰 무리로 이방인과 유대인들이다. 그러므로 7년 대환란 기간에도 이방인과 유대인들이 구원받는 역사가 있다. 하지만 이방인들은 7년 대환란 기간에 심판을 받는 기간이기에 비교적 적은 무리의 사람들이 구원을 받을 것이고, 이스라엘 백성들은 민족적으로 수많은 사람이 믿고 하나님께로 돌아오게 된다.

바로 14만 4천의 전도를 통해서 믿고 구원을 받을 것이며, 남겨진 성경책을 통해서 믿고 구원을 받을 것이며, 복음적인 신앙 서적이나 설교 테이프를 통해서, 과거에 전도자들에게 복음을 들었던 내용을 기억하면서 믿고 구원을 받을 것이다. 하지만 그들이 구원은 받았지만 7년 대환란 기간에는 적그리스도가 통치하기 때문에 신앙생활을 제대로 할 수 없어 대환란 동안 대부분 순교를 당할 것이다. 하지만 이제는 그들이 하늘에 있는 하나님의 보좌 앞과 하나님의 성전에서 밤낮 하나님을 섬기면서 하나님을 찬양하고 있다. 이 땅에서는 엄청난 고난과 핍박을 당하였지만, 이제는 하나님의 보좌 앞에서 어떤 고난이나 핍박을 당하지 않고 보살핌을 받는다. 왜냐하면 보좌에 앉으신 하나님께서 그들 위에 장막을 치시기 때문이다.

여기서 하나님께서 그들 위에 장막을 치신다는 것은 하나님께서 그들을 보호하신다는 의미다. 그러므로 그들이 다시는 주리지도 아니하며 목마르지도 아니하며 태양이나 뜨거운 기운에 상하지도 아니하며 아무런 부족함이 없이 풍성한 축복을 누리는 이유는 보좌 가운데 계신 어린양 예수 그리스도께서 그들의 목자가 되사 생명수 샘으로 인도해 주시고, 성부 하나님께서 그들의 눈에서 모든 눈물을 씻어 주시기 때문이다.

"그러므로 그들이 하나님의 보좌 앞에 있고 또 그의 성전에서 밤낮 하나님을 섬기매 보좌에 앉으신 이가 그들 위에 장막을 치시리니 그들이 다시는 주리지도 아니하며 목마르지도 아니하고 해나 아무 뜨거운 기운에 상하지도 아니하리니 이는 보좌 가운데에 계신 어린 양이 그들의 목자가 되사 생명수 샘으로 인도하시고 하나님께서 그들의 눈에서 모든 눈물을 씻어 주실 것임이라"(계 7:15-17)

그리고 요한은 7년 대환란 동안에 예수를 증언함과 하나님의 말씀으로 인하여 목베임을 당한 순교자들인 그들이 대환란이 끝날 때 부활하여 그리스도와 더불어 1,000년 동안 왕 노릇 하게 된다고 소개한다.

"또 내가 보좌들을 보니 거기에 앉은 자들이 있어 심판하는 권세를 받았더라 또 내가 보니 예수를 증언함과 하나님의 말씀 때문에 목 베임을 당한 자들의 영혼들과 또 짐승과 그의 우상에게 경배하지 아니하고 그들의 이마와 손에 그의 표를 받지 아니한 자들이 살아서 그리스도와 더불어 천 년 동안 왕 노릇 하니"(계 20:4)

그러므로 여기에 등장하는 구원받은 큰 무리는 은혜 시대에 구원받은 성도들과는 구별된다. 은혜 시대에 구원받은 성도들은 대환란 전에 이미 부활하여 휴거가 되었고 주님과 함께 거하기 때문이다.

3. 그리스도인은 성령으로 인치심

14만 4천의 유대인들은 하나님에 의해서 파송 받은 전도자들이었다. 하나님께서 14만 4천의 유대인들을 특별하게 선택하여 전도자로 파송하기였기 때문에 이들이 자신들의 사명을 감당했기 때문에 이들을 통해서 아무라도 능히 셀 수 없는 큰 무리가 구원을 받았다. 이때가 언제인가? 하나님께서 은혜를 베푸시는 은혜의 시대도 아니고 교회의 시대도 아니고 바로 엄청난 대환란을 당하는 7년 대환란의 때이다. 이 7년 대환란 기간에는 교회 시대에 예수 믿고 구원받은 성도들은 다 들림을 받아 이 땅에는 단 한 사람의 그리스도인도 없었다. 또한 하나님의 진노가 쏟아져 전쟁과 기근과 경제적인 어려움으로 세계 인구의 3분의 1이 죽었다. 이러한 상황이라면 전도는 더 잘될 것이다.

그러므로 7년 대환란 기간에 엄청난 환난을 경험하면서 이 기간에 수많은 사람이 하나님을 믿게 될 것이다. 그러나 적그리스도가 통치하기 때문에 신앙생활은 올바로 할 수 없다. 그러므로 7년 대환란 기간의 신앙생활은 곧 순교를 의미한다. 그러나 중요한 것은 하나님께서 그러한 기간에도 14만 4천의 전도자들을 파송해서 영혼들을 구원하신다는 것이다. 우리 하나님께서는 어느 시대나 어느 때나 항상 전도자들을 통해서 영혼들을 구원하신다. 14만 4천의 전도자들은 그들의 시대인 7년 대환란 시대에 하나님의 부르심을 받고 자신들의 사명을 잘 감당하였다. 그렇다면 우리 그리스도인들은 누구인가? 우리 그리스도인들은 은혜 시대에 그리고 교회 시대에 복음을 전파하라고 성령으로 인치심을 받은 자들이다.

"그 안에서 너희도 진리의 말씀 곧 너희의 구원의 복음을 듣고 그 안에서 또한 믿어 약속의 성령으로 인치심을 받았으니 이는 우리 기업의 보증이 되사 그 얻으신 것을 속량하시고 그의 영광을 찬송하게 하려 하심이라, 하나님의 성령을 근심하게 하지 말라 그 안에서 너희가 구원의 날까지 인치심을 받았느니라"(엡 1:13-14, 4:30)

우리 그리스도인이 성령으로 인치심을 받은 것은 우리가 확실하게 구원을 받았다는 것을 확증하기 위해서 인치심을 받은 것뿐만 아니라, 예수 그리스도의 복음을 전하기 위해서 성령으로 인치심을 받았다. 그러므로 우리 그리스도인은 우리의 시대인 교회 시대에 하나님께서 맡겨주신 복음을 전하는 사명을 감당하여 열심히 복음을 전해야 한다. 우리 하나님께서 우리 그리스도인들에게 복음을 전파하라고 사명을 맡겨주셨기 때문이다.

"오직 성령이 너희에게 임하시면 너희가 권능을 받고 예루살렘과 온 유대와 사마리아와 땅 끝까지 이르러 내 증인이 되리라 하시니라, 또 이르시되 너희는 온 천하에 다니며 만민에게 복음을 전파하라, 너는 말씀을 전파하라 때를 얻든지 못 얻든지 항상 힘쓰라, 길과 산울타리 가로 나가서 사람을 강권하여 데려다가 내 집을 채우라"(행 1:8, 막 16:15, 딤후 4:2, 눅 14:23)

그러므로 14만 4천의 유대인들이 자기 시대인 대환란의 시대에 하나님의 인치심을 받고 복음을 전파한 것처럼 우리 그리스도인들은 우리 시대인 교회 시대에 열심히 복음을 전파하여 영혼을 구원하는 사명자들이 되어야 한다. 우리는 내가 전도한 사람이 아름다운 천국에서 나와 함께 하나님을 찬양하며 행복하게 살아갈 때 얼마나 즐겁고 행복한지 생각해야 한다. 우리가 이 세상을 떠날 때 가지고 갈 수 있는 것은 자기 자신과 자기가 전도한 사람밖에 없다. 천국에서 "제가 당신 때문에 이 아름다운 천국에 오게 되었습니다."라는 말을 들을 때 얼마나 감격스럽겠는가? 그러므로 우리 그리스도인들은 지금 이 은혜의 시대에 복음을 열심히 전해야 한다.

8장

일곱째 인섬판과 나팔심판의 시작

계시록 8~9장

요한계시록 8~9장은 인 심판 일곱째이자 나팔 심판이 시작되는 것을 보여준다. 일곱 인의 심판에서 첫째 인부터 여섯째 인의 심판은 요한계시록 6장에서 이미 살펴보았으며, 요한계시록 7장은 삽입된 장으로 인 맞은 14만 4천의 유대인과 그들의 복음 전파로 생겨난 큰 무리에 대해서도 살펴보았고, 이제 마지막 일곱째 인의 심판이 남아 있는데 마지막 남은 일곱째 인의 심판은 더 무시무시하고 엄청난 심판으로 전개된다.

일곱째 인의 심판에는 요한계시록에 남아 있는 모든 심판이 포함되어 있는데 더 극심하고 혹독한 심판으로 일곱 나팔 심판과 일곱 대접 심판이 포함되어 있기 때문이다. 그런데 일곱째 인의 심판은 아주 고요한 침묵으로 시작된다.

"일곱째 인을 떼실 때에 하늘이 반 시간쯤 고요하더니"(계 8:1)

그러므로 천사가 일곱 번째 인을 떼자 하늘이 약 반 시간 정도 고요하고 잠잠했다. 이 조용하고 고요함은 지금까지의 재앙과는 비교가 되지 않는 엄청난 큰 재앙이 나타날 것을 예고하는 것이다. 그러므로 폭풍전야의 고요로 무시무시한 심판을 준비하고 있다. 그래서 요한은 그 침묵이 흐르는 동안 긴장감을 느끼며 어떤 심판이 전개될지 기다리고 있었다.

또한 일곱 인의 심판은 첫째 인부터 넷째 인까지는 '오라'는 음성으로 시작되었으며, 다섯째 인은 순교 당한 영혼들의 외침이요, 여섯째 인은 땅의 임금들과 왕족들과 장군들과 부자들과 강한 자들이 두려워서 외치는 내용이요, 일곱째 인은 아주 고요한 두려움의 침묵으로 시작되었다.

그렇다면 일곱째 인을 떼었을 때 어떤 일들이 일어났는가?

"내가 보매 하나님 앞에 일곱 천사가 서 있어 일곱 나팔을 받았더라"(계 8:2)

요한계시록 8장 1절에서 천사가 일곱째 인을 떼자 요한은 하나님 앞에 서 있는 일곱 천사를 보았다. 그들이 하나님 앞에 서 있다는 것은 하나님 앞에서 하나님을 섬기며 하나님의 사역을 감당한다는 의미다. 이제 하나님 앞에서 섬기는 일곱 천사는 하나님께 일곱 나팔을 받았다.

그렇다면 일곱 천사가 하나님께 나팔을 받은 이유는 무엇인가?

성경을 읽어보면 나팔이 사용된 여러 상황이 있었는데 전쟁이 선포될 때 나팔이 사용되었고(렘 4:19), 이스라엘 백성을 소집할 때도 나팔이 사용되었으며, 이스라엘의 절기나 희년 때에도 나팔이 사용되었으며, 이스라엘 왕이 기름 부음을 받고 왕이 될 때도 나팔이 사용되었다. 그리고 예수께서 재림하실 때도 하나님의 나팔 소리로 친히 하늘로부터 강림하신다. 그러나 여기서 천사가 부는 나팔은 재앙의 나팔이다. 그런데 일곱 천사가 하나님께 일곱 나팔을 받았지만, 곧바로 나팔을 불지는 않았다. 일곱 나팔 심판이 시작되기 전에 또 다른 중요한 사건들이 일어나기 때문이다. 그렇다면 어떤 사건들이 일어나는가?

"또 다른 천사가 와서 제단 곁에 서서 금 향로를 가지고 많은 향을 받았으니 이는 모든 성도의 기도와 합하여 보좌 앞 금 제단에 드리고자 함이라 향연이 성도의 기도와 함께 천사의 손으로부터 하나님 앞으로 올라가는지라 천사가 향로를 가지고 제단의 불을 담아다가 땅에 쏟으매 우레와 음성과 번개와 지진이 나더라 일곱 나팔을 가진 일곱 천사가 나팔 불기를 준비하더라"(계 8:3-6)

일곱 나팔을 가진 일곱 천사는 하나님 앞에서 기다리고 있었고, 이제 또 다른 천사가 등장하여 금향로를 가지고 금 제단 앞에 서 있는 모습을 보았다. 그 천사는 모든 성도의 기도와 함께 많은 향을 받아서 금 제단에 드리자 그 향기와 성도들의 기도는 천사의 손으로부터 하나님 앞으로 올라가게 되었다.

그러면 하나님께 올려드린 이 향기는 무엇을 나타내는가? 여기서는 향기와 성도의 기도가 함께 하나님께로 올라간다고 말하지만, 고린도후서 2장 15절에서는 우리 그리스도인이 하나님 앞에 그리스도의 향기라고 말하고, 빌립보서 4장 18절에서는 하나님께 드린 헌금이 하나님이 받으실만한 향기로운 제물이라고 말하고, 에베소서 5장 2절에서는 예수께서 우리를 위하여 자신을 버리신 향기로운 제물이라고 말했다.

그리고 요한계시록 5장 8절에서는 향이 가득한 금 대접을 하나님께 올려드리는데 이 향은 성도의 기도라고 말한다. 향이 성도의 기도라면 기도는 반드시 하나님께 올라가며, 우리가 하나님께 올려드린 기도는 반드시 응답이 있다. 이 기도는 대환란 동안 악의 세력으로부터 엄청난 핍박을 받은 성도들이 자신들의 억울함을 하나님께 탄원하는 기도였다. 이미 요한계시록 6장 10절에서도 대환란에서 순교 당한 성도들이 그런 기도를 하나님께 드리기도 했다.

"큰 소리로 불러 이르되 거룩하고 참되신 대주재여 땅에 거하는 자들을 심판하여 우리 피를 갚아 주지 아니하시기를 어느 때까지 하시려 하나이까 하니"(계 6:10)

그러므로 하나님께서 성도들의 기도를 받으셔서 일곱 나팔 재앙이 시작되는 것이다. 그러므로 기독교의 역사를 살펴보면 수많은 하나님의 자녀들이 많은 핍박을 받으며 신앙생활을 했으나 하나님께서 그들이 당한 핍박을 이처럼 갚아주시기 때문에 우리는 하나님께 모든 것을 맡길 수 있다. 사도 바울도 우리가 핍박을 받아도 우리가 원수를 갚으려고 생각하지 말고 하나님의 진노하심에 맡기라고 부탁한다.

"내 사랑하는 자들아 너희가 친히 원수를 갚지 말고 하나님의 진노하심에 맡기라 기록되었으되 원수 갚는 것이 내게 있으니 내가 갚으리라고 주께서 말씀하시니라 네 원수가 주리거든 먹이고 목마르거든 마시게 하라 그리함으로 네가 숯불을 그 머리에 쌓아 놓으리라"(롬 12:19-20)

요한계시록 8장 5절에서 그 천사에게 또 다른 임무가 주어졌는데 그 임무는 향로를 가지고 제단의 불을 담아다가 땅에 쏟는 일이다. 그리하여 그 천사는 제단 불을 가득 담아서 땅에 쏟으니 우레와 음성과 번개와 지진이 일어났다. 여기서 제단의 불은 성도의 기도의 결과로 나타났으며 이 땅에 믿지 않는 사람들에게 심판의 불로 나타난 것이다. 우리가 이 세상에서 당하는 모든 고통은 반드시 우리 하나님께서 다 갚아주시는 것이다. 여기 우레와 음성은 천둥 치는 소리와 요란한 소리가 났기에 바로 여기서 앞에 언급한 고요하고 잠잠했던 침묵이 깨진 것이다. 이것은 바로 하나님의 엄청난 재앙이 시작될 것을 보여준다. 그래서 앞에서 일어난 재앙보다 더 무서운 재앙이 시작되기 위해서 일곱 나팔을 가진 천사가 일곱 나팔을 불기를 준비하고 있다. 그래서 요한계시록 8장 6절 마지막에 '일곱 나팔을 가진 일곱 천사가 나팔 불기를 준비하더라'라고 말씀한다.

이제부터 여섯 나팔 심판에 대하여 자세히 살펴볼 것인데, 처음 네 개는 자연에 내려지는 심판이고 두 개는 사람에게 내려진 심판이다.

1. 첫 번째 나팔 심판 (땅의 식물 부족 현상)

"첫째 천사가 나팔을 부니 피 섞인 우박과 불이 나와서 땅에 쏟아지매 땅의 삼분의 일이 타 버리고 수목의 삼분의 일도 타 버리고 각종 푸른 풀도 타 버렸더라"(계 8:7)

일곱 천사 중의 하나가 첫 번째 나팔을 불자 피 섞은 우박과 불이 하늘에서 땅에 쏟아져 땅 3분의 1과 땅에 있는 모든 수목과 식물이 해를 당하여 3분의 1이 타버린다. 사실 이런 우박과 불의 재앙은 이집트에 10가지 재앙을 내릴 때도 있었다. 출애굽기 9장 23~25절에 "모세가 하늘을 향하여 지팡이를 들매 여호와께서 우렛소리와 우박을 보내시고 불을 내려 땅에 달리게 하시니라 여호와께서 우박을 이집트 땅에 내리시매 우박이 내림과 불덩이가 우박에 섞여 내림이 심히 맹렬하니 나라가 생긴 그 때로부터 애굽 온 땅에는 그와 같은 일이 없었더라 우박이 애굽 온 땅에서 사람과 짐승을 막론하고 밭에 있는 모든 것을 쳤으며 우박이 또 밭의 모든 채소를 치고 들의 모든 나무를 꺾었으되"라고 소개되어 있다.

하지만 그때는 우박과 불이 하늘에서 내리는 재앙은 이집트에만 한정되어 있었지만 여기 요한계시록에서는 지구 전체에 영향을 미친다. 그러므로 이것은 이 지구상에 농작물 피해로 식물 부족 현상이 일어난다. 그리고 넷째 인 심판이 땅 4분의 1에 영향을 주었다면 첫째 나팔 심판은 땅 3분의 1에 영향을 미쳤다. 하지만 마지막 대접 심판 때는 땅 전체에 영향을 미친다.

그리고 여기 우박과 불의 영향으로 이 지구상의 나무와 풀이 3분의 1이나 없어졌다고 상상해 보라. 이것은 이 땅에 산소 3분의 1이 없어진 것과 같다. 그 결과 호흡기 장애가 일어나 많은 사람이 질병에 시달리게 될 것이다.

2. 두 번째 나팔 심판 (바다의 어류 부족 현상)

"둘째 천사가 나팔을 부니 불 붙는 큰 산과 같은 것이 바다에 던져지매 바다의 삼분의 일이 피가 되고 바다 가운데 생명 가진 피조물들의 삼분의 일이 죽고 배들의 삼분의 일이 깨지더라"(계 8:8-9)

첫째 나팔 심판은 사람들이 살아가는 땅에 내려졌지만 이제 둘째 천사가 나팔을 불자 이번에는 바다에 심판이 내려진다. 불이 붙는 큰 산처럼 보이는 것이 바다에 던져졌다. 여기서 불이 붙는 산이 바다에 던져졌다고 표현하지 않고 불이 붙는 산과 같은 것이 바다에 던져졌다고 표현하기에 어떻게 보면 거대한 운석이나 유성이 바다에 떨어진 것처럼 보였다. 마치 바다에 엄청난 핵폭탄이 떨어진 것처럼 바다에서 엄청난 폭발이 일어날 수도 있다.

여기서 가장 중요한 점은 불이 붙는 산이 무엇을 의미하는가보다 그것이 바다에 던져진 결과 바다 전체의 3분의 1이 피바다가 되었고, 물고기의 3분의 1이 죽었고, 배가 3분의 1이 파손되었다는 것이다.

그 결과 어류가 부족하여 물고기를 제대로 먹을 수 없게 되었다. 바다로 운송하는 배들이 3분의 1이 파괴되었으니 경제적으로도 대혼란이 일어날 것이다. 그러므로 땅에 재앙이 내려질 뿐만 아니라 이제 바다까지 재앙이 내려져 사람들이 끔찍한 재앙을 당한다. 이 사건들은 상징적인 내용이 아니기에 문자적으로 해석해야 한다. 바다가 피로 변한다면 실제로 피로 변한 것이며, 실제로 피로 변했기 때문에 바다의 생물 3분의 1이 죽었다. 그리고 불이 붙은 산과 같은 것이 바다에 떨어졌기 때문에 배들의 3분의 1이 깨어졌다. 그래서 성경은 7년 대환란을 창세로부터 지금까지 이런 환난이 없었고 앞으로도 없을 가장 무시무시한 대환란이라고 말한다.

3. 세 번째 나팔 심판 (강과 샘의 물 부족 현상)

"셋째 천사가 나팔을 부니 횃불 같이 타는 큰 별이 하늘에서 떨어져 강들의 삼분의 일과 여러 물샘에 떨어지니 이 별 이름은 쓴 쑥이라 물의 삼분의 일이 쓴 쑥이 되매 그 물이 쓴 물이 되므로 많은 사람이 죽더라"(계 8:10-11)

이제 셋째 천사가 나팔을 불자 하늘에서 횃불같이 타는 큰 별 하나가 강들의 3분의 1과 여러 샘에 떨어져 식수의 근원인 강물과 샘물을 오염시켜버렸다. 둘째 나팔 심판에서는 불이 붙는 산과 같은 것이 바다에 떨어졌지만 여기 세 번째 나팔 심판에서는 횃불 같이 타는 큰 별이 하늘에서 떨어져 바다가 아니라 강들과 샘에 떨어진 것이다. 그런데 이 별 이름을 쓴 쑥이라 불러 결국 세 번째 나팔 심판으로 물이 쓰게 되어 많은 사람이 물을 제대로 먹지 못하여 죽게 되었다.

우리 인간은 물과 매우 관련이 있다. 아기 생명이 어머니 뱃속에서 수정되면 99%가 물로 되어 있고, 아기로 태어나면 90%이며, 성인이 되면 인체의 70%가 물로 되어 있다. 오늘날에도 우리가 실제로 먹을 수 있는 물은 지구에 있는 수많은 물 중에 1%도 안 된다. 우리가 마실 수 없는 바다의 물이 90%이고 2%는 얼음과 눈이기 때문이다. 우리가 먹을 수 있는 물은 강물을 정화해서 먹는 물이고, 지하의 샘물을 먹고 있는데 강물과 샘물이 쓴 물이 되어 우리가 물을 제대로 먹을 수 없게 되는데 우리가 물을 먹지 못한다는 것은 엄청난 재앙이다. 그래서 이러한 물의 재앙으로 많은 사람이 죽게 된다.

4. 네 번째 나팔 심판 (해, 달, 별, 빛의 기근 현상)

"넷째 천사가 나팔을 부니 해 삼분의 일과 달 삼분의 일과 별들의 삼분의 일이 타격을 받아 그 삼분의 일이 어두워지니 낮 삼분의 일은 비추임이 없고 밤도 그러하더라"(계 8:12)

이제 넷째 천사가 나팔을 불자 하나님 심판의 초점이 땅에서 하늘로 옮겨져 태양과 달과 별들이 해를 당해 지금보다 3분의 1이 빛을 발하지 못함으로 빛이 부족하여 온 세상이 어두움에 처하고 온도가 급격하게 떨어져 수많은 생명체가 죽음을 맞이한다. 이 심판은 이집트에 내려진 아홉째 재앙과 비슷했는데 이집트 땅에 3일 동안 어둠이 임했기 때문이다. 그리고 아모스 선지자도 대환란의 주의 날에 빛이 없고 어둠만 있는 날이라고 표현했다(암 5:18-20).

그리고 요한계시록 6장 12절에서 여섯째 인의 심판 때에 이미 해와 달과 별들이 타격을 받아 어두워진 사실이 있었는데 이것은 다시 대기권의 하늘이 재앙을 당하는 내용이다. 그리고 넷째 대접 심판이 있는 요한계시록 16장 8절에서도 태양이 엄청나게 뜨거워져 사람들을 태우는 내용이 나오기에 7년 대환란 때에는 태양과 달과 별들로 인하여 사람들이 고통을 당하는 것을 보여준다. 결국 빛이 부족하면 일조량이 부족하여 과일이나 채소나 식물이 자라지 않아 생산량이 줄어든다. 결국 고온다습한 환경이 지속되면 병충해가 심해지고 농사에 타격을 입어 이 땅에 거하는 사람들은 엄청난 피해를 본다. 이처럼 네 가지 재앙으로 땅의 식물이 부족하고, 바다의 물고기도 부족하고, 강과 샘들의 물도 부족하고, 하늘의 빛도 부족하여 사람들이 고통을 당한다.

5. 다섯 번째 나팔 심판 (사탄과 귀신들로 인한 고통)

"내가 또 보고 들으니 공중에 날아가는 독수리가 큰 소리로 이르되 땅에 사는 자들에게 화, 화, 화가 있으리니 이는 세 천사들이 불어야 할 나팔 소리가 남아 있음이로다 하더라, 다섯째 천사가 나팔을 불매 내가 보니 하늘에서 땅에 떨어진 별 하나가 있는데 그가 무저갱의 열쇠를 받았더라"(계 8:13, 9:1)

이제 넷째 나팔 심판이 지나가고 요한은 요한계시록 8장 13절에서 재앙의 상징인 독수리가 날아가는 모습을 보았다. 날아가는 독수리는 사람들이 당할 심판의 화가 세 번 더 있다고 예고하여 아직도 고통이 끝나지 않은 것을 보여준다. 이 세 가지 화는 앞으로 세 천사가 불어야 하는 세 차례 나팔 심판이다. 세 가지 화 중에 첫째 화는 다섯 번째 나팔 심판이고, 둘째 화는 여섯 번째 나팔 심판이고, 셋째 화는 일곱 대접의 심판이다. 그런데 일곱 대접의 심판은 나팔 심판보다도 더 무서운 심판이다. 그리고 나팔 심판 처음 네 개는 자연과 우주를 대상으로 이루어진다면 나머지 세 차례 나팔 심판은 사람에게 직접적으로 내려지는 심판이다. 또한 심판의 강도는 처음 내 개보다도 더 엄청난 심판이다.

이제 다섯째 천사가 나팔을 불자 하늘에서 땅에 떨어진 별 하나가 소개된다. 그러면 이 별은 누구인가? 이 별이 무저갱(아비소스)의 열쇠를 가지고 있다는 것을 보면 단순히 문자적인 별이 아니다. 그리고 하늘에서 떨어진 별 하나는 나팔을 불기 전에 땅에 떨어져 이미 존재하고 있었기에 이 별은 바로 마귀 사탄으로 볼 수도 있다. 성경에서 '떨어졌다'라는 표현은 상징이나 비유로 도덕적으로 타락했거나 반역에 가담했다는 의미로 쓰였기에 예수께서는 누가복음에서 사탄이 하늘로부터 번개같이 떨어졌다고 말씀하셨다. 그리고 요한계시록 12장 8~9절에서 마귀 사탄이 하늘에서 땅으로 쫓겨난 모습이 나오며, 이사야 14장 12~18절에도 하늘에서 떨어진 사탄에 대한 자세한 설명이 나온다.

"예수께서 이르시되 사탄이 하늘로부터 번개 같이 떨어지는 것을 내가 보았노라, 이기지 못하여 다시 하늘에서 그들이 있을 곳을 얻지 못한지라 큰 용이 내쫓기니 옛 뱀 곧 마귀라고도 하고 사탄이라고도 하며 온 천하를 꾀는 자라 그가 땅으로 내쫓기니 그의 사자들도 그와 함께 내쫓기니라, 너 아침의 아들 계명성이여 어찌 그리 하늘에서 떨어졌으며 너 열국을 엎은 자여 어찌 그리 땅에 찍혔는고 네가 네 마음에 이르기를 내가 하늘에 올라 하나님의 뭇 별 위에 내 자리를 높이리라 내가 북극 집회의 산 위에 앉으리라 가장 높은 구름에 올라가 지극히 높은 이와 같아지리라 하는도다 그러나 이제 네가 스올 곧 구덩이 맨 밑에 떨어짐을 당하리로다"(눅 10:18, 계 12:8-9, 사 14:12-18)

여기서 아침의 아들 계명성은 별을 지칭하고 하늘에서 떨어졌으며, 열국을 엎은 자는 마귀 사탄이 온 세상을 파괴하였으며, 마음이 교만하여 하나님보다 높아지려고 하다가 결국 마귀 사탄이 되었고, 결국에는 지옥 맨 밑에 떨어짐을 당한다. 따라서 하늘에서 떨어진 별 하나는 마귀 사탄으로 볼 수도 있다. 그러나 하늘에서 떨어진 별은 하나님의 명령을 수행하는 선한 천사로 볼 수 있는 이유는 그 별이 무저갱의 열쇠를 받았으며, 무저갱을 열었기 때문이다.

이제 하늘에서 내려온 별이 무저갱을 열자 그곳에서 연기가 나와 태양과 온 천지를 뒤덮어 이 세상이 캄캄해진다. 그리고 그 연기 속에서 황충들(메뚜기 떼)이 나온다.

"그가 무저갱을 여니 그 구멍에서 큰 화덕의 연기 같은 연기가 올라오매 해와 공기가 그 구멍의 연기로 말미암아 어두워지며 또 황충이 연기 가운데로부터 땅 위에 나오매 그들이 땅에 있는 전갈의 권세와 같은 권세를 받았더라"(계 9:2-3)

무저갱에서 나온 황충들은 이상하게 생긴 큰 메뚜기인데 그 황충들이 풀이나 나무를 해하지 않고 사람들만 괴롭힌다. 본래 메뚜기는 풀이나 곡식이나 나무와 같은 자연을 해롭게 하지만 여기에 나온 메뚜기는 전갈과 권세를 가지고 사람들만 해치는 것이다. 그러므로 여기에서는 이 세상과 지옥과의 경계를 헐어버린다. 결국 지옥에서 무서운 황충들이 나와서 이 세상에 사는 사람들을 괴롭힌다.

그러면 무저갱과 황충들은 무엇인가? 무저갱이란 '바닥이 없는 깊은 구덩이'라는 뜻이다. 헬라어로는 '아비소스'로 그 의미는 귀신이나 악령들이 그곳에 한 번 떨어지면 영원히 나올 수 없는 곳이다. 그런데 타락한 천사들이 귀신들이 되었고, 그 귀신들의 일부가 갇혀있는 곳이 바로 무저갱이다. 그러므로 무저갱은 타락한 천사와 타락한 영들을 가두어 두는 감옥과 같은 장소다. 그래서 누가복음 8장 31절에서 귀신들이 예수님께 이렇게 간구한다.

"무저갱으로 들어가라 하지 마시기를 간구하더니"

이 말씀은 귀신들이 예수님께 무저갱에 들어가지 않게 해달라고 간구하는 내용이다. 왜냐하면 귀신들이 무저갱에 들어가면 더는 활동할 수 없기 때문이다. 그러나 무저갱은 귀신들이 거하는 영원한 거처는 아니다. 그들의 영원한 거처는 지옥 불못이다. 그러므로 무저갱에서 나온 황충들은 사람들을 헤칠 권세를 받고 나온 귀신들이다. 왜냐하면 무저갱에서 나온 황충들은 메뚜기와 다르게 행동하기 때문이다.

① 황충들은 풀을 먹지 않는다.
② 황충들에게 임금이 있다고 했는데 메뚜기에게는 임금이 없다.
③ 황충들에게 '같고' '같이'라는 상징적인 표현을 사용하고 있다.
④ 황충들이 사람을 괴롭힌다.

그러므로 이 황충들은 메뚜기가 아니라 무저갱에서 나온 귀신들이다.

황충들에게 괴롭힘을 당하는 자들

"그들에게 이르시되 땅의 풀이나 푸른 것이나 각종 수목은 해하지 말고 오직 이마에 하나님의 인침을 받지 아니한 사람들만 해하라 하시더라 그러나 그들을 죽이지는 못하게 하시고 다섯 달 동안 괴롭게만 하게 하시는데 그 괴롭게 함은 전갈이 사람을 쏠 때에 괴롭게 함과 같더라"(계 9:4-5)

여기서 이 무시무시한 황충들이 누구를 괴롭히고 있는지 소개한다. 이 황충들은 실제 메뚜기가 아니기에 그들이 땅의 풀이나 식물이나 나무들을 해하지 못하도록 엄격하게 통제를 당하고 오직 하나님의 인을 맞지 아니한 사람들만 괴롭힌다. 즉 대환란 기간 구원받은 사람들은 하나님의 보호의 상징인 인을 받아 황충들의 공격을 당하지 않는다. 그러나 하나님의 인을 받지 않은 불신자들은 황충들에게 괴롭힘을 당한다. 괴롭힘이 얼마나 심한지 그 고통을 벗어나는 길은 죽음밖에 없어 죽고 싶지만 죽음마저도 그들을 피해 간다고 말씀한다.

"그 날에는 사람들이 죽기를 구하여도 죽지 못하고 죽고 싶으나 죽음이 그들을 피하리로다"(계 9:6)

그러므로 그들은 절대로 죽을 수 없는데 하나님께서 그들에게 죽을 수 있는 권리를 주지 않았기 때문이다. 그 당시는 지옥과 이 세상의 경계가 없는 것처럼 보인다. 지옥의 가장 큰 특징이 무엇인가? 그것은 고통을 당하면서도 죽을 수 없는 것이다. 그래서 예수님은 지옥은 벌레도 죽지 않는 곳이라고 말씀했다.

"거기에서는 구더기도 죽지 않고 불도 꺼지지 아니하느니라"(막 9:48)

죽고 싶어도 죽지 못하고, 흉측한 황충들에게 다섯 달 동안이나 괴롭힘을 당하게 된다. 그리고 마지막으로 그 황충들이 얼마나 무섭게 생겼는지 황충들의 모양을 자세히 소개한다.

"황충들의 모양은 전쟁을 위하여 준비한 말들 같고 그 머리에 금 같은 관 비슷한 것을 썼으며 그 얼굴은 사람의 얼굴 같고 또 여자의 머리털 같은 머리털이 있고 그 이빨은 사자의 이빨 같으며 또 철 호심경 같은 호심경이 있고 그 날개들의 소리는 병거와 많은 말들이 전쟁터로 달려 들어가는 소리 같으며 또 전갈과 같은 꼬리와 쏘는 살이 있어 그 꼬리에는 다섯 달 동안 사람들을 해하는 권세가 있더라"(계 9:7-10)

여기서 귀신들인 황충들이 메뚜기로 묘사되는 것은 황충들이 파괴적이며 아주 민첩하게 하나님의 심판을 수행하기 때문이다. 황충들이 '전쟁에 예비한 말 같다'라는 것은 전쟁을 위한 황충들의 민첩성을 나타낸다. 잘 훈련된 군마는 용맹스럽고 어떤 전장에서도 두려워하지 않고 앞으로 향하여 달려 나가기 때문이다.
황충들이 '머리에 금 면류관을 썼다'라는 표현은 그 당시 사람들이 귀신들을 이길 수 없어 황충들의 일시적인 승리를 나타낸다. 황충들이 '사람의 얼굴 같다'라는 표현은 황충들이 실제 곤충이 아니라 사람의 이성적이며 지적인 면을 가지고 있다는 것을 보여준다.

황충들이 '여자의 머리털 같은 머리털이 있다'라는 것은 황충들의 유혹의 힘과 파괴를 나타낸다. 황충들이 군병의 주요 신체 부위를 보호하는 '철 호심경이 있다'라는 것은 황충들을 함부로 대할 수 없음을 보여준다. 황충들이 '날개에서 말들이 달려가는 소리가 난다'라는 것은 황충들이 전 세계에 도전적인 상대가 될 것을 나타낸다. 황충들이 '전갈에 있는 쏘는 꼬리가 있다'라는 표현은 귀신들이 주는 파괴적 고통이 전갈이 쏘는 고통보다 아주 심각한 고통이라는 것을 보여준다.

그런데 그들에게 괴롭힘을 당하는 자들은 하나님의 인치심을 받지 아니한 자들이요 믿지 아니하는 자들이다. 사실 믿지 아니하는 자들은 이 땅에서 마귀 사탄이나 귀신들을 섬긴 자들이다. 그렇다면 당연히 사탄이나 귀신에게 보호를 받아야 마땅하겠지만 보호가 아니라 괴롭힘을 당하고 있으니 어찌 안타까운 일이 아니겠는가?

그렇다면 왜 믿지 아니하는 자들만 괴롭힘을 당하겠는가? 그 이유는 황충들인 귀신이 제한된 권세만 가졌기 때문이다. 하나님께서 하나님의 인치심을 받은 백성은 해하지 말고 인치심을 받지 않은 사람인 믿지 아니하는 자들만 괴롭게 하라고 명령하셨기 때문이다. 그들을 괴롭게 하되 죽이지는 말고 5달 동안만 괴롭게 하라고 명령하셨기 때문이다. 따라서 타락한 천사들인 귀신들은 모든 일을 자신들 마음대로 할 수 있는 것이 아니라 하나님께서 허락하신 범위 안에서만 활동할 수 있다. 또한 믿지 아니하는 자들이 고통을 당하는 것은 그들의 왕이 아바돈이요, 아볼루온이기 때문이다.

"그들에게 왕이 있으니 무저갱의 사자라 히브리어로는 그 이름이 아바돈이요 헬라어로는 그 이름이 아볼루온이더라"(계 9:11)

여기서 그들의 왕이 히브리어로는 아바돈인데 그 의미는 '파괴하는 자'라는 의미이며, 헬라어 아볼루온은 '멸망으로 이끄는 자, 파괴자'라는 의미다. 결국 믿지 아니하는 자들이 고통을 당하는 이유는 그들이 섬기는 대상이 하나님이 아니라 잘못된 대상이기 때문이다. 믿지 아니하는 자들이 아무리 정성을 들여서 그들의 왕을 열심히 섬겨봤자 그들이 섬기는 대상이 멸망으로 이끄는 자와 파괴하는 자이니 그들이 무시무시한 고통만 당하는 것이다. 그러므로 하나님을 섬기는 자들은 그들이 섬기는 하나님이 사랑의 하나님이요, 축복을 주시는 하나님이시니 절대로 잘못되지 않고 하나님의 사랑을 받고 축복을 받을 수밖에 없다. 그러므로 믿음은 선택이며, 자신이 선택한 대로 마지막에 고통을 당하던지, 아니면 놀라운 축복을 받는다. 하지만 하나님을 믿지 아니하는 자들이 당하는 고통은 이 얼마나 무시무시한 고통인가? 그런데 또 다른 고통이 더 기다리고 있다고 선포한다.

"첫째 화는 지나갔으나 보라 아직도 이 후에 화 둘이 이르리로다"(계 9:12)

여기에서 첫째 화는 9장 1~11절까지의 다섯째 나팔이고, 이제 남은 화 둘은 여섯째 나팔 심판과 일곱째 나팔 심판이다.

6. 여섯 번째 나팔 심판 (네 천사의 놓임)

"여섯째 천사가 나팔을 불매 내가 들으니 하나님 앞 금 제단 네 뿔에서 한 음성이 나서 나팔 가진 여섯째 천사에게 말하기를 큰 강 유브라데에 결박한 네 천사를 놓아 주라 하매 네 천사가 놓였으니 그들은 그 년 월 일 시에 이르러 사람 삼분의 일을 죽이기로 준비된 자들이더라 마병대의 수는 이만 만이니 내가 그들의 수를 들었노라"(계 9:13-16)

여기서 여섯째 천사가 나팔을 불자 하나님 앞 금 제단에서 한 음성이 들렸다. 여섯째 나팔을 가진 천사에게 큰 강 유프라테스에 결박된 네 천사를 풀어주라고 명령하자 네 천사를 풀어준다. 여기에 언급된 유프라테스강은 인류 역사에서 가장 중요한 강으로 창세기 2장에 의하면 에덴동산에서 강 하나가 흘러나와 네 줄기로 갈라지는데 비손과 기혼과 티그리스와 유프라테스강이었다. 이 강은 아르메니아 산맥에서 발원하여 페르시아만으로 흐르는 강이며 서아시아에서 제일 큰 강이다. 니므롯이 이 강가에 바벨탑을 세워 우상 숭배의 기원이 된 곳이며, 바벨탑이 세워진 시날은 '두 강 사이의 땅'이란 뜻으로, 두 강은 티그리스강과 유브라데강을 지칭한다.

여기에 등장하는 네 천사는 선한 천사가 아니라 악한 천사들이다. 왜냐하면 선한 천사는 결박되지 않기 때문이다. 이제 이 네 천사가 등장하여 정해진 시간에 세계의 인구 중에 사람 3분의 1을 죽인다. 그런데 이미 요한계시록 6장 7~8절에서 세계의 인구 4분의 1이 죽었다. 그러므로 여기 요한계시록 9장 15~18절에서 죽는 3분의 1을 합하면 전 세계 인구 중에 2분의 1인 절반이 죽는다.

16절에서 네 천사가 거느린 이만 만의 마병대는 2만 곱하기 1만으로, 2억의 마병대가 동원되어 세계 인구 3분의 1을 죽이는 살육에 동참한다. 그리고 여기 2억의 마병대는 요한계시록 16장 12절에 등장하는 '동방에서 오는 왕들'과는 다른 군대로 인간의 군대가 아니라 초자연적인 군대로 아마 귀신들일 것이다. 여기 마병대는 여섯째 나팔 심판에서 등장하고 요한계시록 16장 12절에 등장하는 동방에서 오는 군대는 일곱째 대접 심판 때 등장하는 다른 장면이기 때문이다. 그리고 마병대가 탄 말들의 모습이 소개된다.

"이같은 환상 가운데 그 말들과 그 위에 탄 자들을 보니 불빛과 자줏빛과 유황빛 호심경이 있고 또 말들의 머리는 사자 머리 같고 그 입에서는 불과 연기와 유황이 나오더라 이 세 재앙 곧 자기들의 입에서 나오는 불과 연기와 유황으로 말미암아 사람 삼분의 일이 죽임을 당하니라 이 말들의 힘은 입과 꼬리에 있으니 꼬리는 뱀 같고 또 꼬리에 머리가 있어 이것으로 해하더라"(계 9:17-19)

여기 말들을 탄 마병대의 모습은 먼저 세 가지 빛 불빛과 자줏빛과 유황빛이 나는 가슴 보호 장비인 호심경을 입고 있었다. 그리고 그들이 탄 군마의 머리는 사자의 머리 같고 그 입에서는 불과 연기와 유황이 나왔다. 이 세 가지는 무기가 되어 사람들을 불로 태웠고, 뜨거운 유황에서 뿜어내는 연기와 가스로 이 세상의 수많은 사람 3분의 1을 죽인다.

그리고 요한은 계속해서 마병대의 치명적인 능력에 대해 19절에서 소개하는데 그 마병대의 힘은 입과 꼬리에 있는데 특별히 그 꼬리는 뱀 같고 머리가 있어서 이것으로 사람들을 죽였다. 다섯째 나팔 심판에서는 무저갱에서 나온 황충의 귀신들이 전갈의 쏘는 독으로 사람들을 괴롭혔지만 여기 여섯째 나팔 심판에서는 마병대의 말들의 힘이 입과 꼬리에 있어서 이것으로 사람들을 죽이는데 그 고통은 말로다 설명할 수 없는 고통으로 죽임을 당한다. 그런데 이러한 마병대의 공격으로 수많은 사람이 죽고 고통을 당하지만 그래도 사람들은 여전히 죄를 회개하지 아니하고 더 큰 죄들을 범한다.

"이 재앙에 죽지 않고 남은 사람들은 손으로 행한 일을 회개하지 아니하고 오히려 여러 귀신과 또는 보거나 듣거나 다니거나 하지 못하는 금, 은, 동과 목석의 우상에게 절하고 또 그 살인과 복술과 음행과 도둑질을 회개하지 아니하더라"(계 9:20-21)

사실 어떤 심판이라도 심판의 목적은 심판 자체에 있지 않고 회개에 있다. 하나님께서는 심판을 통해 사람들이 깨닫고 하나님께로 돌아오기를 바라시는 것이다. 그런데 이러한 심판을 당하면서도 살아남은 3분의 2의 사람들은 하나님께로 돌아오지 않는다.

여기에는 그 당시 사람들이 범하는 다섯 가지 죄악들이 소개되는데

첫째는 자신들의 죄를 회개하지 아니하고 우상을 만들어 다른 신들과 귀신들을 섬기는 죄였다.

둘째는 살인과 같은 강력 범죄를 저질렀다.

셋째는 복술의 죄로서 점치는 마법과 같은 죄를 범했다.

넷째는 음행이 만연된 모든 성적인 죄였다.

다섯째는 도둑질을 하고 그 죄를 회개하지 아니하는 죄를 범했다.

사실 이 세상은 거대한 귀신의 세력으로 거짓 종교와 살인과 성적 타락과 강력한 범죄의 늪에 빠져 비틀거리고 있다. 그들은 특별히 우상을 만들어 섬겼는데 그들이 만든 우상의 특징은 보거나 듣거나 다니거나 하지 못하는 금, 은, 동과 돌과 나무로 만든 우상이었다.

그러므로 그들은 생명력이 없는 우상, 그들을 도무지 아무것도 도와줄 수 없는 우상을 만들어 섬기고 있다. 결국 그들이 우상을 섬기고 우상에게 절하는 것은 마귀 사탄과 귀신에게 절하는 것이다. 그리고 귀신을 섬기는 죄 가운데 복술로 점치는 죄가 있다. 결국 점치는 죄는 다른 사람을 우상 숭배로 이끌기 위하여 유혹하는 행위다. 점치는 죄는 하나님을 벗어나 우상을 따르게 한다. 결국 이런 사람들은 회개하지 아니하고 하나님께로 돌아오지 않는다. 우리는 여기서 인간은 형벌을 통하여 변화되지 않는다는 사실을 발견할 수 있다.

결론 - 믿음과 불신의 차이다.

그러면 이 무서운 결과는 누구 때문에 당하는 것인가? 어떤 사람들은 하나님 때문이라고 말한다. 그러나 우리 하나님은 누구라도 벌하기를 절대로 원하지 않으신다. 그러므로 인간 스스로 재앙이나 심판을 선택한 것이다. 이 모든 것의 결정적인 차이가 무엇인가? 사랑의 하나님과 우리 하나님께서 준비하신 복음에 대한 반응으로 믿음과 불신의 차이다. 믿는 사람들은 이미 7년 대환란의 재앙에서 구원을 받았다. 결국 믿지 않는 불신 때문에 이러한 재앙을 당한다. 그러므로 우리는 바른 마음의 자세를 가져야 한다. 하나님의 축복을 받는 방법이 있다. 그것은 하나님께 감사하는 마음이다. 우리가 하나님께 감사할 때 축복은 우리에게 온다. 그래서 사도 바울은 이렇게 말씀한다.

"아무 것도 염려하지 말고 다만 모든 일에 기도와 간구로, 너희 구할 것을 감사함으로 하나님께 아뢰라 그리하면 모든 지각에 뛰어난 하나님의 평강이 그리스도 예수 안에서 너희 마음과 생각을 지키시리라"(빌 4:6-7)

먼저 우리는 부정적인 마음을 버려야 한다. 무엇이 부정적인 마음인가? 그것은 무엇이나 염려하고 원망하는 마음이다. 그래서 우리는 긍정적인 마음을 가져야 한다. 긍정적인 마음은 모든 일을 기도로 하는 마음이다. 그리고 가장 중요한 것은 감사함으로 하나님께 아뢰는 것이다. 그때 마음에 평강이 넘치고 하나님의 축복이 우리에게 다가온다. 그러므로 감사하는 마음에 하나님의 축복이 거한다.

어떤 사람이 세 가지 교훈을 배우는 데 42년이나 걸렸다고 한다.
① 자신이 구원을 받기 위해서 아무것도 할 수 없다는 것을 배웠다.
② 하나님께서 구원을 이루기 위해서 아무것도 요구하시지 않는다는 사실을 배웠다.
③ 예수께서 이미 자신의 구원을 위해서 십자가에서 일을 완수하셨기 때문에 단지 믿음으로 받아들이면 된다는 사실을 배웠다.

하나님이 완성하신 복음이 이 얼마나 놀라운가?

9장

해신천사와 작은 두루마리

삽입장, 계시록 10장

요한계시록 10장과 11장 1절부터 13절은 여섯 번째 나팔 심판과 일곱 번째 나팔 심판 사이에 삽입된 다른 이야기가 등장한다. 그러므로 11장 14절부터 일곱 번째 나팔 심판이 다시 소개된다. 요한계시록 10장 1~11절의 내용이 언급된 것은 하나님의 심판이 계속되는 가운데서 하나님의 백성들을 위로하기 위해 삽입된 내용이다.

1. 힘센 천사와 작은 책

"내가 또 보니 힘 센 다른 천사가 구름을 입고 하늘에서 내려오는데 그 머리 위에 무지개가 있고 그 얼굴은 해 같고 그 발은 불기둥 같으며 그 손에는 펴 놓인 작은 두루마리를 들고 그 오른 발은 바다를 밟고 왼 발은 땅을 밟고"(계 10:1-2)

여기서 사도 요한은 힘센 천사가 하늘에서 내려오는 모습을 보았다. 그러면 여기에 등장하는 힘센 천사는 누구인가? 하늘에서 내려오는 힘센 천사가 구름을 입고, 머리 위에 무지개가 있고, 얼굴은 해같이 빛나고, 발은 불기둥 같고, 작은 책을 들고 있으며, 오른발은 바다를 밟고, 왼발은 땅을 밟고 서 있는 모습을 보면 힘센 천사가 예수님이라고 생각할 수 있다.

사실 성경에서 구름과 무지개와 해와 불기둥은 모두 하나님이나 예수님과 관련된 표현이었기 때문이다. 예수께서 구름을 타고 하늘로 승천하셨고, 구름을 타고 재림하기 때문이다. 그리고 요한계시록 4장에서도 하나님께서는 무지개가 둘려 있는 보좌에 앉아계셨다. 그리고 예수께서 변화 산상에서 얼굴이 해와 같이 빛난 모습을 보여주시기도 하셨다. 이스라엘 백성들이 광야를 통과할 때도 하나님께서 낮에는 구름 기둥으로 밤에는 불기둥으로 인도하신 일이 있었다. 따라서 하늘에서 내려온 힘센 천사가 예수님이라고 생각할 수 있는 것이다.

하지만 힘센 천사가 예수님이 아닌 이유는 힘센 천사가 하나님께 맹세하고 있기 때문이다. 그러므로 이 힘센 천사는 일곱 나팔을 부는 천사와는 다른 천사로서 미가엘과 같은 권위가 있는 천사일 것이다. 그런데 이 힘센 천사가 사자가 부르짖는 것 같이 큰소리로 외치자 일곱 우레가 소리 내어 말한다. 여기서 우레는 주로 하나님의 무서운 심판을 표시한다.

"사자가 부르짖는 것 같이 큰 소리로 외치니 그가 외칠 때에 일곱 우레가 그 소리를 내어 말하더라 일곱 우레가 말을 할 때에 내가 기록하려고 하다가 곧 들으니 하늘에서 소리가 나서 말하기를 일곱 우레가 말한 것을 인봉하고 기록하지 말라 하더라"(계 10:3-4)

요한이 일곱 우레가 말하는 내용을 기록하려고 하니 하늘에서 일곱 우레에 대해서는 인봉하고 기록하지 말라고 명령한다. 구약에서 다니엘도 자신이 본 미래의 일들을 인봉하고 기록하지 말라는 소리를 들었다(단 12:4). 그러므로 우리가 이 일곱 우레가 무엇인지 알 수 없는 이유는 성경이 이것에 대해 침묵하고 있기 때문이다. 하나님께서는 예수님이 재림하시는 시기와 때에 대해서도 침묵하시고 단지 재림의 징조에 대해서는 말씀하셨다. 따라서 하나님의 말씀에서 어떤 내용은 우리가 알지 못하더라도 전혀 문제가 되지 않는다. 우리에게 가장 중요한 것은, 하나님께서 모든 것을 주관하신다는 사실을 인정하면 된다. 이제 그 힘센 천사가 하늘을 향하여 오른손을 들고 하나님께 맹세한다.

"내가 본 바 바다와 땅을 밟고 서 있는 천사가 하늘을 향하여 오른손을 들고 세세토록 살아 계신 이 곧 하늘과 그 가운데에 있는 물건이며 땅과 그 가운데에 있는 물건이며 바다와 그 가운데에 있는 물건을 창조하신 이를 가리켜 맹세하여 이르되 지체하지 아니하리니 일곱째 천사가 소리 내는 날 그의 나팔을 불려고 할 때에 하나님이 그의 종 선지자들에게 전하신 복음과 같이 하나님의 그 비밀이 이루어지리라 하더라"(계 10:5-7)

힘센 천사의 맹세는 하나님 앞에서 선서하는 것과 같다. 마치 오른손에 작은 책을 펴들고 바다와 땅을 밟고 엄숙하게 선서하는 것과 같다. 이것은 앞으로 이루어질 분명한 사건과 하나님의 시간이 지체할 수 없음을 나타낸다. 여섯째 나팔 심판과 일곱째 나팔 심판 사이에 약간의 지체가 있겠지만 힘센 천사는 더는 지체하지 않는다고 선포하는 것이다. 일곱째 나팔 소리가 곧 울려 퍼지기 때문이다.

7절에 등장하는 하나님의 비밀은 일곱째 천사가 나팔을 불게 될 때 성취될 하나님의 계획을 알려줄 비밀이다. 하나님께서 천년왕국을 준비하시기 위해 기다리시며, 악의 세력에 대해 인내하시다가 마침내 그 인내가 한계에 도달하면 이 땅에 진노를 쏟으시는 것을 말한다. 이 하나님의 진노가 마지막 3년 반 동안 이 땅에 쏟아지는 것이며, 그 시작을 알리는 것이 바로 일곱 번째 나팔 소리다.

그런데 7절 마지막은 이렇게 기록되어 있다.

"하나님이 그의 종 선지자들에게 전하신 복음과 같이 하나님의 그 비밀이 이루어지리라 하더라"

이때에는 예수 그리스도의 복음이 확실하게 이루어져, 그 복음을 받아들이는 사람들은 하늘로 휴거 되어 주님과 함께 있다. 그러므로 이것은 복음이 확실하게 이루어진 것처럼, 앞으로 성취될 하나님의 진노와 예수 그리스도가 통치하는 천년왕국이 확실하게 이루어질 것을 말씀하고 있다.

2. 요한이 먹은 작은 책

"하늘에서 나서 내게 들리던 음성이 또 내게 말하여 이르되 네가 가서 바다와 땅을 밟고 서 있는 천사의 손에 펴 놓은 두루마리를 가지라 하기로 내가 천사에게 나아가 작은 두루마리를 달라 한즉 천사가 이르되 갖다 먹어 버리라 네 배에는 쓰나 네 입에는 꿀 같이 달리라 하거늘 내가 천사의 손에서 작은 두루마리를 갖다 먹어 버리니 내 입에는 꿀 같이 다나 먹은 후에 내 배에서는 쓰게 되더라 그가 내게 말하기를 네가 많은 백성

과 나라와 방언과 임금에게 다시 예언하여야 하리라 하더라"(계 10:8-11)

여기에 보면 요한에게 일곱 우렛소리를 기록하지 말라고 했던 바로 그 음성이 다시 요한에게 힘센 천사의 손에 펴 놓은 작은 두루마리 책을 달라고 하여 그 책을 갖다 먹어 버리라고 명령한다. 그 작은 두루마리 책을 먹으면 요한의 입에는 달지만, 뱃속에서는 쓰게 될 것이라고 말한다. 그래서 요한이 그 음성에 순종하여 천사가 준 작은 두루마리 책을 먹었을 때 처음에는 꿀같이 달았으나 나중에 배속에 들어가니 쓰게 되었다. 그러므로 이 작은 책은 하나님의 말씀이며 또한 요한이 다시 선포해야 할 심판에 관한 말씀이다. 죄인에 대한 심판의 말씀이기에 처음에는 달지만, 나중에 깊이 생각해보면 심판을 당하는 영혼들이 너무나 불쌍해서 쓰게 되는 것이다. 그러므로 하나님의 말씀은 항상 두 가지 측면이 있다. 구원과 축복과 생명을 가져다주는 것은 꿀처럼 달지만, 재앙과 심판을 가져다주는 내용은 쓴 것이다. 그래서 시편 기자는 하나님의 말씀에 대하여 이렇게 말한다.

"여호와를 경외하는 도는 정결하여 영원까지 이르고 여호와의 법도 진실하여 다 의로우니 금 곧 많은 순금보다 더 사모할 것이며 꿀과 송이꿀보다 더 달도다"(시 19:9-10)

그래서 하늘의 음성은 다시 요한에게 많은 백성과 나라와 방언과 임금에게 다시 예언하라고 명령한다. 사도 요한은 작은 책을 먹고 많은 사람에게 예언해야 했다. 11절에서 '예언한다'라는 의미는 하나님의 말씀을 선포한다는 뜻이다. 그러므로 예언이 반드시 미래에 관한 것을 선포하는 것은 아니다. 그러므로 하나님의 말씀에는 과거와 현재와 미래가 포함되어 있다. 이러한 모든 말씀을 많은 사람들에게 선포하는 것이 예언이다.
그러므로 하나님의 종이 하나님의 말씀을 효과적으로 선포하려면 요한처럼 먼저 자기 자신이 하나님의 말씀을 먹어야 한다. 요한이 하나님의 말씀을 먹는다는 것은, 요한이 자신에게 주어진 사명을 받아들였다는 의미다. 두루마리 책을 받아먹었다는 내용은 에스겔서에도 나온다.

"너 인자야 내가 네게 이르는 말을 듣고 그 패역한 족속 같이 패역하지 말고 네 입을 벌리고 내가 네게 주는 것을 먹으라 하시기로 내가 보니 보라 한 손이 나를 향하여 펴지고 보라 그 안에 두루마리 책이 있더라 그가 그것을 내 앞에 펴시니 그 안팎에 글이 있는데 그 위에 애가와 애곡과 재앙의 말이 기록되었더라, 또 그가 내게 이르시되 인자야 너는 발견한 것을 먹으라 너는 이 두루마리를 먹고 가서 이스라엘 족속에게 말하라 하시기로 내가 입을 벌리니 그가 그 두루마리를 내게 먹이시며 내게 이르시되 인자야 내가 네게 주는 이 두루마리를 네 배에 넣으며 네 창자에 채우라 하시기에 내가 먹으니 그것이 내 입에서 달기가 꿀 같더라 그가 또 내게 이르시되 인자야 이스라엘 족속에게 가서 내 말로 그들에게 고하라"(겔 2:8-3:4)

하나님께서는 에스겔에게 패역한 이스라엘 백성같이 패역하지 말고 하나님이 주시는 두루마리 책을 먹으라고 명령하신다. 그리고 에스겔에게 두루마리 책을 먹고 가서 이스라엘 족속에게 선포하라고 명령하신다. 하나님께서는 에스겔을 인자라고 부르시며 '인자야 이스라엘 족속에게 가서 내 말로 그들에게 고하라'라고 명령하신다. 그리고 3장 10~11절에서도 '인자야 내가 네게 이를 모든 말을 너는 마음으로 받으며 귀로 듣고 사로잡힌 네 민족에게로 가서 그들이 듣든지 아니 듣든지 그들에게 고하라'라고 말씀하신다.

따라서 두루마리 책을 먹는 것은 하나님이 맡기신 사명을 제대로 인식하고 그것을 선포하는 것이다. 그래서 사도 요한에게 많은 백성과 나라와 방언과 임금에게 다시 예언하라고 명령하였다. 따라서 에스겔이 명령을 받은 것처럼, 사도 요한이 명령을 받은 것처럼 우리도 하나님의 말씀을 먹고 선포하라는 명령을 받는다. 우리는 하나님의 말씀을 어떻게 먹을 수 있는가? 우리는 하나님의 말씀을 읽고 묵상하고 연구해서 자기 것으로 만드는 것이다. 그러므로 우리가 평소에 하나님의 말씀을 잘 먹고 소화해서 말씀이 꿀과 같이 입에 달게 되면 모든 사람에게 말씀을 전파해야 한다.

10장

하나님이 보내신 두 증인

삽입장, 계시록 11장

요한계시록 11장은 성전 측량과 두 증인이 나오는데 이 부분은 나팔 심판의 연속적인 순서가 아니라 요한계시록 10장처럼 중간에 삽입된 장이다. 따라서 나팔 심판 여섯째와 일곱째 사이에 삽입된 내용으로 10장의 힘센 천사와 작은 두루마리 책에 관한 내용과 여기 11장의 하나님이 보내신 두 증인에 관한 내용이다. 이제 11장의 내용을 살펴보면, 사도 요한은 먼저 성전을 측량하라는 명령을 받는다.

"또 내게 지팡이 같은 갈대를 주며 말하기를 일어나서 하나님의 성전과 제단과 그 안에서 경배하는 자들을 측량하되 성전 바깥 마당은 측량하지 말고 그냥 두라 이것은 이방인에게 주었은즉 그들이 거룩한 성을 마흔두 달 동안 짓밟으리라"(계 11:1-2)

여기에서 지팡이와 같은 갈대는 요단 계곡에서 5~6m가량 자라는 갈대 같은 식물이며 성전을 측량하는 도구로 등장한다. 사도 요한은 그 지팡이 같은 갈대로 하나님의 성전과 제단과 그 안에서 예배하는 사람들을 측량하되 성전 바깥마당은 측량하지 말라는 명령을 받는다. 성전을 의미하는 헬라어 '히에론'과 '나오스'라는 성전 전체와 성전 내부 건물만을 지칭할 때 사용되는데 여기서는 성전 전체를 가리키는 '히에론'이 사용된 것이 아니라 성소와 지성소가 있는 내부 건물인 '나오스'라는 단어가 사용되었다.

그러나 사도 요한에게 측량하라는 말은 치수를 측량하라는 말이 아니라 소유권의 표시나 소유의 기준을 측량하라는 말이다. 또한 이 성전은 성소와 지성소로 구성된 성전 내부를 지칭하기에 이 성전에 들어갈 자격이 있는지 하나님의 소유가 확실한지 측량하라는 말이다.

솔로몬 성전은 성소와 지성소 건물만 아니라 안뜰과 바깥뜰도 있었다. 그리고 예수님 당시 있었던 헤롯 성전은 안뜰에도 제사장의 뜰과 이스라엘 백성의 뜰과 여자들이 들어갈 수 있는 뜰이 있었다. 하지만 성전 제물인 양이나 염소를 매매할 수 있는 장소로서 이방인도 들어갈 수 있는 바깥뜰이 있었다.

따라서 성전의 바깥뜰이 이방인에게 주어졌다는 것은 이방인이 들어갈 수 있는 이방인의 뜰을 지칭한다. 그래서 성전 바깥마당은 측량할 필요가 없다. 그리고 이방인의 바깥뜰에서 안뜰로 들어가는 입구에는 이방인이 안뜰로 들어가면 죽는다는 경고가 붙어 있었으며, 사실상 신약성서 시대에 이스라엘을 지배하는 로마 사람들은 이방인의 뜰을 넘어 성전으로 들어간 이방인들은 죽여도 된다고 유대인들에게 허락하기까지 했다. 그래서 사도행전 21장 28~31절에 보면 사도 바울이 이방인을 성전에 데리고 들어갔다고 오해하여 백성들이 바울을 잡아 성전 밖으로 끌고 가서 죽이려고 했다.

그래서 요한계시록 11장 2절에서 성전 바깥 뜰은 측량하지 말고 그냥 두라는 말과 바깥 뜰은 이방인에게 주었기에 이방인들이 '거룩한 성을 마흔두 달 동안 짓밟으리라'라는 예언은 7년 대환란 후반기 3년 반 동안에 하나님의 백성이 이방인에게 짓밟힌다는 내용이다. 그러나 그때가 지나면 이스라엘 백성이 다시 회복된다는 의미다. 사실 사도 요한이 요한계시록을 기록할 당시에는 예루살렘에 있는 성전은 이미 로마에 의해서 파괴된 상태였다. 따라서 요한에게 성전을 측량하라는 명령은 미래에 예루살렘과 성전이 다시 회복된다는 의미다. 성전과 예루살렘이 다시 회복된다는 의미는 이스라엘 백성이 하나님을 섬기는 백성으로 다시 회복된다는 의미다. 그러므로 성전의 안뜰을 측량하라는 의미는 이스라엘의 회복을 나타낸다.

1. 대환란 기간의 성전

오늘날 많은 유대인은 그들의 성전을 세우고 싶어 하지만 지금 자신들의 성전이 있던 자리에는 이슬람 바위 돔 사원이 세워져 있다. 이슬람 신자들은 그곳에서 마호메트가 하늘로 승천했다고 믿기에 그들은 그 장소를 가장 신성한 장소로 여긴다.

그러므로 아랍국가가 이스라엘을 둘러싸고 있는 상황에서 이슬람 사원을 헐어내고 그곳에 유대인의 성전을 짓는다는 것은 생각조차 할 수도 없는 일이다. 그러므로 이방인들에게 42달 동안 짓밟게 될 이 성전은 대환란 전반기간에 이스라엘 예루살렘의 성전산에 세워질 성전을 말한다. 그러나 환난 기간에 세워질 그 성전에서도 후반기 3년 반 동안에 희생이 중단되고 성전은 더럽힘을 당하게 된다. 대환란 기간에 등장하는 적그리스도가 이 성전에 자기의 우상을 세우고 자기가 하나님이라고 선언하기 때문이다. 그리하여 적그리스도와 이스라엘 간의 평화조약이 깨어지면서 대환란 후반기 3년 반 동안에 이 성전이 이방인들에게 짓밟히게 되는 것이다.

그런데 성경에는 다섯 종류의 성전이 등장한다.

① 솔로몬이 세운 성전으로 이 성전은 BC 587년에 느부갓네살에 의해서 파괴가 되었다.
② 스룹바벨이 포로 귀환 때 재건한 성전으로 BC 186년에 주피터 신에게 바쳐져 더럽힘을 당했다.
③ 헤롯이 세운 성전으로 AD 70년에 로마의 티투스 장군에 의해서 파괴가 되었다.
④ 대환란 초기에 세워질 성전으로 대환란 후반기 3년 반 동안에 적그리스도에 의해서 짓밟힘을 당한다(계 11:1-2, 살후 2:3-4, 단 9:26-27).
⑤ 천년왕국 때에 세워지는 성전이 있다(겔 40:1-43:27).
⑥ 하늘에 있는 하나님의 성전이 있다(계 11:19).

2. 두 증인의 등장

"내가 나의 두 증인에게 권세를 주리니 그들이 굵은 베옷을 입고 천이백육십 일을 예언하리라 그들은 이 땅의 주 앞에 서 있는 두 감람나무와 두 촛대니 만일 누구든지 그들을 해하고자 하면 그들의 입에서 불이 나와서 그들의 원수를 삼켜 버릴 것이요 누구든지 그들을 해하고자 하면 반드시 그와 같이 죽임을 당하리라 그들이 권능을 가지고 하늘을 닫아 그 예언을 하는 날 동안 비가 오지 못하게 하고 또 권능을 가지고 물을 피로 변하게 하고 아무 때든지 원하는 대로 여러 가지 재앙으로 땅을 치리로다"(계 11:3-6)

여기에 등장하는 두 증인은 7년 대환란 후반 3년 반 기간에 하나님께서 특별하게 사용하실 하나님의 종으로 말세에 나타날 특별한 두 사람이다. 이들을 두 감람나무와 두 촛대라고 부르는데 구약성경 스가랴 4장에서도 대제사장 여호수아와 스룹바벨을 '두 감람나무'라고 부르기도 했다. 그리고 두 증인이 선택된 이유는 성경에서 어떤 사실이나 진리를 증언하여 확증하고 입증하려면 두 사람의 증언이 요구되기 때문이다.

"사람의 모든 악에 관하여 또한 모든 죄에 관하여는 한 증인으로만 정할 것이 아니요 두 증인의 입으로나 또는 세 증인의 입으로 그 사건을 확정할 것이며"(신 19:15)

두 증인이 7년 대환란 기간에 굵은 베옷을 입고 1,260일 동안 예언하는데 베옷은 염소 털이나 낙타 털로 만든 어두운색의 옷으로 회개나 슬픔의 표현으로 입는 옷이다. 그들이 하나님의 무서운 심판과 절망적인 상황에서 예언하기 때문이다. 사실 그들이 후 3년 반 기간에 사역한다는 것은 결코 쉬운 문제가 아니었다.
하지만 이때에는 은혜 시대와는 다르게 예언을 한다. 7년 대환란 기간에 두 증인이 예언할 때 이들을 해하려 하면 두 증인의 입에서 불이 나와 상대방을 죽일 수도 있기 때문이다. 또한 두 증인은 큰 권세를 가지고 비가 오지 않게 할 수도 있고, 여러 가지 재앙으로 이 세상과 사람들을 공격할 수도 있기 때문이다.
그리고 두 증인이 예언하는 내용은 반드시 미래에 일어날 일들을 예언하는 것이 아니라 7년 대환란 마지막 후반기 3년 반 동안에 이루어지는 여러 심판을 선포하는 것이며, 그 당시 사람들에게 복음을 선포하는 것이다.

그러면 이 두 증인은 누구인가? 어떤 학자는 요한계시록에서 가장 해석하기 어려운 부분이 두 증인에 대한 해석이라고 말한다. 그러므로 두 증인에 대한 해석은 다양하다. 어떤 학자는 모세와 엘리야가 구약에서 여기 두 증인이 행했던 이적들을 행하였기에 모세와 엘리야라고 주장한다. 실제로 엘리야는 갈멜산 정상에서 바알 선지자들에게 불을 내리게 했고, 하나님께 기도하는 가운데 3년 반 동안 비가 내리지 않게 했으며, 또한 모세도 고라 자손들에게 불을 내리게 했고, 물을 피로 변하게 했으며 이집트에 10가지 재앙을 내리게도 했기 때문이다. 그리고 예수님께서 변화되신 변화 산상에 모세와 엘리야가 나타나기도 했기 때문이다.

"그들 앞에서 변형되사 그 얼굴이 해 같이 빛나며 옷이 빛과 같이 희어졌더라 그 때에 모세와 엘리야가 예수와 더불어 말하는 것이 그들에게 보이거늘"(마 17:2-3)

또한 말라기 4장 5절에서 미래에 엘리야가 올 것을 묘사하고 있기 때문이다.

"보라 여호와의 크고 두려운 날이 이르기 전에 내가 선지자 엘리야를 너희에게 보내리니"

하지만 예수님은 마태복음 11장 11절에서 예수님보다 6개월 먼저 온 침례 요한을 가리켜 여자가 낳은 사람 중에 가장 위대한 자라고 소개한 후 14절에서 오기로 예언된 엘리야가 곧 침례 요한이라고 말씀하기도 했다.

"만일 너희가 즐겨 받을진대 오리라 한 엘리야가 곧 이 사람이니라"

어떤 학자는 인간은 반드시 한번은 죽기 때문에 구약에서 죽지 않고 승천한 에녹과 엘리야가 두 증인이라고 해석하기도 한다. 그러나 예수께서 공중에 재림하시면 죽지 않고 살아 있는 가운데서 새로운 몸으로 부활하여 휴거가 이루어질 성도들도 많아서 반드시 에녹과 엘리야는 아닐 것이다.

그러므로 이 두 증인이 누구인지는 정확하게 알 수는 없다. 그러나 상징적인 인물은 아니고 문자 그대로 죽었다가 부활하는 두 사람이며 두 증인이다. 이들은 구약 선지자들처럼 초자연적인 능력을 행할 수도 있고, 자기를 해하려 하는 자들을 불로 멸망시킬 수도 있는 하나님이 주신 권세와 능력을 지닌 하나님의 종들이다.

3. 두 증인의 순교

"그들이 그 증언을 마칠 때에 무저갱으로부터 올라오는 짐승이 그들과 더불어 전쟁을 일으켜 그들을 이기고 그들을 죽일 터인즉 그들의 시체가 큰 성 길에 있으리니 그 성은 영적으로 하면 소돔이라고도 하고 애굽이라고도 하니 곧 그들의 주께서 십자가에 못 박히신 곳이라"(계 11:7-8)

두 증인의 순교는 여기에 소개된다. 여기서 무저갱에서 올라온 짐승인 적그리스도가 일시적으로 두 증인을 이기고 두 증인을 죽인다. 두 증인은 자신들의 사명을 완수하고 다 마치자 순교를 당했다. 두 증인이 증거 사역을 마치자 무저갱으로부터 올라온 짐승이 그들을 죽인다. 두 증인이 사역을 마칠 때까지 보호를 받았지만, 자신들의 사명을 다 감당하자 순교를 당했다. 그러므로 하나님으로부터 사명 받은 사람은 그 사명을 완수하기까지 죽지 않는다. 그런데 사실 우리 그리스도인들도 이룩할 사명이 있다. 사도 바울도 주님께 받은 사명이 있었는데 은혜의 복음을 전파하는 사명이었다. 그래서 바울은 자신의 사명을 이렇게 선포한다.

"내가 달려갈 길과 주 예수께 받은 사명 곧 하나님의 은혜의 복음을 증언하는 일을 마치려 함에는 나의 생명조차 조금도 귀한 것으로 여기지 아니하노라"(행 20:24)

우리 그리스도인들은 주님께 받은 지상 사명이 있다. 그래서 우리에게 가장 중요한 것은 사도 바울처럼 주님께 받은 사명을 자각하고 그 사명을 이루기 위해서 전력투구하느냐 아니면 그 사명을 자각하지 못하고 엉뚱한 인생을 살아가느냐에 달려 있다.

요한계시록 11장 7절에 나오는 무저갱에서 올라온 짐승은 마귀 사탄이 아니고 적그리스도를 지칭한다. 마귀 사탄도 삼위일체의 하나님을 흉내 내어 마귀 사탄과 적그리스도와 거짓 선지자로 활동하기 때문이다.

그런데 두 증인이 순교하자 영적으로 소돔과 애굽으로 불리는 큰 도시 예루살렘 성의 광장에 장사하지 못한 두 증인의 시신을 버려둔다. 한때 하나님의 도성으로 거룩한 성이었던 예루살렘 성이 악에 정복되어 악의 소굴이 되었다. 여기에서 '소돔'은 도덕적 타락으로 부도덕하고 음란함을 나타내며, '애굽'은 압제와 속박으로 노예가 된 상태를 나타낸다. 두 증인이 순교 당한 도시가 예수님께서 죽임을 당하신 장소로 설명하는 것은 그 성이 분명히 예루살렘이라는 점을 아주 분명하게 보여준다. 두 증인도 예수님께서 돌아가신 예루살렘 성에서 죽는다는 것은, 그들의 사역 중심지가 예루살렘이라는 것을 드러낸다. 또한 예루살렘 성은 적그리스도의 통치 중심지라는 것을 드러낸다.

"백성들과 족속과 방언과 나라 중에서 사람들이 그 시체를 사흘 반 동안을 보며 무덤에 장사하지 못하게 하리로다 이 두 선지자가 땅에 사는 자들을 괴롭게 한 고로 땅에 사는 자들이 그들의 죽음을 즐거워하고 기뻐하여 서로 예물을 보내리라 하더라"(계 11:9-10)

사흘 반 동안 전 세계 사람들이 그 시체를 바라보는데 여기서 '백성들과 족속과 방언과 나라 중에서 사람들이'라는 표현은 땅 위에 사는 불신자들을 지칭하며 두 증인의 순교가 전 세계 사람들의 구경거리가 되어 오늘날의 인공위성으로 연결된 텔레비전에서 실시간 반영됨으로 이것이 가능하게 될 것이다.

결국 적그리스도와 땅에 거하는 사람들은 두 증인의 죽음을 기뻐하며 선물까지 보낸다. 두 증인이 사역하는 동안 땅에 사는 불신자들을 괴롭혔기 때문이다.

이것은 요한계시록에서 땅에 거하는 믿지 않는 사람들이 유일하게 단 한 차례 여기서만 기뻐하는 것이다. 그러므로 요한계시록에서 믿지 않는 사람들이 진정으로 기뻐한다는 것은 상상할 수도 없다. 요한계시록은 믿지 않는 사람들의 무서운 고통과 결말을 생생하게 보여주기 때문이다. 그들이 거할 최종 목적지는 무시무시한 지옥이기 때문이다.

4. 두 증인의 부활과 큰 지진

"삼 일 반 후에 하나님께로부터 생기가 그들 속에 들어가매 그들이 발로 일어서니 구경하는 자들이 크게 두려워하더라 하늘로부터 큰 음성이 있어 이리로 올라오라 함을 그들이 듣고 구름을 타고 하늘로 올라가니 그들의 원수들도 구경하더라 그 때에 큰 지진이 나서 성 십분의 일이 무너지고 지진에 죽은 사람이 칠천이라 그 남은 자들이 두려워하여 영광을 하늘의 하나님께 돌리더라"(계 11:11-13)

삼일 반 후에 하나님께서 두 증인에게 생기를 불어넣어 주시니 두 증인이 다시 살아나는 역사가 일어났다. 마치 에스겔서 37장에서 하나님의 생기가 마른 뼈에 들어가 수많은 뼈를 살렸던 것처럼 두 증인에게 하나님의 생기가 들어가 살아났다. 두 증인이 이미 죽어 부패한 줄 알았는데 하나님의 역사로 놀라운 기적이 일어난 것이다.

그리고 마치 예수님께서 십자가 위에서 돌아가시고 사흘 후에 부활하셔서 하늘로 승천하신 것처럼, 두 증인도 다시 살아나서 구름을 타고 하늘로 승천하였다.

이 사건은 믿지 않는 그들에게 가장 충격적인 사건이 될 것이다. 두 증인의 죽음을 기뻐하고 잔치를 벌이며 선물까지 교환했는데 그들의 기쁨은 단지 3일 반나절밖에 되지 않았기 때문이다. 하지만 두 증인의 부활 승천은 우리 믿는 성도들에게는 우리 믿는 성도들도 부활하여 승천한다는 놀라운 소망을 준다.

우리 믿는 성도들은 우리를 구원하신 하나님과 함께 영원히 기뻐할 수 있지만 믿지 않는 사람들은 결코 영원히 기뻐할 수 없고, 영원히 고통을 당하며 영원히 슬퍼할 수밖에 없는 것이다. 이제 적그리스도를 따르던 사람들이 그 광경을 보고 구경하고 있을 때 예루살렘 성은 하나님으로부터 심판을 당한다. 예루살렘 성에 큰 지진이 나서 예루살렘 성 10분의 1일 파괴되고, 7천 명의 사람들이 죽임을 당한다.

그러자 그 남은 사람들은 두려워하여 하늘의 하나님께 영광을 돌리게 된다. 여기 '남은 자들'은 두 증인의 사역으로 구원받은 자들을 지칭한다. 그런데 요한계시록 11장 14절은 더 무시무시한 셋째 화가 곧 온다고 경고한다.

이 셋째 화는 일곱째 나팔이 울림으로 일곱 대접 재앙이 시작되는 것이다.

"둘째 화는 지나갔으나 보라 셋째 화가 속히 이르는도다"

5. 일곱째 나팔 소리

요한계시록 11장 15절에서 일곱째 천사가 나팔을 불었다. 그러나 여기 일곱째 천사가 나팔을 부는 내용은 앞과 뒤에서 조금 떨어져 여기 요한계시록 11장 15절에 등장했다. 여섯째 나팔 심판은 요한계시록 9장 13절에서 있었고, 일곱째 나팔 심판은 뒤에 있는 요한계시록 16장에서 마지막 일곱 대접 심판으로 다시 나오기 때문이다. 그래서 여기 요한계시록 11장 15절에서 일곱째 천사가 나팔을 불었지만, 나팔 이후에 나타날 일곱 대접 심판은 소개되지 않는다.

그러므로 요한계시록 11장 15~19절의 내용은 요한계시록 12~22장까지 일어날 마지막 사건들을 미리 보여준 것이다. 먼저 요한계시록 11장 15절부터 살펴보자.

"일곱째 천사가 나팔을 불매 하늘에 큰 음성들이 나서 이르되 세상 나라가 우리 주와 그의 그리스도의 나라가 되어 그가 세세토록 왕 노릇 하시리로다 하니"(계 11:15)

일곱째 천사가 나팔을 불자 하늘에서 큰 음성이 들렸는데 그 음성은 예수님의 지상 재림과 하나님의 나라가 임박했다는 것을 알리는 음성이었다. 여기에 언급된 '세상 나라'는 사탄이 통치하는 나라이며, '그리스도의 나라'는 그리스도께서 통치하는 나라다. 그러므로 이제 세상 나라는 없어지고 우리의 주님이신 예수 그리스도께서 통치하는 그리스도의 나라로 바뀐 것이다. 그러므로 사탄의 권세와 능력은 영원히 박살이 나고 예수 그리스도께서 최고의 주권을 가지고 영원토록 다스리시는 그리스도의 나라다.

이 하늘의 음성은 아주 극적인 선포를 알리는 것이다. 그리스도께서 통치하실 나라는 천년왕국과 그 이후에 이루어질 새 하늘과 새 땅이며, 하늘에서 이루어지는 영원한 나라로 죄도 없고, 사탄도 없고, 사망도 없는 나라가 바로 그리스도의 나라다. 그러나 지금 당장 이루어질 나라가 아닌 이유는 아직 일곱 대접의 심판이 남아 있기 때문이다. 그러나 "그리스도의 나라가 되어"에서 '되어'라는 동사는 '에게네토'라는 단어로 앞으로 이루어질 내용이 아주 확실하여 이미 이루어진 것으로 말할 수 있는 미래의 사건을 말하는 단어다.

그렇다면 하늘의 큰 음성을 듣고 어떤 일이 일어났는가?

요한계시록 11장 16~18절에서 어떤 일이 일어났는지 밝히고 있다.

"하나님 앞에서 자기 보좌에 앉아 있던 이십사 장로가 엎드려 얼굴을 땅에 대고 하나님께 경배하여 감사하옵나니 옛적에도 계셨고 지금도 계신 주 하나님 곧 전능하신 이여 친히 큰 권능을 잡으시고 왕 노릇 하시도다 이방들이 분노하매 주의 진노가 내려 죽은 자를 심판하시며 종 선지자들과 성도들과 또 작은 자든지 큰 자든지 주의 이름을 경외하는 자들에게 상 주시며 또 땅을 망하게 하는 자들을 멸망시키실 때로소이다 하더라"(계 11:16-18)

그리스도께서 통치하시는 나라가 이 땅에서 실제로 이루어질 때까지 잠시 기다려야 하지만 하늘에서는 오랫동안 기다리던 날이 이미 이루어진 것처럼 기뻐서 하나님 앞에서 자기 보좌에 앉아 있던 24 장로가 엎드려 하나님께 경배와 찬양을 드린다. 24 장로가 하나님을 경배하고 찬양한 내용은 하나님의 세 가지 성품에 집중하였는데 그것은 하나님의 전능하신 능력에 집중하였으며, 전에도 계셨고 지금도 계신 주 하나님이라는 하나님의 영원성에 집중하였으며, 친히 큰 권능을 잡으시고 왕 노릇 하신다는 내용으로 하나님의 주권에 집중한 찬양을 24 장로가 올려드렸다.

또한 24 장로가 올린 경배와 찬양은 천년왕국 전후에 있을 내용을 말하고 있다. '이방들이 분노하매 주의 진노가 내린다.'라는 내용은 7년 대환란을 말하는 것인데 7년 대환란 때에 하나님의 심판을 경험하면 자신들의 죄에서 돌이켜 회개하고 하나님을 믿어야 정상인데 많은 사람이 무서운 심판과 영원한 지옥의 경고를 듣고도 회개를 거부하고 오히려 마음이 강퍅하여 분노하고 적대감을 가지고 하나님과 싸우려고 군대를 모아 아마겟돈에서 그리스도와 전쟁을 벌이다가 결국 망하게 된다.

그러므로 아마겟돈에는 은혜도 없고 구원도 없다. 그리스도의 나라를 세우려는 것을 방해하는 자들은 완전히 파괴될 것이다. 그리고 '죽은 자를 심판하신다.'라는 내용은 천년왕국 뒤에 있을 흰 보좌 심판을 말하는 것이며, '주의 이름을 경외하는 자들에게 상 주신다.'라는 내용은 구약시대 성도들과 7년 대환란 기간에 구원받고 죽은 성도들이 부활한 후에 그들에게 상을 주시는 내용을 말하는 것이며, '땅을 망하게 하는 자들을 멸망시킨다.'라는 내용은 천년왕국이 끝난 뒤에 흰 보좌 심판을 받은 믿지 않는 자들을 영원한 지옥 불에 던지는 것을 말한다. 그래서 요한계시록 11장 16~19절은 요한계시록 12~22장까지 요약하는 내용이다.

이제 24 장로의 찬양이 끝나자 요한계시록 11장 19절에서 하늘에 있는 성전이 열린다.

"이에 하늘에 있는 하나님의 성전이 열리니 성전 안에 하나님의 언약궤가 보이며 또 번개와 음성들과 우레와 지진과 큰 우박이 있더라"

이제 하늘의 성전이 열리고 성전 안에 있는 언약궤가 보인다. 여기에 나오는 언약궤는 이 땅에 있는 언약궤가 아니라 하늘에 있는 언약궤다. 그러므로 이 땅에도 성전이 있지만, 하늘에도 장엄한 성전이 있고 언약궤도 있다. 이 땅에 성막이나 성전이 있었고 성전 안에는 언약궤가 있었는데 그 언약궤 안에는 하늘에서 내린 만나가 든 항아리와 아론의 싹 난 지팡이와 십계명이 기록된 돌판이 들어 있었지만, 그 언약궤는 기원전 586년 바벨론 느부갓네살 왕이 예루살렘 성전을 불태웠을 때 없어지고 말았다. 그러나 사도 요한은 하늘의 아름다운 성전이 열린 것을 목격했다. 그 성전은 매우 아름다웠다. 그러나 19절 하 반절에는 "또 번개와 음성들과 우레와 지진과 큰 우박이 있더라"라고 말한다. 이것은 하나님의 심판이 아직도 끝나지 않았으며, 하나님의 진노가 아직도 남아 있다는 것을 보여준다.

11장

말세에 등장하는 인물들

삽입장, 계시록 12장

요한계시록 12장은 마귀 사탄의 공격으로 하나님의 진영과 마귀 사탄의 진영이 전쟁하는 모습을 보여준다. 여기서 마귀 사탄은 하나님의 백성을 집요하게 공격하지만 아무리 맹렬하게 공격하더라도 승리하지 못하고 패배당한다. 이 전쟁에서 특별히 다섯 인물이 등장하는데 그들은 해를 입은 여인과 큰 붉은 용과 남자아이와 미가엘 천사장과 여자의 남은 자손이다. 이들은 7년 대환란에서 후 3년 반 동안에 등장한다.

1. 해를 입은 여인은 이스라엘

"하늘에 큰 이적이 보이니 해를 옷 입은 한 여자가 있는데 그 발 아래에는 달이 있고 그 머리에는 열두 별의 관을 썼더라 이 여자가 아이를 배어 해산하게 되매 아파서 애를 쓰며 부르짖더라"(계 12:1-2)

요한은 여기서 하늘에 큰 이적으로 보았다. 이적이란 헬라어로 '세메이온'인데 그 의미는 표적이나 이적 기사, 기적을 나타낸다. 사실 기적이란 일반적인 현상보다는 그 뒤에 무엇인가를 가르치려는 의도가 숨어 있어 영적인 의미나 중요성을 강조하기도 하고 거짓 기적들은 상대방을 속이려는 의도가 숨어 있다. 여기서 요한은 이적을 통해 나타나는 해를 입은 여인을 보았다. 물론 여기에 등장하는 '해'는 태양을 지칭한다. 그런데 이 여인은 해를 입고, 발아래에는 달이 있고, 그 머리에는 열두 별의 면류관을 썼다. 그러면 해를 입은 이 여인은 누구인가? 이 여인은 실제로 여성이 아니라 비유적 표현이며, 예수님의 어머니 마리아도 아니고 물론 교회도 아니고 예수 그리스도를 낳아준 이스라엘을 지칭한다. 따라서 사도 바울은 이스라엘에 대해 이렇게 말했다.
"그들은 이스라엘 사람이라 그들에게는 양자 됨과 영광과 언약들과 율법을 세우신 것과 예배와 약속들이 있고 조상들도 그들의 것이요 육신으로 하면 그리스도가 그들에게서 나셨으니 그는 만물 위에 계셔서 세세에 찬양을 받으실 하나님이시니라 아멘"(롬 9:4-5)

창세기 37장 9~11절을 보면 요셉이 해와 달과 별 11개가 자신에게 절하는 꿈을 꾸고 가족들에게 말한 내용이 나온다. 여기서 해와 달은 이스라엘의 조상이며 요셉의 부모인 야곱과 라헬을 상징한다. 해를 입은 여인의 머리에 있는 빛나는 열두 별은 이스라엘의 열두 지파의 조상인 야곱의 열두 아들을 지칭한다. 그러므로 해를 입은 여인은 이스라엘이며, 그녀가 해를 입고 있는 것은 이스라엘의 장래의 영광을 나타낸다. 그런데 이 여인이 아이를 배어 해산하게 되는데 너무나 아파서 부르짖는다. 구약의 여러 성경에서 이스라엘 백성이 당하는 고통을 임신한 여인이 겪는 진통으로 표현하는 경우가 여러 차례 있었다. 이것은 사탄이 남자아이를 죽이려고 하였기 때문이다.

2. 붉은 용은 마귀 사탄

"하늘에 또 다른 이적이 보이니 보라 한 큰 붉은 용이 있어 머리가 일곱이요 뿔이 열이라 그 여러 머리에 일곱 왕관이 있는데 그 꼬리가 하늘의 별 삼분의 일을 끌어다가 땅에 던지더라 용이 해산하려는 여자 앞에서 그가 해산하면 그 아이를 삼키고자 하더니, 큰 용이 내쫓기니 옛 뱀 곧 마귀라고도 하고 사탄이라고도 하며 온 천하를 꾀는 자라 그가 땅으로 내쫓기니 그의 사자들도 그와 함께 내쫓기니라"(계 12:3-4, 9)

요한은 하늘에서 또 다른 이적을 보았는데 큰 붉은 용이 일곱 머리와 열 뿔을 가지고 일곱 왕관을 쓰고 있는 모습이었다. 따라서 두 번째 등장하는 인물은 일곱 머리와 열 뿔을 가진 붉은 용이다. 그러면 붉은 용은 누구인가? 다행스럽게 요한계시록 12장 9절은 붉은 용이 누구인지 자세히 소개한다. 여기서 큰 용을 옛 뱀으로 소개하며, 마귀 사탄으로 소개하며, 온 천하를 꾀는 자로 소개한다. 따라서 붉은 용은 마귀 사탄이다.
예수께서는 마귀 사탄을 이 세상의 임금으로 소개하셨으며, 사도 바울도 마귀 사탄을 이 세상의 임금과 공중의 권세 잡은 자와 이 세상의 신으로 소개하였다(요 12:31, 엡 2:2, 고후 4:4). 여기서 붉은 용이 일곱 머리와 열 뿔을 가진 것은 다니엘서에서 설명한다. 다니엘서에서 용이 일곱 머리를 가졌다는 것은 일곱 제국을 나타내고, 일곱 머리에 왕관을 쓰고 있는 모습은 땅의 모든 제국을 통치하는 모습이며, 열 뿔은 넷째 제국에서 나오는 열 왕을 나타내기에 이것은 대환란 기간에 세계 제국을 통치할 사탄의 지배력을 나타낸다. 따라서 마귀 사탄은 일시적으로 세상을 통치할 권세를 가진다.

그런데 그 용이 꼬리로 하늘의 별 3분의 1을 끌어다가 땅에 던진다고 하였다. 여기 하늘의 별은 실질적인 별이 아니라 하늘의 천사들을 의미한다. 요한계시록에서 별은 항상 사람을 지칭하지 않고 대부분 천사를 지칭하기 때문이다. 따라서 사탄의 영향력은 인간에게만 역사하는 것이 아니라 하늘의 천사들에게까지 영향을 미친다. 그러므로 마귀 사탄은 모든 천사 가운데 3분의 1을 유혹해서 타락시켰다. 그리고 용이 해를 입은 여인에게서 태어난 남자아이를 삼키려는 것은 마귀 사탄이 예수님이 메시아로서 구속의 사역을 완성하시기 전에 사전에 죽이려는 것을 나타낸다. 실제로 마태복음 2장에서 마귀 사탄은 예수께서 태어나시자 죽이려고 하였다. 하나님께서 메시아이신 예수 그리스도를 통하여 이스라엘 백성들과 온 세상을 구원하시어 다시 회복하려는 계획을 막으려고 했다. 사탄에 의해서 쓰임 받은 헤롯왕은 예수님을 죽이려고 무고한 수많은 사내아이를 죽였다. 하지만 하나님께서는 동방박사들에게 나타나 헤롯에게로 돌아가지 말고 다른 길로 가라고 지시하셨으며 나중에는 이집트로 피신하게 하여 헤롯을 통하여 메시아를 죽이려는 마귀 사탄의 계획을 완전히 무산시켰다.

3. 남자아이는 예수 그리스도

"여자가 아들을 낳으니 이는 장차 철장으로 만국을 다스릴 남자라 그 아이를 하나님 앞과 그 보좌 앞으로 올려가더라 그 여자가 광야로 도망하매 거기서 천이백육십 일 동안 그를 양육하기 위하여 하나님께서 예비하신 곳이 있더라, 그의 입에서 예리한 검이 나오니 그것으로 만국을 치겠고 친히 그들을 철장으로 다스리며 또 친히 하나님 곧 전능하신 이의 맹렬한 진노의 포도주 틀을 밟겠고"(계 12:5-6, 19:15)

여기서 여자가 낳은 남자아이는 예수님이다. 그분은 장차 철장으로 만국을 다스릴 분이다. 요한계시록 19장 15절은 예수님을 소개하면서 지상에 재림하셔서 철장으로 만국을 다스리실 분으로 소개한다. 따라서 예수께서는 철장으로 만국을 통치하신다.

그래서 요한계시록 12장 5절에는 예수님의 탄생과 죽음 이후에 하늘에 승천하실 이야기가 같이 등장한다. 그러므로 예수님은 아기로 탄생하셨지만, 십자가에 죽으시고 부활하시고 하늘 보좌로 승천하셨다. 그리고 다시 재림하셔서 철장으로 세상을 통치하신다. 결국 마귀 사탄은 예수께서 구속의 사역을 이루시고 완전한 구원자로서 하나님 아버지의 오른편으로 승천하신 것을 막지 못했다.

그래도 마귀 사탄은 포기하지 않고 이제는 메시아를 낳은 이스라엘을 계속 공격한다. 하지만 하나님께서 광야로 피신한 이스라엘 백성을 보호하신다고 요한계시록 12장 6절에서 말씀하셨다.

"그 여자가 광야로 도망하매 거기서 천이백육십 일 동안 그를 양육하기 위하여 하나님께서 예비하신 곳이 있더라"(계 12:6)

마귀 사탄은 대환란 기간의 후 3년 반 동안에 이스라엘의 유대인들을 죽이려고 노력하지만, 이스라엘은 1,260일, 곧 3년 반 동안 하나님의 특별한 보호를 받는다. 사실 광야는 때때로 고난과 역경의 장소가 되기도 하지만, 하나님의 보호와 안식의 장소가 되기도 했다. 사래의 여종 하갈이 광야에서 하나님의 보호를 받았으며, 엘리야도 광야 로뎀나무 밑에서 하나님의 보호를 받았으며, 이스라엘 백성들도 광야에서 하나님의 돌보심을 받았다.

"너를 인도하여 그 광대하고 위험한 광야 곧 불뱀과 전갈이 있고 물이 없는 간조한 땅을 지나게 하셨으며 또 너를 위하여 단단한 반석에서 물을 내셨으며 네 조상들도 알지 못하던 만나를 광야에서 네게 먹이셨나니 이는 다 너를 낮추시며 너를 시험하사 마침내 네게 복을 주려 하심이었느니라"(신 8:15-16)

따라서 이스라엘은 후 3년 반 동안에 하나님이 특별히 예비하신 광야로 도망하는데 이것은 마치 이스라엘이 이집트에서 나와 약속의 가나안 땅에 들어가기까지 하나님의 돌보심을 받은 것과 같다. 하나님께서 당신의 백성을 숨기심으로 대환란 기간에 이스라엘 백성을 파괴하려던 마귀 사탄의 시도는 좌절된다. 따라서 우리 그리스도인들도 하나님의 자녀로서 하나님의 돌보심을 받는다. 우리가 어려움을 만나 하나님의 돌보심을 받기 위하여 주님을 찾고 기도할 때 우리 하나님께서는 반드시 우리를 도우시고 보호하신다.

4. 하늘에서 쫓겨난 사탄과 천사장 미가엘의 전쟁

"하늘에 전쟁이 있으니 미가엘과 그의 사자들이 용과 더불어 싸울새 용과 그의 사자들도 싸우나 이기지 못하여 다시 하늘에서 그들이 있을 곳을 얻지 못한지라 큰 용이 내쫓기니 옛 뱀 곧 마귀라고도 하고 사탄이라고도 하며 온 천하를 꾀는 자라 그가 땅으로 내쫓기니 그의 사자들도 그와 함께 내쫓기니라"(계 12:7-9)

이 내용은 모든 천사 중에 가장 높은 천사장 미가엘과 그를 따르는 선한 천사들, 그리고 마귀 사탄과 그를 따르는 타락한 천사들이 하늘에서 전쟁하는 내용이다. 물론 여기에 등장하는 하늘은 천국이 아니라 공중이다. 이곳에서 초자연적인 존재들이 서로 싸우는 전쟁은 이 대환란 기간에 절정을 이룬다. 하지만 마귀 사탄이 이 전쟁에서 패배하여 그동안 권세를 잡고 있었던 공중에서 쫓겨난다.
"싸우나 이기지 못하여"(계 12:7-8)
이 말씀은 마귀 사탄이 아주 분명하게 패배했다는 것을 선포한다. 마귀 사탄의 가장 중요한 패배는 십자가에서 이루어졌다. 마귀 사탄은 예수님을 십자가에 죽이면 자신이 승리하리라 생각했다. 하지만 하나님께서는 십자가를 통하여 인류를 구원하고 십자가를 통하여 마귀 사탄과의 전쟁에서 승리하실 것을 계획하고 계셨다. 하나님의 놀라운 계획이 그대로 이루어져 예수께서 십자가를 통하여 온 인류의 죄악을 담당하시고 죽음을 정복하시고 사흘 만에 부활하심으로 승리하셨다.

221

예수 그리스도의 죽음과 부활과 하늘 보좌로 승천하심은 죄와 사망이 더는 인간을 통제하지 못하게 만들었다. 따라서 사도 바울은 예수께서 우리의 죄를 사하시고, 우리를 불리하게 하는 죄와 관련된 증서를 지우시고 제하여 버리사 십자가에 못 박으시고 우리를 공격하는 사탄의 무기를 무력화시켰으며 마침내 십자가로 마귀 사탄을 이겼다고 선포한다.

"또 범죄와 육체의 무할례로 죽었던 너희를 하나님이 그와 함께 살리시고 우리의 모든 죄를 사하시고 우리를 거스르고 불리하게 하는 법조문으로 쓴 증서를 지우시고 제하여 버리사 십자가에 못 박으시고 통치자들과 권세들을 무력화하여 드러내어 구경거리로 삼으시고 십자가로 그들을 이기셨느니라"(골 2:13-15)

그러므로 우리는 마귀 사탄은 항상 예수님과 우리를 이길 수 없다는 사실을 바로 알아야 한다. 마귀 사탄과 귀신들은 결코 우리의 적이 될 수 없다. 결국 마귀 사탄은 자신을 따르는 악한 천사들을 데리고 땅으로 내어 쫓긴다.
"그의 사자들도 그와 함께 내쫓기니라"(계 12:9)
그런데 마귀 사탄을 따르는 악한 천사들은 악령들이고 귀신들로 그 숫자는 엄청나지만 악한 천사들이 전체 천사 중에 3분의 1이라면 하나님을 섬기는 선한 천사들의 숫자는 3분의 2가 되기에 비교도 되지 않는다.
마귀 사탄은 처음에는 하나님 앞에서 쫓겨났다. 그는 천사로서 최고의 지위를 가지고 있었다. 하나님 영광의 보좌를 호위하는 일을 맡고 있었지만 교만하여 타락하고 하나님 앞에서 쫓겨났다(사 14:12-15). 그리고 여기 대환란 기간에는 공중에서 쫓겨난다. 그리고 천년왕국 전에 무저갱으로 쫓겨났다가 마지막에는 지옥 불못으로 쫓겨난다. 이것이 마귀 사탄과 악한 영들의 운명이다.
그러나 이 일은 미래인 7년 대환란 때 있을 일이고, 지금은 공중의 권세 잡은 자로서 다양한 방법으로 믿는 자들을 공격한다. 그가 사용하는 무기는 다양하다. 요한계시록 12장 9~10절에서 마귀 사탄은 온 천하를 꾀는 자와 믿는 사람들을 밤낮 참소하는 자로 등장한다.

"큰 용이 내쫓기니 옛 뱀 곧 마귀라고도 하고 사탄이라고도 하며 온 천하를 꾀는 자라 그가 땅으로 내쫓기니 그의 사자들도 그와 함께 내쫓기니라 내가 또 들으니 하늘에 큰 음성이 있어 이르되 이제 우리 하나님의 구원과 능력과 나라와 또 그의 그리스도의 권세가 나타났으니 우리 형제들을 참소하던 자 곧 우리 하나님 앞에서 밤낮 참소하던 자가 쫓겨났고"(계 12:9-10)

① 사탄은 의로운 욥을 참소했다(욥 1:6-12).

② 사탄은 대제사장 여호수아를 대적했다(슥 3:1-10).

③ 사탄은 예수님을 시험하여 멸망시키려 했다(마 4:1-11).

④ 사탄은 하나님의 말씀을 도적질하고 가라지를 뿌린다(마 13:18-23).

⑤ 사탄은 38년 동안이나 한 여자를 얽매이게 했다(눅 13:10-16).

⑥ 사탄은 아나니아와 삽비라가 성령님을 속이고 거짓말을 하게 했다(행 5:1-6).

⑦ 사탄은 자기를 광명의 천사로 가장한다(고후 11:14-15).

⑧ 사탄은 가룟 유다의 마음속에서 주님을 배반하게 했다(요 13:27).

⑨ 사탄은 우는 사자처럼 두루 다니며 삼킬 자를 찾고 있다(벧전 5:8).

그러나 마귀 사탄은 그 어떤 전략으로도 하나님을 이길 수 없다. 하나님께서 마귀 사탄을 이기고 승리했기에 하늘의 큰 음성이 놀라운 하늘의 찬양으로 하나님께 영광을 돌리고 있다. 하늘의 놀라운 찬양 속에는 사탄과 그를 따르는 악한 존재를 어떻게 이길 수 있는지 그 방법까지 자세히 밝히고 있다. 그래서 요한계시록 12장 10~12절에서 그들이 무엇으로 마귀 사탄을 물리치고 승리했는지 그 전략을 자세히 밝히고 있다.

"내가 또 들으니 하늘에 큰 음성이 있어 이르되 이제 우리 하나님의 구원과 능력과 나라와 또 그의 그리스도의 권세가 나타났으니 우리 형제들을 참소하던 자 곧 우리 하나님 앞에서 밤낮 참소하던 자가 쫓겨났고 또 우리 형제들이 어린 양의 피와 자기들이 증언하는 말씀으로써 그를 이겼으니 그들은 죽기까지 자기들의 생명을 아끼지 아니하였도다 그러므로 하늘과 그 가운데에 거하는 자들은 즐거워하라 그러나 땅과 바다는 화 있을진저 이는 마귀가 자기의 때가 얼마 남지 않은 줄을 알므로 크게 분내어 너희에게 내려갔음이라 하더라"(계 12:10-12)

따라서 우리는 여기서 마귀 사탄을 이기고 승리할 수 있는 놀라운 비결을 배울 수 있다. 그렇다면 우리는 과연 무엇으로 마귀 사탄을 이길 수 있는가? 가장 중요한 것은 예수 그리스도의 권세로 이긴다. 그래서 하늘의 큰 음성은 "이제 우리 하나님의 구원과 능력과 나라와 또 그의 그리스도의 권세가 나타났으니"라고 노래한다. 그러므로 우리는 여기에 나타난 하나님의 구원으로 이기고, 하나님의 능력으로 이기고, 하나님의 나라로 이긴다. 다시 한번 강조하지만 우리는 예수 그리스도의 권세로 이긴다. 이렇게 놀라운 권세가 나타났기에 우리 형제들을 참소하던 자 곧 우리 하나님 앞에서 밤낮 참소하던 마귀 사탄이 쫓겨났다.

"그를 이겼으니"(계 12:11)

우리는 마귀 사탄을 이겼다. 그리고 우리 형제들이 마귀 사탄을 어떻게 이겼는지 자세히 소개한다.

❶ 우리 형제들이 어린양의 피로 이겼다.

"또 우리 형제들이 어린 양의 피와 자기들이 증언하는 말씀으로써 그를 이겼으니"(계 12:11)

우리는 예수님의 보혈로 죄를 씻었기 때문에 마귀 사탄을 이길 수 있다.

"그가 빛 가운데 계신 것 같이 우리도 빛 가운데 행하면 우리가 서로 사귐이 있고 그 아들 예수의 피가 우리를 모든 죄에서 깨끗하게 하실 것이요"(요일 1:7)

마귀 사탄이 우리 그리스도인을 고소하지 못하는 이유는 우리 그리스도인이 어린 양의 피 곧 예수 그리스도의 보혈로 모든 죄를 용서받았기 때문이다.

❷ 우리 형제들이 증거하는 말씀으로 마귀 사탄을 이겼다.

"자기들이 증언하는 말씀으로써 그를 이겼으니"(계 12:11)

우리가 이기는 비결은 우리에게 있지 않고 예수 그리스도의 죽음과 부활과 승천이 말해주는 놀라운 복음의 능력에 있다. 따라서 이렇게 놀라운 복음을 전하는 전도야말로 사탄과 싸워 승리하는 비결이다. 우리도 복음의 능력을 의지하고 나가서 복음을 전할 때 승리할 수 있다. 대환란 기간에도 예수 그리스도를 신실하게 증거할 때 승리할 수 있다. 마귀 사탄은 복음의 말씀을 전하는 성도들을 이길 수 없다.

❸ 우리 형제들이 예수님께 충성함으로 이겼다.

"그들은 죽기까지 자기들의 생명을 아끼지 아니하였도다"(계 12:11)

대환란 기간에 믿는 우리 형제들은 죽기까지 자기들의 생명을 아끼지 않았기에 마귀 사탄을 이기고 승리했다. 그들은 자신들을 구원하신 예수 그리스도께 충성하며 헌신하기 위해서 목숨까지도 아끼지 아니하고 싸웠기에 이기고 승리했다. 우리가 참된 그리스도인이라는 진정한 표시가 무엇인가? 그것은 우리가 죽어도 끝까지 믿음을 지키는 것이다. 그러므로 우리 형제들이 마귀 사탄을 물리치고 승리했으니 하늘과 그 가운데 거하는 자들은 기뻐하고 즐거워하라고 말한다. 그러나 마귀 사탄이 자기 때가 얼마 남지 않았음을 알고 크게 화를 내며 땅으로 내려갔기 때문에 대환란 후 3년 반 기간에 이 땅에 남아 있는 사람들은 조심하라고 요한계시록 12장 12절에서 경고한다.

5. 용으로부터 박해를 받는 이스라엘

"용이 자기가 땅으로 내쫓긴 것을 보고 남자를 낳은 여자를 박해하는지라 그 여자가 큰 독수리의 두 날개를 받아 광야 자기 곳으로 날아가 거기서 그 뱀의 낯을 피하여 한 때와 두 때와 반 때를 양육 받으매"(계 12:13-14)

마귀 사탄은 전쟁에서 패배하여 땅으로 쫓겨난 후 이제 분노하며 남자아이를 낳은 해를 입은 여자를 박해한다. 이것은 온 인류의 구원자 메시아를 낳은 이스라엘을 핍박하는 것이다. 마귀 사탄이 이스라엘을 핍박하자 하나님께서는 큰 독수리의 날개로 이스라엘을 광야 은신처로 피하게 하신다. 여기서 독수리의 날개는 강함과 속도와 보호를 상징한다. 이것은 비행기를 통한 공수작전으로 해석할 수도 있겠지만 상징적이므로 정확하게는 알 수 없다. 그러나 분명한 것은 하나님의 특별하신 개입이 있는 것이다. 그래서 하나님께서는 애굽에서 이스라엘을 구출할 때도 이렇게 말씀하셨다.

"내가 애굽 사람에게 어떻게 행하였음과 내가 어떻게 독수리 날개로 너희를 업어 내게로 인도하였음을 너희가 보았느니라"(출 19:4)

그렇다면 이스라엘 백성들이 하나님의 보호를 받게 되는 광야는 어디인가? 예수님께서 마태복음 24장 16절에서 7년 대환란에 대해 말씀하시면서 산으로 도망하라는 말씀이 있다.

"그 때에 유대에 있는 자들은 산으로 도망할지어다"(마 24:16)

예수님은 산으로 도망하라고 했는데 왜 여기서는 이스라엘 백성이 피할 은신처가 광야라고 말하는 것인가? 사실 이스라엘과 이스라엘의 동편에 있는 요르단은 광야가 많은 곳인데 그 광야는 대부분 산으로 이루어져 있다. 광야에는 돌산과 바위산들과 흙으로 된 산들이 많아 결국 산이나 광야는 같은 곳이다.
그리고 여기에 등장하는 광야의 위치는 정확하게 알 수 없지만, 요르단에 있는 과거 에돔의 바위 도시 페트라로 추측할 수 있다. 그곳은 천연요새로서 쉽게 차단될 수 있는 좁은 통로와 높은 산에 수천 명을 수용할 수 있는 장소가 있어 옛날 이스라엘 사람들이 그곳으로 도피하기도 했다. 그리고 다니엘서에서도 이런 예언이 있다.

"그가 또 영화로운 땅에 들어갈 것이요 많은 나라를 패망하게 할 것이나 오직 에돔과 모압과 암몬 자손의 지도자들은 그의 손에서 벗어나리라"(단 11:41)

여기서 '그'는 적그리스도를 지칭하고, 그가 들어갈 영화로운 땅은 예루살렘이며, 적그리스도가 많은 나라를 전쟁에서 망하게 하지만 오직 적그리스도의 손에서 벗어나게 될 나라는 에돔과 모압과 암몬이라고 말한다. 그런데 이 지역은 이스라엘 동편에 있는 요르단 지역으로 광야가 많은 곳이다. 적그리스도가 그 나라에 들어오지 못하는 것은 하나님께서 보호해 주시기 때문이다.

이제 요한계시록 12장 마지막 부분을 살펴보자.

"여자의 뒤에서 뱀이 그 입으로 물을 강 같이 토하여 여자를 물에 떠내려 가게 하려 하되 땅이 여자를 도와 그 입을 벌려 용의 입에서 토한 강물을 삼키니 용이 여자에게 분노하여 돌아가서 그 여자의 남은 자손 곧 하나님의 계명을 지키며 예수의 증거를 가진 자들과 더불어 싸우려고 바다 모래 위에 서 있더라"(계 12:15-17)

결국 이스라엘이 광야로 도망하자 여자의 뒤에서 뱀이 그 입으로 물을 강같이 토하여 여자를 물에 떠내려가게 한다. 여기서 여자가 이스라엘을 상징하고 뱀이 실제 뱀이 아니라 사탄을 상징하듯 물도 상징일 것이다. 큰 홍수 같은 사탄의 공격으로 유대인들의 피난처를 쓸어버리려 했지만, 땅이 여자를 도와 그 입을 벌려 용의 입에서 토한 강물을 삼켜 버린다. 바로 하나님께서 역사해서 사탄의 모든 공격을 막아 주시고 이스라엘 백성들을 도와주셨다.

마귀 사탄은 자신의 모든 계획이 실패하고 자기 뜻대로 되지 않자 이제는 여자의 남은 백성에게 눈길을 돌린다. 이들은 7년 대환란 후반기 때 미처 도망하지 못한 이스라엘 백성들이다. 마귀 사탄은 그들과 싸우려고 바다 모래 위에 서 있었다. 그러나 여인의 남은 자손 이스라엘은 하나님의 계명을 지키고 예수의 증거를 가진 자들이다. 여기서 '예수의 증거'라는 의미는 그분에 관한 증거가 아니라 신약성경에서 그분이 가르쳐주신 진리를 의미한다. 오직 진리만이 거짓의 아비 마귀 사탄을 이기고 승리할 수 있기 때문이다.

오늘 요한계시록 12장은 하나님과 마귀 사탄과의 전쟁을 보여준다. 그리고 이 전쟁에서 마귀 사탄은 패배하고 하나님께서 십자가를 통하여 승리하셨다. 따라서 우리는 선택하고 결정해야 한다. 항상 패배하는 마귀 사탄을 따를 것인가? 항상 우리를 보호하시고 우리에게 승리를 주시는 하나님을 따를 것인가? 결국 우리 그리스도인도 마귀 사탄을 따르면 패배하고 십자가로 승리하신 예수 그리스도를 따르면 우리도 승리할 수 있다. 그러므로 우리 그리스도인은 최고의 승리자 예수 그리스도를 따라가므로 승리자가 되어야 한다.

12장

적그리스도와 거짓선지자

계시록 13장

요한계시록 12~13장에는 말세에 등장하는 일곱 인물이 소개되는데 12장에서 이미 다섯 인물을 살펴보았고, 여기 13장에서 두 인물이 등장한다. 마치 요한계시록 11장에서 하나님의 종 두 증인이 나타나 활동했듯이 여기서는 마귀 사탄의 종 두 짐승이 등장한다. 그러므로 마귀 사탄에게는 7년 대환란 기간에 활동할 정치 지도자인 최후의 적그리스도가 있고, 종교 지도자인 거짓 선지자가 있다.

1. 바다에서 올라온 짐승 적그리스도

"내가 보니 바다에서 한 짐승이 나오는데 뿔이 열이요 머리가 일곱이라 그 뿔에는 열왕관이 있고 그 머리들에는 신성 모독 하는 이름들이 있더라"(계 13:1)

사도 요한이 바다에서 올라온 짐승을 보았는데 그는 세계의 정치 지도자로서 최고의 인본주의자가 되어 인간의 힘으로 세계의 모든 문제를 해결할 수 있다고 주장하며 등장하는 적그리스도다. 성경에서 '적그리스도'라는 표현은 요한 일서에도 나온다.

"아이들아 지금은 마지막 때라 적그리스도가 오리라는 말을 너희가 들은 것과 같이 지금도 많은 적그리스도가 일어났으니 그러므로 우리가 마지막 때인 줄 아노라"(요일 2:18)

여기서 '적그리스도'라는 말이 두 번 나오는데 한 번은 단수로(적그리스도가) 쓰였고, 또 한 번은 복수로(많은 적그리스도가) 쓰였다. 따라서 앞에 단수로 쓰인 적그리스도는 7년 대환란 기간에 등장할 단 한 명의 적그리스도를 나타내며, 뒤에 복수로 쓰인 적그리스도는 흔히 이단들 가운데 자신이 그리스도라고 주장하는 사람들을 지칭한다. 특히 우리나라에도 자신이 자칭 하나님이고 구원자이며 그리스도이며 보혜사 성령이라고 주장하는 자들이 40여 명이나 있다.

그리고 신약성경 데살로니가후서에서는 적그리스도를 불법의 사람과 멸망의 아들과 대적하는 자와 자기를 하나님이라고 내세우는 자로 소개한다.

"누가 어떻게 하여도 너희가 미혹되지 말라 먼저 배교하는 일이 있고 저 불법의 사람 곧 멸망의 아들이 나타나기 전에는 그 날이 이르지 아니하리니 그는 대적하는 자라 신이라고 불리는 모든 것과 숭배함을 받는 것에 대항하여 그 위에 자기를 높이고 하나님의 성전에 앉아 자기를 하나님이라고 내세우느니라"(살후 2:3-4)

요한계시록 13장 1절에 보면 요한이 본 바다에서 올라 온 짐승이 어떻게 생겼는지 자세히 설명하는데 그 짐승은 뿔이 열이고 그 열 뿔에는 열 왕관이 있으며 머리가 일곱이라고 말한다. 그런데 요한계시록 12장에 나오는 마귀 사탄을 지칭하는 용도 머리가 일곱이고 뿔이 열이나 있었다. 하지만 사탄을 지칭하는 용과 적그리스도를 지칭하는 짐승 사이에 차이점이 있다면 용은 머리가 먼저 언급되고 뿔이 나중에 언급되지만, 짐승은 반대로 뿔이 먼저 언급되고 머리가 나중에 언급된다. 그리고 용은 일곱 머리에 왕관을 쓰고 있지만, 짐승은 뿔에 왕관을 쓰고 있는 것이 차이점이다.

그렇다면 용과 짐승이 일곱 머리와 열 뿔을 똑같이 가지고 있는 이유가 무엇인가? 요한계시록 12장에 나오는 용은 마귀 사탄을 지칭하고 바다에서 올라온 짐승 적그리스도는 마귀 사탄의 힘과 능력으로 일하기 때문에 똑같을 수밖에 없다. 그래서 요한계시록 13장 2절 하 반절에 "용이 자기의 능력과 보좌와 큰 권세를 그(적그리스도)에게 주었더라"라고 말한다. 결국 마귀 사탄이나 적그리스도는 같은 악의 세력이기 때문에 그들의 모양도 같다. 그렇다면 적그리스도가 가진 일곱 머리와 열 뿔은 무엇을 나타내는가? 요한계시록 17장에 가면 일곱 머리와 열 뿔에 대한 설명이 자세히 나오기 때문에 17장에서 자세히 살펴볼 것이다.

2. 바다에서 올라온 짐승 적그리스도의 특징

"내가 본 짐승은 표범과 비슷하고 그 발은 곰의 발 같고 그 입은 사자의 입 같은데 용이 자기의 능력과 보좌와 큰 권세를 그에게 주었더라"(계 13:2)

여기서 바다에서 올라온 짐승의 특징을 자세히 소개한다. 바다에서 올라온 짐승이 몸은 표범과 비슷하고, 발은 곰의 발 같고, 입은 사자의 입 같으며, 마귀 사탄이 준 능력과 보좌와 큰 권세를 가지고 있었다. 이것은 바다에서 올라온 짐승인 적그리스도가 매우 사납고, 무자비한 존재이며, 큰 능력과 권세를 가지고 있다는 것을 보여준다. 왜냐하면 마귀 사탄이 적그리스도에게 자신의 능력과 보좌와 큰 권세를 주었기 때문이다. 여기서 사탄이 준 힘과 능력은 이적이나 기적을 행할 수 있는 능력이다.

사탄이 적그리스도에게 준 보좌는 이 세상을 다스릴 수 있는 권세를 의미한다. 이것은 마귀 사탄이 하나님을 모방하여 적그리스도에게 능력과 권세와 왕의 보좌를 준 것이다. 하지만 적그리스도의 통치와 예수 그리스도의 통치는 아주 다른데 적그리스도는 힘과 능력으로 다스리고, 예수 그리스도는 사랑으로 다스리기 때문이다. 또한 적그리스도는 예수님의 죽음과 부활을 흉내 내려고 일곱 머리 중 하나가 치명상을 입어 거의 죽었다가 다시 살아나서 사람들을 놀라게 한다.

"그의 머리 하나가 상하여 죽게 된 것 같더니 그 죽게 되었던 상처가 나으매 온 땅이 놀랍게 여겨 짐승을 따르고 용이 짐승에게 권세를 주므로 용에게 경배하며 짐승에게 경배하여 이르되 누가 이 짐승과 같으냐 누가 능히 이와 더불어 싸우리요 하더라"(계 13:3-4)

여기서 적그리스도는 예수님처럼 온전히 죽었다가 부활하지 아니하고 단지 흉내만 내어 죽게 된 것처럼 꾸민다. 따라서 적그리스도는 예수님처럼 죽었다가 살아난 것처럼 꾸며 사람들을 미혹했다. 그리고 그를 소생시킨 것은 하나님이 아니라 마귀 사탄이었다.

그러므로 사탄은 적그리스도를 철저하게 소유하여 자신의 모든 권세를 그에게 넘겨준다. 그리하여 적그리스도는 세상의 모든 문제를 일시에 해결할 만한 능력을 갖추고 신흥 로마제국 안에서 두드러지게 드러나 온 세상이 직면하고 있는 수많은 문제를 해결할 것이다. 그리하여 이 일로 인하여 이 땅에 거하는 사람들은 마귀 사탄과 적그리스도를 마치 구세주와 메시아처럼 경배한다.

"또 짐승이 과장되고 신성 모독을 말하는 입을 받고 또 마흔두 달 동안 일할 권세를 받으니라 짐승이 입을 벌려 하나님을 향하여 비방하되 그의 이름과 그의 장막 곧 하늘에 사는 자들을 비방하더라 또 권세를 받아 성도들과 싸워 이기게 되고 각 족속과 백성과 방언과 나라를 다스리는 권세를 받으니 죽임을 당한 어린 양의 생명책에 창세 이후로 이름이 기록되지 못하고 이 땅에 사는 자들은 다 그 짐승에게 경배하리라"(계 13:5-8)

여기서 짐승이 마흔두 달 동안 일할 권세를 받았다는 것은 적그리스도가 활동하는 기간이 바로 후 3년 반의 기간이며, 이 기간에 땅에 내려온 마귀 사탄이 적그리스도에게 일할 권세를 주었기에 적그리스도가 신성 모독하는 입을 받고 자신의 입을 벌려 하나님을 향하여 비방하였다. 또 적그리스도는 사탄에게 권세를 받아 성도들과 싸워 이기고 죽이기까지도 한다. 적그리스도가 통치하고 다스리는 대상은 '각 족속과 백성과 방언과 나라'라고 언급된 것으로 보아 이 세상의 모든 나라에 해당하며, 결국 적그리스도가 온 세상의 모든 사람을 다스릴 것이지만 결국 자신에게 허락된 3년 반 기간에만 다스릴 수 있다.

따라서 사탄과 적그리스도에게 주어진 권세는 일시적이며 하나님께서 허락한 범위에서만 사용할 수 있다. 따라서 권세의 주체는 마귀 사탄이 아니라 하나님이시다. 하나님께서 일시적으로 3년 반 동안만 허용하셨기에 사탄이나 적그리스도가 일시적으로 승리한 것이다. 적그리스도가 하나님을 모독하는 일이나 성도들과 싸워 이기는 것이나 다스림은 결코 영원할 수 없고 다만 일시적이다. 경우 3년 반 기간만 허용된 것이다. 따라서 우리는 마귀 사탄의 능력이나 적그리스도의 능력은 영원하지 않다는 것을 알아야 한다. 마귀 사탄은 이미 십자가에서 패배한 존재다.

우리는 모든 것을 통치하시는 분이 우리 하나님이심을 믿어야 한다.

결국 구원받지 못하여 어린양의 생명책에 기록되지 못한 믿지 않는 사람들은 적그리스도를 경배하게 된다. 8절에서 "이 땅에 사는 자들"이라는 표현은 요한계시록에서 대부분 믿지 않는 사람들을 지칭한다. 이들은 믿지 아니하여 구원을 받지 못했기 때문에 어린 양의 생명책에 이름이 기록되지 못한 자들이다. 성경은 오직 구원을 받은 사람들만 어린 양의 생명책에 이름이 기록될 수 있으며, 이름이 생명책에 기록된 사람들만 천국에 들어갈 수 있다고 말한다.

"누구든지 귀가 있거든 들을지어다 사로잡힐 자는 사로잡혀 갈 것이요 칼에 죽을 자는 마땅히 칼에 죽을 것이니 성도들의 인내와 믿음이 여기 있느니라"(계 13:9-10)

결국 마귀 사탄을 따르지 않고 예수 그리스도를 따르는 성도들, 자신의 이름이 생명책에 기록된 성도들은 기꺼이 순교도 당할 것이다. 하나님의 계획에 따라 마귀 사탄과 적그리스도에게 3년 반 동안에 일할 권세를 허용하셨기 때문이다. 그래서 '사로잡힐 자는 사로잡혀 갈 것이요 칼에 죽을 자는 마땅히 칼에 죽을 것이니'라고 말씀한다. 7년 대환란 후 3년 반 기간에 예수 그리스도를 믿고 따르는 성도들은 자신들의 믿음으로 인하여 극심한 핍박과 순교까지도 당하게 된다.

하지만 사탄의 세력이 아무리 강하다 해도 최종적인 승리는 하나님과 성도들에게 있다. 이 말씀은 성도들을 사로잡고 칼로 죽이는 사탄의 세력이 결국에는 망하게 된다는 말씀이다. 그럴 뿐만 아니라 성도들은 그러한 사실을 하나님의 말씀을 통해서 정확하게 알고 있어서 인내와 믿음을 가지고 승리할 수 있다고 선포한다.

3. 땅에서 올라온 짐승 거짓 선지자

"내가 보매 또 다른 짐승이 땅에서 올라오니 어린 양 같이 두 뿔이 있고 용처럼 말을 하더라"(계 13:11)

사도 요한은 또 다른 짐승이 땅에서 올라오는 것을 보았는데 여기 땅에서 올라오는 두 번째 짐승은 종교 지도자인 거짓 선지자로 7년 대환란 기간에 적그리스도를 도와 일한 사람이다. 그는 부드러운 양의 모습으로 나타나기에 외적으로 경건하고 고상한 모습을 가지고 있어서 사람들은 자신들을 인도할 영적 지도자로 알고 존경하고 따를 것이다. 그는 용처럼 말하고 있어서 거짓말을 잘할 것이다. 그렇다면 거짓 선지자의 특징이 무엇인가? 그것은 위장술에 능통하여 가장을 잘하는 것이다. 그래서 사도 바울도 이렇게 말하고 있다.

"그런 사람들은 거짓 사도요 속이는 일꾼이니 자기를 그리스도의 사도로 가장하는 자들이니라 이것은 이상한 일이 아니니라 사탄도 자기를 광명의 천사로 가장하나니 그러므로 사탄의 일꾼들도 자기를 의의 일꾼으로 가장하는 것이 또한 대단한 일이 아니니라 그들의 마지막은 그 행위대로 되리라"(고후 11:13-15)

사실 첫 번째 짐승이 바다에서 출현한 것은 적그리스도가 사회적 혼란을 통해 혁명가처럼 등장할 것을 보여주었다. 그러므로 그동안 세계에서 폭군 대부분과 독재자들은 요동하는 바다와 같이 나라가 혼란에 빠져 있을 때 등장했다. 그러므로 바다에서 올라온 짐승 적그리스도는 정치적인 세계 지도자로서 사탄에게 받은 권세와 능력을 행사한다. 그러나 땅에서 올라오는 짐승 거짓 선지자는 매우 종교적이기 때문에 모든 종교 체제를 하나로 통합하고, 그 종교를 이용하여 권력을 얻고, 세계의 모든 사람을 마지막 적그리스도에게 경배하게 만든다.

인류 역사를 고찰해 보면 많은 통치자는 종교 지도자의 도움으로 통치하고 다스렸다. 이집트의 바로 왕은 많은 술사와 술객들을 거느렸으며(출 7:10-12), 모압의 발락 왕은 발람 선지자를 이용하여 이스라엘을 저주하려 했으며, 압살롬이 아버지 다윗을 몰아내고 왕권을 취하려 할 때도 종교 지도자인 아히도벨의 지혜를 이용했다(삼하 15:12, 16:23, 17:1-4). 아합과 이세벨도 바알 선지자들의 도움으로 이스라엘에 악을 행하였다.

프랑스의 혁명은 종교에 가까운 무신론을 이용했다. 공산주의도 종교에 가까운 유물론을 이용했다. 따라서 적그리스도는 거짓 선지자를 이용하여 세계를 통치하고 다스린다.

4. 땅에서 올라온 짐승 거짓 선지자의 활동

"그가 먼저 나온 짐승의 모든 권세를 그 앞에서 행하고 땅과 땅에 사는 자들을 처음 짐승에게 경배하게 하니 곧 죽게 되었던 상처가 나은 자니라 큰 이적을 행하되 심지어 사람들 앞에서 불이 하늘로부터 땅에 내려오게 하고 짐승 앞에서 받은 바 이적을 행함으로 땅에 거하는 자들을 미혹하며 땅에 거하는 자들에게 이르기를 칼에 상하였다가 살아난 짐승을 위하여 우상을 만들라 하더라 그가 권세를 받아 그 짐승의 우상에게 생기를 주어 그 짐승의 우상으로 말하게 하고 또 짐승의 우상에게 경배하지 아니하는 자는 몇이든지 다 죽이게 하더라"(계 13:12-15)

두 번째 짐승인 거짓 선지자는 첫 번째 짐승인 적그리스도에게 모든 권세를 받아 행함으로 적그리스도를 섬기도록 온갖 노력을 다하는데 그 일들이 참으로 놀라운 정도다. 거짓 선지자의 목적은 오직 하나 땅에 사는 모든 사람에게 거의 죽다가 살아난 적그리스도를 섬기게 한다. 마귀 사탄은 적그리스도에게 모든 권세를 주었고, 적그리스도는 거짓 선지자에게 모든 권세를 주어서 거짓 선지자는 자신이 받은 권세를 이용하여 여러 가지 기적들과 이적으로 사람들을 미혹하는데 심지어는 거짓 선지자가 하늘에서 불이 내리게 했는데 이러한 이적은 구약에서 엘리야가 행한 이적이다.

열왕기상 18장에서 아합이 다스리던 북이스라엘이 우상 숭배에 빠져 있을 때 엘리야 선지자는 바알 선지자 450명과 아세라 선지자 400명을 갈멜산에 모아 놓고 하늘에서 불이 내리게 하여 누가 참된 하나님이시며 누가 참된 선지자인지 증명하자고 제안하여 엘리야 선지자가 하늘에서 불을 내리게 함으로 하나님만이 참된 신이시며, 엘리야 자신이 참된 선지자라는 것을 증명하였다. 따라서 거짓 선지자도 엘리야를 모방하여 하늘에서 불을 내리게 하여서 자신의 능력과 권세를 나타내 보였다. 그리고 더 많은 기적을 행하여 땅에 거하는 자들을 미혹하였으며, 그들에게 우상을 만들게 하였고, 그 우상에게 생기를 주어 우상이 말하게 하였다. 그리고 그 우상에게 경배하지 않는 사람은 모두 죽이기까지 하였다.

따라서 환난 성전에 세워질 이 우상이 바로 다니엘 12장 11절에 등장하는 '멸망케할 미운 물건'이다. 그리고 첫째 짐승인 적그리스도는 하나님의 성전에 앉아 하나님께 돌려져야 할 예배까지 가로챈다. 아마도 환난 성전에 세워진 적그리스도의 우상은 적그리스도가 그곳에 있지 않을 때 그를 경배하게 하는 대용물이 될 것이다. 사도 바울은 이러한 모습을 다음과 같이 소개한다.

"그는 대적하는 자라 신이라고 불리는 모든 것과 숭배함을 받는 것에 대항하여 그 위에 자기를 높이고 하나님의 성전에 앉아 자기를 하나님이라고 내세우느니라"(살후 2:4)

거짓 선지자가 적그리스도의 우상에게 생기를 주어 말하게 하였다는 말씀을 어떻게 이해해야 하는가? 왜냐하면 성경에 따르면 마귀 사탄이 무생물에 생기를 주어 살게 할 권세를 가졌다는 사실을 찾아볼 수 없기 때문이다. 오직 하나님 한 분만이 생명을 창조할 수 있기 때문이다. 그러므로 적그리스도의 우상이 말하는 것은 컴퓨터로 된 로봇을 이용하여 말하게 하는 것으로 이해해야 할 것이다.

그러므로 우리는 하나님께서 모든 기적을 일으키신다고 믿어서는 안 된다. 분명히 마귀 사탄의 세력들도 수많은 이적 기사들을 행하기 때문에 예수께서도 이렇게 경고하셨다.

"거짓 그리스도들과 거짓 선지자들이 일어나 큰 표적과 기사를 보여 할 수만 있으면 택하신 자들도 미혹하리라"(마 24:24)

우리는 눈에 보이는 어떤 이적이나 기적보다 진리를 사랑하고 좋아해야 한다. 왜냐하면 마귀 사탄에게 속지 않고 진리에 바로 서기 위함이다. 진리를 좋아하지 않는 사람들은 거짓 기적에 속아 넘어갈 수 있기에 사도 바울은 이렇게 경고한다.

"악한 자의 나타남은 사탄의 활동을 따라 모든 능력과 표적과 거짓 기적과 불의의 모든 속임으로 멸망하는 자들에게 있으리니 이는 그들이 진리의 사랑을 받지 아니하여 구원함을 받지 못함이라"(살후 2:9-10)

5. 666표를 통해 경제체제 통제

"그가 모든 자 곧 작은 자나 큰 자나 부자나 가난한 자나 자유인이나 종들에게 그 오른손에나 이마에 표를 받게 하고 누구든지 이 표를 가진 자 외에는 매매를 못하게 하니 이 표는 곧 짐승의 이름이나 그 이름의 수라 지혜가 여기 있으니 총명한 자는 그 짐승의 수를 세어 보라 그것은 사람의 수니 그의 수는 육백육십육이니라"(계 13:16-18)

7년 대환란 기간에 적그리스도와 거짓 선지자가 세계 경제체제를 완전히 장악한다. 그들은 세계 경제체제를 주관하기 위하여 사람들에게 오른손이나 이마에 666 표를 받게 하였고, 이 표가 없는 사람들은 경제 활동을 할 수 없게 만든다. 모든 사람이 경제 활동을 하려면 반드시 짐승의 표인 666표를 받아야 한다.

오늘날 레이저 광선을 이용하여 666표를 사람들의 이마나 오른손에 입력할 준비가 다 되어 있다. 오늘날 신용카드 시스템도 마찬가지다. 사람들이 은행이나 슈퍼에 가서 신용카드를 이용하면 스캐너가 그 숫자를 읽은 다음 컴퓨터는 그 고객을 판별하고 그 고객의 예금 잔액을 파악하여 계산한다. 이러한 시스템은 현금이 불필요하게 되며 그 안전성과 편리함으로 이 제도는 많은 사람으로부터 환영을 받아 더욱 발전한 시스템도 계속 개발되고 있다. 사람의 몸속에 베리 칩을 심는 것, 지문을 읽어내는 스캐너, 사람의 눈동자를 읽어내는 스캐너를 개발하여 활용한다. 이러한 시스템을 이용하면 타인에게 자신의 카드를 이용당할 염려도 없어서 마귀 사탄이 이러한 시스템을 이용할 것이다.

그러므로 666표는 단순한 숫자가 아니라 사람들의 마음과 영혼까지 지배하는 숫자다.

666표는 짐승의 이름이든지 아니면 이름의 숫자다. 사실 그리스어나 라틴어나 히브리어는 글자마다 숫자의 값이 있고 문자가 숫자의 역할까지 감당한다. 그러므로 그리스어의 알파, 베타, 감마는 영어의 A와 B와 C가 되기도 하지만 동시에 1이 되고 2가 되고 3을 나타내기도 한다. 모든 그리스어는 숫자가 붙어서 적그리스도의 이름의 수치를 계산하면 666이라는 숫자가 나올 수 있다. 그러나 우리는 666표를 두려워할 필요가 없다. 말세가 되면 될수록 우리는 주님 맞을 준비를 하면 된다.

우리는 대환란 기간에 하나로 통일된 세계 정부, 하나로 통일된 세계 종교, 하나로 통일된 세계 경제체제를 볼 수 있을 것이다. 그러므로 적그리스도를 따르지 않거나 그에게 경배하지 않는 사람은 모두 박해를 당하고 순교를 당할 것이다. 적그리스도는 대환란 기간에 사람들을 미혹하고 유혹하여 자기를 경배하게 하고, 하나님을 경배하지 못하게 만들 것이다.

이러한 대환란은 곧 오게 될 것이며 여러 가지 징조들이 나타나고 있다. 그것은 유대인의 귀환과 666표와 환난 성전이 그 징조다. 이스라엘은 환난 성전을 건축할 준비를 다 마쳤다. 그럴 뿐만 아니라 성전이 세워지면 그 성전에 들어갈 기구들도 다 만들어 놓았으며, 환난 성전에서 사용할 붉은 송아지도 유대인들이 유전공학을 통해서 만들어냈다. 그러므로 우리 주님은 곧 오신다.

이제 요한계시록 13장에서 첫째 짐승 적그리스도는 하나님께서 허용하시는 범위에서 사탄의 권세를 받아서 3년 반 동안에 성도들과 싸워 이길 것이고, 세상을 다스리며, 둘째 짐승 거짓 선지자는 하나님의 허용하시는 범위에서 적그리스도에게 권세를 받아 정치와 종교와 경제체제를 사용하여 적그리스도를 경배하게 만든다. 하지만 우리 그리스도인들은 두려워할 필요가 없다. 최종적으로 승리하실 분은 우리 하나님이시며, 우리도 그리스도 안에서 승리할 수 있기 때문이다.

13장

하늘의 14만 4천과 새노래

계시록 14:1-5

요한계시록 14장 1~4절은 13장과 좋은 대조를 이룬다. 요한계시록 13장은 흉측한 두 짐승인 적그리스도와 거짓 선지자가 마귀 사탄으로부터 권세와 능력을 받아 땅의 백성들을 미혹하고 멸망으로 인도하였지만, 14장에 등장하는 14만 4천의 전도자들은 지상의 사역을 끝내고 세상에서 가장 큰 승리를 거두고 하나님만 섬기며, 하나님께 아름다운 찬양으로 영광을 돌린다.

13장에서는 짐승의 표를 받아야 경제 활동을 할 수 있었으나 짐승의 표를 받은 자들은 나중에 악하고 독한 종기로 고통을 당하고, 진노의 포도주를 마시며, 결국에는 불과 유황으로 타는 지옥에 들어가 고난을 받고 밤낮 쉼을 얻지 못한다(계 14:9-11, 16:2). 하지만 14장에서 14만 4천의 전도자들이 이마에 어린양의 이름과 하나님 아버지의 이름을 쓴 표를 받아서 보호함을 받는다.

1. 하늘의 시온산에 서 있는 14만 4천의 유대인들

"또 내가 보니 보라 어린 양이 시온 산에 섰고 그와 함께 십사만 사천이 서 있는데 그들의 이마에는 어린 양의 이름과 그 아버지의 이름을 쓴 것이 있더라"(계 14:1)

요한은 어린양이신 예수님과 십사만 사천의 유대인들이 시온산에 서 있는 광경을 보았다. 성경의 여러 곳에서 시온산은 예루살렘 다윗의 왕궁이 있는 곳인데 보통 예루살렘 전부를 시온산으로 부르기도 하며, 하나님의 말씀과 율법이 시온산에서 나올 것을 말씀한다.

"내가 나의 왕을 내 거룩한 산 시온에 세웠다 하시리로다, 여호와는 위대하시니 우리 하나님의 성, 거룩한 산에서 극진히 찬양 받으시리로다 터가 높고 아름다워 온 세계가 즐거워함이여 큰 왕의 성 곧 북방에 있는 시온 산이 그러하도다, 여호와께서 시온을 택하시고 자기 거처를 삼고자 하여 이르시기를 이는 내가 영원히 쉴 곳이라 내가 여기 거주할 것은 이를 원하였음이로다, 많은 백성이 가며 이르기를 오라 우리가 여호와의 산에 오르며 야곱의 하나님의 전에 이르자 그가 그의 길을 우리에게 가르치실 것이라 우리가 그 길로 행하리라 하리니 이는 율법이 시온에서부터 나올 것이요 여호와의 말씀이 예루살렘에서부터 나올 것임이니라"(시 2:6, 48:1-2, 132:13-14, 사 2:3)

그런데 요한계시록 14장 1절에 등장하는 시온산은 하나님의 다스리는 보좌가 있는 하늘의 시온산으로 이곳에 십사만 사천의 유대인들이 서 있다. 이들은 요한계시록 7장에서는 지상에서 대환란 동안에 예수를 믿게 되어 복음을 전하는 사역에 헌신했던 전도자들이다. 그러나 여기 14장에서는 이들이 지상의 사역을 끝내고 여기 하늘의 시온산에 나타났다. 그들이 하늘의 시온산에 서 있는 것을 확실하게 보여주는 이유는 그들이 하늘의 보좌 앞과 네 생물과 24 장로들 앞에서 새 노래를 부르고 있기 때문이다.

"그들이 보좌 앞과 네 생물과 장로들 앞에서 새 노래를 부르니 땅에서 속량함을 받은 십사만 사천 밖에는 능히 이 노래를 배울 자가 없더라"(계 14:3)

하지만 어떤 학자들은 하늘의 시온산이 아니라 땅에 있는 시온산으로 예수께서 1,000년 동안 지상의 시온산에서 다스리시기에 지상의 시온산에 서 있는 것으로 해석한다. 그들은 시온산은 사탄의 군대를 멸하는 예수 그리스도의 승리와 그분의 재림으로 지상에 세워질 메시아 왕국을 상징적으로 표현한다고 주장한다.

하지만 요한계시록 14장 1~5절을 한 문맥으로 보면 2절에서 하늘에서 들리는 찬양 소리와 3절에서 찬양하는 그들이 하늘 보좌 앞과 네 생물과 장로들 앞에 서서 새 노래를 부르고 있어 하늘의 시온산으로 보인다. 그리고 이들의 이마에는 짐승의 표가 아닌 하나님의 보호를 상징하는 어린양 예수 그리스도의 이름과 성부 하나님의 이름이 적혀 있었다. 대환란 기간에 믿지 않는 사람들은 짐승의 표를 받았지만, 그들은 하나님의 보호를 위해 그들의 이마에 하나님의 표를 받았다. 마귀 사탄과 적그리스도는 그들을 죽이려고 노력했지만, 하나님께서 그들을 마지막까지 지키셨기에 하늘의 시온산에 어린양이신 예수님과 함께 서 있다.

2. 14만 4천의 영적인 특성

"내가 하늘에서 나는 소리를 들으니 많은 물 소리와도 같고 큰 우렛소리와도 같은데 내가 들은 소리는 거문고 타는 자들이 그 거문고를 타는 것 같더라 그들이 보좌 앞과 네 생물과 장로들 앞에서 새 노래를 부르니 땅에서 속량함을 받은 십사만 사천 밖에는 능히 이 노래를 배울 자가 없더라 이 사람들은 여자와 더불어 더럽히지 아니하고 순결한 자라 어린 양이 어디로 인도하든지 따라가는 자며 사람 가운데에서 속량함을 받아 처음 익은 열매로 하나님과 어린 양에게 속한 자들이니 그 입에 거짓말이 없고 흠이 없는 자들이더라"(계 14:2-5)

요한계시록 14장 2~5절은 이들이 어떤 사람인지 자세히 소개한다.

❶ 14만 4천의 유대인들은 하나님과 네 천사와 이십사 장로 앞에서 새 노래를 부른다.
"그들이 보좌 앞과 네 생물과 장로들 앞에서 새 노래를 부르니"(계 14:3)

이 새 노래는 지상에서 아무나 부를 수 있는 노래가 아니었다. 이들이 부른 새 노래는 처음에 많은 물소리 같이 들렸고, 큰 천둥소리처럼 들렸으며, 거문고 타는 사람들의 연주처럼 들렸다. 여기에 등장하는 거문고는 우리나라의 전통 국악기 거문고를 나타내는 것이 아니라 이스라엘 백성들이 하나님을 예배할 때 사용하였던 하프나 비파와 같은 현악기를 지칭한다. 2절에서 '거문고 타는 자들'이라고 말해서 많은 연주자가 연주하는 웅장한 찬양의 새 노래였다.

결국 이 장엄하고 웅장하고 감격스러운 새 노래는 죄에서 속량함을 받은 노래요, 기쁨의 노래요, 승리의 노래요, 주님을 찬양하는 노래였다. 하늘의 천사들도 그리스도인의 구원을 노래하겠지만 구약에서 구원받은 성도들도 새 노래에 합류할 것이며, 환란 전에 이미 휴거가 되었던 성도들도 새 노래에 합류할 것이며, 대환란 기간에 구원받고 순교한 성도들도 합류하여 함께 새 노래를 오케스트라의 협연처럼 찬양할 것이다.

❷ 14만 4천의 유대인들은 땅에서 속량함을 받았다.

"땅에서 속량함을 받은 십사만 사천 밖에는 능히 이 노래를 배울 자가 없더라"(계 14:3)

이들은 대환란 기간에 이 세상에서 구원을 받고 전도자들이 되었다. 이들이 새 노래를 배운다는 것은 그들이 땅에서 속량함을 받았기에 구원의 의미를 깨닫는 것과 구원의 축복을 누린다는 의미로 이해할 수 있다. 오늘 우리도 하나님께서 예수 그리스도의 십자가를 통해 완성하신 복음을 깨닫고 구원함을 받은 성도들만 새 노래를 부를 수 있다. 그러므로 십자가의 복음을 모르고 하나님이 예비하신 구원의 축복을 모르는 사람은 결코 새 노래를 부를 수 없다.

❸ 14만 4천의 유대인들은 영적인 순결을 지켰다.

"이 사람들은 여자와 더불어 더럽히지 아니하고 순결한 자라"(계 14:4)

여기에 등장하는 '여자'는 요한계시록 17장에 나오는 큰 성 바벨론으로 음녀이며 거짓 종교를 의미한다. 대환란 기간에 적그리스도에 대한 숭배는 절정에 달하지만, 이들은 핍박을 당하면서도 끝까지 적그리스도를 섬기지 않았기에 영적으로 순결하고 이 세상의 불의에 타협하지 않고 신앙을 지켰다. 이들이 '여자와 더불어 더럽히지 아니하고'라는 말씀은 적그리스도를 섬기는 종교적인 간음을 하지 않았으며, 적그리스도의 우상을 섬기지 않는 우상 숭배의 죄를 범하지 아니하여 영적으로 순결한 사람이 되었다는 것을 나타낸다.

❹ 14만 4천의 유대인들은 예수님을 끝까지 따랐다.

"어린 양이 어디로 인도하든지 따라가는 자며"(계 14:4)

예수께서는 마태복음 16장 24절에서 어떤 사람들이 예수님을 따라갈 수 있는지 자세히 말씀하셨다.

"이에 예수께서 제자들에게 이르시되 누구든지 나를 따라오려거든 자기를 부인하고 자기 십자가를 지고 나를 따를 것이니라"

그러므로 14만 4천의 유대인들은 예수님의 십자가를 지고 고난을 이겨냈으며 자기를 부인하고 예수께서 인도하시는 대로 따라가는 제자들이었다. 그러므로 우리도 우리 자신을 부인하고 우리에게 주어진 십자가를 지고 예수 그리스도를 따라간다면 결코 잘못될 수 없고 예수께 충성스러운 제자로 인정을 받을 수 있다. 우리는 어떤 상황 속에서도 굴하지 말고 예수님만 따라가야 한다.

❺ 14만 4천의 유대인들은 하나님께 바쳐진 첫 열매들이다.

"사람 가운데에서 속량함을 받아 처음 익은 열매로 하나님과 어린 양에게 속한 자들이니"(계 14:4)

따라서 이들은 대환란 기간에 처음으로 예수 그리스도를 믿고 구원을 받아 하나님의 인치심을 받고 하나님께 전도자로 헌신 된 사람들이다. 그런데 참으로 감사한 것은 요한계시록 7장에 십사만 사천이 있었는데, 여기 14장에서 한 사람도 잃어지지 않고 14만 4천 모두가 보존되었다. 그들이 전도의 사명을 감당하기까지 그들의 생명을 하나님께서 친히 보호하셨기 때문이다. 그러므로 우리 그리스도인은 하나님께서 영원히 보호해 주신다.

"내가 그들에게 영생을 주노니 영원히 멸망하지 아니할 것이요 또 그들을 내 손에서 빼앗을 자가 없느니라, 내가 그들과 함께 있을 때에 내게 주신 아버지의 이름으로 그들을 보전하고 지키었나이다 그 중의 하나도 멸망하지 않고 다만 멸망의 자식뿐이오니 이는 성경을 응하게 함이니이다"(요 10:28, 17:12)

예수님을 끝까지 따라갔던 예수님의 열두 제자들은 보호되었지만, 오직 멸망의 자식만 보호받지 못했는데 여기에 등장하는 멸망의 자식은 가룟 유다다.

❻ 14만 4천의 유대인들은 진실한 사람들로 참으로 거짓말을 모르는 사람들이다.

"그 입에 거짓말이 없고"(계 14:5)

진리의 말씀을 다루는 사람들이 부끄럽지 않을 일꾼으로 인정을 받으려면 반드시 거짓말을 멀리해야 한다. 그러므로 진실한 그리스도인은 솔직하고 담백한 사람이 되어야 한다. 언제나 하나님을 의식하고 살아가기 때문에 무엇이든지 숨기지 않고 가장하지 않는다.

❼ 14만 4천의 유대인들은 흠이 없는 전도자들이다.

"흠이 없는 자들이더라"(계 14:5)

이들이 하나님의 보호를 받으며 진실하고 정결하게 살아가기에 흠이 없었다. 김상복 목사는 '흠이 없다'라는 의미는 '뿔이 없다'라는 말과 같다고 설명했다. 뿔이 있다면 누굴 만나든지 들어 박아 만나는 모든 사람에게 상처를 줄 수밖에 없다. 그러나 뿔이 없는 성도들은 누구에게도 마음에 상처를 주지 않는다. 그러므로 우리도 이들처럼 뿔이 없어 다른 사람에게 상처를 주지 않고 진심으로 섬기는 사람이 되어야 한다.

14장

마지막 회개할 기회를 주시는 하나님

계시록 14:6-13

땅에 거주하는 사람들이 하나님을 믿지 않는 이유가 무엇인가? 첫째로 믿지 않는 자들이 당하는 아주 무시무시한 지옥의 고통을 모르기 때문이다. 둘째로 믿는 자들이 누리는 놀라운 행복을 모르기 때문이다. 그런데 요한계시록 14장 6~13절은 두 종류의 사람들을 비교한다. 땅에 거주하는 믿지 않는 사람들의 최후가 어떠한지 소개하며, 믿는 자들이 어떤 축복을 누리는지 비교한다.

따라서 오늘 본문은 추수의 심판이 시작되기 전에 먼저 세 천사가 등장하여 땅에 거주하는 백성에게 마지막 회개할 기회를 주면서 하나님께로 돌아와 하나님을 경배하라고 선포한다. 하나님께서는 마지막 일곱 대접의 무시무시한 심판을 당하기 전에 땅에 거주하는 자들에게 마지막으로 회개할 기회를 주시는 것이다.
그리고 세 천사가 전하는 메시지는 다음과 같다.

❶ 하나님께로 돌아와 창조주 하나님을 경배하라.
❷ 너희들이 의지하는 세상 나라 큰 성 바벨론은 멸망한다.
❸ 너희들이 회개하지 아니하면 영원한 지옥 형벌을 당한다.

그리고 마지막으로 하나님의 말씀에 순종하고 인내한 성도들에게 놀라운 행복을 선포한다.

1. 첫째 천사가 전한 메시지

"또 보니 다른 천사가 공중에 날아가는데 땅에 거주하는 자들 곧 모든 민족과 종족과 방언과 백성에게 전할 영원한 복음을 가졌더라 그가 큰 음성으로 이르되 하나님을 두려워하며 그에게 영광을 돌리라 이는 그의 심판의 시간이 이르렀음이니 하늘과 땅과 바다와 물들의 근원을 만드신 이를 경배하라 하더라"(계 14:6-7)

사도 요한은 천사가 하늘을 날아가며 땅에 거주하는 모든 자에게 영원한 복음을 가지고 큰 소리로 선포하는 모습을 보았다. 여기서 천사가 전한 영원한 복음은 구원의 기쁜 소식을 전하는 복음은 아니다. 사실 복음이란 예수 그리스도의 죽음과 부활을 통한 구원이다. 따라서 예수 그리스도의 죽음과 부활이 빠지면 복음이 성립되지 않는다. 그래서 복음을 전한다는 것은 우리의 죄를 위해 십자가에 돌아가신 예수 그리스도와 우리를 의롭게 하시려고 부활하신 예수 그리스도를 전하는 것이다. 따라서 우리가 예수께서 십자가에서 완성하신 복음을 듣고 믿으면 우리는 죄 사함을 받고 하나님의 자녀가 되는 놀라운 축복을 받는다.

하지만 첫째 천사가 전한 영원한 복음은 우리가 복음을 듣고 믿어 하나님의 은혜로 구원을 받는 그런 복음이 아니다. 첫째 천사는 예수 그리스도를 전하지 않았으며 예수께서 우리의 죄를 위해 십자가에서 죽으시고 부활하신 사실을 언급하지 않았기 때문이다.

첫째 천사는 모든 민족과 종족과 방언과 백성인 땅에 거주하는 자들에게 하나님을 두려워하며 그분에게 영광을 돌리고 창조주이신 하나님을 경배하라고 선포한다. 복음과 관계된 구원의 메시지가 아니라 마지막으로 회개하고 하나님께로 돌아와 하나님을 경배하라고 선포하였다. 첫째 천사가 적그리스도를 섬기는 자들에게 회개하고 하나님께 돌아오라고 선포한 이유는 하나님께서 심판하실 시간이 다 되었기 때문이다.

'이는 그의 심판의 시간이 이르렀음이니'(계 14:7)

여기서 심판의 시간이 '이르렀다'라는 단어는 부정 과거형으로 심판의 때가 이미 이르렀다는 의미다. 다시 말해서 하나님이 정하신 심판의 때가 이미 도착했다는 뜻이다. 물론 이 시점에서 하나님의 심판은 아직 이루어지지 않아 곧 다가오지만 이미 이르렀다고 선포하는 이유는 하나님 심판의 확실성과 임박성을 강조하기 위함이다.

하나님이 심판하시는 것은 너무나 확실하여 시간이 없기에 하루속히 회개하고 하나님께 돌아오라는 메시지다. 그리고 여기서 이루어지는 심판은 하나님의 진노와 관련되어 있다. 하나님의 의로운 심판은 마음이 강퍅하여 복음을 거부하고 회개하지 않는 세상을 대상으로 하나님의 진노가 쏟아지기 때문이다. 첫째 천사가 전한 소식은 하나님을 경외하고 그에게 영광을 돌리며 창조주 하나님을 경배하라는 내용이다.

2. 둘째 천사가 전한 메시지

"또 다른 천사 곧 둘째가 그 뒤를 따라 말하되 무너졌도다 무너졌도다 큰 성 바벨론이여 모든 나라에게 그의 음행으로 말미암아 진노의 포도주를 먹이던 자로다 하더라"(계 14:8)

둘째 천사는 여기서 큰 성 바벨론이 무너졌다고 반복해서 외친다. 둘째 천사가 큰 성 바벨론이 '무너졌도다 무너졌도다'라고 반복하는 것은 바벨론이 무너지는 것이 너무나 확실하기 때문이다. 여기서 사용된 동사는 부정 과거형으로 바벨론의 멸망은 요한계시록 17장에서 이루어지지만, 바벨론의 멸망은 너무나 확실해서 여기서 이미 무너진 것처럼 선포한다.

여기서 큰 성 바벨론이 멸망하는 이유는 '모든 나라에게 그의 음행으로 말미암아 진노의 포도주를 먹이던 자'였기 때문이다. 이것은 바벨론이 거짓 종교를 이용하여 모든 나라가 우상 숭배에 빠지게 만들어 영적으로 음행하게 만들었기 때문이다. 바벨론이 모든 나라에 진노의 포도주를 마시게 했다는 것은 결국 하나님의 심판을 당하게 했다는 말이다.

사실 바벨론의 멸망은 첫째 천사가 선포한 하나님의 심판과 밀접하게 관련되어 있다. 바벨론의 멸망은 하나님을 대적하는 거짓 종교와 적그리스도가 심판을 받고 멸망하는 것을 보여준다. 결국 7년 대환란 마지막 부분에 큰 성 바벨론이 멸망하게 되는 것이며, 7년 대환란이 끝나고 천년왕국에서 하나님의 통치가 이루어지려면 마귀 사탄과 적그리스도가 통치하는 사악한 세계는 반드시 멸망해야 하기 때문이다. 그리고 바벨론이 음행하는 여자로 비유되며 그녀가 음행으로 모든 나라에 진노의 포도주를 마시게 했는데 음녀인 바벨론이 무엇을 의미하는지는 요한계시록 17장에서 자세히 다룰 것이다. 그러므로 둘째 천사가 전한 메시지는 너희들이 의지하는 세상 나라는 반드시 멸망한다는 것을 보여준다.

3. 셋째 천사가 전한 메시지

"또 다른 천사 곧 셋째가 그 뒤를 따라 큰 음성으로 이르되 만일 누구든지 짐승과 그의 우상에게 경배하고 이마에나 손에 표를 받으면 그도 하나님의 진노의 포도주를 마시리니 그 진노의 잔에 섞인 것이 없이 부은 포도주라 거룩한 천사들 앞과 어린 양 앞에서 불과 유황으로 고난을 받으리니 그 고난의 연기가 세세토록 올라가리로다 짐승과 그의 우상에게 경배하고 그의 이름 표를 받는 자는 누구든지 밤낮 쉼을 얻지 못하리라 하더라"(계 14:9-11)

셋째 천사는 하나님께로 돌아오지 아니하고 하나님께 영광을 돌리지 아니하고 하나님을 경배하지 아니하고 오히려 적그리스도와 그의 우상을 숭배하는 자들은 반드시 하나님의 심판을 받으며 하나님 진노의 포도주를 마시게 된다고 선포한다. 셋째 천사는 여기서 적그리스도 숭배를 고집하는 사람들에게 다가올 끔찍한 운명을 경고한다. 따라서 하나님의 무시무시한 심판을 받는 사람들은 짐승인 적그리스도와 그의 우상에게 경배하고 이마와 오른손에 짐승의 표를 받는 사람이다. 그들은 하나님 진노의 포도주를 마시는데 10절에서 '그 진노의 잔에 섞인 것이 없이 부은 포도주'라는 표현은 100% 완전한 진노를 의미한다.

하나님의 진노가 오랫동안 참았다가 폭발하기 때문이다. 하나님 진노의 포도주가 아무런 물을 타지 아니하여 아주 진한 상태를 나타낸다. 이것은 하나님의 긍휼함이나 동정이나 자비가 전혀 섞이지 아니한 100%의 무시무시한 진노를 나타낸다. 하나님의 진노가 극에 달했기에 하나님을 믿지 않는 자들이 지옥에서 받을 고통이 너무나 극심한 것이다.

하나님 진노의 포도주를 마시는 사람들은 불과 유황으로 타는 지옥 불 못에서 영원토록 고통을 겪는데 그 고통은 끊이지 않는 고통이며, 견딜 수 없는 고통이기에 그 고통을 고난의 연기가 세세토록 올라가는 것과 밤낮 쉼을 얻지 못하는 것으로 표현했다.

"그 고난의 연기가 세세토록 올라가리로다 짐승과 그의 우상에게 경배하고 그의 이름표를 받는 자는 누구든지 밤낮 쉼을 얻지 못하리라 하더라"(계 14:11)

그러므로 적그리스도와 그의 우상을 섬긴 불신자가 당하는 고통은 영원히 지속된다. 그래서 고난의 연기가 세세토록 올라간다고 표현하며 결코 쉼이 없다고 표현한다. 그러나 예수 그리스도의 복음을 믿고 구원받은 우리는 하나님의 진노를 받지 않고 그리스도 안에서 참된 쉼을 누린다. 그리스도인이 당하는 고난은 잠깐이요, 그 후에는 하나님께서 영원한 안식으로 갚아주신다. 그러나 적그리스도와 그의 우상을 섬기는 자들에게는 영원한 저주와 영원한 형벌이 기다린다. 그러므로 지금까지 세 천사는 하나님의 마지막 심판이 이루어지기 전에 마지막으로 회개하라고 경고한 것이다. 그러므로 끝까지 예수님을 거절하고 구원의 복음을 믿지 않는 사람들은 참으로 불쌍한 처지에 이르게 된다.

4. 주 안에서 죽는 자들의 축복

"또 내가 들으니 하늘에서 음성이 나서 이르되 기록하라 지금 이후로 주 안에서 죽는 자들은 복이 있도다 하시매 성령이 이르시되 그러하다 그들이 수고를 그치고 쉬리니 이는 그들의 행한 일이 따름이라 하시더라"(계 14:13)

사도 요한은 셋째 천사의 진노의 심판이 선포된 이후에 '지금 이후로 주 안에서 죽은 자들은 복이 있도다'라는 하늘의 음성을 들었다. 그렇다면 주 안에서 죽은 자들은 누구인가? 이들은 대환란 기간에 예수 그리스도의 복음을 믿고 구원받는 자들로 적그리스도인 짐승의 표를 받지 아니하고 짐승의 우상을 숭배하지도 않아 7년 대환란 기간에 순교 당한 성도들이다. 그렇다면 그들이 행복한 이유는 무엇인가?

❶ 이들은 대환란 기간 끝에 부활하여 그리스도와 함께하기 때문이다.

여기서 '지금 이후로 주 안에서 죽는 자들은' 대환란 기간에 적그리스도 때문에 순교를 당한 자들이다. 그러므로 그들은 대환란 기간 끝에 부활하여 그리스도와 함께 살아간다. 그들은 적그리스도의 박해와 고통과 시련으로부터 해방되어 영광스러운 주님과 함께하기 때문에 그들은 행복한 사람들이다. 그리고 이들은 어려운 고통 속에서도 끝까지 인내하고 하나님의 말씀과 예수에 대한 믿음을 지켰기 때문이다.

"성도들의 인내가 여기 있나니 그들은 하나님의 계명과 예수에 대한 믿음을 지키는 자니라"(계 14:12)

그러므로 그리스도 안에서 죽는 모든 그리스도인은 행복한 사람들이다. 그렇다면 구원받은 우리 그리스도인들은 어떻게 죽음을 맞이하는가? 우리는 그리스도 안에서 죽음을 맞이한다. 이것은 부활과 천국 본향의 약속을 간직한 상태에서 죽음을 맞이하는 것이다. 우리는 결코 아무런 소망도 없이 죽음을 맞이하는 것이 아니라 우리가 죽은 다음에 천국이 기다리고 있기 때문이다.

그래서 13절에서 성령 하나님께서도 그것을 인정하시고 "성령이 이르시되 그러하다"라고 선포하셨다.

그리고 사도 바울도 우리가 믿는 성도라면 '죽는 것도 유익하다'라고 선포했다. 또한 시편에서 시인은 '하나님께서 성도들이 죽는 것을 귀중히 보신다'라고 말했다.

"이는 내게 사는 것이 그리스도니 죽는 것도 유익함이라, 그의 경건한 자들의 죽음은 여호와께서 보시기에 귀중한 것이로다"(빌 1:21, 시 116:15)

그러므로 성도들의 죽음은 패배가 아니라 승리요 축복이다. 사실 우리가 이 세상에서 살아가는 동안 예수 믿고 구원받는 것이 얼마나 큰 축복인지 잘 모를 수 있다. 그러나 우리가 죽은 다음에 천국에 들어가면 예수 믿고 구원받는 것이 가장 큰 행복이라는 것을 드디어 깨닫게 된다. 그러므로 예수 믿지 않는 사람들도 지금은 예수 믿지 않고 구원받지 못한 것이 얼마나 큰 불행인지 잘 모르지만, 그들도 죽은 다음에 지옥 불 못에 들어가면 그들이 구원받지 못한 것이 얼마나 큰 불행인지 철저하게 깨닫게 된다.

그래서 김상복 목사는 성도의 죽음에 대해 이렇게 말한다.

"그래서 한 성도의 죽음은 유가족들에게는 절망스러운 일이지만 죽은 당사자에게는 영원한 쉼을 의미합니다. 주 안에서 죽은 성도는 오히려 이 땅에서 분투하며 살아가는 산 사람들보다 더 행복할 것입니다. 절대로 다시 이 땅으로 오고 싶지 않을 것입니다. 사실 이 인생이라는 것은 얼마나 수고스럽습니까? 만약 하나님께서 계시지 않고 영생에 대한 아무런 소망도 주어지지 않는다면 너무도 허무할 것입니다. 평생 수고하다 죽었는데 그것이 끝이라고 생각해보십시오. 인생 자체는 수고의 연속입니다. 그러나 하나님을 알고 영원한 소망을 가졌을 때 그 수고는 무의미하지 않습니다. 그저 죽도록 고생만 하고 끝내는 인생이 더는 아닙니다. 지상에서는 어려움 가운데서도 주님을 바라보며 삶과 죽음의 의미를 알고 살다가, 죽으면 영원한 쉼을 얻는 그런 인생이 됩니다. 그리고 믿는 가족이나 친지가 먼저 죽더라도 다시 만날 수 있다는 소망을 가질 수 있게 됩니다. 우리가 죽는 그 순간은 우리로서는 최고의 시간입니다. 이 수고스러운 인생으로부터 해방되어서, 눈물도 질병도 심지어 죽음도 없는 그런 인생을 영원히 누리게 될 것입니다."

그렇다면 지금 이후로 주 안에서 죽은 자들이 행복한 이유는 무엇인가?

❷ 이들이 수고를 그치고 하늘 본향에서 편히 쉴 수 있기 때문이다.
"또 내가 들으니 하늘에서 음성이 나서 이르되 기록하라 지금 이후로 주 안에서 죽는 자들은 복이 있도다 하시매 성령이 이르시되 그러하다 그들이 수고를 그치고 쉬리니 이는 그들의 행한 일이 따름이라 하시더라"(계 14:13)

'저희 수고를 그치고 쉬리니'

이것은 이들이 대환란 때 힘들고 어렵고 위험한 투쟁을 벌이며 신앙생활을 했기에 이들에게 위로가 되는 말이다. 그들이 적그리스도의 표를 받지 않았기에 사회에서 쫓기는 삶을 살며 수고하였을 것이다. 그러나 이제 그들의 수고를 그치고 편히 쉬게 되었다. 이것은 인생을 항해하던 사람이 그의 인생을 바다에서 보내다가, 폭풍과의 싸움을 끝내고 소망의 항구로 들어오는 모습이다. 여기서 '쉰다.'라는 의미는 어떤 활동을 쉰다는 의미가 아니라 활기를 되찾아 상쾌함을 얻고, 영광중에 하나님을 섬기는 쉼이다. 그러므로 하나님을 섬기는 것은 활기와 생기가 있고, 피곤한 기색이 전혀 없는 섬김이다. 사실 인간은 태어날 때부터 죽을 때까지 힘든 수고의 연속이다. 그러므로 지혜자 솔로몬은 이렇게 말했다.

"사람이 해 아래에서 행하는 모든 수고와 마음에 애쓰는 것이 무슨 소득이 있으랴 일평생에 근심하며 수고하는 것이 슬픔뿐이라 그의 마음이 밤에도 쉬지 못하나니 이것도 헛되도다"(전 2:22-23)

그러나 성도들에게는 죽는 그 순간부터 참된 안식이 기다린다. 기독교의 적들이 가지고 있는 가장 강력한 무기는 죽음이지만 그들이 우리를 죽인다면 우리는 이 세상을 떠나 주님의 품으로 들어가기에 적들은 우리에게 아무것도 할 수 없게 된다. 죽음은 우리를 핍박하는 자들에게서 우리를 해방한다. 따라서 코세스쿠 정권 아래서 심한 박해를 받았던 루마니아의 네그루 목사는 6개월 동안 강제 수용소에서 보냈으며 거기서 6개월 동안 매일같이 종일 심문을 당했지만, 그는 죽음의 위협에 대해 이렇게 말했다.

"그들이 가진 가장 큰 위협과 힘은 그들이 나를 죽이겠다고 협박하는 것이다. 하지만 나의 가장 큰 승리는 죽는 것이다. 그러므로 그들이 '나를 죽이겠다.'라고 말할 때마다 나는 이렇게 말했다. '정말 기다려지는군. 죽음은 나의 실패가 아니라 가장 큰 승리가 되는 것이야. 너희들이 나를 죽이면 너희는 나를 영원히 놓치는 것이며, 나는 영원한 집에 들어가며, 나의 최종 목적지에 도달하지. 정말 기다려지는군.'"

그렇다면 지금 이후로 주 안에서 죽은 자들이 행복한 이유는 무엇인가?

❸ 이들에게 하늘의 상급이 기다리고 있기 때문이다.

"또 내가 들으니 하늘에서 음성이 나서 이르되 기록하라 지금 이후로 주 안에서 죽는 자들은 복이 있도다 하시매 성령이 이르시되 그러하다 그들이 수고를 그치고 쉬리니 이는 그들의 행한 일이 따름이라 하시더라"(계 14:13)

'이는 저희 행한 일이 따름이라'

김상복 목사는 계속해서 성도들이 주 안에서 죽은 이후에 받는 상급에 대해 다음과 같이 말한다.

"이 땅에서 주님 때문에 참고 수고한 것, 주님을 위해서 희생하고 용서한 것, 그 모든 것에 대해 우리는 천국에서 보상을 받을 것입니다. 구원은 은혜로 받으나 보상은 수고로 받습니다. 이 땅에서는 억울한 일도 많지만, 주님께 그것을 다 맡기고 살기 때문에 거기에 대한 보상이 우리를 기다리고 있습니다."

우리의 모든 선행은 하나님이 다 기억하신다. 아무도 보지 못한 눈물, 우리 주님은 보셨다. 아무도 듣지 못한 기도, 우리 주님은 들으셨다. 우리 주님께 드린 물질, 적든지 많든지 우리 주님께서 보셨다. 아무도 모르는 희생, 우리 주님은 아신다. 아무도 모르게 열심히 전도한 것, 우리 주님은 보셨다. 그래서 우리 주님께서 상급으로 갚아주신다. 그러나 주안에서 죽는 것이 아니라 주 밖에는 죽는 사람은 하나님 없이 죽은 사람이며 소망 없이 죽는 사람이다. 그러므로 얼마나 대조적인가? 믿지 않는 사람들은 영원한 지옥이 기다리고 있지만, 주 안에서 죽는 성도들에게는 참된 쉼과 보상이 기다리고 있다.

그러므로 세 천사가 전한 메시지는 하나님께로 돌아와 하나님께 영광을 돌리고 하나님을 경배하라는 회개가 중심 메시지다. 추수 심판이 다가오기 전에 무시무시한 일곱 대접 심판이 시작되기 전에 회개하고 하나님께로 돌아오라는 메시지다. 짐승의 표를 받고 적그리스도를 섬기는 자들이 받는 무시무시한 지옥 불못을 피하는 방법은 회개하고 하나님께로 돌아와 하나님을 섬기는 방법밖에 없다. 따라서 하나님께서 회개할 마지막 기회를 주실 때 땅에 거하는 믿지 아니하는 자들은 회개하고 하나님께 돌아와 하나님을 믿어야 한다.

15장

추수의심판

계시록 14:14-20

여기 요한계시록 14장 14~20절은 두 종류의 추수가 등장한다. 14~16절은 곡식을 거두는 추수이고, 17~20절은 포도를 거두는 추수다.

여기 두 종류의 추수에 대하여 요한계시록을 연구하는 학자들은 다양한 해석을 하는데 어떤 학자는 곡식 추수는 의인의 추수이고, 포도 추수는 악인의 추수로 해석한다. 또 다른 학자는 곡식 추수는 의인과 악인을 갈라내는 추수이고, 포도 추수는 악인을 심판하는 추수로 해석한다.

그리고 또 다른 학자는 곡식 추수와 포도 추수 모두가 악인을 심판하는 추수로 해석한다. 여기서는 곡식 추수는 의인의 추수이고 포도 추수는 악인의 추수로 살펴볼 것이다.

1. 곡식을 거두는 의인의 추수

"또 내가 보니 흰 구름이 있고 구름 위에 인자와 같은 이가 앉으셨는데 그 머리에는 금 면류관이 있고 그 손에는 예리한 낫을 가졌더라 또 다른 천사가 성전으로부터 나와 구름 위에 앉은 이를 향하여 큰 음성으로 외쳐 이르되 당신의 낫을 휘둘러 거두소서 땅의 곡식이 다 익어 거둘 때가 이르렀음이니이다 하니 구름 위에 앉으신 이가 낫을 땅에 휘두르매 땅의 곡식이 거두어지니라"(계 14:14-16)

여기 곡식 추수에 대하여 다루는 내용을 살펴보면 이것이 의인을 거두는 추수인지 아니면 악인을 심판하는 추수인지 명확하지는 않다. 단지 땅의 곡식이 다 익어서 거둘 때가 이르렀으니 낫을 사용하여 거두라고 말하여 구름 위에 앉으신 이가 낫을 땅에 휘두르매 땅의 곡식이 거두어졌다고 말한다. 만약 악인의 심판이라면 마태복음 13장 24~43절에 나온 가라지처럼 추수 때 가라지는 악한 자의 자녀들로서 무르익으면 교만하여 머리가 하늘로 향하기에 가라지는 쓸데없어 모아 불에 태운다. 따라서 본문에는 곡식을 태우거나 가라지를 태웠다는 내용이 없어 악인의 추수로 보기에는 무리가 있는 것으로 보인다.

사도 요한은 여기서 흰 구름 위에 앉은 '인자와 같은 분'을 보았다. 그분은 금 면류관을 쓰고 계셨으며, 그분은 손에 예리한 낫을 들고 계셨다. 따라서 여기 흰 구름 위에 앉은 인자와 같은 분은 추수를 위해 손에 낫을 가지신 예수님이시다. 여기서 환하게 빛나는 흰 구름은 그분의 영광과 존엄성을 상징한다. 그리고 그분이 머리에 금 면류관을 쓰고 계신 것으로 보아 추수의 총책임자가 되시며 주인이 되신다. 또한 여기에 등장하는 면류관은 왕이 쓰는 면류관이 아니라 전쟁에서 승리한 승리자가 쓰는 면류관이다. 그러므로 예수께서 모든 사탄의 세력을 물리치시고 승리하신 분으로 등장하신다. 그런데 또 다른 천사가 나타나 예수께 "당신의 낫을 휘둘러 거두소서 땅의 곡식이 다 익어 거둘 때가 이르렀음이니이다"라고 외친다.

그렇다면 여기서 곡식은 무엇을 나타내는가? 마태복음 9장 37~38절에 보면 예수께서 수많은 영혼을 바라보시며 "추수할 곡식이 많도다"라고 말씀하셨으며, 요한복음 4장 34~38절에서도 예수께서 잃어버린 영혼들을 바라보시며 "희어져 추수하게 되었도다"라고 말씀하시면서 영생에 이르는 열매를 모으라고 말씀하신 것을 보면 여기 곡식은 예수 그리스도의 복음을 믿는 영혼들을 추수하라는 의미다. 따라서 구름 위에 앉으신 예수께서 믿는 성도들을 모으시는 추수다.

2. 익은 포도를 거두어 진노의 포도주 틀에 던지는 악인의 추수

"또 다른 천사가 하늘에 있는 성전에서 나오는데 역시 예리한 낫을 가졌더라 또 불을 다스리는 다른 천사가 제단으로부터 나와 예리한 낫 가진 자를 향하여 큰 음성으로 불러 이르되 네 예리한 낫을 휘둘러 땅의 포도송이를 거두라 그 포도가 익었느니라 하더라 천사가 낫을 땅에 휘둘러 땅의 포도를 거두어 하나님의 진노의 큰 포도주 틀에 던지매 성 밖에서 그 틀이 밟히니 틀에서 피가 나서 말 굴레에까지 닿았고 천육백 스다디온에 퍼졌더라"(계 14:17-20)

사도 요한은 또 다른 천사가 하늘 성전에서 나와 예리한 낫을 가진 것을 보았다. 그리고 또 따른 천사가 제단에서 나와 예리한 낫을 가진 천사에게 예리한 낫을 휘둘러 땅의 포도를 거두라고 명령한다. 따라서 포도를 거두는 추수는 천사가 포도를 거두어 진노의 포도주 틀에 던지게 되는 엄청난 몰살의 광경이다. 예수께서 마지막 심판하실 때 거룩한 천사의 도움을 받으신다. 그런데 여기에 등장하는 천사는 불을 다스리는 천사로서 제단으로부터 나와 예리한 낫을 가진 천사에게 큰 음성으로 '포도가 무르익었으니 예리한 낫을 휘둘러 땅의 포도송이를 거두라'라고 외친다.

이것은 무시무시한 심판의 선포인데 이미 하나님의 말씀에 예언된 무서운 심판이다.

"다섯째 인을 떼실 때에 내가 보니 하나님의 말씀과 그들이 가진 증거로 말미암아 죽임을 당한 영혼들이 제단 아래에 있어 큰 소리로 불러 이르되 거룩하고 참되신 대주재여 땅에 거하는 자들을 심판하여 우리 피를 갚아 주지 아니하시기를 어느 때까지 하시려 하나이까 하니 각각 그들에게 흰 두루마기를 주시며 이르시되 아직 잠시 동안 쉬되 그들의 동무 종들과 형제들도 자기처럼 죽임을 당하여 그 수가 차기까지 하라 하시더라"(계 6:9-11)

그리고 이미 구약성경에서도 지상에 마지막에 있을 포도 수확의 추수 심판이 예언되어 있다.

"너희는 낫을 쓰라 곡식이 익었도다 와서 밟을지어다 포도주 틀이 가득히 차고 포도주 독이 넘치니 그들의 악이 큼이로다, 어찌하여 네 의복이 붉으며 네 옷이 포도즙틀을 밟는 자 같으냐 만민 가운데 나와 함께 한 자가 없이 내가 홀로 포도즙틀을 밟았는데 내가 노함으로 말미암아 무리를 밟았고 분함으로 말미암아 짓밟았으므로 그들의 선혈이 내 옷에 튀어 내 의복을 다 더럽혔음이니 이는 내 원수 갚는 날이 내 마음에 있고 내가 구속할 해가 왔으나 내가 본즉 도와 주는 자도 없고 붙들어 주는 자도 없으므로 이상하게 여겨 내 팔이 나를 구원하며 내 분이 나를 붙들었음이라 내가 노함으로 말미암아 만민을 밟았으며 내가 분함으로 말미암아 그들을 취하게 하고 그들의 선혈이 땅에 쏟아지게 하였느니라"(욜 3:13, 사 63:2-6)

요한계시록 14장 18절에 나오는 무르익었다는 헬라어 '아크마조'라는 단어는 완전히 익어 절정에 이른 상태를 말한다. 이것은 믿지 않는 자들이 너무도 악하고, 주를 거절하며, 회개치 아니하고, 믿는 자들을 핍박하였기 때문이다. 결국 천사는 낫을 가지고 땅의 포도를 거두어 하나님의 진노의 큰 포도주 틀에 던졌다. 포도즙을 짜는 틀은 골이 파여 연결된 두 개의 돌 웅덩이로 되어 있다. 포도는 위에 있는 돌 웅덩이 틀에서 발로 밟으면 즙은 아래에 있는 돌 웅덩이로 모은다. 결국 천사가 포도주 틀을 발로 밟으니 피가 나와서 말굴레까지 닿았고, 1,600 스타디온의 길이로 펴져 나갔다.

여기에 등장하는 말굴레는 말을 다루는 고삐를 끼우기 위해 말의 머리에 씌우는 기구이며, 피가 말굴레에까지 닿았다는 것은, 피가 말의 머리 바로 밑까지 차서 그 높이가 1m 50cm까지 찬 것이다. 그리고 피가 흘러간 1,600 스타디온은 1 스타디온이 약 200m이기에, 200m×1,600은 320Km나 된다. 이 길이는 이스라엘의 북쪽 시리아에서 남쪽 이집트 국경까지의 길이다. 그러므로 심판의 피가 1m 50cm 높이로 320Km까지 흘러가니 하나님 심판의 결과로 대학살이 이루어진다.

이것은 아마겟돈 전쟁에서 예수 그리스도와 맞서 싸우다가 하나님의 심판에 의해서 엄청난 불신자들이 죽임을 당하는 것을 보여준다. 이 아마겟돈은 전쟁이라기보다는 대학살에 가까울 것이다. 적그리스도와 거짓 선지자와 그를 따르는 수많은 무리도 예수 그리스도와 상대가 되지 않기에 곧바로 멸망한다. 그들은 살아계신 하나님의 손에 심판을 당하는 것이 얼마나 무서운지 경험할 것이다. 이 아마겟돈 전쟁은 요한계시록 19장 17절부터 19절에 다시 소개된다. 그러므로 죄악이 영원하리라고 생각해서는 안 된다. 반드시 무시무시한 심판을 당하고 끝장을 당한다.

이제 우리는 요한계시록 14장에서 하늘의 시온산에 서 있는 14만 4천의 전도자들이 헌신해서 자기들의 사명을 감당하고 승리자의 노래를 부르는 모습을 보았다. 그리고 주안에서 죽는 사람들이 왜 행복한 사람들인지 살펴보았다. 그리고 예수님을 믿지 않고 마귀 사탄과 적그리스도와 거짓 선지자들을 섬긴 자들이 얼마나 무시무시한 심판을 당하는지도 살펴보았다. 그리고 진노의 포도주 틀의 심판을 당하는 것도 살펴보았다. 그렇다면 우리는 아직 이 세상에 남아 있는 자들로서 과연 우리의 사명을 어떻게 감당하고 어떻게 살아야 마땅하겠는가?

16장

하나님의
마지막심판 준비

계시록 15장

요한계시록 16장에 등장하는 하나님의 일곱 대접의 심판은 여기 요한계시록 15장에서 미리 소개한다. 따라서 요한계시록 15장은 16장의 서론으로 하나님의 마지막 심판을 준비하는 내용이다. 여기 일곱 대접의 심판이나 일곱 나팔의 심판은 모두 일곱 인의 심판에 포함된 내용이다. 일곱 인의 심판 중에 마지막 일곱 번째 인이 일곱 나팔 심판이며, 일곱 나팔 심판 중에 일곱 번째 나팔이 바로 일곱 대접의 심판이다. 따라서 일곱 나팔의 심판과 일곱 대접의 심판은 모두 일곱 인의 심판에 포함되지만, 하나님의 심판은 가면 갈수록 더 극심한 심판으로 전개된다.

1. 일곱 재앙은 하나님의 마지막 진노의 심판

"또 하늘에 크고 이상한 다른 이적을 보매 일곱 천사가 일곱 재앙을 가졌으니 곧 마지막 재앙이라 하나님의 진노가 이것으로 마치리로다"(계 15:1)

사도 요한은 하늘에 나타난 아주 크고 놀라운 이적을 보았는데 그 이적은 일곱 천사가 일곱 재앙을 가지고 있는 모습이었다. 그렇다면 일곱 천사가 가진 일곱 재앙이 아주 크고 놀라운 이유가 무엇인가? 일곱 천사가 가진 일곱 재앙은 하나님의 마지막 진노의 심판으로 가장 무시무시하고 극심한 재앙이며, 일곱 대접 심판으로 하나님의 진노가 끝나기 때문이다. 그래서 '마지막 재앙이라 하나님의 진노가 이것으로 마치리로다'라고 말한다. 따라서 하나님께서 땅에 거하는 사람들이 마지막까지 회개하지 않고 하나님의 사랑을 거역하였기에 그들에게 쏟아부으시는 마지막 진노의 심판이 일곱 대접의 심판이다.

2. 모세와 어린양의 노래

"또 내가 보니 불이 섞인 유리 바다 같은 것이 있고 짐승과 그의 우상과 그의 이름의 수를 이기고 벗어난 자들이 유리 바닷가에 서서 하나님의 거문고를 가지고 하나님의 종 모세의 노래, 어린 양의 노래를 불러 이르되 주 하나님 곧 전능하신 이시여 하시는 일이 크고 놀라우시도다 만국의 왕이시여 주의 길이 의롭고 참되시도다 주여 누가 주의 이름을 두려워하지 아니하며 영화롭게 하지 아니하오리이까 오직 주만 거룩하시니이다 주의 의로우신 일이 나타났으매 만국이 와서 주께 경배하리이다 하더라"(계 15:2-4)

하나님의 마지막 심판이 이 땅에 쏟아지기 전에 유리 바닷가에 서서 모세의 노래, 어린양의 노래를 부르는 구원받은 자들을 소개한다. 여기에 등장하는 유리 바다는 이 세상에 존재하는 그런 바다가 아니라 하나님의 보좌 앞에 있는 바다는 수정같이 맑은 유리 바다로 고요하고 아름다운 바다지만 땅에 곧 쏟아질 하나님 심판의 불로 물들어 있기에 '불이 섞은 유리 바다'라고 말한다. 사도 요한은 요한계시록 4장에서도 전능하신 하나님의 보좌 앞에 고요하고 아름다운 수정과 같은 유리 바다를 본 적이 있었다. 그러나 요한계시록 15장 2절에 등장하는 유리 바다는 불이 섞인 유리 바다로 여기서 불은 하나님의 심판을 보여주며 하나님의 마지막 일곱 대접 심판이 임박했음을 나타낸다.

그러면 유리 바닷가에 서서 모세의 노래와 어린양의 노래를 부르는 이들은 누구인가? 이들은 7년 대환란에서 엄청난 시련을 이기고 나온 성도들로 승리한 자들이다. 그래서 요한계시록 15장 2절에서 이들을 "짐승과 그의 우상과 그의 이름의 수를 이기고 벗어난 자들"이라고 소개한다. 그러므로 이들은 적그리스도의 핍박 속에서 불같은 시련을 이기고 나왔다. 이들은 주 예수 그리스도를 믿는 신앙을 끝까지 부인하지 아니하고 승리했는데 첫째 짐승 적그리스도와 그의 우상에게 절하지도 않았고, 짐승의 표를 받지도 않았다.

이들은 예수 그리스도를 믿는 신앙으로 인하여 심한 핍박을 받으면서도 끝까지 충성하다가 심지어 순교까지도 당했다. 그러므로 이들에게 요한계시록 20장 4절은 놀라운 부활과 그리스도와 더불어 1,000년 동안 왕 노릇을 하는 축복이 주어진다. 이제 이들이 하나님의 거문고를 가지고 연주하면서 하나님의 종 모세의 노래와 어린양의 노래를 부른다.

"주 하나님 곧 전능하신 이시여, 당신이 하시는 일은 위대하고 놀랍습니다. 세상 모든 나라의 왕이시여, 당신이 하시는 모든 방법은 의로우시며 진실합니다. 오 주님이시여, 누가 당신의 이름을 두려워하지 아니하며 영화롭게 하지 아니하오리이까? 오직 당신만이 거룩하시기에 당신의 의로우신 일이 나타났으매 모든 나라가 당신께 와서 경배합니다"(계 15:3-4)

영광스럽게 된 이들이 하나님의 보좌 앞에서 부른 이 노래는 하나님께 올려드리는 아름다운 찬양의 노래다. 하나님께서 거룩하시고 의로우시기에 죄인들을 심판하신다는 노래다. 그리고 여기 '모세의 노래'는 이스라엘 백성들이 홍해 바다의 건너편에서 원수들로부터 구원함을 받은 후에 부른 노래다(출 15:1-18). 하지만 모세의 노래 초점은 이집트 군대로부터 이스라엘 백성을 구원하신 하나님의 사역을 강조하기도 하지만 이스라엘 백성을 구원하신 그 하나님이 어떤 분이신지 강조한다. 이스라엘 백성을 구원하신 하나님은 높고 영화로우신 하나님이시며, 나의 힘과 노래와 구원이신 하나님이시며, 용사가 되시는 하나님이시며, 주의 권능으로 영광을 나타내시는 하나님이시며, 거룩함으로 영광스러우며 찬송할 만한 위엄이 있으신 하나님이심을 노래하였다.

또한 '어린양의 노래'는 어린양 되신 예수께서 죄와 사망과 음부를 이기신 후에 부른 승리의 노래다. 그러므로 대환란에서 속량함을 받은 성도들이 부른 어린양의 노래는 하나님의 성품을 드러내는데 하나님께서 전능하시고, 거룩하시고, 변함이 없으시며, 진실하시며, 주권자이시며, 완전하시며, 의로우시며, 창조주이시며, 심판자이심을 드러낸다. 따라서 이런 하나님께서 땅에 거하는 믿지 아니하는 자들의 죄를 모은체하시고 심판하지 않으신다면 하나님께서 거룩하시지도 않으시고 의롭지도 아니하시고 진실하시지도 않으시기에 전능하신 하나님께서 마지막 일곱 대접의 심판으로 짐승과 그를 따르는 땅에 거하는 불신자들을 철저하게 심판하신다.

3. 하늘의 증거 장막 성전

"또 이 일 후에 내가 보니 하늘에 증거 장막의 성전이 열리며 일곱 재앙을 가진 일곱 천사가 성전으로부터 나와 맑고 빛난 세마포 옷을 입고 가슴에 금 띠를 띠고 네 생물 중의 하나가 영원토록 살아 계신 하나님의 진노를 가득히 담은 금 대접 일곱을 그 일곱 천사들에게 주니 하나님의 영광과 능력으로 말미암아 성전에 연기가 가득 차매 일곱 천사의 일곱 재앙이 마치기까지는 성전에 능히 들어갈 자가 없더라"(계 15:5-8)

요한은 또 다른 환상을 보았는데 하늘의 증거 장막 성전이 열리는 것을 보았다. 그런데 그곳에서 맑고 빛난 세마포 옷을 입고 가슴에 금띠를 두른 일곱 천사가 나온다. 여기서 세마포 옷은 주로 제사장이 입는 옷이었으며, 요한계시록 19장에서는 어린양의 신부가 입는 옷이었고, 예수께서 지상에 재림하실 때 그분을 따르는 하늘에 있는 군대들도 희고 깨끗한 세마포 옷을 입었는데 이는 순결함과 영광스러움을 의미한다. 그리고 일곱 천사가 가슴에 두른 금띠는 왕권과 높은 지위를 상징하기에 그들이 하나님의 사자로서 권세를 가지고 일곱 대접의 심판을 이행하는 모습을 보여준다.

이제 네 생물 중의 하나가 하나님의 진노를 담은 금 대접 일곱을 그 일곱 천사에게 주었다. 따라서 하나님께서 네 생물에게 일곱 대접을 주었고, 네 생물이 일곱 천사에게 일곱 대접 주었다. 그러자 하나님의 영광과 능력 때문에 성전 안에 연기가 가득 찼다. 그런데 구약에서는 성전에 하나님의 영광이 가득할 때 구름이 성전에 가득 찼다고 표현하였다. 모세가 성막을 건설하고 완공하였을 때 구름이 성막을 덮었으며 하나님의 영광이 성막에 충만했다. 솔로몬이 성전을 건축하고 봉헌할 때도 구름이 가득했다. 따라서 구름이나 연기는 같은 의미로 하나님의 영광스러움과 하나님 심판의 진노를 상징한다. 그 결과 일곱 천사가 가진 일곱 심판을 마치기까지 성전에 누구도 들어갈 수 없었다.

이것은 일곱 심판이 땅에 다 쏟아질 때까지 성전 문이 닫히고 성전은 진노와 심판을 집행하는 장소가 된다.

17장

하나님의 마지막
일곱대접심판

계시록 16장

하나님을 대항하는 짐승 적그리스도와 그를 따르는 세상 나라를 하나님께서 어떻게 끝장을 내시는가? 하나님이 준비하신 마지막 일곱 대접 심판으로 짐승 적그리스도와 그가 다스리는 세상 나라를 완전히 끝장을 내신다.

"또 내가 들으니 성전에서 큰 음성이 나서 일곱 천사에게 말하되 너희는 가서 하나님의 진노의 일곱 대접을 땅에 쏟으라 하더라"(계 16:1)

사도 요한은 심판의 성전에서 큰 소리로 진노를 선포하는 음성을 들었다. 그 음성은 "너희는 가서 하나님의 진노의 일곱 대접을 땅에 쏟으라"라는 음성이었다. 그러므로 마지막 일곱 대접 심판은 신속하게 이루어지며 그 어떤 심판보다도 큰 심판이다. 여기서 대접으로 번역된 헬라어 "피알레"라는 단어는 물이 주전자에서 계속 쏟아지는 현상이 아니라 마치 얕은 접시에 든 모든 것이 한 번에 즉각적으로 쏟아지는 대접을 지칭한다.

그리고 '성전에서 큰 음성이 나서'라는 내용에서 '큰'이라는 형용사는 16장에 자주 등장하는데 큰 음성, 큰 강 유프라테스, 전능하신 이의 큰 날, 큰 지진, 큰 성, 큰 성 바벨론, 큰 우박, 큰 재앙들로 여기에 기록된 심판들이 얼마나 강도가 높은가를 강조한다. 그리고 요한계시록 8장에 등장하는 나팔 심판이 하늘과 땅의 3분의 1에 해를 끼쳤다면 여기 요한계시록 16장에 등장하는 일곱 대접 심판들은 그 영향이 전 세계에 미치는 아주 가혹한 마지막 심판이다. 그러므로 예수님의 재림 직전에 짐승이 다스리는 세상 나라를 끝장내는 일곱 대접의 심판은 그 심판의 강도가 더 강해지며 범위는 더 넓어진다.

1. 첫째 대접 심판 (악하고 독한 종기)

"첫째 천사가 가서 그 대접을 땅에 쏟으매 짐승의 표를 받은 사람들과 그 우상에게 경배하는 자들에게 악하고 독한 종기가 나더라"(계 16:2)

첫째 천사가 대접을 땅에 쏟자 악하고 독한 종기가 땅에 거하는 사람들에게 생긴다. 여기서 악성 종기로 고통을 당하는 대상은 짐승의 표를 받은 사람들과 그 우상에게 경배하는 자들에게만 해당한다. 여기서 짐승은 바다에서 올라온 짐승인 적그리스도를 지칭한다. 요한계시록 13장 후반부에서 땅에서 올라온 짐승인 거짓 선지자도 있지만, 요한계시록 13장 이후로는 짐승이라는 표현은 적그리스도에게만 부르고 땅에서 올라온 짐승인 거짓 선지자는 짐승이라고 부르지 않고 거짓 선지자라고 부르기 때문이다.

그러므로 독하고 악한 종기는 불신자들에게만 해당하는 재앙이다. 악성 종기는 피부에 나는 종기로 아주 역겹고 독해서 쉽게 치료되지 않아 육체적으로 심한 고통을 준다. 대접 심판은 앞의 인 심판이나 나팔 심판보다 더 무시무시한 심판이기 때문에 일반적으로 생기는 종기가 아니라 아주 심한 고통을 주는 종기다. 이 종기가 너무나 심하기에 2절에서 '악하고 독한 종기'라고 표현했다. 사람들이 견딜 수 없는 아주 독하고 위험하고 해로운 종기로 사람들이 하나님의 심판을 당한다.

2. 둘째 대접 심판 (모든 바다 피로 변함 모든 생명체 죽음)

"둘째 천사가 그 대접을 바다에 쏟으매 바다가 곧 죽은 자의 피 같이 되니 바다 가운데 모든 생물이 죽더라"(계 16:3)

둘째 천사가 대접을 바다에 쏟자 모든 바다가 죽은 사람의 피처럼 변하여 모든 생명체가 죽었다. 요한계시록 8장 8~9절에서 둘째 나팔 재앙에서는 바다의 생물 3분의 1이 죽었지만 여기서는 바다의 모든 생물이 다 죽어 그 효과는 더 강해진다. 세상의 모든 바다는 지구 표면의 거의 70%를 차지하므로 전 세계적으로 엄청난 영향을 미친다. 바다에 사는 모든 생명체가 죽어 썩어갈 때 그 악취는 상상조차 할 수 없을 것이다.

그동안 우리는 바다에서 나는 수많은 해물로 만든 음식을 마음껏 먹을 수 있었지만, 그때부터 바다에서 나온 해물로 만든 음식은 더는 먹을 수 없으며, 바다에서 나는 모든 자원도 활용할 수 없어 정말로 상상할 수도 없는 그런 일이 일어난다. 그동안 바다를 통해 해상 교역이 이루어졌기에 세계 경제 활동이 자연스럽게 이루어졌지만 바다가 심한 타격을 입어 세계 경제가 매우 어려워진다.

3. 셋째 대접 심판 (강과 물의 근원이 피로 변함)

"셋째 천사가 그 대접을 강과 물 근원에 쏟으매 피가 되더라 내가 들으니 물을 차지한 천사가 이르되 전에도 계셨고 지금도 계신 거룩하신 이여 이렇게 심판하시니 의로우시도다 그들이 성도들과 선지자들의 피를 흘렸으므로 그들에게 피를 마시게 하신 것이 합당하니이다 하더라 또 내가 들으니 제단이 말하기를 그러하다 주 하나님 곧 전능하신 이시여 심판하시는 것이 참되시고 의로우시도다 하더라"(계 16:4-7)

셋째 천사가 대접을 모든 강과 물의 근원에 쏟았을 때 모든 바다에 끼쳤던 악한 영향이 이제는 모든 강물과 샘들에 그대로 미쳐 모든 물이 피로 변한다. 이것은 신선한 물이 더는 공급되지 않아 물의 고갈을 의미한다. 셋째 나팔 재앙 때는 세상의 모든 물 가운데 3분의 1만 쓰게 되었지만 여기서는 모든 물에 영향을 미친다.

그렇다면 사람이 물을 마시지 않고 살아갈 수 있는가? 사람이 물을 마시지 않고 살아갈 수 없기에 피로 변한 물이라도 어쩔 수 없이 마시게 된다. 이 땅에 남아 있는 자들이 끔찍한 재앙을 당할 때 사람들은 사랑과 자비의 하나님께서 어떻게 이렇게까지 심판하시는지 의아해할 때 물을 차지한 천사가 하나님을 변호하면서 "거룩하신 하나님이시여, 전에도 계셨고, 지금도 계셨던 당신은 의로우십니다. 이 모든 심판은 거룩하시고 의로우신 당신이 행하셨기 때문입니다."라고 찬양한다. 그리고 성도들에게 피를 흘리게 하였기에 그들에게 피를 주어 마시게 함이 아주 공의롭고 합당하다고 선포한다.

그러므로 성도들을 핍박하여 피를 흘리게 한 자들이 피를 마시게 되므로 하나님께서 원수를 갚아주신다. 사실 교회 시대와 은혜 시대에는 하나님께서 길이 참으시고 은혜와 사랑으로 사람들을 대하셨다. 하지만 여기 대환란의 마지막 시점에서는 하나님께서 공의롭게 역사하시고 심판하신다. 따라서 제단에서도 '그러하다 주 하나님 곧 전능하신 이시여 심판하시는 것이 참되시고 의로우시도다'라고 선포한다. 따라서 하나님의 심판은 그분의 진실하심과 의로움을 잘 드러내고 있다.

4. 넷째 대접 심판 (태양이 사람을 태우는 재앙)

"넷째 천사가 그 대접을 해에 쏟으매 해가 권세를 받아 불로 사람들을 태우니 사람들이 크게 태움에 태워진지라 이 재앙들을 행하는 권세를 가지신 하나님의 이름을 비방하며 또 회개하지 아니하고 주께 영광을 돌리지 아니하더라"(계 16:8-9)

앞에 등장한 세 천사는 대접을 땅에 쏟았지만 이제 넷째 천사는 대접을 해를 향해 쏟았다. 그러자 지금까지 사람들이 경험하지 못한 엄청난 태양의 열기가 사람들을 태워 지구 전체가 엄청난 재앙을 당한다. 이것은 천재지변이 일어나고 지구의 오존층이 파괴되어 태양의 고열 때문에 사람들이 괴로움을 당하고 죽임을 당하는 모습을 보여준다.

사람들이 뜨겁고 더울 때 가장 많이 찾는 것이 물인데 셋째 대접 재앙으로 물이 피로 변하여 물도 마음껏 마실 수 없어 그 고통은 더 심해진다.

오늘날에도 지구 온난화 현상으로 세계 곳곳에서 기상 이변이 일어나 사람들이 고통을 당하고 있다. 지구 온난화는 온실가스가 주범인데 자동차와 공장에서 배출되는 이산화탄소로 인하여 온실가스가 지구 주변의 대기를 덥게 만들어 북극과 남극의 얼음에 해빙 현상이 일어나 해수면이 상승하고 기상 이변으로 브라질에서는 체감 온도가 62도까지 올라가는 일도 있었으며, 세계 곳곳에 폭우로 인한 대홍수와 수많은 자연재해가 발생하고 고온과 건조한 날씨로 농작물의 수확량이 급격히 감소하여 식량 보급에도 큰 위협을 가하고 있다. 하지만 대환란 기간에는 극심한 기상의 이변이 일어나 태양의 강한 열기로 남극 지방과 북극지방과 지구에 있는 모든 만년설이 녹아 해수면이 높아져서 해안지역이 잠기고 죽은 바다의 독한 물이 지구상에 범람하게 된다.

사람들이 이처럼 엄청난 재앙으로 하나님의 심판을 당할 때 땅에 거하는 사람들이 회개하고 하나님께 돌아올 수 있으리라 기대하지만, 오히려 사람들은 하나님께 세 가지 반응을 보였다.

첫째로 사람들은 하나님의 이름을 모독하였다.
둘째로 사람들은 회개하지도 않았다.
셋째로 사람들은 하나님께 영광을 돌리지도 않았다.

이러한 반응은 믿지 않는 불신자가 보이는 일반적인 현상이다. 요한계시록 9장 13~21절에서 여섯째 나팔 심판으로 수많은 사람이 죽임을 당할 때도 살아남은 사람들은 회개하지 않았으며 우상 숭배의 죄를 범하였다. 사실 요한계시록 11장 13절에서 큰 지진으로 인하여 몇몇 사람들이 하나님께 영광을 돌렸지만, 대접 재앙에서는 누구도 회개하지 않았으며 하나님께 영광을 돌리지도 않았다.

지금까지 일곱 대접 심판 가운데 넷째 대접 심판까지 살펴보았는데 이제 마지막 남은 세 가지 대접 심판은 적그리스도와 그를 따르는 세상 나라가 어떻게 멸망하는지를 보여준다. 따라서 다섯째 대접 심판은 적그리스도인 짐승의 왕좌에 심판이 내려졌으며, 여섯째 대접 심판은 대규모 전쟁을 준비하는 모습이고, 마지막 일곱째 대접 심판은 아마겟돈 전쟁으로 온 세상이 멸망하는 모습이다.

5. 다섯째 대접 심판 (세상 나라에 임하는 어두움의 재앙)

"또 다섯째 천사가 그 대접을 짐승의 왕좌에 쏟으니 그 나라가 곧 어두워지며 사람들이 아파서 자기 혀를 깨물고 아픈 것과 종기로 말미암아 하늘의 하나님을 비방하고 그들의 행위를 회개하지 아니하더라"(계 16:10-11)

다섯째 대접을 짐승의 왕좌에 쏟았을 때 온 세상에 어두움이 임한다. 짐승의 왕좌가 구체적으로 어디에 있는지 정확하게는 알 수 없지만, 그 결과는 아주 확실하여 짐승의 세상 나라가 어두워진다. 여기서 짐승의 왕좌는 마귀 사탄이 적그리스도에게 준 권세를 지칭한다. 짐승의 나라는 아직 7년 대환란이 끝나지 않았기에 그가 통치하는 세상 나라다.

여기 어두움의 재앙은 이집트에 내려진 아홉째 재앙에서도 있었는데 바로 왕이 이스라엘 백성을 보내기를 거절하자 모세가 하늘을 향하여 손을 내밀자 이집트 전역에 3일 동안 어두움이 임했다. 그리고 넷째 나팔 심판에서도 넷째 천사가 나팔을 불자 해와 달과 별들의 3분의 1이 타격을 입어 이 땅에 어두움이 임했다. 하지만 여기 다섯째 대접 심판에서는 온 세상에 어두움이 임했다.

여기 다섯째 대접까지 오면서 고통스러운 악한 종기가 있었고, 모든 바다는 오염되었으며, 식수는 절대적으로 부족하고, 강한 열기에다가 여기 다섯째 대접 심판으로 칠흑 같은 어두움이 임하자 이 세상 사람들은 아픈 것과 종기로 말미암아 너무나 고통스러워 아픔을 이기지 못하고 자기 혀를 깨문다.

여기서 자기 혀를 깨물었다는 것은 온 세상에 어두움이 임한 것이 너무나 고통스럽고 두려워서 극한 스트레스를 받는 것을 보여준다. 얼마나 고통스러웠으면, 얼마나 두려웠으면, 사람들이 자기 혀를 깨물었겠는가? 하지만 그러한 상황에서도 믿지 않는 사람들은 회개하지 않았다. 여기서 회개를 거부한 것이 마지막으로 등장했기에 이제 더는 회개할 기회를 놓쳐버렸다. 그들은 하나님의 초청을 거절했고, 자신들의 믿지 않는 마음을 그대로 유지하여 결국에는 마지막 두 대접의 심판을 당할 수밖에 없다.

6. 여섯째 대접 심판 (아마겟돈 전쟁 준비)

"또 여섯째 천사가 그 대접을 큰 강 유브라데에 쏟으매 강물이 말라서 동방에서 오는 왕들의 길이 예비되었더라 또 내가 보매 개구리 같은 세 더러운 영이 용의 입과 짐승의 입과 거짓 선지자의 입에서 나오니 그들은 귀신의 영이라 이적을 행하여 온 천하 왕들에게 가서 하나님 곧 전능하신 이의 큰 날에 있을 전쟁을 위하여 그들을 모으더라 보라 내가 도둑 같이 오리니 누구든지 깨어 자기 옷을 지켜 벌거벗고 다니지 아니하며 자기의 부끄러움을 보이지 아니하는 자는 복이 있도다 세 영이 히브리어로 아마겟돈이라 하는 곳으로 왕들을 모으더라"(계 16:12-16)

여기 여섯째 대접 심판은 땅에 거하는 사람들에게 직접적으로 재앙이 내려지지 아니하고 마귀 사탄과 적그리스도와 거짓 선지자가 대규모 전쟁을 준비하는 모습이다. 여섯째 대접을 유프라테스강물에 쏟았을 때 강물이 말라서 동방에서 오는 왕들의 길이 예비 되었다.

유프라테스강은 아르메니아 산맥에서 발원하여 거기서부터 거의 2,800km를 흘러 페르시아만으로 흐르는 강으로 서아시아에서 제일 길고 큰 강이다. 여섯째 천사가 대접을 유프라테스강에 쏟았을 때 강의 모습은 완전히 달라진다. 이미 넷째 대접 심판으로 아라라트산의 설빙과 만년설이 녹아 엄청난 수량으로 큰 피해를 주었다.

그러나 여섯째 대접을 유프라테스강에 쏟았을 때 물이 완전히 말라 전쟁을 위하여 동쪽에서 오는 왕들을 위한 길이 준비된다. 동쪽에서 오는 군대들이 팔레스타인 지역에 있는 아마겟돈으로 가려면 유프라테스강을 건너야 하기 때문이다. 그리고 여기서 동방은 이스라엘 나라의 동쪽으로 구약에서는 앗시리아와 바벨론을 지칭하지만, 요한계시록이 기록될 당시에는 페르시아를 지칭하였다.

그런데 요한계시록 16장 13~14절을 보면 용과 짐승과 거짓 선지자가 등장하는데 이들은 마귀 사탄과 적그리스도와 거짓 선지자로서 이들의 입에서 개구리 같은 더러운 귀신의 영이 나와서 온 세상에 있는 왕들을 찾아가 유혹하여 하나님의 큰 날에 있을 아마겟돈 전쟁을 예비하기 위하여 모은다. 따라서 여섯째 대접 심판은 예수께서 이 땅에 하나님의 나라를 건설하기 위하여 이 땅에 재림하실 때 벌어질 마지막 아마겟돈 전쟁을 준비하려고 온 세상의 왕들을 모은다.

하지만 이러한 역사는 동쪽에서 오는 왕들을 도와주려는 것이 아니라 그들을 심판하기 위해서다. 마치 이스라엘 백성이 출애굽 당시에 홍해가 갈라져 이스라엘 백성이 안전하게 건넜을 때 이집트 군대가 완전히 멸망한 것처럼 그들을 완전히 전멸시키기 위함이다. 특히 이 전쟁에서 더러운 악한 영들이 역사했는데 사탄의 입과 적그리스도의 입과 거짓 선지자의 입에서 더러운 귀신의 영이 나와서 세상의 모든 왕과 지도자들과 사령관들을 미혹하였다. 예수님의 재림이 가까이 온 것을 알게 된 마귀 사탄은 감람산에 재림하실 예수 그리스도를 대항하기 위해서 전 세계의 병력을 거룩한 땅으로 모은다.

아마겟돈이라는 말은 히브리어로 므깃도이며, 구약시대에 전투가 많이 일어났던 곳으로 7년 대환란 거의 마지막 부분에 아마겟돈 전쟁이 그곳에서 일어난다. 그런 상황 속에서도 믿는 성도들에게 예수께서 주시는 위로의 말이 전해졌는데 요한계시록 16장 14절과 16절 사이에 있는 15절이다.

"내가 도둑 같이 오리니 누구든지 깨어 자기 옷을 지켜 벌거벗고 다니지 아니하며 자기의 부끄러움을 보이지 아니하는 자는 복이 있도다"(계 16:15)

14절과 16절은 아마겟돈 전쟁을 준비하는 마귀 사탄과 적그리스도와 거짓 선지자와 더러운 귀신에 관한 말씀이라면 여기 15절은 성도에게 주는 교훈의 말씀이다. 이 메시지는 주님의 오심을 준비하는 사람들을 위한 축복의 선언이다.

사실 아마겟돈 전쟁은 예수 그리스도의 지상 재림과 아주 밀접하게 연결되어 있다. 예수께서 지상에 재림하셔서 인류 마지막 전쟁인 아마겟돈 전쟁을 마무리하기 때문이다.

따라서 예수 그리스도의 복음으로 구원받은 성도는 예수님의 재림을 늘 준비해야 한다. 예수께서는 마치 도둑 같이 오시기 때문에 우리는 예수님을 맞을 준비를 하며 깨어 있어야 한다. 예수님의 재림을 준비하지 않는 사람은 옷을 입지 않고 벌거벗은 몸으로 돌아다녀 자기의 부끄러움을 보이는 수치스러운 사람과 같다. 그러므로 예수님을 맞을 준비를 하는 사람은 자기 옷을 단정하게 입은 사람으로 행실이 의로운 사람이다. 따라서 우리가 입어야 할 옷은 예수 그리스도의 십자가 속량으로 얻은 의의 옷과 구원의 옷이며, 빛나고 깨끗한 세마포 옷인 의로운 행실의 옷이다. 따라서 예수 그리스도의 재림을 대비하여 늘 깨어 있는 성도는 복이 있는 성도다.

7. 일곱째 대접 심판 (하나님 진노의 마지막 심판)

"일곱째 천사가 그 대접을 공중에 쏟으매 큰 음성이 성전에서 보좌로부터 나서 이르되 되었다 하시니 번개와 음성들과 우렛소리가 있고 또 큰 지진이 있어 얼마나 큰지 사람이 땅에 있어 온 이래로 이같이 큰 지진이 없었더라 큰 성이 세 갈래로 갈라지고 만국의 성들도 무너지니 큰 성 바벨론이 하나님 앞에 기억하신 바 되어 그의 맹렬한 진노의 포도주 잔을 받으매 각 섬도 없어지고 산악도 간 데 없더라 또 무게가 한 달란트나 되는 큰 우박이 하늘로부터 사람들에게 내리매 사람들이 그 우박의 재앙 때문에 하나님을 비방하니 그 재앙이 심히 큼이러라"(계 16:17-21)

이제 마지막 일곱째 대접 심판은 이 땅에 사는 죄인들에게 쏟아부으시는 하나님의 마지막 심판이며, 마지막 심판답게 세계역사에서 가장 심한 심판이 이 땅에 쏟아지자 성전에서 그리고 보좌로부터 큰 음성으로 "다 되었다"라고 선포한다. 온 세상을 창조하신 하나님께서 지구 전체가 최후를 맞을 마지막 날을 결정하시고 하나님의 심판이 최종적으로 완성되었다는 의미로 "다 되었다"라고 선포하셨다. 예수께서 십자가 위에서 온 인류의 죄를 담당하시므로 죄인을 구원할 복음이 완성되었다는 선포로 "다 이루었다"라고 외치신 것처럼 여기서는 예수 그리스도의 복음을 거절하고 회개하지 않는 자들에게 최후 심판이 완성되었다는 선포다. 하나님의 마지막 선언이 선포되자 극적인 효과로 천둥과 번개가 치고 큰 음성이 들렸다.

천사가 일곱째 대접을 공중에 쏟아부으니 지구상에서 지금까지 있었던 그 어떤 지진보다 가장 큰 지진이 일어나 큰 성 예루살렘이 세 갈래로 갈라지고 온 세상의 성들이 무너진다. 온 세상의 성들이 무너졌다는 것은 이 세상의 큰 도시들과 높은 빌딩들과 건물들이 무너져 내려 온 세상은 대격변을 겪게 된다.

세계역사에서 지금까지 일어난 가장 큰 지진은 1960년 칠레에서 일어난 9.5의 강진이었지만 일곱 대접 심판 때 일어나는 지진과는 비교도 되지 않는다. 따라서 이 지구상에서 가장 크고 강력한 지진으로 처음 영향을 받은 큰 성 예루살렘은 세 갈래로 조각이 나 버린다. 필자가 성지순례를 갔을 때 예루살렘에서 들은 이야기는 지금 있는 예루살렘도 그동안 있었던 지진으로 지형이 완전히 달라졌다고 들었다.

그러므로 대규모 지진으로 예루살렘의 지형이 완전히 달라진다. 지구의 땅을 새롭게 변화시키고 형태를 바꾸어 천년왕국을 준비하기 위하여 노아의 홍수 이전으로 돌아갈 것이다. 그래서 요한은 요한계시록 16장 20절에서 "각 섬도 없어지고 산악도 간 데 없더라"라고 말한다. 결국 지진의 목적은 예루살렘을 새롭게 하는 것이다. 그래서 스가랴 14장 10절에 의하면 예루살렘은 높이 솟구치고 주변은 평지로 변할 것이다.

그러나 요한계시록 16장 19절에 보면 적그리스도의 나라를 대표하는 큰 성 바벨론이 하나님의 맹렬한 진노의 포도주 잔을 마시므로 무너진다. 그리고 바벨론 멸망에 대한 구체적인 내용은 요한계시록 17~18장에서 자세히 언급된다. 그런데 엄청난 지진으로 끔찍한 파괴를 피한 사람들은 또 다른 심판과 재앙을 당하는데 무게가 한 달란트 약 45~60kg이나 되는 우박들이 하늘에서 떨어져 자동차나 건물들이 무너지고 사람들이 재앙을 당하여 죽임을 당한다. 우박의 재앙은 애굽에서도 있었고, 첫째 나팔 재앙에서도 있었지만, 일곱째 대접 심판 때 내리는 우박 재앙은 상상을 초월할 정도로 강력한 우박이다. 오늘날 지구상에 내린 우박 중에 가장 무거운 우박이 1kg이 안 된다고 하는데 45~60kg의 우박이니 그 우박을 맞고 피할 사람은 아무도 없다. 그래도 사람들은 하나님을 모독하는데 그 우박 재앙이 너무나 심히 컸기 때문이다.

그들은 이 모든 심판과 재앙이 있을 때 자신들을 돌아보지 않고 하나님을 원망한다. 결국 그들은 하나님께 회개하고 돌아올 마지막 기회를 놓친 것이다. 결국 그들은 자신들이 하나님을 거절한 책임으로 영원한 지옥 불못으로 떨어진다. 이제 7년 대환란에서 마지막 일곱 대접 심판이 끝나면 짐승과 그를 따르는 땅에 거하는 불신자들은 끝장이 나고 예수 그리스도께서 하늘에서 구름을 타고 이 지상으로 재림하신다.

18장

큰 음녀인 바벨론의 멸망

계시록 17장

요한계시록 17~18장은 바벨론에 대한 심판과 멸망을 보여준다.

17장은 큰 음녀의 정체와 그 음녀가 탄 짐승의 정체를 밝혀주고, 큰 음녀가 어떻게 멸망하는지를 보여주고, 18장은 경제 공동체로서 바벨론의 멸망을 구체적으로 보여준다. 요한계시록 17장을 자세히 읽어보면 큰 음녀와 짐승이 자주 등장하는데 '음녀'라는 단어가 4번, 음녀를 일컫는 '여자'라는 단어가 7번, '짐승'이라는 단어도 10번이나 나온다.

그렇다면 여기에 나오는 음녀와 짐승은 누구인가?

먼저 음녀는 7년 대환란 기간에 활동하는 거짓 종교인 바벨론을 지칭하고, 짐승은 7년 대환란 기간에 활동하는 적그리스도를 지칭한다.

사실 세계역사에 등장하는 바벨론은 문명의 요람지였다. 유프라테스강 주변에 있는 바벨론 도성의 유적들이 이를 증명한다. 모든 역사에서 바벨론은 거짓 종교의 중심지였다. 바벨론 도성은 하나님께 반역한 니므롯에 의하여 건설되었으나(창 10:8-12) 바벨론의 신비종교는 니므롯의 아내 세미라미스에 의해서 창설되었고, 성경 외 다른 자료에 의하면 그녀는 기적적인 방법으로 아들을 낳아서 이름을 탐무스라 지었으며, 또한 탐무스는 야생 짐승에게 죽임을 당하였으나 다시 생명을 얻었다고 주장하여 예수님의 죽음과 부활을 모방했다.

그러나 바벨론이 페르시아에 의해서 멸망하자 바벨론의 신비종교는 더는 지속될 수 없었지만, 그 신비종교의 의식은 다른 곳으로 옮겨가서 계속 전해지고 있었다. 바벨론에서 거짓 종교를 시작한 마귀 사탄은 마지막 종말 시대에 다시 바벨론으로 돌아와 세상의 마지막 종교로 활동한다.

그리고 세상의 마지막 종교는 여기 요한계시록 17장에서 큰 음녀로 묘사된다.

그렇다면 큰 음녀로 묘사되는 바벨론의 심판과 멸망이 왜 여기 요한계시록 17~18 장에 등장하는가? 우리는 요한계시록이 6~18장까지가 7년 대환란을 다루고 있다는 사실을 알아야 한다. 그리고 7년 대환란 기간에도 일곱 인의 재앙과 일곱 나팔의 재앙과 일곱 대접의 재앙을 다루는데 일곱 대접 재앙은 요한계시록 16장에 나와 있으며, 1~16절까지는 첫째 대접 재앙부터 여섯째 대접 재앙을 다루었고, 17~21절에서 마지막 일곱째 대접 재앙을 다루는 가운데 19~20절에서 바벨론이 멸망하는 내용이 나온다. 결국 7년 대환란 마지막 부분에 큰 성 바벨론이 멸망하는 것이며, 요한계시록 14장 8절에서도 바벨론이 멸망할 것을 예고했다.

"큰 성이 세 갈래로 갈라지고 만국의 성들도 무너지니 큰 성 바벨론이 하나님 앞에 기억하신 바 되어 그의 맹렬한 진노의 포도주 잔을 받으매 각 섬도 없어지고 산악도 간데 없더라, 또 다른 천사 곧 둘째가 그 뒤를 따라 말하되 무너졌도다 무너졌도다 큰 성 바벨론이여 모든 나라에게 그의 음행으로 말미암아 진노의 포도주를 먹이던 자로다 하더라"(계 16:19-20, 14:8)

그러므로 여기에 나오는 바벨론이 요한계시록 17장에 나오는 큰 음녀이기에 요한계시록 17장 5절에서 큰 음녀의 이름을 바벨론이라고 소개하였다. 그러므로 요한계시록 17~18장은 이 음녀인 바벨론이 어떻게 심판을 당하며 멸망하는지를 보여준다. 그러므로 바벨론의 멸망이 이루어지면 요한계시록 19장에서 예수께서 이 지상에 재림하신다. 이제 큰 음녀와 짐승의 정체를 자세히 밝혀볼 것이다.

1. 거짓 종교단체, 경제 공동체인 바벨론

"또 일곱 대접을 가진 일곱 천사 중 하나가 와서 내게 말하여 이르되 이리로 오라 많은 물 위에 앉은 큰 음녀가 받을 심판을 네게 보이리라 땅의 임금들도 그와 더불어 음행하였고 땅에 사는 자들도 그 음행의 포도주에 취하였다 하고 곧 성령으로 나를 데리고 광야로 가니라 내가 보니 여자가 붉은 빛 짐승을 탔는데 그 짐승의 몸에 하나님을 모독하는 이름들이 가득하고 일곱 머리와 열 뿔이 있으며 그 여자는 자주 빛과 붉은 빛 옷을 입고 금과 보석과 진주로 꾸미고 손에 금 잔을 가졌는데 가증한 물건과 그의 음행의 더러운 것들이 가득하더라 그의 이마에 이름이 기록되었으니 비밀이라, 큰 바벨론이라, 땅의 음녀들과 가증한 것들의 어미라 하였더라 또 내가 보매 이 여자가 성도들의 피와 예수의 증인들의 피에 취한지라 내가 그 여자를 보고 놀랍게 여기고 크게 놀랍게 여기니"(계 17:1-6)

일곱 대접을 가진 천사 중 하나가 요한에게 나타나 큰 음녀가 받을 심판을 보여준다. 이 음녀는 자줏빛과 붉은빛 옷을 입고 있었고, 금과 보석과 진주와 같은 장식으로 꾸미고 있었으며, 손에는 금잔을 들고 있었으며, 그 금잔에는 가중한 물건과 음행의 더러운 것들이 가득하였으며, 이마에는 땅의 음녀들과 가중한 것들의 어미와 큰 바벨론이라는 이름이 적혀 있었다. 그리고 이 음녀는 성도들이 흘린 피와 예수의 증인들이 흘린 피에 취해 있었다.

그렇다면 이 음녀는 누구인가? 5절에 의하면 이 음녀의 비밀을 밝히는데 이 음녀를 '큰 바벨론'이라 소개한다. 그리고 18절에서는 '땅의 왕들을 다스리는 큰 성이라' 소개한다. 따라서 이 음녀는 큰 성 바벨론이며, 창녀의 모습으로 나타났으나 그렇다고 성매매하는 여자가 아니라 거짓 종교단체를 상징하며, 하나님을 거역하고 인간이 스스로 통치하겠다는 거짓 종교단체를 나타낸다.

그런데 이 음녀는 1절에 의하면 많은 물 위에 앉아 있었다. 그러면 이 음녀가 앉은 많은 물은 무엇을 의미하는가? 다행스럽게도 요한계시록 17장 15절에서 '많은 물'이 무엇인지 자세히 설명한다.

"또 천사가 내게 말하되 네가 본 바 음녀가 앉아 있는 물은 백성과 무리와 열국과 방언들이니라"

그러므로 음녀가 앉은 많은 물은 '백성과 무리와 열국과 방언들'이다. 다시 말하면 이 음녀는 온 세상 사람들 위에 앉아 역사하고 있다. 이것은 음녀로 상징되는 거짓 종교단체와 악의 세력이 전 세계의 모든 사람을 미혹하는 모습이다. 악의 세력은 온갖 거짓 종교단체와 사이비 이단들을 일으켜 인간이 살아 계신 하나님을 섬기지 못하도록 역사한다. 거짓 종교단체를 만들어 세상 사람들이 하나님을 믿지 못하게 만드는 존재가 바로 이 음녀다.

그래서 요한계시록 17장 2절은 땅의 임금들이 음녀와 음행하였고, 땅에 사는 자들이 그 음행의 포도주에 취하였다고 말했는데 여기서 땅의 임금들이 음녀와 음행했다는 의미는 땅의 임금들이 성매매하는 여성과 성관계를 했다는 것이 아니라 종교단체가 세상의 권력과 짝하고 결탁했다는 의미다. 하지만 정치와 종교는 반드시 분리되어야 하며, 교회와 정부도 분리되어야 한다. 정치와 종교, 교회와 정부가 분리하지 못하면 결국 타락하기 때문이다.

결국 세상의 지도자들과 세상의 많은 사람이 이 음녀의 미혹에 넘어가 하나님을 섬기지 않고 거짓 종교를 믿고 있다. 그러므로 이 세상은 큰 음녀의 포도주에 취해 비틀거리는 모습이다. 이 세상의 모든 거짓 종교단체는 큰 음녀가 이 세상 모든 사람에게 포도주를 먹여 취하게 만든 결과로 나타난 현상이다. 하나님을 믿지 않는 사람들은 음녀에게 사로잡혀서 자신의 마음과 영혼을 그 음녀에게 주었다.

2. 큰 음녀와 짐승의 연합

3절에 의하면 사도 요한은 성령에 이끌리어 환상 중에 광야에서 큰 음녀의 모습을 보았다. 그리고 5절에 의하면 이 음녀의 이마에 이름 세 가지가 기록되어 있는데 첫째는 비밀이고, 둘째는 큰 바벨론이고, 셋째는 땅의 음녀들과 가증한 것들의 어미였다. 음녀의 이름이 비밀이라는 의미는 본래 감추어져 있었지만, 마지막 때에 밝혀지는 것을 의미한다. 그러므로 이 음녀의 이름은 큰 성 바벨론이며, 큰 성 바벨론은 거짓 종교단체다. 그런데 3절에 보면 이 음녀가 몸에 하나님을 모독하는 이름들이 가득하고, 일곱 머리와 열 뿔이 있는 붉은 짐승을 타고 있었다. 이것은 큰 음녀와 짐승의 연합을 보여주는데 여기서 짐승은 적그리스도를 나타내기에 음녀가 짐승을 탄 것은 적그리스도를 협력자로 두고 있는 모습이다. 적그리스도가 초기에 세계를 지배할 때 거짓 종교단체를 이용하기 때문이다.

그러므로 짐승인 적그리스도와 음녀인 거짓 종교단체가 잠시 연합하지만, 이것은 마치 교회와 국가가 연합하는 것과 같다.

그렇다면 음녀가 어떻게 땅의 임금들과 물 위에 앉은 백성과 무리와 열국과 방언들과 붉은빛 짐승을 통제할 수 있는가? 그것은 음녀인 바벨론이 종교와 정치와 경제를 통제하기 때문이다. 이 음녀가 자줏빛과 붉은빛 옷을 입고, 금과 보석과 진주로 꾸미고 있었는데 이 음녀를 치장한 장식품들은 오늘날의 거짓된 의식주의 종교와 의식주의 교회들의 장식품들과 비슷하다는 것을 알아야 한다. 이것은 음녀인 거짓 종교단체가 진리를 가장하는 종교의 장식물들을 가지고 있기 때문이다. 이 음녀는 손에 가증한 물건과 음행의 더러운 것들을 가득히 담은 금잔을 가지고 있었다. 따라서 이 음녀는 화려하고 사치스러운 옷과 보석으로 꾸미고 있는 모습을 보면 경제적으로 아주 부유한 상태를 나타낸다. 그리고 이 음녀는 땅의 음녀들과 가증한 것들의 어미며, 성도들의 피와 예수의 복음을 전하는 전도자들의 피에 취해 있다. 그러므로 이 음녀는 사람이 아니라 세상의 거짓 종교단체이며, 이 거짓 종교단체가 많은 사람을 죽여서 피에 취한 것이다.

3. 일곱 머리 열 뿔 가진 짐승의 비밀

"천사가 이르되 왜 놀랍게 여기느냐 내가 여자와 그가 탄 일곱 머리와 열 뿔 가진 짐승의 비밀을 네게 이르리라 네가 본 짐승은 전에 있었다가 지금은 없으나 장차 무저갱으로부터 올라와 멸망으로 들어갈 자니 땅에 사는 자들로서 창세 이후로 그 이름이 생명책에 기록되지 못한 자들이 이전에 있었다가 지금은 없으나 장차 나올 짐승을 보고 놀랍게 여기리라 지혜 있는 뜻이 여기 있으니 그 일곱 머리는 여자가 앉은 일곱 산이요"(계 17:7-9)

사도 요한이 일곱 머리와 열 뿔 가진 짐승과 그 짐승을 타고 있는 음녀를 자세히 몰라서 놀랍게 여기고 있을 때 천사가 나타나 왜 놀랍게 여기느냐고 말하며 이 음녀의 비밀과 이 음녀가 탄 짐승의 비밀을 자세히 설명해 준다.
그렇다면 일곱 머리와 열 뿔 가진 짐승은 누구인가?
요한계시록 17장 3절에 보면 이 짐승은 하나님을 모독하는 이름들이 가득하고 일곱 머리와 열 뿔을 가지고 있으며, 8절에서는 이 짐승이 전에 있었지만, 지금은 없고, 미래에 무저갱으로부터 올라와 멸망으로 들어갈 존재라고 말한다.
그런데 요한계시록 13장 1~3절을 읽어보면 바다에서 올라온 짐승을 소개할 때 일곱 머리와 열 뿔을 가지고 있었으며 그의 머리 하나가 상하여 죽게 된 것 같다가 그 죽게 되었던 상처가 나았다고 말하고 13장 14절에서는 칼에 상했다가 살아난 짐승이라고 표현하고 11장 7절에서는 무저갱으로부터 올라온 짐승이라고 소개하므로 이 짐승은 바로 적그리스도를 나타낸다.

❶ 짐승의 일곱 머리는 무엇을 나타내는가?

요한계시록 17장 7절에서 음녀가 탄 짐승이 일곱 머리와 열 뿔을 가졌는데 그러면 짐승의 일곱 머리는 무엇을 나타내는가? 요한계시록 17장 9절은 짐승의 일곱 머리는 여자가 앉은 일곱 산이라고 말한다.

"지혜 있는 뜻이 여기 있으니 그 일곱 머리는 여자가 앉은 일곱 산이요"(계 17:9)

어떤 학자들은 여기에 나오는 여자가 앉은 일곱 산을 실제로 존재하는 로마에 있는 일곱 산이라고 해석한다. 로마에는 티베르강을 따라 팔라틴, 아벤틴, 카일리안, 에퀼린, 비미날, 퀴리날, 카피톨린이라는 7개의 산이 있기 때문이다. 그래서 여자가 로마에 있는 일곱 산에 앉아 있기에 이 여자를 로마 가톨릭이라고 해석한다. 그러나 18절에서는 이 여자가 땅의 왕들을 다스리는 큰 성 바벨론이라고 말하고 있어서 이 여자는 로마 가톨릭은 아니다. 그리고 요한계시록 17장 3절에서 이 여자가 붉은 짐승 위에 앉은 것도 실제로 그 짐승 위에 앉아 있는 것이 아니라 짐승인 적그리스도와 거짓 종교단체의 연합을 상징적으로 나타내는 것처럼, 일곱 산도 실제로 로마에 있는 일곱 산이 아니라 상징으로 일곱 왕을 나타낸다.

그러므로 일곱 머리는 일곱 왕으로 이미 망한 5개 제국의 다섯 명의 왕들과 그 당시 로마제국의 한 명의 왕과 7년 대환란에 세계를 지배할 적그리스도를 포함하면 이것이 바로 짐승의 일곱 머리이며 일곱 왕이다. 그래서 요한계시록 17장 10~11절은 이 일곱 산이 실제적인 산이 아니라 일곱 왕이라고 말하고 있다.

"또 일곱 왕이라 다섯은 망하였고 하나는 있고 다른 하나는 아직 이르지 아니하였으나 이르면 반드시 잠시 동안 머무르리라 전에 있었다가 지금 없어진 짐승은 여덟째 왕이니 일곱 중에 속한 자라 그가 멸망으로 들어가리라"(계 17:10-11)

여기서 일곱 왕 중에 다섯은 망하였는데 망한 다섯은 바로 바벨론, 이집트, 앗수르, 페르시아, 그리스의 왕들이다. 이 나라들은 사도시대 이전에 있었던 제국들이다. 또 "하나는 있고"에서 또 다른 하나는 요한의 시대에 있었던 로마제국의 황제이며, 또 "다른 하나는 아직 이르지 아니하였으나"에서 아직 나타나지 않은 하나는 마지막 때에 나타날 적그리스도를 지칭한다. 그리고 "이르면 반드시 잠시 동안 머무르리라"라는 말은 적그리스도가 세운 세계 제국이 일시적이라는 것을 나타낸다. 적그리스도는 42달 동안 활동할 권세를 받았기 때문이다.

그리고 전에 있었다가 지금은 없어진 여덟째 왕은 일곱 중에 속한 자로 그가 바로 환난 기간에 죽었다가 다시 살아난 존재로서 예수님을 흉내 내고 있지만 결국에는 멸망으로 들어갈 적그리스도를 나타낸다. 그리고 11절 마지막에 '그가 멸망으로 들어가리라'라는 말은 결국 적그리스도가 곧 멸망할 것을 보여준다. 그는 마귀 사탄의 도구로 인류 역사에서 마지막 7년 대환란 때 등장하여 이스라엘을 공격하고 성도들을 핍박하고 예수 그리스도와 맞서 싸우다가 곧 멸망하며 지옥 불 못에서 영원한 형벌을 받는다.

❷ 짐승의 열 뿔은 무엇을 나타내는가?

"네가 보던 열 뿔은 열 왕이니 아직 나라를 얻지 못하였으나 다만 짐승과 더불어 임금처럼 한동안 권세를 받으리라 그들이 한 뜻을 가지고 자기의 능력과 권세를 짐승에게 주더라 그들이 어린 양과 더불어 싸우려니와 어린 양은 만주의 주시요 만왕의 왕이시므로 그들을 이기실 터이요 또 그와 함께 있는 자들 곧 부르심을 받고 택하심을 받은 진실한 자들도 이기리로다"(계 17:12-14)

이 말씀은 짐승의 열 뿔은 열 왕이라고 소개한다. 이들은 연합을 형성해서 미래의 세계 통치자 적그리스도를 지지해줄 나라들의 우두머리로서 같은 시대에 사는 왕들이다. 그들이 아직 나라를 얻지 못했다는 것은 아직 왕국을 받지 못했기 때문이며, 이들은 대환란 후반기에 적그리스도에게 충성하고 협력할 왕들이다.

그러므로 적그리스도는 여기 열 왕을 통해서 세계를 통치할 것이다. 열 왕은 적그리스도를 중심으로 연합체를 구성하여 어린양이신 예수 그리스도와 싸운다. 아마 적그리스도의 제국은 열 개 지역으로 나뉘고 열 왕이 통치할 것이다. 하지만 여기서 열 왕이 10개 나라가 아니라 요한계시록 16장 12절에 나오는 동방에서 오는 왕들을 지칭할 수도 있고, 16장 14절에 나오는 온 천하 왕들일 수도 있다. 따라서 열 왕이 적그리스도를 지지하는 왕들이거나 지도자 전체를 의미할 수도 있을 것이다. 그러나 열 왕이 적그리스도와 함께 어린 양과 더불어 싸우지만, 그들은 결코 어린 양을 이길 수 없는데 어린 양 되시는 예수 그리스도께서 만주의 주가 되시고 만 왕의 왕이 되시기 때문이다. 그러므로 예수 그리스도께서 지상에 재림하셔서 적그리스도의 모든 세력을 완전히 멸망시키신다. 예수 그리스도께서 재림하실 때 그분과 함께 하는 하늘 군대들이며, 예수 그리스도로부터 부르심을 받고 선택되었으며 진실한 성도들도 예수 그리스도와 함께 승리한다.

그런데 다니엘 2장과 7장에서도 적그리스도가 등장하는 모습이 나온다. 바벨론 제국의 느브갓네살 왕이 꿈에 거대한 신상을 보았는데 그것을 해석하지 못하여 번민하고 있을 때 다니엘이 그것을 해석하는 내용이 다니엘 2장 25~45절에 나온다. 여기서 금으로 된 머리는 바벨론 제국이고, 은으로 된 팔과 가슴은 메대와 바사의 연합국인 페르시아 제국이고, 청동으로 된 배는 알렉산더 대왕의 그리스제국이고, 철로 된 다리는 로마제국이고, 그리고 철과 진흙이 섞인 발과 열 발가락은 적그리스도를 도울 열 왕이 참여하는 적그리스도가 통치하는 제국일 것이다. 그러나 적그리스도에 의해서 세워질 나라는 예수님의 재림으로 끝나고 결국 영원한 그리스도의 나라가 세워지는데 다니엘 2장 33~35절에서 그 사실을 이렇게 예언한다.

"그 종아리는 쇠요 그 발은 얼마는 쇠요 얼마는 진흙이었나이다 또 왕이 보신즉 손대지 아니한 돌이 나와서 신상의 쇠와 진흙의 발을 쳐서 부서뜨리매 그때 쇠와 진흙과 놋과 은과 금이 다 부서져 여름 타작 마당의 겨 같이 되어 바람에 불려 간 곳이 없었고 우상을 친 돌은 태산을 이루어 온 세계에 가득하였나이다"(단 2:33-35)

여기 이 말씀에 등장하는 뜨인 돌은 예수 그리스도다. 그분이 오셔서 열 왕이 소속된 적그리스도가 통치하는 제국을 멸망시키고 영원히 망하지도 아니할 예수 그리스도가 통치하는 천년왕국을 세우실 것이다. 다니엘은 이 말씀을 다시 설명하면서 이 해석이 확실하다고 선포한다.

"이 여러 왕들의 시대에 하늘의 하나님이 한 나라를 세우시리니 이것은 영원히 망하지도 아니할 것이요 그 국권이 다른 백성에게로 돌아가지도 아니할 것이요 도리어 이 모든 나라를 쳐서 멸망시키고 영원히 설 것이라 손대지 아니한 돌이 산에서 나와서 쇠와 놋과 진흙과 은과 금을 부서뜨린 것을 왕께서 보신 것은 크신 하나님이 장래 일을 왕께 알게 하신 것이라 이 꿈은 참되고 이 해석은 확실하니이다 하니"(단 2:44-45)

4. 큰 음녀의 멸망

"네가 본 바 이 열 뿔과 짐승은 음녀를 미워하여 망하게 하고 벌거벗게 하고 그의 살을 먹고 불로 아주 사르리라 이는 하나님이 자기 뜻대로 할 마음을 그들에게 주사 한 뜻을 이루게 하시고 그들의 나라를 그 짐승에게 주게 하시되 하나님의 말씀이 응하기까지 하심이라"(계 17:16-17)

처음에는 거짓 종교단체인 음녀가 적그리스도인 짐승을 타고 있었지만, 이제는 열 뿔과 짐승에 의하여 큰 음녀가 모든 것을 몰수당하고 멸망한다. 짐승인 적그리스도는 음녀인 거짓 종교단체를 미워하여 버리고, 이 음녀를 벌거벗기고, 이 음녀의 살을 먹으며, 이 음녀를 불로 태워 멸망시킨다. 이것은 종교와 정치 권력의 관계를 잘 보여준다. 적그리스도가 일단 권력을 잡고 나면, 그동안 자신을 지지해준 거짓 종교단체 바벨론을 이용하고, 이용 가치가 없어지면 바로 제거한다. 종교가 정치세력과 타협을 하면 결국에는 타락하고 이용당할 수밖에 없다.

그러나 거짓 종교단체 세력의 힘은 대단하다. 그래서 적그리스도는 세계 정권을 완전히 장악할 때까지만 거짓 종교단체 음녀를 이용한다. 그러나 이용 가치가 없어지면 이 음녀는 버림을 당한다. 결국에는 적그리스도가 모든 권력을 장악한 것처럼 보이지만 이 모든 것은 하나님의 주권 아래서 벌어지는 일이다. 세계 정부를 짐승인 적그리스도에게 주게 하지만 하나님의 말씀이 이루어질 때까지만 제한적으로 허락된 것이다.

"이는 하나님이 자기 뜻대로 할 마음을 그들에게 주사 한 뜻을 이루게 하시고 그들의 나라를 그 짐승에게 주게 하시되 하나님의 말씀이 응하기까지 하심이라"(계 17:17)

마침내 하나님께서 작정하신 때가 되면 마귀 사탄의 세력은 완전히 멸망하고 무저갱에 들어가며 나중에는 영원한 지옥으로 들어가는 것이며 예수 그리스도와 모든 성도가 영원히 승리하는 것이다.

19장

바벨론

경제공동체의 멸망

계시록18장

요한계시록 17장은 큰 음녀의 정체를 자세히 밝히고 있는데 요한계시록 17장 5절에서 큰 음녀가 큰 바벨론이며, 요한계시록 17장 18절에서 그 음녀가 땅의 왕들을 다스리는 큰 성이라고 소개하였다. 그래서 요한계시록 18장은 음녀라는 말보다는 큰 성 바벨론이라고 부른다.

따라서 요한계시록 18장은 큰 성 바벨론의 멸망을 다루면서 특별히 경제 공동체의 멸망을 더 자세히 다루고 있다. 그러나 어떤 학자들은 17장의 음녀인 바벨론은 거짓 종교로 해석하고, 18장의 바벨론은 적그리스도가 통치하는 정치적인 바벨론으로 해석한다. 하지만 요한계시록 17~18장에 나오는 바벨론은 거짓 종교, 정치, 경제 공동체의 바벨론이며, 18장은 바벨론의 경제 공동체의 멸망을 더 강조하는 것으로 보인다.

1. 무너진 큰 성 바벨론

"이 일 후에 다른 천사가 하늘에서 내려 오는 것을 보니 큰 권세를 가졌는데 그의 영광으로 땅이 환하여지더라 힘찬 음성으로 외쳐 이르되 무너졌도다 무너졌도다 큰 성 바벨론이여 귀신의 처소와 각종 더러운 영이 모이는 곳과 각종 더럽고 가증한 새들이 모이는 곳이 되었도다"(계 18:1-2)

성경에 등장하는 바벨론은 경제적으로 매우 큰 번영을 누렸던 성이었다. 인간적으로 바라볼 때 절대로 무너지지 않을 영원한 성처럼 보였다. 성경에서 바벨론 성에 대해 260회 이상 언급되어 있다. 고대 바벨론 성은 이스라엘의 남 유다를 멸망시켰고, 예루살렘 성을 멸망시켰으며, 솔로몬이 지은 성전을 멸망시켰던 느브갓네살이 다스리던 제국의 수도였다. 또한 바벨론은 인간이 자기들의 힘으로 하늘에 도달하고자 하나님께 도전했던 바벨탑을 쌓았던 곳이다.

그러나 요한은 하늘에서 큰 권세와 큰 영광을 가진 천사가 내려오는 광경을 보았다. 그런데 그 천사가 하늘에서 내려오자 땅은 그 천사의 영광으로 환하여졌다. 이것은 천사 자체가 영광스러운 존재라는 것이 아니라 하나님을 만나고 즉시 내려와서 하나님의 영광이 천사를 통해 나타난 것으로 보인다.

그런데 하늘에서 내려온 천사는 힘센 음성으로 "무너졌도다 무너졌도다 큰 성 바벨론이여"라고 외치며 큰 성 바벨론의 멸망을 선포한다.

그뿐만 아니라 2절에서는 바벨론이 확실하게 멸망하여 다시는 사람들이 살 수 없는 장소가 되어 귀신들의 거처가 되었으며, 온갖 더러운 영의 소굴이 되었으며, 더럽고 가증한 온갖 새들의 집이 되었다고 선포한다.

요한계시록 18장에 등장하는 무너진 큰 성 바벨론에 대한 해석이 다양하다.

❶ 바벨론을 사실상의 도성으로 보는 견해다.

말세에 페르시아만 시날 평지 유프라테스강 주변에 세워질 적그리스도가 통치하는 세계 제국의 수도로 본다. 티그리스와 유프라테스강을 막아 개간하고 메소포타미아 계곡을 개발하여 에덴동산 같은 곳을 만든다는 것이다. 기름을 무기로 삼아 상업과 사회와 정치의 세계적인 중심도시로 서게 될 사실상의 도시로 보는 견해다.

❷ 바벨론을 신흥 로마제국을 재건하여 생겨나는 수도 로마로 보는 견해다.

로마는 로마 가톨릭교회의 권좌가 있는 곳이며, 과거 로마제국의 수도였기 때문이다.

❸ 큰 성 바벨론을 상징적으로 해석하여 하나님 없는 세상 제도로 보는 견해다.

그들은 바벨론을 하나님이 없는 사회와 정치와 종교와 문화와 상업의 제도와 체제로 본다. 하나님을 떠나게 하는 마귀 사탄의 거짓 종교와 상업과 사화와 문화와 정치제도라고 보는 견해다. 그러나 큰 성 바벨론이 멸망하는 것은 확실하다.

2. 큰 성 바벨론 멸망하는 이유

하나님께서는 결코 이유 없이 인간을 멸하시는 분이 아니다. 그러므로 바벨론 성이 멸망했다면 반드시 이유가 있는데 그 이유가 무엇인가? 바벨론 성의 멸망 이유는 다양하다.

❶ 바벨론의 죄가 하늘에 사무칠 정도로 컸기 때문이다.

"그 음행의 진노의 포도주로 말미암아 만국이 무너졌으며 또 땅의 왕들이 그와 더불어 음행하였으며 땅의 상인들도 그 사치의 세력으로 치부하였도다 하더라, 그의 죄는 하늘에 사무쳤으며 하나님은 그의 불의한 일을 기억하신지라 그가 준 그대로 그에게 주고 그의 행위대로 갑절을 갚아 주고 그가 섞은 잔에도 갑절이나 섞어 그에게 주라"(계 18:3, 5-6)

여기서 바벨론 사람들의 타락한 모습이 잘 나타나 있다. 그들이 범했던 죄들은 음행과 세속주의와 도덕적인 부패와 부정한 거래를 통해 이익을 얻어 사치한 죄들이다. 여기서 말하는 음행의 포도주는 도덕적인 음행과 종교적인 우상 숭배를 지칭한다.

사실 말세가 되면 사람들의 최대 관심사는 정치와 경제에 있다. 그래서 경제를 발전시킬 수 있는 사람이 지도자로 나서게 된다. 그래서 땅의 왕들과 땅의 상인들이 바벨론과 더불어 음행하였으며 바벨론의 사치의 세력으로 부를 누렸다고 지적한다. 바벨론 사람들의 죄가 얼마나 컸던지 그들의 죄가 하늘에 사무쳤다고 말한다. 여기서 죄가 하늘에 사무쳤다는 의미는 죄가 너무나 심각해서 하늘에 닿았다는 의미다. 사람들이 바벨탑을 쌓아 하늘에 닿게 했던 것처럼 죄를 쌓아서 하늘에 닿게 했다는 의미다. 그래서 우리 하나님께서는 그들이 범한 모든 죄를 기억하시고 심판하셔서 큰 성 바벨론이 멸망한다. 그들이 범한 죄만큼 되돌려 주고, 그들이 행한 대로 갑절로 갚아주고, 섞은 잔에도 갑절로 섞어 주라고 말씀하신다. 우리 하나님께서는 특히 인간을 향하여 오래 참으시지만, 인간들이 계속 죄를 범하자 하나님 공의의 심판을 당하여 큰 성 바벨론이 멸망했다.

❷ 바벨론의 교만이 너무나 컸기 때문이다.

"그가 얼마나 자기를 영화롭게 하였으며 사치하였든지 그만큼 고통과 애통함으로 갚아 주라 그가 마음에 말하기를 나는 여왕으로 앉은 자요 과부가 아니라 결단코 애통함을 당하지 아니하리라 하니 그러므로 하루 동안에 그 재앙들이 이르리니 곧 사망과 애통함과 흉년이라 그가 또한 불에 살라지리니 그를 심판하시는 주 하나님은 강하신 자이심이라"(계 18:7-8)

바벨탑의 사건도 마찬가지다. 사람들이 교만하여 자신들을 높이려고 바벨탑을 계속 쌓았기에 하나님께 심판을 당하여 멸망했다. 그러므로 여기서도 바벨론 사람들이 너무나 교만했기 때문에 심판을 당했다. 영광을 오직 하나님께만 돌려야 하는데 그들은 교만하여 하나님을 높이지 아니하고 자기를 높이는 삶을 살았다. 우리는 여기서 인간의 자기 영광, 자기기만, 자기 교만, 자기만족에 빠져 하나님을 부인하고 믿지 않는 모습을 발견한다.

그래서 그들은 '자기를 영화롭게 하고 사치하였으며, 결단코 애통함을 당하지 아니하리라'라고 말하지만, 온갖 사치와 안락을 누리던 그들에게 갑자기 고통과 애통함이 찾아와 죄의 형벌을 당한다. 그들에게 하루 동안에 그 재앙들이 이루어지게 된다. 본래 모든 일이 잘되려면 많은 시간과 노력이 필요하지만 멸망하는 것은 순간에 망한다. 하나님의 심판이 결정되면 하나님께서는 지체하지 않으시고 순간적으로 철저하게 심판하신다. 바벨론을 심판하시는 주 하나님은 강하신 하나님이시기 때문이다.

❸ 바벨론이 인신매매의 죄를 지었기 때문이다.

"그 상품은 금과 은과 보석과 진주와 세마포와 자주 옷감과 비단과 붉은 옷감이요 각종 향목과 각종 상아 그릇이요 값진 나무와 구리와 철과 대리석으로 만든 각종 그릇이요 계피와 향료와 향과 향유와 유향과 포도주와 감람유와 고운 밀가루와 밀이요 소와 양과 말과 수레와 종들과 사람의 영혼들이라"(계 18:12-13)

이 말씀은 그 당시 사람들이 상품으로 팔았던 물건들을 소개한다. 그런데 그들의 상품은 금과 은과 보석과 진주로 시작해서 인간의 영혼들을 노예로 파는 것으로 끝난다. 그러므로 그들은 인간의 영혼을 하나의 상품으로 취급하여 많은 노예를 팔았다.

우리는 우리나라 군산 유흥가 화재를 통해서 인신매매의 무서운 상황을 들었다. 그곳에서 죽은 어린 소녀들은 돈이 필요해서 직업소개소에 갔다가 유흥가에 팔려 그곳에서 갇혀 생활했기 때문에 그곳에 불이 났어도 탈출하지 못하고 불에 타죽을 수밖에 없었다. 인간의 잔인한 모습을 인신매매에서 볼 수 있으며, 물질만능주의 타락의 극치를 살펴볼 수 있다. 그러므로 인간은 물질만능주의가 아니라 우리를 창조하신 사랑의 하나님을 섬겨야 한다. 하나님을 섬기는 인간은 잘못될 수 없기 때문이다. 그러나 사람이 하나님을 믿지 않고 섬기지 않으면 사람을 동물 취급하여 노예로 팔아먹는 존재로 타락할 수밖에 없다.

❹ 바벨론이 성도들을 죽였기 때문이다.

"선지자들과 성도들과 및 땅 위에서 죽임을 당한 모든 자의 피가 그 성 중에서 발견되었느니라 하더라, 그러므로 의인 아벨의 피로부터 성전과 제단 사이에서 너희가 죽인 바라갸의 아들 사가랴의 피까지 땅 위에서 흘린 의로운 피가 다 너희에게 돌아가리라 내가 진실로 너희에게 이르노니 이것이 다 이 세대에 돌아가리라"(계 18:24, 마 23:35-36)

여기 바벨론 성에서 무엇이 발견되었는가? 선지자들과 성도들의 피가 발견되었고 땅 위에서 믿지 않는 수많은 사람이 억울하게 죽어서 그들의 피가 발견되었기 때문에 결국 바벨론 성이 멸망한다. 우리 하나님께서는 성도들이 핍박을 당한 것을 반드시 갚아주신다. 그러므로 바벨론 사람들이 성도들을 핍박하고 죽였기 때문에 심판을 당하고 멸망했다.

3. 큰 성 바벨론 멸망에 대한 반응

"그와 함께 음행하고 사치하던 땅의 왕들이 그가 불타는 연기를 보고 위하여 울고 가슴을 치며 그의 고통을 무서워하여 멀리 서서 이르되 화 있도다 화 있도다 큰 성, 견고한 성 바벨론이여 한 시간에 네 심판이 이르렀다 하리로다 땅의 상인들이 그를 위하여 울고 애통하는 것은 다시 그들의 상품을 사는 자가 없음이라, 바벨론으로 말미암아 치부한 이 상품의 상인들이 그의 고통을 무서워하여 멀리 서서 울고 애통하여"(계 18:9-11, 15)

그 당시 하나님을 섬기지 않던 사람들은 바벨론 성이 멸망할 때 울고 애통해한다.

❶ 지도자들로 땅의 임금들이 애통해한다.

사실 이들은 큰 성 바벨론과 종교와 정치와 경제적인 측면에서 결탁하여 부를 누리며 호화로운 생활을 해 왔는데 바벨론이 멸망함으로 불에 타는 모습을 바라보고 슬퍼하며 탄식하고 있다. 그들이 멀리 서서 슬퍼하는 이유는 바벨론이 멸망할 때 너무나 무섭고 두려웠기 때문이다. 그래서 그들은 '화 있도다 화 있도다 큰 성, 견고한 성 바벨론이여'라고 외친다.

❷ 이 땅에서 사업하는 경제인들이 애통해한다.

이들은 바벨론 멸망 자체보다도 바벨론이 멸망하면 자신들이 더는 경제적 이익을 취하지 못하기 때문이다. 자신들의 사업 상대가 없어졌기 때문이다. 자신들의 상품을 사줄 사람들이 없기 때문이다. 그들이 누리던 모든 사치품이 사라졌기 때문이다. 그리고 바다에서 경제적 이익을 추구했던 모든 자가 애통해한다.

❸ 해상에서 영업하는 자들이 애통해한다.

요한계시록 18장 17~19절을 보면 "모든 선장과 각처를 다니는 선객들과 선원들과 바다에서 일하는 자들이 멀리 서서 그가 불타는 연기를 보고 외쳐 이르되 이 큰 성과 같은 성이 어디 있느냐 하며 티끌을 자기 머리에 뿌리고 울며 애통하여 외쳐 이르되 화 있도다 화 있도다 이 큰 성이여 바다에서 배 부리는 모든 자들이 너의 보배로운 상품으로 치부하였더니 한 시간에 망하였도다"라고 애통해한다. 여기 해상 영업하는 자들은 모든 선장과 각처를 다는 선객들과 선원들과 바다에서 일하는 모든 자들이다. 이들은 모든 상품을 바다에서 배를 이용하여 운반하였다. 하지만 바벨론이 멸망함으로 자신들의 생계 수단이 없어져 버려 애통해한다. 이들도 멀리 서서 불에 타는 바벨론을 바라보고 자신들의 머리에 티끌을 뿌리며 울며 애통하고 탄식한다.

그래서 김상복 목사는 바벨론의 멸망을 바라보고 애통해하는 사람들에 대해 이렇게 말한다.

"수천 년간 이 세계를 제멋대로 주무르던 사탄의 세력이 절대자 하나님의 강한 권세로 하루아침에 무너지게 되자 이제 그것을 슬퍼하는 자들이 있다. 정치하던 사람들과 사업하는 사람들 그리고 상품을 배로 수송하는 사람들, 즉 권력과 돈이 하나님이던 사람들이 바벨론의 멸망을 애통해하고 있다. 자기들이 의지하던 것이 모두 사라졌기 때문이다. 이들은 모두 이 세상의 것들에만 소망을 두고 살았던 사람들이다. 이 세상 것에만 매여 그것이 전부인 줄 알고 살다가 모든 것이 무너지는 날 그들은 통곡하게 될 것이다. 말세가 가까우면 가까울수록 경제가 발달하고 갖가지 다양하고도 편리한 상품들이 쏟아져 나와 인간 생활이 매우 윤택하고 여유롭게 되었다. 사실 인류 역사에서 지금 시대처럼 편안하게 잘사는 때도 없을 것이다. 물질문명의 극치를 우리가 지금 누리고 있다 해도 과언이 아니다. 그러나 물질문명이 발달하면 할수록 정신적, 도덕적 타락은 가속화되고 있다는 사실을 바로 알아야 한다. 잘 먹고 잘사는 것은 인생의 절대 목적이 될 수 없다. 그것만을 추구한다면 짐승과 다를 바가 없다. 삶의 의미와 목적과 보람, 그리고 영원에 대한 소망을 발견하고자 하는 태도가 진정한 인간의 삶에는 꼭 필요하다."

하나님을 섬기는 백성들은 바벨론 성이 멸망해서 즐거워한다. 아주 오랜 세월 동안 하나님의 백성들을 괴롭히던 모든 악의 세력이 완전히 멸망하자 하늘에 있는 성도들이 즐거워하고 기뻐한다.

"하늘과 성도들과 사도들과 선지자들아, 그로 말미암아 즐거워하라 하나님이 너희를 위하여 그에게 심판을 행하셨음이라 하더라"(계 18:20)

바벨론 멸망을 즐거워하라 요청받은 대상은 '하늘과 성도들과 사도들과 선지자들'이다. 여기서 하늘은 하늘에 있는 천사들과 대환란 기간에 순교를 당하고 하늘에서 하나님을 찬양하는 성도들도 포함되고 이미 대환란 전에 휴거된 교회 성도들도 포함된다. 이들에게 즐거워하라고 요청한 이유는 하나님께서 이들을 위해서 바벨론을 심판하셨기 때문이다. 그런데 이들이 즐거워해야 하는 이유는 단순히 바벨론이 멸망했기 때문만이 아니라 하나님의 공의로운 심판 때문이다. 하나님께서 아주 공정하게 죄인들에게 형벌을 내리시고 심판하셨기 때문이다. 이들이 복수심에 불타 즐거워하는 것 아니라 하나님께서 반드시 공의롭게 심판하시기 때문에 즐거워한다.

4. 바벨론 멸망에서 배울 수 있는 교훈

❶ 하나님의 심판은 하루 동안에 갑자기 나타난다.

"그러므로 하루 동안에 그 재앙들이 이르리니 곧 사망과 애통함과 흉년이라 그가 또한 불에 살라지리니 그를 심판하시는 주 하나님은 강하신 자이심이라, 그의 고통을 무서워하여 멀리 서서 이르되 화 있도다 화 있도다 큰 성, 견고한 성 바벨론이여 한 시간에 네 심판이 이르렀다 하리로다, 이르되 화 있도다 화 있도다 큰 성이여 세마포 옷과 자주 옷과 붉은 옷을 입고 금과 보석과 진주로 꾸민 것인데 그러한 부가 한 시간에 망하였도다 모든 선장과 각처를 다니는 선객들과 선원들과 바다에서 일하는 자들이 멀리 서서 그가 불타는 연기를 보고 외쳐 이르되 이 큰 성과 같은 성이 어디 있느냐 하며 티끌을 자기 머리에 뿌리고 울며 애통하여 외쳐 이르되 화 있도다 화 있도다 이 큰 성이여 바다에서 배 부리는 모든 자들이 너의 보배로운 상품으로 치부하였더니 한 시간에 망하였도다"(계 18:8, 10, 16-19)

사치와 안락을 누리던 바벨론 사람들에게 사망과 고난과 애통함이 갑작스럽게 찾아온다. 인간이 어떤 부분에 성공했다면 그것은 많은 시간과 노력이 필요하지만 망하는 데는 순간적이다. 우리 인간에게 죽음도 갑자기 찾아오고, 슬픔과 애통함도 갑자기 찾아온다. 흉년이나 어떤 사업이 망하는 것도 갑자기 찾아온다. 그러므로 이런 것들은 미리 대비해야 한다. 하나님께서는 그들의 모든 잘못된 것을 다 아시기 때문에 그들에게 심판이 결정되면 아주 짧은 시간에 심판을 당하고 망하게 하신다. 그분이 너무나 오랫동안 기다리셨기 때문에 더는 망설이지 않으시고 그들을 멸하신다.

❷ 심판하시는 하나님은 강하신 분이시다.

"그가 준 그대로 그에게 주고 그의 행위대로 갑절을 갚아주고 그가 섞은 잔에도 갑절이나 섞어 그에게 주라 그가 얼마나 자기를 영화롭게 하였으며 사치하였든지 그만큼 고통과 애통함으로 갚아 주라 그가 마음에 말하기를 나는 여왕으로 앉은 자요 과부가 아니라 결단코 애통함을 당하지 아니하리라 하니 그러므로 하루 동안에 그 재앙들이 이르리니 곧 사망과 애통함과 흉년이라 그가 또한 불에 살라지리니 그를 심판하시는 주 하나님은 강하신 자이심이라"(계 18:6-8)

우리 하나님께서는 우리를 구원하실 때는 연약한 분으로 오셨다. 아기 예수로 오실 때에도 말구유에서 태어나셨다. 그러나 그분이 우리를 심판하실 때는 강하신 분으로 오시는 이유는 그들이 하나님의 사랑을 거절하였기 때문이다. 그래서 그들이 준 그대로 되돌려 주고, 그들이 행한 대로 갚아주시되 갑절로 갚아주고 그들이 잘못된 것 섞은 잔에도 갑절이나 섞어 되돌려 주신다. 그들이 잘못한 그만큼 고통과 애통함으로 갚아주시는 강하신 하나님이다. 그리고 반드시 갑절로 갚아주시기 때문에 우리는 미리 복음을 듣고 회개하여야 한다.

❸ 하나님의 심판은 완전하게 이루어진다.

"이에 한 힘 센 천사가 큰 맷돌 같은 돌을 들어 바다에 던져 이르되 큰 성 바벨론이 이같이 비참하게 던져져 결코 다시 보이지 아니하리로다 또 거문고 타는 자와 풍류하는 자와 퉁소 부는 자와 나팔 부는 자들의 소리가 결코 다시 네 안에서 들리지 아니하고 어떠한 세공업자든지 결코 다시 네 안에서 보이지 아니하고 또 맷돌 소리가 결코 다시 네 안에서 들리지 아니하고 등불 빛이 결코 다시 네 안에서 비치지 아니하고 신랑과 신부의 음성이 결코 다시 네 안에서 들리지 아니하리로다 너의 상인들은 땅의 왕족들이라 네 복술로 말미암아 만국이 미혹되었도다"(계 18:21-23)

사도 요한은 한 힘센 천사가 큰 맷돌 같은 돌을 들어 바다에 던지며 말하는 소리를 들었다. 이 천사는 하루아침에 멸망한 바벨론 최후의 모습을 바다에 던져진 큰 돌로 비유하여 설명한다. 여기에 등장하는 큰 맷돌은 사람이 손으로 돌릴 수 있는 그런 맷돌이 아니라 연자 맷돌처럼 매우 큰 맷돌이라 나귀나 노새가 돌리는 맷돌로서 많은 양의 곡식을 갈 때 사용하는 맷돌이다. 그래서 힘센 천사가 큰 맷돌을 바다에 던진 것이다. 바다에 던진 큰 맷돌이 다시는 물 위로 떠 오르지 못하는 것처럼 하나님께 심판을 당한 바벨론은 완전히 자취가 없어져 버렸으며, 흔적도 찾을 수 없게 되었다. 그래서 21절 마지막은 '큰 성 바벨론이 이같이 비참하게 던져져 결코 다시 보이지 아니하리로다'라고 말한다.

마치 모든 불신자가 흰 보좌 심판을 받고 영원한 지옥 불에 들어가면 우리가 다시는 불신자들을 볼 수 없는 것처럼 바벨론의 멸망도 똑같이 이루어진다. 오늘날은 하나님을 믿지 않는 불신자들과 우리가 이 땅에서 함께 살아가기에 믿는 사람들을 비웃는 사람들도 많고, 잘못된 악한 영들을 섬기면서 큰소리치는 사람들도 많고, 수많은 이단도 자기들이 진리를 믿고 있다고 큰소리로 외치지만 때가 되면 더는 그런 모습을 보지 못하는 것처럼 바벨론 성이 완전히 멸망하면 그들 중에 음악하는 사람도, 무엇을 만드는 기술자들도, 무역과 사업하는 사람들도, 요리하는 사람들도, 결혼하는 사람들도 다시는 없을 것이다. 그들이 완전히 철저하게 확실하게 멸망하였기 때문이다.

그러므로 하나님의 백성들은 더는 고난을 받지 않는다. 이제는 예수께서 다스리시는 나라가 세워지기 때문에 성도들은 영원한 기쁨을 누리게 된다.

❹ 하나님을 섬기는 우리는 달라야 한다.

"또 내가 들으니 하늘로부터 다른 음성이 나서 이르되 내 백성아, 거기서 나와 그의 죄에 참여하지 말고 그가 받을 재앙들을 받지 말라"(계 18:4)

바벨론 성의 사람들이 타락하여 무서운 심판을 당하지만, 우리 성도들은 그들과는 달라야 한다. 우리는 결코 세상의 죄악에 참여해서는 안 된다. 비록 우리가 하나님의 자녀라도 이러한 죄악을 범하면 징계를 당할 수밖에 없기 때문이다. 그러므로 바벨론 사람들이 범하는 죄악을 범하지 말라고 권면할 뿐만 아니라 그들이 받을 재앙들을 받지 말라고 권면한다.

우리는 무엇보다도 마귀 사탄과 그의 세력들이 마지막 때 어떻게 멸망할지를 알고 있기에 그들과 타협할 수 없다. 그런데도 오늘날 기독교라는 탈을 쓰고 악의 세력에 동조하는 어리석은 사람들이 너무나 많다. 그러므로 우리는 세상과 완전히 분리된 삶을 살아야 한다. '내 백성아 거기서 나와'라는 말씀처럼 우리가 순수한 것을 보존하는 방법은 악에서 분리하는 길밖에 없기에 우리는 거기서 나와야 한다. 우리가 걷는 진리의 길은 그들과 다르기 때문이다.

20장

어린양의 혼인예식

계시록 19:1-10

요한계시록 17~18장에서 큰 성 바벨론이 멸망한 후에 이제 19장에서는 놀라운 기쁨이 소개된다. 그러므로 19장은 "이 일 후에"라는 단어로 시작된다. 이것은 분명히 18장의 사건이 이루어지고 난 이후에 일어난 놀라운 일들을 소개하는 시간의 진전을 나타내는 단어다. 그뿐 아니라 17~18장에서는 주로 땅에서 이루어지는 사건들을 다루었다면 이제 19장에서는 하늘에서 이루어지는 사건으로 바뀐다. 특별히 하늘에서 울려 퍼지는 놀라운 찬양의 소리는 최고 절정을 이룬다.

하늘에서 기뻐하는 이유는 진정한 왕이 되시는 예수 그리스도께서 이 땅에 당신이 통치하실 천년왕국을 세우시고 다스리게 될 것이기 때문이다.

그런데 오늘 본문에 우리 그리스도인들에게 아주 놀라운 내용이 소개되는데 그것은 우리의 신랑 되신 예수님과 우리가 혼인예식을 거행하는 내용이다. 우리는 이 혼인예식을 어린양의 혼인예식이라고 부른다. 이 혼인예식이 얼마나 놀라우면 혼인예식은 천상에서 이루어지고, 혼인 잔치는 이 땅에서 1,000년 동안 이루어지고, 결혼생활은 새 예루살렘 성에서 영원토록 살아간다.

이 얼마나 놀라운 축복인가?

1. 네 번의 할렐루야

❶ 첫째 할렐루야는 구원을 베푸신 하나님의 영광과 능력에 대한 찬양이다.

"이 일 후에 내가 들으니 하늘에 허다한 무리의 큰 음성 같은 것이 있어 이르되 할렐루야 구원과 영광과 능력이 우리 하나님께 있도다"(계 19:1)

하늘의 허다한 무리가 큰 음성으로 할렐루야를 외치며 여호와 하나님을 찬양한다. 본문은 이 하늘의 허다한 무리가 누구인지 알려주지는 않지만, 아마 수많은 천사나 하늘에 있는 성도들이다. 그리고 할렐루야라는 단어는 '하나님'이라는 명사와 '찬양하다'라는 동사가 하나가 되어 '하나님을 찬양하라'라는 의미다.

이 놀라운 찬양은 오직 하나님만이 우리를 구원하시고, 오직 하나님께만 영광을 돌리고, 오직 하나님께만 능력이 있기에 그분만 찬양하는 할렐루야다. 그분이 찬양과 영광과 능력을 받으시기에 합당하신 분이다. 우리 모든 인간은 죄인이기에 구원이 필요한데 우리를 구원하실 능력을 소유하신 분은 오직 하나님밖에 없기 때문이다. 그분이 우리를 구원하셨으니 모든 영광을 받으시기에 합당하신 분이기에 우리는 그분께 할렐루야 찬양으로 영광을 돌린다.

❷ 둘째 할렐루야는 큰 성 바벨론을 심판하신 하나님에 대한 찬양이다.

"그의 심판은 참되고 의로운지라 음행으로 땅을 더럽게 한 큰 음녀를 심판하사 자기 종들의 피를 그 음녀의 손에 갚으셨도다 하고 두 번째로 할렐루야 하니 그 연기가 세세토록 올라가더라"(계 19:2-3)

공의로우시고 참되신 하나님께서 하나님의 백성들을 핍박했던 큰 성 바벨론에게 심판으로 갚아주셔서 하나님께 찬양으로 영광을 돌린다. 큰 성 바벨론이 하나님의 사람들을 많이 죽였고, 이 세상을 죄악으로 더럽히고, 사람들이 하나님을 섬기지 못하게 만들었기 때문에 하나님께서 성도들을 위하여 바벨론을 심판하셨으니 그분은 참되시고 의로우신 하나님이시라고 찬양한다. 그분의 심판은 법적으로 의롭고 정당하다. 음녀인 바벨론이 음행으로 땅을 더럽힌 것은 세상을 완전히 망친 것으로 세상을 유혹하여 타락하게 하였고 영원한 멸망으로 이끌었다. 따라서 하나님께서 바벨론을 심판하심은 너무나 당연하다.

3절 마지막에 '그 연기가 세세토록 올라가더라'라는 의미는 바벨론이 심판으로 불에 탔고 그 심판이 마지막 심판이 되어 되돌릴 수 없다는 의미다.

❸ 셋째 할렐루야는 24 장로와 네 생물이 부르는 찬양이다.

"또 이십사 장로와 네 생물이 엎드려 보좌에 앉으신 하나님께 경배하여 이르되 아멘 할렐루야 하니 보좌에서 음성이 나서 이르시되 하나님의 종들 곧 그를 경외하는 너희들아 작은 자나 큰 자나 다 우리 하나님께 찬송하라 하더라"(계 19:4-5)

하늘에 있는 큰 무리의 할렐루야 찬양을 들은 24 장로와 네 생물은 보좌에 앉은 하나님께 엎드려 경배하면서 할렐루야를 외친다. 이들의 찬양은 하나님을 경배하는 할렐루야로 "아멘"을 더한다. 여기서 '아멘'이란 성스러운 재가와 거룩한 인정을 의미한다. 인간이 하나님께 드릴 수 있는 최고의 반응이 "진실로 그러하옵니다."라는 의미의 아멘이다. 그러므로 이들은 하나님께서 바벨론을 심판하신 것을 동의하는 의미로 '아멘'으로 화답했다. 24 장로와 네 생물은 하늘에 있는 하나님 보좌 가까이에서 하나님을 섬기는 자들이다.

❹ 넷째 할렐루야는 전능하신 하나님께서 통치하시니 기뻐서 외치는 찬양이다.

"또 내가 들으니 허다한 무리의 음성과도 같고 많은 물 소리와도 같고 큰 우렛소리와도 같은 소리로 이르되 할렐루야 주 우리 하나님 곧 전능하신 이가 통치하시도다 우리가 즐거워하고 크게 기뻐하며 그에게 영광을 돌리세 어린 양의 혼인 기약이 이르렀고 그의 아내가 자신을 준비하였으므로 그에게 빛나고 깨끗한 세마포 옷을 입도록 허락하셨으니 이 세마포 옷은 성도들의 옳은 행실이로다 하더라"(계 19:6-8)

여기에 등장하는 할렐루야는 앞으로 곧 이루어질 일에 대한 기쁨의 할렐루야다. 6절에서 '할렐루야 주 우리 하나님 곧 전능하신 이가 통치하시도다'라는 말씀처럼 하나님의 통치권이 회복된 사실과 '어린 양의 혼인 기약이 이르렀고 그의 아내가 자신을 준비하였으므로'라는 말씀처럼 어린양의 혼인예식을 위하여 신부가 준비된 사실을 기뻐하는 할렐루야다.

이 세상을 과연 누가 다스리고 통치하는가?
지금까지는 마귀 사탄이 공중의 권세 잡은 자로서 이 세상을 통치하는 것처럼 보이고, 하나님을 믿지 않는 사람들이 세상 정부를 다스려왔고, 심지어 7년 대환란 기간에는 적그리스도가 이 세상을 통치하는 것처럼 보였지만 궁극적인 통치권은 우리 하나님과 예수님께 있다. 그분이 친히 이 땅에 재림하시어 '주 우리 하나님 곧 전능하신 이가 통치하시도다'라는 말씀처럼 우리 예수님께서 통치하시니 우리가 감격하여 부를 놀라운 찬양이다.

그래서 헨델의 메시아에 있는 할렐루야 대합창은 이 부분에서 영감을 받고 할렐루야 대합창을 만들었다고 전한다. 그리고 이 할렐루야는 보좌에서 나온 음성에 대한 화답으로 드려지는 찬양이다. 보좌에서는 다음과 같은 음성이 있었기 때문이다.

"보좌에서 음성이 나서 이르시되 하나님의 종들 곧 그를 경외하는 너희들아 작은 자나 큰 자나 다 우리 하나님께 찬송하라 하더라"(계 19:5)

그러므로 하나님을 경외하는 사람은 누구나 작은 자나 큰 자나 다 우리 하나님을 찬양할 수 있다. 그러므로 우리는 작은 자나 큰 자나 모든 사람에게 복음을 전하여 그들로 하나님을 찬양하게 해야 한다. 따라서 김상복 목사는 모든 사람에게 복음이 필요한 이유를 이렇게 설명한다.

"그리스도의 복음은 계급을 초월하며 포괄적이다. 가난한 사람뿐만 아니라 부자에게도, 억압받는 사람뿐만 아니라 자유로운 사람에게도, 피지배자뿐만 아니라 지배자에게도 그리스도의 복음은 예외 없이 필요하다. 인간이면 누구에게나 예수님이 필요하다. 그래서 계급투쟁은 기독교의 방법이 아니다. 사람을 있는 자와 없는 자로 나누어 증오심을 부추기지 않는다. 사회에서는 장군과 일등병이 같이 앉을 수 없지만, 교회에서는 같이 앉아서 예배드리고 끝나면 문밖에서 악수하고 대화할 수 있다."

2. 어린양의 혼인예식

"우리가 즐거워하고 크게 기뻐하며 그에게 영광을 돌리세 어린 양의 혼인 기약이 이르렀고 그의 아내가 자신을 준비하였으므로"(계 19:7)

여기서 어린양의 혼인 약속이 다가왔고, 신부가 자신을 준비하였다고 했는데 그렇다면 어린 양의 혼인예식에서 신랑은 누구이며, 신부는 누구인가?

❶ 어린양의 혼인예식에서 신랑은 예수 그리스도이시다.

"그 때에 요한의 제자들이 예수께 나아와 이르되 우리와 바리새인들은 금식하는데 어찌하여 당신의 제자들은 금식하지 아니하나이까 예수께서 그들에게 이르시되 혼인 집 손님들이 신랑과 함께 있을 동안에 슬퍼할 수 있느냐 그러나 신랑을 빼앗길 날이 이르리니 그 때에는 금식할 것이니라, 내가 하나님의 열심으로 너희를 위하여 열심을 내노니 내가 너희를 정결한 처녀로 한 남편인 그리스도께 드리려고 중매함이로다"(마 9:14-15, 고후 11:2)

여기서 예수님은 자신을 신랑으로 비유하여 설명하셨다. 혼인예식에 참여한 손님들이 신랑과 함께 있을 때 슬퍼할 수 없는 것처럼, 예수님의 제자들이 신랑 되신 예수님과 함께 있기에 금식하지 아니하고 슬퍼할 수 없다고 말씀하셨다. 따라서 신랑이 되시는 예수님께서는 자신의 신부를 자신의 피 값을 지불하시고 사셨다. 또한 예수께서는 여러 말씀들을 통해서 자신을 신랑으로 비유하여 설명하셨다. 마태복음 22장 1~13절에 등장하는 임금의 아들을 위한 혼인 잔치 비유에서도 '신랑 아들'을 예수님 자신으로 소개하셨다. 사도 바울도 예수님을 신랑으로 그리고 신부의 남편으로 소개하였다.

❷ 어린양의 혼인예식에서 신부는 교회다.

"우리가 즐거워하고 크게 기뻐하며 그에게 영광을 돌리세 어린 양의 혼인 기약이 이르렀고 그의 아내가 자신을 준비하였으므로 그에게 빛나고 깨끗한 세마포 옷을 입도록 허락하셨으니 이 세마포 옷은 성도들의 옳은 행실이로다 하더라"(계 19:7-8)

이스라엘은 그리스도의 신부가 될 수 없다. 구약에서 이스라엘은 우상 숭배와 영적인 간음으로 버림받은 여호와의 아내로 묘사했다. 그러나 신약에 등장하는 예수님의 신부는 처녀다. 그리고 신부의 드레스는 빛나고 깨끗한 세마포 옷인데 '이 세마포 옷은 성도들의 옳은 행실이로다'라고 소개한다. 여기에 등장하는 성도들의 옳은 행실은 예수님의 은혜로 말미암아 의롭게 되었을 뿐만 아니라 그 이후에 신랑이 되시는 예수님을 위해서 행한 신부의 의로운 행함을 나타낸다.

결국 신부는 하나님의 능력으로 준비되며, 하나님의 은혜로 준비되며, 하나님 성령의 역사로 모든 죄와 더러움에서 깨끗하게 준비되어 신부로서 의로운 행함을 나타낸다. 이사야도 하나님의 은혜에 반응하는 신부의 단장함을 이렇게 소개했다.

"내가 여호와로 말미암아 크게 기뻐하며 내 영혼이 나의 하나님으로 말미암아 즐거워하리니 이는 그가 구원의 옷을 내게 입히시며 공의의 겉옷을 내게 더하심이 신랑이 사모를 쓰며 신부가 자기 보석으로 단장함 같게 하셨음이라"(사 61:10)

그러므로 교회는 하나님의 보좌 앞에 영광스러운 존재로 흠 없는 존재로 드러나 빛나고 깨끗한 세마포 옷을 입고 어린양의 신부로 등장한다.

사실 성경 시대에 결혼예식은 세 가지 단계로 진행되었다.
① 첫째 단계는 약혼식 단계로 양가 부모가 자신의 자녀를 상대방의 자녀와 결혼하기로 합의한다.
그리고 이때 신랑 집안에서 결혼 지참금도 지불한다. 이때는 이미 정혼을 한 상태이며 취소할 수 없다.
② 둘째 단계는 피로연 단계로 결혼예식 직전에 축하하는 시간이다.
그리고 축하하는 피로연은 신랑과 신부의 경제적 상황에 따라 한 주간 또는 그 이상 지속되었다. 피로연 막바지에 신랑과 신랑의 들러리들은 신부의 집에 가서 신부와 신부의 들러리들을 결혼예식 장소로 데려왔다.
③ 셋째 단계는 결혼예식 단계로 결혼 맹세를 주고받는다.
그러므로 교회에 속한 그리스도인들은 구원을 받을 때 결혼을 약속했고, 휴거가 되어 하늘 아버지 집에서 어린양의 혼인예식이 이루어지고, 이 땅에 내려와 천년 왕국에서 잔치를 벌이고, 새 하늘과 새 땅에서 영원토록 함께 살아간다.

❸ 신부는 신랑을 만날 때까지 정결한 삶을 살아야 한다.

"그에게 빛나고 깨끗한 세마포 옷을 입도록 허락하셨으니 이 세마포 옷은 성도들의 옳은 행실이로다 하더라"(계 19:8)

우리가 예수께서 십자가에서 완성하신 복음으로 구원을 받으면 예수 그리스도와 법적으로 약혼식을 올리고 그분의 신부가 된다. 그렇다면 그분과 혼인예식을 올리기까지 우리는 신부로서 어떻게 살아야 하는가? 그것은 신부인 우리가 어떤 옷을 입고 있는가를 생각하면 우리가 어떻게 살아야 하는지도 결정이 된다.

우리는 예수님의 신부로서 빛나고 깨끗한 세마포 옷을 입도록 허락을 받았다. 그리고 우리가 입는 세마포 옷은 '성도의 옳은 행실'이라고 말한다. 그러므로 우리는 예수님의 신부로서 신랑이신 그분을 만날 때까지 깨끗하게 살아야 한다. 우리는 결혼예식을 앞둔 신부처럼 우리의 몸과 마음과 삶을 정결하게 가꾸고 혼인예식의 날을 사모하면서 열심히 신앙생활에서 깨끗하게 살아야 한다. 우리는 정결한 신부로서 신랑이신 예수 그리스도를 맞이할 준비를 하면서 살아야 한다.

그래서 사도 요한도 요한 일서에서 우리가 부활해서 들림을 받고 공중에서 예수님을 만날 때까지 예수님께서 깨끗하신 것처럼 우리도 자신을 깨끗하게 하는 것이라고 말씀한다.

"보라 아버지께서 어떠한 사랑을 우리에게 베푸사 하나님의 자녀라 일컬음을 받게 하셨는가, 우리가 그러하도다 그러므로 세상이 우리를 알지 못함은 그를 알지 못함이라 사랑하는 자들아 우리가 지금은 하나님의 자녀라 장래에 어떻게 될지는 아직 나타나지 아니하였으나 그가 나타나시면 우리가 그와 같을 줄을 아는 것은 그의 참모습 그대로 볼 것이기 때문이니 주를 향하여 이 소망을 가진 자마다 그의 깨끗하심과 같이 자기를 깨끗하게 하느니라"(요일 3:1-3)

3. 혼인 잔치와 하객들

"천사가 내게 말하기를 기록하라 어린 양의 혼인 잔치에 청함을 받은 자들은 복이 있도다 하고 또 내게 말하되 이것은 하나님의 참되신 말씀이라 하기로"(계 19:9)

어린양의 혼인예식에서 혼인예식과 혼인 잔치가 다른 이유는 혼인예식은 신랑과 신부의 결합이지만 혼인 잔치는 신랑과 신부 그리고 하객들의 피로연이기 때문이다. 그러므로 어린양의 혼인 잔치에는 청함을 입은 많은 하객이 참여한다.

'어린 양의 혼인 잔치에 청함을 받은 자들은 복이 있도다'

여기 청함을 입은 자들은 교회에 속한 그리스도인과는 다른 사람들이다. 신부가 되는 교회는 초대받는 손님이 아니라 혼인예식의 주인공이다. 그러므로 초대받은 사람들은 구약시대의 성도들과 천사들과 환난 시대에 구원받은 사람들이다. 그러므로 우리 하나님께서는 모든 성도를 똑같이 취급하지는 않으신다. 분명히 혼인예식의 신부와 혼인 잔치에 청함을 입은 사람을 다르게 구분하신다.
그렇다면 혼인 잔치는 과연 어디에서 얼마나 오랫동안 이루어지는가? 어떤 학자들은 하늘에서 혼인 잔치가 이루어진다고 말하고, 어떤 학자들은 땅에서 혼인 잔치가 1,000년 동안 이루어진다고 말한다.

❶ 예수께서는 교회 시대에 개인들을 구원하심으로 법적으로 결혼을 성립시켰다.
❷ 예수께서는 그의 신부인 교회를 아버지 집인 하늘로 데려가시려고 들림을 받게 하셨다.
❸ 예수께서는 천년왕국 시대에 혼인 잔치를 벌인다.

이제 마지막 결론은 요한계시록 19장 10절이다.

"내가 그 발 앞에 엎드려 경배하려 하니 그가 나에게 말하기를 나는 너와 및 예수의 증언을 받은 네 형제들과 같이 된 종이니 삼가 그리하지 말고 오직 하나님께 경배하라 예수의 증언은 예언의 영이라 하더라"(계 19:10)

이처럼 어린양의 혼인예식이 너무나 복스럽고 아름답기에 천사가 요한에게 "이것은 하나님의 참되신 말씀이라"라고 선포하였다. 그러자 사도 요한은 혼인예식에 관한 천사의 말을 듣고 너무나 감격스러워 천사의 발 앞에 엎드려 경배하려고 했다. 그러자 천사는 자신도 요한과 예수님의 증언을 받은 다른 형제들과 같이 된 종이기에 자신에게 경배하지 말고 오직 하나님께만 경배하라고 말한다.

따라서 우리가 예배하고 경배할 대상은 성부 하나님과 어린양이신 예수님밖에 없다. 예배야말로 우리 구원받은 성도들의 놀라운 특권이다. 따라서 우리 성도들은 예배드리는 일에 모든 정성을 다하여 집중해야 한다. 오직 우리 하나님만이 우리의 예배를 받으시기에 합당하신 분이기 때문이다.

따라서 우리의 구원은 약혼이고, 혼인예식은 천상에서 이루어지고, 잔치는 이 땅에서 1,000년 동안 이루어지고, 결혼생활은 새 예루살렘 성에서 영원토록 살아간다.

21장

아마겟돈전쟁과 영광의 지상재림

계시록 19:11-21

인류 역사상 가장 획기적인 날은 언제인가?

1969년 7월 20일 우주 비행사 닐 암스트롱이 달에 착륙한 날인가?

그러나 성경은 오늘 이 시간까지 가장 획기적 날은 AD 33년 4월 어느 주일 아침에 예수께서 부활하신 날이라고 말한다. 이날에 예수께서 인류의 모든 죄를 위해 죽으시고 사흘 만에 부활하셨기 때문이다.

그러나 이날보다 더 획기적인 날이 있다면 그날은 바로 예수께서 만왕의 왕이요 만주의 주로서 지상에 재림하시는 날이다. 예수께서 지상에 재림하시면 적그리스도가 통치하는 세계 제국이 끝장날 뿐 아니라 인류의 역사가 끝장난다. 사실 성경에 의하면 인류 역사가 어떻게 시작되었고, 어떻게 흘러가며, 어떻게 끝날 것인지 자세히 기록이 되어 있다. 세계 역사가 곧 인류의 역사였지만 예수께서 지상에 재림하시면 인류의 역사는 끝나고 그분이 온 세상을 통치하시는 천년왕국 시대가 시작된다. 그러므로 인류 역사상 가장 획기적인 날은 예수께서 지상에 재림하시는 날이다.

1. 하늘이 열림

"또 내가 하늘이 열린 것을 보니 보라 백마와 그것을 탄 자가 있으니 그 이름은 충신과 진실이라 그가 공의로 심판하며 싸우더라"(계 19:11)

7년 대환란이 끝나자 먼저 하늘에 징조가 나타난다. 예수께서 지상에 강림하시는 것은 인류 역사에서 가장 획기적인 날이기에 하늘에 무서운 현상들이 나타난다. 그래서 사도 요한은 하늘이 열리며 예수께서 구름을 타고 능력과 큰 영광으로 지상에 재림하시는 모습을 보았다. 요한계시록에서 하늘이 열리는 장면은 두 차례 등장한다. 한 번은 요한계시록 4장 1절에서 사도 요한이 예수께서 계시는 하늘로 초대를 받아 하늘로 올라가기 위해서 하늘이 열렸다. 이제 두 번째로 예수께서 하늘에서 지상으로 재림하시기 위해 하늘이 열렸다.

그리고 요한계시록 19장 11절에는 예수께서 구름을 타고 오신다는 내용이 없지만, 성경의 다른 말씀들은 예수께서 지상에 재림하시는 날에 하늘에 여러 가지 징조가 나타나며, 이 땅의 모든 족속이 통곡하며, 예수께서 구름을 타고 능력과 큰 영광으로 지상에 재림하시는 것을 보게 된다고 말씀한다.

"갈릴리 사람들아 어찌하여 서서 하늘을 쳐다보느냐 너희 가운데서 하늘로 올려지신 이 예수는 하늘로 가심을 본 그대로 오시리라 하였느니라, 그 날 환난 후에 즉시 해가 어두워지며 달이 빛을 내지 아니하며 별들이 하늘에서 떨어지며 하늘의 권능들이 흔들리리라 그 때에 인자의 징조가 하늘에서 보이겠고 그 때에 땅의 모든 족속들이 통곡하며 그들이 인자가 구름을 타고 능력과 큰 영광으로 오는 것을 보리라, 내가 또 밤 환상 중에 보니 인자 같은 이가 하늘 구름을 타고 와서 옛적부터 항상 계신 이에게 나아가 그 앞으로 인도되매, 볼지어다 그가 구름을 타고 오시리라 각 사람의 눈이 그를 보겠고 그를 찌른 자들도 볼 것이요 땅에 있는 모든 족속이 그로 말미암아 애곡하리니 그러하리라 아멘"(행 1:11, 마 24:29-30, 단 7:13, 계 1:7)

2. 능력과 영광중에 오심

"하늘에 있는 군대들이 희고 깨끗한 세마포 옷을 입고 백마를 타고 그를 따르더라"(계 19:14)

예수께서 2,000년 전에 아기 예수로 오실 때는 혼자 오셨지만 재림하실 때는 능력과 큰 영광중에 이 세상과 믿지 않는 사람들을 공의로 심판하시기 위해 하늘의 군대들과 함께 화려하고 위풍당당하게 내려오신다. 하늘의 군대들은 공중으로 들림을 받았던 성도들로 깨끗한 세마포 옷을 입고 백마를 타고 그분을 따른다.
그러므로 대환란 전에 들림을 받았던 교회 시대 성도들과 대환란 끝에 부활한 성도들과 구약시대의 성도들이 그분의 하늘 군대로 참여한다.

그러나 하늘의 군대는 전쟁에 참여하지 않고 '그가 공의로 심판하며 싸우더라'라는 말씀처럼 오직 예수께서 직접 모든 적을 물리치신다. 성도들은 그분을 도와 함께 전투에 참여하려고 오는 것이 아니라 그분과 함께 왕처럼 다스리기 위해 하늘에서 내려온다. 그래서 사도 바울은 예수께서 자기의 능력의 천사들과 함께 불꽃 가운데서 나타나시며, 예수께서 지상에 재림하실 때 교회에 속한 성도들도 예수님과 함께 영광중에 나타난다고 말한다.

"환난을 받는 너희에게는 우리와 함께 안식으로 갚으시는 것이 하나님의 공의시니 주 예수께서 자기의 능력의 천사들과 함께 하늘로부터 불꽃 가운데에 나타나실 때에, 우리 생명이신 그리스도께서 나타나실 그 때에 너희도 그와 함께 영광 중에 나타나리라"(살후 1:7, 골 3:4)

여기서 성도들이 그리스도와 함께 지상에 재림하는 모습은 7년 대환란 전에 공중으로 들림을 받았다는 사실을 보여준다. 환난 후 휴거설을 주장하는 학자들은 교회의 휴거가 그리스도께서 지상에 재림하시는 때에 이루어진다고 주장하지만, 예수께서 지상에 재림하시는 내용을 다루는 요한계시록 19장 11~21절에는 교회의 휴거를 다루는 내용은 하나도 등장하지 않는다. 그래서 환난 전 휴거설을 믿는 우리는 교회의 휴거가 예수께서 지상에 재림하시기 7년 전인 대환란 전에 이루어진다고 믿는다. 그러므로 교회의 성도들은 대환란 전에 휴거 되어 공중에 있다가 대환란 후에 예수님과 함께 지상에 백마를 타고 내려온다.

3. 백마를 타고 오심

"또 내가 하늘이 열린 것을 보니 보라 백마와 그것을 탄 자가 있으니 그 이름은 충신과 진실이라 그가 공의로 심판하며 싸우더라 그 눈은 불꽃 같고 그 머리에는 많은 관들이 있고 또 이름 쓴 것 하나가 있으니 자기밖에 아는 자가 없고 또 그가 피 뿌린 옷을 입었는데 그 이름은 하나님의 말씀이라 칭하더라"(계 19:11-13)

예수께서 지상에 재림하실 때는 백마와 구름을 타고 오신다. 적그리스도도 거짓 평화로 위장하기 위해 요한계시록 6장 2절에서 백마를 타고 나타나지만, 그리스도와는 비교가 될 수 없다. 그러므로 예수께서는 초림 때 나귀를 타시던 모습과는 달리 승리를 거둔 로마제국의 군대 장관이 전쟁에서 이기고 개선할 때 백마를 타고 나타나는 것처럼 예수께서도 백마를 타고 지상에 재림하신다. 여기서 백마를 탄 모습은 세상을 정복하시고 승리자의 모습으로 오신다.

요한계시록 19장 11~13절은 백마를 타고 오시는
예수님이 어떤 분이신지 소개한다.

❶ 예수님의 이름은 충신과 진실이다(19:11).

예수님은 100% 믿을 만한 분으로 누구라도 속이지 않으신다. 이미 요한계시록 3장 14절에서도 그분이 '충성되고 참된 증인이시오'라고 소개하여서 그분은 진심으로 신실하시고 참되신 분이다.

❷ 예수께서는 공의로 심판하시며 싸우신다(19:11).

예수께서 오시는 목적은 인류 마지막 전쟁을 통하여 어둠의 세력을 물리치고 그들을 공의로 심판하시기 위해 오신다. 땅에 거하는 믿지 않는 모든 죄인을 처형하려고 오신다.

❸ 예수님의 외모는 불꽃 같은 눈을 가지셨다(19:12).

예수께서는 불꽃 같은 눈을 가지셨기에 모든 것을 분별하시고 통찰하시고, 뚫어보시며 심판하신다. 따라서 그분에게 그 어떤 것이라도 감출 수 없다. 모든 사람의 마음과 뜻을 살피시며 모든 행위를 익히 아시기에 합당하게 심판하신다.

❹ 예수께서는 머리에는 많은 관을 쓰셨다(19:12).

오직 그분만이 참된 권위를 가지고 준엄하게 심판하시며 다스리시는 권세가 있음을 나타낸다.

❺ 예수께서는 머리에 '자기밖에 아는 이름'(19:12)이 쓰여 있다.

여기 '자기밖에 아는 이름'은 오직 메시아 자신만 아는 이름이며, 말로 다 표현할 수 없는 분이라는 뜻이다. 결국 예수께서 지상에 재림하실 때 그분의 참된 이름을 밝히 드러내신다.

❻ 예수께서는 피 뿌린 옷을 입었다(19:13).

여기서 말하는 피는 십자가에서 돌아가실 때 흘리신 피가 아니라 적을 물리치실 때 피가 옷에 묻었다. 이미 7년 대환란에서 수많은 사람이 그분의 심판으로 죽으면서 흘린 피를 상징하며, 7년 대환란에서 순교 당한 성도들의 피를 상징한다.

❼ 예수께서는 그 이름이 하나님의 말씀이다(19:13).

사도 요한은 요한복음 1장 1절에서도 예수께서 태초에 말씀으로 계셨으며, 이 말씀이 하나님과 함께 계셨으니 이 말씀은 곧 하나님이시라고 소개한다. 요한복음 1장 14절에서는 그 말씀이 육신이 되어 이 땅에 오신 분이 바로 예수님이라고 소개한다. 사도 요한은 지상에 재림하시는 예수께서 세상을 정복하시는 생생한 모습을 보았다. 요한계시록 19장은 예수께서 과연 어떻게 세상을 정복하시는지 보여준다.

"하늘에 있는 군대들이 희고 깨끗한 세마포 옷을 입고 백마를 타고 그를 따르더라 그의 입에서 예리한 검이 나오니 그것으로 만국을 치겠고 친히 그들을 철장으로 다스리며 또 친히 하나님 곧 전능하신 이의 맹렬한 진노의 포도주 틀을 밟겠고 그 옷과 그 다리에 이름을 쓴 것이 있으니 만왕의 왕이요 만주의 주라 하였더라"(계 19:14-16)

❶ 예수께서는 하늘에 있는 군대를 지휘하시는 군대 장관으로 사탄의 세력을 물리치신다.

하늘 군대들은 희고 깨끗한 세마포 옷을 입고 그분을 따른다.

❷ 예수께서는 입에서 나오는 아주 날카로운 칼로 세계 만국을 치신다.

여기 입에서 나온 예리한 검은 말씀의 강력한 능력을 상징한다. 성도들을 향한 위로의 말씀이 아니라 그분 사랑의 복음을 거절한 사람들에게 죽음을 선포하는 말씀의 검이다. 여기서 죽을 사람들은 아마겟돈 전쟁을 하려고 모인 무리다. 그분이 오실 때까지 구원받지 못한 자들은 그분이 이 땅에 재림하시고 바로 있을 양과 염소 심판 때 예수님의 심판을 통하여 처형된다.

❸ 예수께서는 철장으로 모든 민족을 다스리신다.

하나님을 대항하는 악의 무리를 쇠몽둥이로 파괴하고 진멸시킨다.

❹ 예수께서는 세상 사람들을 심판하시되 진노의 포도주 틀에 던져 넣으시고 발로 밟으시며 심판하신다.

예수께서 세상을 심판하실 때 포도를 거두어 하나님의 진노의 큰 포도주 틀에 던져서 발로 밟으시니 피가 나서 말 굴레에까지 닿았고 멀리 흘러간다고 요한계시록 14장 19~20절에서 말씀한다.

❺ 예수께서는 또 다른 이름을 가지셨는데 '만왕의 왕이요 만주의 주'가 되신다.

이 이름은 그분의 옷과 그분의 다리에 쓰여 있었다. 그러므로 그분이 모든 대적들을 물리치시고 최종 승리하시고 천년왕국에서 절대적으로 통치하시고 다스리신다.

4. 감람산으로 오심

"그 날에 그의 발이 예루살렘 앞 곧 동쪽 감람 산에 서실 것이요 감람 산은 그 한 가운데가 동서로 갈라져 매우 큰 골짜기가 되어서 산 절반은 북으로, 절반은 남으로 옮기고 그 산 골짜기는 아셀까지 이를지라 너희가 그 산 골짜기로 도망하되 유다 왕 웃시야 때에 지진을 피하여 도망하던 것 같이 하리라 나의 하나님 여호와께서 임하실 것이요 모든 거룩한 자들이 주와 함께 하리라"(슥 14:4-5)

예수께서 감람산으로 재림하시는데 그곳은 예수께서 하늘로 승천하셨던 장소다. 그분이 재림하실 때 큰 지진이 발생하여 감람산이 동서로 갈라져서 큰 골짜기가 생긴다. 그럴 뿐만 아니라 생수가 예루살렘에서 솟아나서 절반은 동해인 사해로 절반은 서해인 지중해로 흘러간다.

"그 날에는 빛이 없겠고 광명한 것들이 떠날 것이라 여호와께서 아시는 한 날이 있으리니 낮도 아니요 밤도 아니라 어두워 갈 때에 빛이 있으리로다 그 날에 생수가 예루살렘에서 솟아나서 절반은 동해로, 절반은 서해로 흐를 것이라 여름에도 겨울에도 그러하리라"(슥 14:6-8)

그러므로 예수께서 지상에 재림하실 때는 백마를 타고 구름을 타고 감람산으로 내려오신다. 그러므로 그분이 오실 때는 천체에 엄청난 변화가 일어나고 땅의 지형에도 엄청난 변화가 일어난다. 그러므로 그분이 오시는 것을 모르는 사람은 한 사람도 없을 것이다.

5. 아마겟돈의 전쟁에서 승리하심

"또 내가 보니 한 천사가 태양 안에 서서 공중에 나는 모든 새를 향하여 큰 음성으로 외쳐 이르되 와서 하나님의 큰 잔치에 모여 왕들의 살과 장군들의 살과 장사들의 살과 말들과 그것을 탄 자들의 살과 자유인들이나 종들이나 작은 자나 큰 자나 모든 자의 살을 먹으라 하더라 또 내가 보매 그 짐승과 땅의 임금들과 그들의 군대들이 모여 그 말 탄 자와 그의 군대와 더불어 전쟁을 일으키다가 짐승이 잡히고 그 앞에서 표적을 행하던 거짓 선지자도 함께 잡혔으니 이는 짐승의 표를 받고 그의 우상에게 경배하던 자들을 표적으로 미혹하던 자라 이 둘이 산 채로 유황불 붙는 못에 던져지고 그 나머지는 말 탄 자의 입으로부터 나오는 검에 죽으매 모든 새가 그들의 살로 배불리더라"(계 19:17-21)

여기서 사도 요한은 태양 안에 서서 외치는 한 천사를 보았다. 이것은 천사가 아주 중요한 선포를 위해서 모든 사람의 눈에 확실하게 보이도록 해를 가리고 서 있는 모습이다. 여기서 천사는 공중에 나는 모든 새에게 '하나님께서 마련하신 큰 만찬의 자리에 모이라'라고 초청하는 외침이다. 예수께서는 적그리스도와 그의 추종자들을 멸하시기 위해 오신다. 아마겟돈이라는 지역에서 적그리스도와 그를 추종하는 군대들이 모여서 예수께서 대장 되시는 하늘의 군대와 전쟁을 하지만 결코 땅의 군대는 하늘 군대의 적수가 될 수 없기에 인류의 마지막 전쟁에서 적그리스도와 그의 추종자들은 즉시 패배한다.

그리고 적그리스도의 추종자들은 예수님의 입에서 나오는 검에 의하여 죽임을 당하지만 매장되지 못하고 새들의 먹이가 된다. 새들이 먹을 먹이는 '왕들의 살과 장군들의 살과 장사들의 살과 말들과 그것을 탄 자들의 살과 자유인들이나 종들이나 작은 자나 큰 자나 모든 자의 살'이다. 사실 이스라엘에서 시체가 매장되지 못하고 새나 짐승에게 뜯어 먹힘은 가장 비참한 상태와 수치스러운 상태라는 것을 보여준다. 그래서 예수께서는 주검이 있는 곳에 독수리가 모인다고 말씀하셨다.

"그들이 대답하여 이르되 주여 어디오니이까 이르시되 주검 있는 곳에는 독수리가 모이느니라 하시니라"(눅 17:37)

여기서 '주검'은 시체를 지칭하고, 독수리는 사람의 사체를 먹는 독수리를 지칭한다. 그러므로 독수리에는 사람의 사체를 먹는 독수리 발쳐(valture)와 사체를 먹지 않는 독수리 이글(eagle)이 있다. 결국 예수께서는 감람산에 재림하시어 아마겟돈에 모인 적그리스도와 그의 추종자들을 심판하시고 멸하신다. 아마겟돈 전쟁은 온 땅을 피로 물들게 하는 심판이기에 포도즙 틀 심판이라 불린다. 요한계시록 14장 17~20절에 의하면 포도즙 틀에서 나온 피가 1m 50cm 두께로 1,600 스타디온이나 흘러간다. 여기서 한 스타디온이 186m이기에, 186m를 1600으로 곱하면 320km나 된다. 엄청난 수량의 피가 이렇게 흘러간다는 것이 도저히 믿어지지 않지만, 성경은 그 사실을 아주 명백하게 말씀한다. 포도주색 피가 성전이 있는 예루살렘 밖에서부터 말굴레(약 1m 50cm) 높이로 320km나 멀리 퍼져나간다. 1,600 스타디온은 320km로 이스라엘의 전체 길이를 나타내는 '단에서 브엘세바'까지의 거리다. 그러므로 하나님의 심판은 팔레스타인 전체 지역과 온 세상에 일어난다.

"민족들은 일어나서 여호사밧 골짜기로 올라올지어다 내가 거기에 앉아서 사면의 민족들을 다 심판하리로다 너희는 낫을 쓰라 곡식이 익었도다 와서 밟을지어다 포도주 틀이 가득히 차고 포도주 독이 넘치니 그들의 악이 큼이로다 사람이 많음이여, 심판의 골짜기에 사람이 많음이여, 심판의 골짜기에 여호와의 날이 가까움이로다"(욜 3:12-14)

요한계시록 16장 16절에 나오는 아마겟돈이라는 말은 스가랴 12장 11절에 나오는 므깃도와 같은 지역이고 요엘서 3장 12절에 나오는 여호사밧 골짜기와 같은 장소다. 이 지역은 구약시대에 전투가 많이 일어났던 곳으로 전쟁하기에 가장 적합한 장소가 바로 아마겟돈이요, 므깃도요, 여호사밧 골짜기다. 이곳은 바락과 드보라가 시스라를 대항하여 싸웠던 곳이며(삿 4:-5:), 기드온이 미디안을 이긴 곳이다(삿 7:). 사울 왕이 블레셋에 의해서 죽임을 당한 곳이며(삼상 31:8), 예후가 유다 왕 아하시야를 죽인 곳이다(왕하 9:27). 이집트 왕이 유다 왕 요시야를 죽인 곳이며(왕하 23:29-30), 드르스족과 터키인과 나폴레옹의 군대가 싸웠던 장소다. 그래서 아마겟돈은 온 세상의 모든 군대가 모여서 전쟁을 치르기에 적합한 장소다. 결국에는 이곳에서 피가 흘러 여호사밧 골짜기를 지나 에돔 땅을 덮을 것이다. 시체와 피가 썩어갈 때 풍기는 악취는 온 지역을 뒤덮을 것이다. 얼마나 비참한가? 이것이 인류의 마지막 전쟁이다.

결국 인류의 마지막 전쟁에서 모든 적들이 힘도 써보지 못하고 한순간에 패배하기에 전쟁이 아니라 심판이다. 그리고 요한계시록 19장 20절에 의하면 결국 짐승인 적그리스도와 거짓 선지자가 잡혀서 산채로 지옥 불못에 던져진다. 이들이 산채로 불못에 던져졌다는 것은, 이들이 불못에서 영원히 고통을 당하는 것을 보여준다. 여기 유황 불못은 지옥으로 마귀 사탄과 적그리스도와 거짓 선지자와 타락한 천사들과 구원받지 못한 모든 사람이 마지막으로 들어가는 지옥이다.

6. 그리스도의 통치 준비기간

"매일 드리는 제사를 폐하며 멸망하게 할 가증한 것을 세울 때부터 천이백구십 일을 지낼 것이요 기다려서 천삼백삼십오 일까지 이르는 그 사람은 복이 있으리라 너는 가서 마지막을 기다리라 이는 네가 평안히 쉬다가 끝날에는 네 몫을 누릴 것임이라"(단 12:11-13)

다니엘의 70 이레를 살펴보면 예수께서 천년왕국에서 통치하시기 전에 75일의 준비기간이 있다. 적그리스도가 환난 성전에서 매일 드리는 제사를 폐하고 멸망케 할 미운 물건인 자신의 우상을 세울 때부터 1,290일이 지난다고 말한다. 그런데 자신의 우상을 세울 때가 후 3년 반이 시작될 때다. 그런데 3년 반은 1,260일이다. 그러므로 다니엘 12장 11절에 등장하는 1,290일에서 1,260일을 빼면 30일이 남는다. 그런데 1,290일이 지날 뿐만 아니라 1,335일이 또 지난다고 말하고 있다. 그러므로 1,335일에서 1,290일을 빼면 45일이 남는다. 그러므로 30일과 45일을 더하면 75일이다. 또한 1,335일에서 1,260일을 빼면 75일이다. 그러므로 7년 대환란이 끝나고 천년왕국이 세워지기 전에 75일의 준비기간이 있다. 따라서 프랭클린 록스던은 이 준비기간을 미국 대통령이 선출된 후 취임 때까지 준비기간과 비교한다.

"우리 미국에서도 국가적으로 유사한 점이 있다. 대통령은 11월 초순에 선출되지만, 다음 해 1월 20일까지는 취임하지 않는다. 그래서 약 70일간의 중간 기간이 있다. 그동안 대통령은 내각을 구성할 인물들을 구상하는 일을 하게 된다. 대환란이 끝난 후로부터 그리스도의 대관식이 있기까지의 이 75일 동안에 영광의 왕께서는 여러 가지 일들을 행하실 것이다."

7년 대환란이 끝나고 천년왕국이 시작될 때까지
75일 동안 다음과 같은 일들이 이루어진다.
❶ **예수께서 지상에 재림하시어 적그리스도와 그의 추종자들을 멸하신다.**
❷ **예수께서 이스라엘을 다시 모으신다.**

"그 날에 주께서 다시 그의 손을 펴사 그의 남은 백성을 앗수르와 애굽과 바드로스와 구스와 엘람과 시날과 하맛과 바다 섬들에서 돌아오게 하실 것이라 여호와께서 열방을 향하여 기치를 세우시고 이스라엘의 쫓긴 자들을 모으시며 땅 사방에서 유다의 흩어진 자들을 모으시리니, 그가 큰 나팔소리와 함께 천사들을 보내리니 그들이 그의 택하신 자들을 하늘 이 끝에서 저 끝까지 사방에서 모으리라"(사 11:11-12, 마 24:31)

❸ 예수께서 이스라엘의 남은 자를 구원하신다(호 14:1-4, 슥 12:10).
❹ 예수께서 이방인의 심판과 양과 염소의 심판으로 염소에 해당하는 모든 불신자는 모두 지옥 불에 들어간다(마 25:31-46).

이방인들은 예수께서 이 땅에 내려오시게 될 때 살아남아 있는 모든 사람이다. 마태복음 25장 31~33절을 보면, "인자가 자기 영광으로 모든 천사와 함께 올 때에 자기 영광의 보좌에 앉으리니 모든 민족을 그 앞에 모으고 각각 구분하기를 목자가 양과 염소를 구분하는 것 같이 하여 양은 그 오른편에 염소는 왼편에 두리라"라는 말씀이 이루어진다.

❺ 예수께서 사탄을 1,000년 동안 무저갱에 가둔다(계 20:1-3).
❻ 예수께서 구약시대의 성도들과 대환란 기간에 순교한 성도들을 부활시키신다 (사 26:19, 단1 2:1-3, 계 20:4-6).

우리가 지금은 이 세상에서 모든 불신자와 함께 살아가지만, 예수께서 지상에 재림하셔서 아마겟돈 전쟁을 통해 적그리스도를 따르는 모든 세력을 멸하시고, 이 땅에 남아 있는 모든 불신자도 양과 염소의 심판을 통해서 지옥에 들어가면 이 세상에서 모든 불신자가 다 사라진다. 천년왕국은 오직 예수 그리스도와 믿는 성도들만 들어간다.

22장

영광스러운
천년왕국

계시록 20:1-6

성경을 읽어보면 하나님께서 역사하시는 어떤 기간이 있음을 알 수 있다.

① 예수께서 공중에 재림하시면 교회 시대의 성도들이 부활하여 휴거 되고 7년 대환란이 시작된다.

② 대환란이 끝나면 예수께서 지상에 재림하신다.

③ 인류의 마지막 전쟁이 일어나 적그리스도와 그의 추종자들이 패망하고 적그리스도와 거짓 선지자는 불못에 던져진다.

④ 예수께서 통치하시는 천년왕국이 시작된다.

⑤ 천년왕국이 끝나갈 즈음에 마귀 사탄이 잠시 풀려나 마지막 반역을 일으킨다.

⑥ 결국은 마귀 사탄도 최종적으로 지옥 불못에 던져진다.

⑦ 창세 이후의 모든 악인이 부활하여 백 보좌 심판을 당하고 지옥 불못에 던져진다.

⑧ 새 하늘과 새 땅의 영원한 세계가 시작된다.

그러므로 천년왕국은 하나님의 계획 속에 포함된 분명한 기간이다.
그러므로 천년왕국은 다니엘서에 예언된 예수 그리스도께서 세우시는 왕국이다.

"이 여러 왕들의 시대에 하늘의 하나님이 한 나라를 세우시리니 이것은 영원히 망하지도 아니할 것이요 그 국권이 다른 백성에게로 돌아가지도 아니할 것이요 도리어 이 모든 나라를 쳐서 멸망시키고 영원히 설 것이라 손대지 아니한 돌이 산에서 나와서 쇠와 놋과 진흙과 은과 금을 부서뜨린 것을 왕께서 보신 것은 크신 하나님이 장래 일을 왕께 알게 하신 것이라 이 꿈은 참되고 이 해석은 확실하니이다 하니"(단 2:44-45)

여기서 '이 여러 왕들의 시대에'라는 말씀은 이 세상에 세워졌던 제국으로 큰 신상에서 금 제국은 바벨론 제국이고, 은 제국은 메대/페르시아 제국이고, 놋 제국은 그리스제국이고, 철 제국은 로마제국이고, 진흙 같은 제국이 지나간 뒤에 하나님께서 마지막 나라를 세우기 위해 '손대지 아니한 돌이 산에서 나와서' 모든 세상의 제국을 산산조각 내고 견고하게 세워지는 나라가 바로 예수님이 세우시는 천년왕국이다.

1. 세 가지 천년왕국설

요한계시록 20장은 예수께서 지상에서 1,000년 동안 다스리게 된다는 사실을 가르쳐준다. 이것은 요한계시록 20장을 문자적으로 해석하면 자연스러운 결과다. 또한 20장의 사건이 19장의 예수님의 지상 재림에 뒤이어 나와 자연스럽게 연결된다. 그리고 21~22장도 시간상으로 20장의 뒤를 연결한다. 그런데 요한계시록 20장을 어떻게 해석하느냐에 따라서 세 가지 천년왕국설이 나누어진다.

❶ 무천년설

무천년설은 요한계시록 20장을 문자적으로 해석하지 않는다. 여기에 나오는 천년은 실제적인 천년이 아니라 긴 세월을 의미하며, 그리스도께서 지상에 재림하신 이후에 실제로 세워지는 천년왕국은 없고 곧바로 하늘에서 영원한 세계에 들어간다고 주장한다. 무천년설은 어거스틴이 처음으로 주장한 설이며, 교회 시대에 하나님의 백성들 마음에서 이루어지는 영적인 왕국이 바로 천년왕국의 시대라고 주장한다.

❷ 후천년설

후천년설은 세 가지 천년왕국설 중에 마지막으로 등장했다. 후천년설은 교회가 복음을 전하므로 이 세상이 점점 좋아져서 마침내 온 세상이 기독교화됨으로 그때 예수께서 지상에 재림하신다고 주장한다. 먼저 천년왕국이 세워지고 예수께서 재림하신다고 해서 후천년설이다. 후천년설이 16세기에 등장했지만 20세기에 들어와서는 거의 받아들여지지 않는 이유는 세상은 점점 더 타락하고 있기 때문이다.

❸ 전천년설

전천년설은 역사적으로 가장 오래된 설이며, 가장 성경적이고 설득력 있는 설이다. 예수께서 천년왕국이 시작되기 전에 문자적으로 지상에 재림하시어 그분에 의해서 천년왕국이 세워지고, 그분이 다스리게 된다고 주장한다. 예루살렘이 천년왕국의 수도가 되어 1,000년 동안 지속된다고 믿는다. 초대교회 그리스도인들은 대부분 전천년설을 믿었다.

❹ 어느 설이 가장 성경적으로 합당한가?

먼저 후천년설은 예수께서 지상에 재림하시기 전에 이 세상이 좋은 세상으로 변화되어야 하는데 오히려 이 세상은 반대로 점점 더 타락하고 있어서 세상이 점점더 좋아진 후에 예수님이 재림하신다는 후천년설은 합당하지 않다. 그리고 무천년설은 요한계시록 20장에 나오는 내용을 문자적으로 해석하지 않으니 비교할 필요도 없다. 그들이 예수님의 초림에서 재림까지의 교회 시대 자체를 천년왕국으로 본다면 요한계시록 20장 2절에서 마귀 사탄이 1,000년 동안 무저갱에 갇혀서 사람들을 더는 미혹하지 못한다고 했는데 오늘날 교회 시대에는 사탄이 더욱 역사하고 있으니 말이 되지 않는다.

그리고 무천년설은 1,000년의 기간을 문자적으로 해석하지 않고 오랜 기간으로 해석하는데 그렇다면 요한계시록에 나오는 다양한 숫자들을 대부분 문자적으로 해석하면서 이 부분만 영적으로 해석하는 것은 말이 되지 않는다.

그렇다면 전천년설이 가장 성경적으로 합당하다는 이유가 무엇인가?

❺ 전천년설이 가장 성경적으로 합당한 5가지 이유
① 예수께서 천년왕국이 세워지기 전에 지상에 재림하셔서 순교자들을 부활시키기 때문이다.

"또 내가 보니 예수를 증언함과 하나님의 말씀 때문에 목 베임을 당한 자들의 영혼들과 또 짐승과 그의 우상에게 경배하지 아니하고 그들의 이마와 손에 그의 표를 받지 아니한 자들이 살아서 그리스도와 더불어 천 년 동안 왕 노릇 하니"(계 20:4)

여기 요한계시록 20장 4절에서 순교자들의 부활을 언급하고 있다. 7년 대환란에서 목 베임을 당한 자들이 천년왕국 전에 부활해야 그리스도와 함께 1,000년 동안 천년왕국에서 왕 노릇을 하기 때문이다. 따라서 예수께서 오시기 전에 천년왕국은 있을 수 없다.

② 예수께서 지상에 재림하실 때 사탄이 결박되고 천년왕국이 시작되기 때문이다.

"또 내가 보매 천사가 무저갱의 열쇠와 큰 쇠사슬을 그의 손에 가지고 하늘로부터 내려와서 용을 잡으니 곧 옛 뱀이요 마귀요 사탄이라 잡아서 천 년 동안 결박하여 무저갱에 던져 넣어 잠그고 그 위에 인봉하여 천 년이 차도록 다시는 만국을 미혹하지 못하게 하였는데 그 후에는 반드시 잠깐 놓이리라"(계 20:1-3)

③ 예수께서 천년왕국 전에 지상에 재림하실 때 적그리스도가 멸망하기 때문이다.

"그 때에 불법한 자가 나타나리니 주 예수께서 그 입의 기운으로 그를 죽이시고 강림하여 나타나심으로 폐하시리라"(살후 2:8)

④ 예수께서 지상에 재림하실 때 유대인들이 자기 땅에 회복되어 천년왕국에 들어가기 때문이다.

"내가 너희를 여러 나라 가운데에서 인도하여 내고 여러 민족 가운데에서 모아 데리고 고국 땅에 들어가서 맑은 물을 너희에게 뿌려서 너희로 정결하게 하되 곧 너희 모든 더러운 것에서와 모든 우상 숭배에서 너희를 정결하게 할 것이며 또 새 영을 너희 속에 두고 새 마음을 너희에게 주되 너희 육신에서 굳은 마음을 제거하고 부드러운 마음을 줄 것이며 또 내 영을 너희 속에 두어 너희로 내 율례를 행하게 하리니 너희가 내 규례를 지켜 행할지라"(겔 36:24-27)

⑤ 예수께서 지상에 재림하실 때 도적같이 오시기 때문에 성도들에게 깨어 있으라고 권면했기 때문이다.

천년왕국이 다 이루어지고 오신다면 깨어 있으라고 권면할 이유가 없다. 예수님은 왕이 되시기에 그분이 오셔야 천년왕국이 시작된다. 왜냐하면 왕이 없는 천년왕국은 존재할 수 없기 때문이다.

2. 마귀 사탄의 결박

"또 내가 보매 천사가 무저갱의 열쇠와 큰 쇠사슬을 그의 손에 가지고 하늘로부터 내려와서 용을 잡으니 곧 옛 뱀이요 마귀요 사탄이라 잡아서 천 년 동안 결박하여 무저갱에 던져 넣어 잠그고 그 위에 인봉하여 천 년이 차도록 다시는 만국을 미혹하지 못하게 하였는데 그 후에는 반드시 잠깐 놓이리라, 또 자기 지위를 지키지 아니하고 자기 처소를 떠난 천사들을 큰 날의 심판까지 영원한 결박으로 흑암에 가두셨으며"(계 20:1-3, 유 1:6)

예수께서는 지상에 재림하시어 천년왕국을 세울 모든 준비를 하셨다. 7년 대환란의 심판에도 살아남은 사람들은 아마겟돈에서 일차로 죽임을 당했으며, 양과 염소의 심판에서도 그들이 처형되었으며, 전 세계를 반역으로 이끌었던 적그리스도와 거짓 선지자도 지옥 불못으로 던져졌다. 그러나 천년왕국에서 가장 중요한 문제는 마귀 사탄의 결박이다. 마귀 사탄이 제거되어야 이 세상이 놀라운 천년왕국으로 변화될 수 있기 때문이다. 마귀 사탄이 활동한다면 천년왕국이 이루어질 수 없다.

그래서 사도 요한은 무저갱 열쇠와 큰 쇠사슬을 가지고 마귀 사탄을 결박하기 위해 하늘로부터 내려오는 천사를 보았다. 따라서 영체를 묶는 쇠사슬도 있으며, 이 쇠사슬은 마귀 사탄이 무저갱에 던져질 때 활동하지 못하도록 완전히 묶어버리는 쇠사슬이다. 천사가 열쇠와 쇠사슬을 가지고 내려오는 목적은 마귀 사탄을 완전히 결박하여 무저갱에 던져서 1,000년 동안 감금하려는 것이다. 하나님께서 천사에게 주신 열쇠는 하나님께 위임받은 권세를 나타낸다.

결국 사탄이 결박되어 무저갱에 갇혔는데 여기 무저갱으로 번역된 '아비소스'라는 단어는 마귀 사탄과 그를 따르는 귀신들이 일시적으로 감금되는 장소다. 그러므로 마귀 사탄과 타락한 귀신들이 가는 마지막 장소가 지옥 불못이며, 이것이 마귀 사탄의 운명이다. 사탄은 이미 꺾어진 화병의 꽃처럼 겉으로 보기에는 싱싱하고 화려해 보여도 이미 패배했다.

여기서 마귀 사탄은 큰 용, 옛 뱀, 마귀 사탄으로 불린다. 이사야 14장 12절에서는 '아침의 아들 계명성'으로 불리며, 에스겔 28장 14절에서는 '기름 부음을 받은 덮는 그룹'으로 불린다. 그는 천사로서 최고의 피조물이었으며, 하나님 영광의 보좌를 호위하고 있었다. 그는 천성과 하나님의 성산을 왕래하였으며 모든 부분에 완전하였으나 자신이 아름다우므로 마음이 교만하여 하나님의 보좌와 통치권을 소유하고자 하는 오만으로 타락하여 마귀 사탄이 되었다.

"용을 잡으니 곧 옛 뱀이요 마귀요 사탄이라 잡아서 천 년 동안 결박하여 무저갱에 던져 넣어 잠그고 그 위에 인봉하여 천 년이 차도록 다시는 만국을 미혹하지 못하게 하였는데 그 후에는 반드시 잠깐 놓이리라"(계 20:2-3)

이제 마귀 사탄은 무저갱에 1,000년 동안 완전히 결박되었다. 여기서 그를 완전히 결박하기 위하여 5가지 동사가 사용되었다. "붙잡았다, 결박했다, 던졌다, 잠겼다, 봉했다."라는 동사다. 따라서 마귀 사탄은 완전히 감금되어 천년왕국에서 어떤 경우에도 활동할 수 없으며 영향을 미칠 수 없다. 사실 마귀 사탄은 창세 이후에 늘 끊임없이 세상 사람들을 미혹하고 유혹하여 하나님을 대항하였다. 그는 심지어 죄에 빠진 온 인류를 십자가의 속량을 통하여 구원하시러 오신 예수님을 시험하고 유혹하였다.

하지만 이제 마귀 사탄이 완전히 무저갱에 결박되어 활동할 수 없으므로 더는 세상 사람들을 간교함으로 미혹하고 속일 수 없다. 성도들의 약점을 참소할 수 없으며, 어떤 거짓말도 할 수 없다. 그리고 어둠의 세력인 타락한 귀신들과 적그리스도와 거짓 선지자와 하나님을 거절하는 모든 죄인도 다 처리되어서 완전히 평화로운 천년왕국이 세워진다. 이 천년왕국에서 최고의 권위를 가지고 온 세상을 통치하실 분은 만왕의 왕이요 만주의 주가 되시는 예수 그리스도다.

❶ 마귀 사탄의 대표적인 네 가지 명칭

① 〈용〉 용은 악마나 사탄의 본성을 뜻하는 명칭으로서 적그리스도의 통치 세계를 이끄는 지도력을 발휘한다.

② 〈옛 뱀〉 옛 뱀은 사탄의 본성을 나타내며, 간교함으로 에덴동산에서 하와를 속이고 아담을 타락하게 했다.

③ 〈마귀〉 마귀의 명칭은 사탄만이 가지고 있는 고유 명칭이기에 복수로 표현하지 않는다. 귀신들과는 구별되며 오히려 귀신들을 부리는 존재다. 근거 없는 말로 참소하며 악의적인 험담을 늘어놓으며 거짓말쟁이며 살인자이며 마왕이다.

④ 〈사탄〉 사탄은 대적자로 하나님과 모든 믿는 사람을 대적한다. 참소자, 비난자, 처음부터 하나님을 배반한 자, 귀신의 왕(마 12:23-29), 이 세상 임금(요 12:31), 이 세상 신, 공중의 권세 잡은 자(엡 2:2), 악한 자(요일 5:19), 흉악한 자, 시험하는 자이다(마 4:4).

❷ 마귀 사탄의 세 가지 본성

① 사탄은 영적인 존재다.

② 사탄은 인격적인 존재다. 이것은 인격이 고상하다는 뜻이 아니라 지적인 부분과 정적인 부분과 의지적인 부분을 가지고 있다는 뜻이다.

③ 사탄은 악하다. 사탄의 운명은 정해져 있다.

1,000년 동안 무저갱에 갇혀있다가 마지막에는 유황 불못에 던져진다. 무저갱은 신약성경에 9회 기록되어 있는데 그중에 7회가 계시록에 기록되어 있다. 누가복음 8장 30~31절을 보면 귀신들이 예수님께 자신들을 '무저갱으로 들어가라' 하지 마시기를 간구한다. 그러므로 무저갱은 귀신들과 악한 영들이 갇히는 무서운 감옥이다.

3. 성도의 부활과 악인의 부활

❶ 첫째 부활인 성도의 부활

"또 내가 보좌들을 보니 거기에 앉은 자들이 있어 심판하는 권세를 받았더라 또 내가 보니 예수를 증언함과 하나님의 말씀 때문에 목 베임을 당한 자들의 영혼들과 또 짐 승과 그의 우상에게 경배하지 아니하고 그들의 이마와 손에 그의 표를 받지 아니한 자들이 살아서 그리스도와 더불어 천 년 동안 왕 노릇 하니 (그 나머지 죽은 자들은 그 천 년이 차기까지 살지 못하더라) 이는 첫째 부활이라 이 첫째 부활에 참여하는 자들은 복이 있고 거룩하도다 둘째 사망이 그들을 다스리는 권세가 없고 도리어 그들이 하나님과 그리스도의 제사장이 되어 천 년 동안 그리스도와 더불어 왕 노릇 하리라"(계 20:4-6)

사도 요한은 여기서 천년왕국 기간에 여러 보좌에 앉아 심판하는 권세를 받은 자들을 보았다. 따라서 이들은 예수님과 함께 천년왕국에서 다스리는 권세를 받았다. 그렇다면 보좌에 앉아 심판하는 권세를 받은 자들은 누구인가?
요한계시록 20장 4절은 그들이 누구인지 자세히 소개한다.

'또 내가 보니 예수를 증언함과 하나님의 말씀 때문에 목 베임을 당한 자들의 영혼들과 또 짐승과 그의 우상에게 경배하지 아니하고 그들의 이마와 손에 그의 표를 받지 아니한 자들이 살아서'

그러므로 요한이 본 이들은 7년 대환란 시대에 예수를 증언하고 하나님 말씀 때문에 목 베임을 당한 순교자들이다. 이들은 환란 성전에 세워진 적그리스도의 우상에 숭배하지 않았으며 신실하게 하나님 아버지와 예수님을 섬긴 충성된 성도들이라 목 베임을 당하고 순교한 자들이다. 그래서 4절 마지막에 '그의 표를 받지 아니한 자들이 살아서'라는 말씀은 대환란 시대에 순교 당했던 자들이 부활했다는 것을 '살아서'라고 표현했다.

그런데 무천년설 자들은 요한계시록 20장 4절에 나오는 '살아서'를 영적으로 죽었던 사람이 복음을 듣고 그 영혼이 살아나는 중생으로 해석한다. 그리고 5절에서 '살지 못하더라'라는 말을 해석할 때도 천년이 차기까지 성도들과 불신자들이 부활하지 못한다고 해석한다. 하지만 4절 마지막에 이렇게 대환란 기간에 순교했던 성도들이 부활해서 '그리스도와 더불어 천 년 동안 왕 노릇' 한다고 말씀한다. 따라서 이들은 첫째 부활에 참여한 성도들로 거룩하고 둘째 사망을 당하지 않고 1,000년 동안 예수님과 함께 왕으로서 다스린다.

그렇다면 여기서 순교한 성도들만 예수 그리스도와 함께 1,000년 동안 왕으로서 다스리고 통치하는가? 그것은 아니다. 7년 대환란 시대에 순교한 성도들만 아니라 첫째 부활에 참여한 모든 성도가 천년왕국에서 예수님과 함께 왕으로서 통치하고 다스린다. 왜냐하면 예수께서 자신을 따르는 성도들이 부활하여 자신과 함께 천년왕국에서 다스리게 된다고 성경의 여러 말씀에서 약속하셨기 때문이다.

"예수께서 이르시되 내가 진실로 너희에게 이르노니 세상이 새롭게 되어 인자가 자기 영광의 보좌에 앉을 때에 나를 따르는 너희도 열두 보좌에 앉아 이스라엘 열두 지파를 심판하리라, 성도가 세상을 판단할 것을 너희가 알지 못하느냐 세상도 너희에게 판단을 받겠거든 지극히 작은 일 판단하기를 감당하지 못하겠느냐 우리가 천사를 판단할 것을 너희가 알지 못하느냐 그러하거든 하물며 세상 일이랴, 미쁘다 이 말이여 우리가 주와 함께 죽었으면 또한 함께 살 것이요 참으면 또한 함께 왕 노릇 할 것이요 우리가 주를 부인하면 주도 우리를 부인하실 것이라"(계 20:6, 마 19:28, 고전 6:2-3, 딤후 2:11-12)

예수님과 첫째 부활에 동참한 성도들이 천년왕국에서 왕으로서 다스릴 때 의로움과 평화와 기쁨이 넘치게 된다. 이 시기에는 저주가 없고, 모든 식물이 풍성하며, 놀라운 육체적 건강을 누리며 오래 살아가는 축복을 누린다. 그런데 성도가 부활하는 내용을 5절에서는 '첫째 부활'이라고 한다.

❷ 시기적으로 네 차례에 이루어지는 첫째 부활

① 예수께서 죽은 자 가운데서 제일 먼저 부활하심으로 부활의 첫 열매가 되셨는데 그때 주님과 함께 생명의 부활로 부활한 성도들이다.
"무덤들이 열리며 자던 성도의 몸이 많이 일어나되 예수의 부활 후에 그들이 무덤에서 나와서 거룩한 성에 들어가 많은 사람에게 보이니라"(마 27:52-53)
② 대환란 전에 교회 시대에 구원받은 성도들의 부활이다(살전 4:13-18).
③ 예수께서 지상에 재림하실 때 대환란 시대에 순교를 당했던 성도들의 부활이다(계 20:34-5).
이때 구약시대의 성도들도 부활한다.
④ 천년왕국 시대가 끝나고 대환란 시대에 순교를 당하지 않고 살아 있던 성도들이 육체를 가지고 천년왕국에 들어갔던 성도들이 부활한다.

❸ 첫째 부활에 참여하는 자들이 누리는 놀라운 축복

"이는 첫째 부활이라 이 첫째 부활에 참여하는 자들은 복이 있고 거룩하도다 둘째 사망이 그들을 다스리는 권세가 없고 도리어 그들이 하나님과 그리스도의 제사장이 되어 천 년 동안 그리스도와 더불어 왕 노릇 하리라"(계 20:6)

① 둘째 사망인 지옥에 들어가지 않는 축복이다.

지옥 불못은 적그리스도와 거짓 선지자가 사로잡혀 들어간 곳이며, 마귀 사탄도 최종적으로 들어갈 곳이며, 생명책에 기록되지 못한 모든 불신자가 들어갈 곳이다. 둘째 사망 곧 지옥 불못은 영원한 죽음이다. 따라서 구원받은 성도들은 결코 둘째 사망에 들어가지 않는다.

② 하나님과 예수님의 제사장이 되어 하나님을 섬기는 축복이다.

사실 이스라엘은 처음에 하나님을 섬기는 제사장 나라가 되는 축복이 있었으나 하나님의 말씀과 언약을 지키는 조건이 있었다.

"세계가 다 내게 속하였나니 너희가 내 말을 잘 듣고 내 언약을 지키면 너희는 모든 민족 중에서 내 소유가 되겠고 너희가 내게 대하여 제사장 나라가 되며 거룩한 백성이 되리라 너는 이 말을 이스라엘 자손에게 전할지니라"(출 19:5-6)

신약에서 교회가 제사장이 되는 놀라운 축복이다.
"그러나 너희는 택하신 족속이요 왕 같은 제사장들이요 거룩한 나라요 그의 소유가 된 백성이니 이는 너희를 어두운 데서 불러 내어 그의 기이한 빛에 들어가게 하신 이의 아름다운 덕을 선포하게 하려 하심이라"(벧전 2:9)
제사장의 가장 큰 임무는 하나님을 섬기는 일이다. 따라서 천년왕국에서도 하나님과 그리스도의 제사장이 되어 섬긴다.

③ 예수 그리스도와 함께 1,000년 동안 다스리는 축복이다.
따라서 부활한 성도들은 제사장으로 하나님과 그리스도를 섬기고 왕으로서 예수님과 함께 민족들을 다스리게 된다.

❹ 둘째 부활인 악인의 부활
"〈그 나머지 죽은 자들은 그 천 년이 차기까지 살지 못하더라〉 이는 첫째 부활이라"(계 20:5)

여기 요한계시록 20장 5절은 둘째 부활인 악인의 부활도 다룬다. 5절에서 〈그 나머지 죽은 자들은 그 천 년이 차기까지 살지 못하더라〉라는 내용은 삽입된 부분으로 믿지 않는 모든 악인을 지칭한다. 여기서 '그 나머지 죽은 자들'은 모든 세대에 예수님을 믿지 않고 죽은 모든 불신자를 지칭한다. 그리고 '그 천 년이 차기까지 살지 못하더라'라는 내용은 이들이 1,000년 동안은 부활하지 못한다는 내용이다. 그러므로 여기 악인의 부활은 천년왕국 후에 둘째 부활하는 악인의 부활로, 요한계시록 20장 11~15절에 나온다. 그래서 그들을 가리켜 '그 나머지 죽은 자들은'이라고 말씀한다.

그리고 5절 마지막에 등장하는 '이는 첫째 부활이라'라는 내용은 5절의 악인의 부활하고는 아무런 관계가 없고 4절에 등장하는 첫째 부활을 지칭한다.

그러므로 부활은 크게 두 가지로 모든 성도의 부활인 첫째 부활과 모든 불신자의 부활인 악인의 부활이 있다. 그러므로 사도 요한은 모든 세대에 예수님을 믿는 성도들의 부활을 '첫째 부활'이라고 부르고, 다른 성경의 저자들은 '의로운 사람들의 부활'이라고 부르고, '생명의 부활'이라고 부르고, 예수님의 재림 때 '그분께 속한 사람들의 부활'이라고 부르고, '더 좋은 부활'이라고 부른다. 이 첫째 부활에 참여하는 자들은 부활을 통하여 질적으로 영화로운 몸을 입으며 영원히 죽지 않는 완전한 몸으로 변화된다. 그래서 첫째 부활에 참여한 사람은 복 받은 사람들이다. 하지만 둘째 부활인 악인의 부활은 지옥 불못에서 영원히 죽지 않을 몸으로 살아가기 위해서 부활하는 악인의 부활이요 저주의 부활이다.

4. 천년왕국의 자연환경

❶ 에덴동산과 아주 비슷하다.

천년왕국은 자연환경이 완벽한 환경으로 복원된다. 완벽한 환경의 모델은 과거 하나님께서 창조하신 에덴동산이다. 그러므로 이사야는 천년왕국을 소개하면서 이 세상에서 모든 사막도 없어지고 온 세상이 에덴동산과 같아져서 천년왕국에서는 기뻐함과 즐거워함과 감사함과 창화하는 소리로 서로 노래를 주고받는다고 소개한다.

"나 여호와가 시온의 모든 황폐한 곳들을 위로하여 그 사막을 에덴 같게, 그 광야를 여호와의 동산 같게 하였나니 그 가운데에 기뻐함과 즐거워함과 감사함과 창화하는 소리가 있으리라"(사 51:3)

스가랴 14장과 에스겔 47장에서는 천년왕국이 이루어지면 예루살렘에서 생수가 솟아나 지중해와 사해로 흘러간 결과로 사해 바다도 생물이 풍부해지고, 황무지가 옥토로 변화되어 농작물이 풍부해진다고 소개한다. 예루살렘 성전에서 나온 물은 점점 풍성해져서 처음에는 물이 사람의 발목에 이르고, 물이 사람의 무릎에 오르고, 물이 사람의 허리에 오르고, 물이 건너지 못할 강이 되었으며, 강 좌우편에는 나무들이 심히 많았으며, 결국 성전에서 나온 물이 흘러서 아라바로 내려가 바다로 흘러 들어간다. 그런데 성전에서 나온 물이 바다로 들어가자 바다의 물이 되살아나고 그 물이 이르는 곳마다 모든 생물이 살아나고 고기도 심히 많아지며 자연환경이 새롭게 변화된다.

"그 날에 생수가 예루살렘에서 솟아나서 절반은 동해로, 절반은 서해로 흐를 것이라 여름에도 겨울에도 그러하리라, 그가 나를 데리고 성전 문에 이르시니 성전의 앞면이 동쪽을 향하였는데 그 문지방 밑에서 물이 나와 동쪽으로 흐르다가 성전 오른쪽 제단 남쪽으로 흘러 내리더라 그가 또 나를 데리고 북문으로 나가서 바깥 길로 꺾여 동쪽을 향한 바깥 문에 이르시기로 본즉 물이 그 오른쪽에서 스며 나오더라 그 사람이 손에 줄을 잡고 동쪽으로 나아가며 천 척을 측량한 후에 내게 그 물을 건너게 하시니 물이 발목에 오르더니 다시 천 척을 측량하고 내게 물을 건너게 하시니 물이 무릎에 오르고 다시 천 척을 측량하고 내게 물을 건너게 하시니 물이 허리에 오르고 다시 천 척을 측량하시니 물이 내가 건너지 못할 강이 된지라 그 물이 가득하여 헤엄칠 만한 물이요 사람이 능히 건너지 못할 강이더라 그가 내게 이르시되 인자야 네가 이것을 보았느냐 하시고 나를 인도하여 강가로 돌아가게 하시기로 내가 돌아가니 강 좌우편에 나무가 심히 많더라 그가 내게 이르시되 이 물이 동쪽으로 향하여 흘러 아라바로 내려가서 바다에 이르리니 이 흘러내리는 물로 그 바다의 물이 되살아나리라 이 강물이 이르는 곳마다 번성하는 모든 생물이 살고 또 고기가 심히 많으리니 이 물이 흘러 들어가므로 바닷물이 되살아나겠고 이 강이 이르는 각처에 모든 것이 살 것이며 또 이 강가에 어부가 설 것이니 엔게디에서부터 에네글라임까지 그물 치는 곳이 될 것이라 그 고기가 각기 종류를 따라 큰 바다의 고기 같이 심히 많으려니와 그 진펄과 개펄은 되살아나지 못하고 소금 땅이 될 것이며 강 좌우 가에는 각종 먹을 과실나무가 자라서 그 잎이 시들지 아니하며 열매가 끊이지 아니하고 달마다 새 열매를 맺으리니 그 물이 성소를 통하여 나옴이라 그 열매는 먹을 만하고 그 잎사귀는 약 재료가 되리라"(슥 14:8, 겔 47:1-12)

❷ 야생동물들이 온순해진다.

"그 때에 이리가 어린 양과 함께 살며 표범이 어린 염소와 함께 누우며 송아지와 어린 사자와 살진 짐승이 함께 있어 어린 아이에게 끌리며 암소와 곰이 함께 먹으며 그것들의 새끼가 함께 엎드리며 사자가 소처럼 풀을 먹을 것이며 젖 먹는 아이가 독사의 구멍에서 장난하며 젖 뗀 어린 아이가 독사의 굴에 손을 넣을 것이라 내 거룩한 산 모든 곳에서 해 됨도 없고 상함도 없을 것이니 이는 물이 바다를 덮음 같이 여호와를 아는 지식이 세상에 충만할 것임이니라"(사 11:6-9)

인간이 죄를 범하고 타락한 후에 온 세상이 저주를 받아서 자연환경도 파괴되고 모든 동물도 사나워졌으나 예수께서 직접 통치하는 천년왕국이 세워지면 모든 자연환경도 회복되고 모든 동물도 온순해진다. 그래서 이리와 어린 양이 함께 살아가고 표범이 어린 염소와 함께 누우며 사자도 더는 다른 짐승을 잡아먹지 아니하고 소처럼 풀을 먹게 되어 해를 당하지도 아니하고 상하는 일도 없다.

❸ 육체를 가진 성도들이 건강과 장수의 축복과 수명이 길어진다.

"그 때에 맹인의 눈이 밝을 것이며 못 듣는 사람의 귀가 열릴 것이며 그 때에 저는 자는 사슴 같이 뛸 것이며 말 못하는 자의 혀는 노래하리니 이는 광야에서 물이 솟겠고 사막에서 시내가 흐를 것임이라 뜨거운 사막이 변하여 못이 될 것이며 메마른 땅이 변하여 원천이 될 것이며 승냥이의 눕던 곳에 풀과 갈대와 부들이 날 것이며 거기에 대로가 있어 그 길을 거룩한 길이라 일컫는 바 되리니 깨끗하지 못한 자는 지나가지 못하겠고 오직 구속함을 입은 자들을 위하여 있게 될 것이라 우매한 행인은 그 길로 다니지 못할 것이며 거기에는 사자가 없고 사나운 짐승이 그리로 올라가지 아니하므로 그것을 만나지 못하겠고 오직 구속함을 받은 자만 그리로 행할 것이며 여호와의 속량함을 받은 자들이 돌아오되 노래하며 시온에 이르러 그들의 머리 위에 영영한 희락을 띠고 기쁨과 즐거움을 얻으리니 슬픔과 탄식이 사라지리로다"(사 35:5-10)

"거기는 날 수가 많지 못하여 죽는 어린이와 수한이 차지 못한 노인이 다시는 없을 것이라 곧 백 세에 죽는 자를 젊은이라 하겠고 백 세가 못되어 죽는 자는 저주받은 자이리라 그들이 가옥을 건축하고 그 안에 살겠고 포도나무를 심고 열매를 먹을 것이며 그들이 건축한 데에 타인이 살지 아니할 것이며 그들이 심은 것을 타인이 먹지 아니하리니 이는 내 백성의 수한이 나무의 수한과 같겠고 내가 택한 자가 그 손으로 일한 것을 길이 누릴 것이며 그들의 수고가 헛되지 않겠고 그들이 생산한 것이 재난을 당하지 아니하리니 그들은 여호와의 복된 자의 자손이요 그들의 후손도 그들과 같을 것임이라 그들이 부르기 전에 내가 응답하겠고 그들이 말을 마치기 전에 내가 들을 것이며 이리와 어린 양이 함께 먹을 것이며 사자가 소처럼 짚을 먹을 것이며 뱀은 흙을 양식으로 삼을 것이니 나의 성산에서는 해함도 없겠고 상함도 없으리라 여호와께서 말씀하시니라"(사 65:20-25)

그러므로 천년왕국 때에는 오직 구속함을 받은 자들만 살아가고 여호와의 속량함을 받은 자들이 살아가기에 모든 사람의 건강이 회복되어 시각장애인도 없고, 못 듣는 사람도 없고, 말하지 못하는 사람도 없고, 모든 환경이 노아 홍수 전으로 회복되어 홍수 전에 인간의 수명으로 되돌아간다. 그러므로 어린 아기 때 죽는 일은 없으며, 수명을 다 채우지 못하고 죽는 노인도 없고, 100세에 죽는 사람은 젊은이며, 100세가 못 되어 죽는 사람은 저주받은 사람이라고 말한다.

5. 천년왕국의 신앙생활

❶ 천년왕국 때는 사탄이 1,000년 동안 무저갱에 갇혀 활동하지 않아 최고의 상태에서 예수님을 섬긴다(계 20:1-3).

❷ 천년왕국 때는 성전에서 동물의 희생 제사가 재게 된다.
이때 드려지는 희생 제사는 예수님을 못 박은 사건을 잊지 않고 기억하기 위한 것으로 그리스도의 죽음을 기념하는 제사다.

"내가 곧 그들을 나의 성산으로 인도하여 기도하는 내 집에서 그들을 기쁘게 할 것이며 그들의 번제와 희생을 나의 제단에서 기꺼이 받게 되리니 이는 내 집은 만민이 기도하는 집이라 일컬음이 될 것임이라, 그가 은을 연단하여 깨끗하게 하는 자 같이 앉아서 레위 자손을 깨끗하게 하되 금, 은 같이 그들을 연단하리니 그들이 공의로운 제물을 나 여호와께 바칠 것이라 그 때에 유다와 예루살렘의 봉헌물이 옛날과 고대와 같이 나 여호와께 기쁨이 되려니와"(사 56:7, 말 3:3-4)

❸ 세계 모든 민족이 예루살렘에서 그리스도를 경배한다.

"말일에 여호와의 전의 산이 모든 산 꼭대기에 굳게 설 것이요 모든 작은 산 위에 뛰어나리니 만방이 그리로 모여들 것이라 많은 백성이 가며 이르기를 오라 우리가 여호와의 산에 오르며 야곱의 하나님의 전에 이르자 그가 그의 길을 우리에게 가르치실 것이라 우리가 그 길로 행하리라 하리니 이는 율법이 시온에서부터 나올 것이요 여호와의 말씀이 예루살렘에서부터 나올 것임이니라 그가 열방 사이에 판단하시며 많은 백성을 판결하시리니 무리가 그들의 칼을 쳐서 보습을 만들고 그들의 창을 쳐서 낫을 만들 것이며 이 나라와 저 나라가 다시는 칼을 들고 서로 치지 아니하며 다시는 전쟁을 연습하지 아니하리라, 곧 많은 이방 사람들이 가며 이르기를 오라 우리가 여호와의 산에 올라가서 야곱의 하나님의 전에 이르자 그가 그의 도를 가지고 우리에게 가르치실 것이니라 우리가 그의 길로 행하리라 하리니 이는 율법이 시온에서부터 나올 것이요 여호와의 말씀이 예루살렘에서부터 나올 것임이라, 그 날에는 앗수르에서 애굽 성읍들에까지, 애굽에서 강까지, 이 바다에서 저 바다까지, 이 산에서 저 산까지의 사람들이 네게로 돌아올 것이나, 만군의 여호와가 이와 같이 말하노라 다시 여러 백성과 많은 성읍의 주민이 올 것이라 이 성읍 주민이 저 성읍에 가서 이르기를 우리가 속히 가서 만군의 여호와를 찾고 여호와께 은혜를 구하자 하면 나도 가겠노라 하겠으며 많은 백성과 강대한 나라들이 예루살렘으로 와서 만군의 여호와를 찾고 여호와께 은혜를 구하리라 만군의 여호와가 이와 같이 말하노라 그 날에는 말이 다른 이방 백성 열 명이 유다 사람 하나의 옷자락을 잡을 것이라 곧 잡고 말하기를 하나님이 너희와 함께 하심을 들었나니 우리가 너희와 함께 가려 하노라 하리라 하시니라"(사 2:2-4, 미 4:2, 7:12, 슥 8:20-23, 14:16-21).

여기에 인용된 말씀들을 보면 만방이 예루살렘으로 모여들 것이며, 많은 백성이 예루살렘으로 가면서 이렇게 말한다.

"우리가 여호와의 산에 오르며 야곱의 하나님의 전에 이르자 그분이 하나님의 길을 우리에게 가르치실 것이라 우리가 그분이 가르쳐주신 길로 행하는 것은 율법이 시온에서부터 나올 것이요 여호와의 말씀이 예루살렘에서부터 나올 것임이라 많은 백성과 강대한 나라들이 예루살렘으로 와서 만군의 여호와를 찾고 여호와께 은혜를 구하리라 그날에는 다른 이방 백성 열 명이 유다 사람 하나의 옷자락을 잡고 하나님이 너희와 함께 하심을 들었나니 우리가 너희와 함께 가려 하노라"

❹ 하나님에 대한 지식이 세계에 편만하게 된다.
이 내용은 구약에서 여러 차례 예언되었다.
"내 거룩한 산 모든 곳에서 해 됨도 없고 상함도 없을 것이니 이는 물이 바다를 덮음 같이 여호와를 아는 지식이 세상에 충만할 것임이니라, 그들이 다시는 각기 이웃과 형제를 가리켜 이르기를 너는 여호와를 알라 하지 아니하리니 이는 작은 자로부터 큰 자까지 다 나를 알기 때문이라 내가 그들의 악행을 사하고 다시는 그 죄를 기억하지 아니하리라 여호와의 말씀이니라, 만민이 각각 자기의 신의 이름을 의지하여 행하되 오직 우리는 우리 하나님 여호와의 이름을 의지하여 영원히 행하리로다, 이는 물이 바다를 덮음 같이 여호와의 영광을 인정하는 것이 세상에 가득함이니라"(사 11:9, 렘 31:34, 미 4:5, 합 2:14)

여기 이 말씀을 가사로 부르는 복음성가는 "물이 바다 덮음 같이 여호와의 영광을 인정하는 것이 온 세상에 가득하리라"라는 내용이다. 우리는 이런 노래를 부르며 열심히 복음을 전하면 그런 세상이 올 것으로 믿고 부르지만 이러한 세상은 바로 천년왕국에서만 이루어진다.

❺ 그리스도에 의해 의와 공의로 통치된다.

"그 정사와 평강의 더함이 무궁하며 또 다윗의 왕좌와 그의 나라에 군림하여 그 나라를 굳게 세우고 지금 이후로 영원히 정의와 공의로 그것을 보존하실 것이라 만군의 여호와의 열심이 이를 이루시리라, 공의로 가난한 자를 심판하며 정직으로 세상의 겸손한 자를 판단할 것이며 그의 입의 막대기로 세상을 치며 그의 입술의 기운으로 악인을 죽일 것이며, 내가 붙드는 나의 종, 내 마음에 기뻐하는 자 곧 내가 택한 사람을 보라 내가 나의 영을 그에게 주었은즉 그가 이방에 정의를 베풀리라 그는 외치지 아니하며 목소리를 높이지 아니하며 그 소리를 거리에 들리게 하지 아니하며 상한 갈대를 꺾지 아니하며 꺼져가는 등불을 끄지 아니하고 진실로 정의를 시행할 것이며 그는 쇠하지 아니하며 낙담하지 아니하고 세상에 정의를 세우기에 이르리니 섬들이 그 교훈을 앙망하리라, 여호와의 말씀이니라 보라 때가 이르리니 내가 다윗에게 한 의로운 가지를 일으킬 것이라 그가 왕이 되어 지혜롭게 다스리며 세상에서 정의와 공의를 행할 것이며"(사 9:7, 11:4, 42:1-4, 렘 23:5)

이 말씀들은 예수께서 왕이 되어 지혜롭게 다스리시며 의와 공의로 통치하시되 지금 이후로 영원히 정의와 공의와 겸손으로 통치할 것이며, 정의를 베풀 것이며, 상한 갈대도 꺾지 아니하며 꺼져가는 등불을 끄지 아니하고 진실로 정의를 시행할 것이며, 그는 쇠하지 아니하며 낙담하지 아니하고 세상에 정의를 세우실 것이라고 말씀한다.

6. 천년왕국의 정치적 특징

❶ 이스라엘은 민족국가로 재건되어 가장 핵심이 되는 나라가 된다.

그들은 아브라함에게 약속한 땅을 차지한다.

❷ 예수께서 예루살렘에서 이스라엘을 통치하시고 전 세계를 통치하신다.
❸ 부활한 성도들이 그리스도와 함께 통치에 참여한다.

그리하여 모든 나라에 전쟁이 사라지므로 범세계적인 평화가 지속된다. 그러므로 천년왕국은 예수 그리스도께서 직접 통치하시기에 모든 사람이 꿈꾸는 진정으로 아름다운 나라, 행복한 나라, 기쁨이 넘치는 나라, 범죄가 없는 나라, 온전한 기쁨이 넘치는 나라가 된다. 수많은 사람이 그런 나라를 꿈꾸어 왔지만, 죄의 성질을 가진 인간이 통치하기에 결코 이루어질 수 없었던 나라다. 과학이 발전하고 우주에 인공위성을 발사하고 수많은 의학을 개발하고, 정치, 경제, 사회, 문화, 모든 면에서 수많은 사람이 각계각층에서 아무리 많은 수고와 노력을 하더라도 결코 이루어질 수 없었지만, 예수께서 통치하시면 온 세상이 바로 에덴동산 같은 지상낙원이 이루어진다.

23장

최후의 심판

계시록 20:7-15

천년왕국이 끝나면서 다양한 사건들이 진행된다.

① 무저갱에 갇혀있던 사탄이 잠시 놓여 세계를 유혹한다(계 20:7-8).

② 마귀 사탄에게 미혹된 세계군대가 예루살렘을 포위했다가 불로서 멸망하고 마귀 사탄은 불못에 던져진다(계 20:9-10).

③ 악한 천사들이 심판을 당한다(고전 6:3).

④ 예수 믿지 않고 죽었던 불신자들이 부활하여(단 12:2, 요 5:29) 최후의 흰 보좌 심판을 받고(계 20:11-14) 그들도 지옥 불못에 던져진다(계 20:14-15, 21:8).

그러므로 여기서 마귀 사탄도 최후의 심판을 당하고, 창세 이후로 모든 불신자도 흰 보좌 심판을 당한다. 흰 보좌 심판은 예수를 믿지 않는 불신자들에게 내려지는 마지막 심판으로 최후의 법정에서 최종 판결이 선고된다. 흰 보좌 심판에서는 법정에 선 사람에게 도움을 주는 변호인도 없고, 피고인의 어떤 변명도 받아들이지 않고, 오직 유죄 판결만 있을 뿐이다. 그들에게 죄에서 돌이켜 회개할 기회를 이미 주었지만, 하나님의 은혜와 자비와 사랑을 거절하고 스스로 선택한 결과로 흰 보좌 심판을 당하기 때문이다.

1. 마귀 사탄의 최후 심판

"천 년이 차매 사탄이 그 옥에서 놓여"(계 20:7)

사실 마귀 사탄과 그를 따르는 귀신들은 무저갱에서 1,000년 동안 갇혀있었다. 그들은 예수께 어떤 저항도 하지 못했으며 1,000년 동안 완전히 다스림을 받았다. 그들은 어떤 경우에도 천년왕국에 영향을 미치지 못했지만, 천년이 차면 마귀 사탄이 잠깐 놓이게 되어 천년왕국에서 생겨난 죄인들에게 역사하여 마지막 반역을 이끈다. 우리는 여기서 천년왕국에 누가 들어가는지를 알아야 한다.

❶ 교회 시대에 구원받고 대환란 전에 부활한 영화로운 몸을 가진 성도들이다.
❷ 대환란에서 순교를 당한 성도들이 대환란이 끝나고 부활한 영화로운 몸을 가진 성도들이다.
❸ 대환란이 끝나고 부활한 구약시대의 영화로운 몸을 가진 성도들이다.
❹ 환난 시대에 순교를 당하지 않은 성도들은 육체를 가지고 천년왕국에 들어간다.

그러므로 천년왕국 때에는 다양한 사람들이 함께 살아간다. 부활하여 영화로운 몸을 가진 성도들과 대환란 기간에 죽지 않고 살아서 육체를 가진 성도들이 함께 살아간다. 부활하여 영화로운 몸을 가진 성도들은 죽지도 않고, 결혼하지도 않고, 자식도 낳지 않아서 그 숫자는 변함없이 그대로 유지된다.

그러나 육체를 가진 성도들은 아직 부활하지 못했기에 죄를 범하는 성질도 남아 있고, 결혼도 하고 자식도 낳는다. 그러므로 그들이 가진 죄의 성질은 그 자녀들에게 그대로 유전이 된다. 자녀들에게 유전된 죄의 성질은 예수께서 통치하시는 천년왕국 기간에 억제되어 있다가 천년이 지나자 마귀 사탄이 잠깐 풀려나 사람들을 미혹할 때 그 죄의 성질이 다시 발동하여 마귀 사탄의 반역에 가담한다.

여기서 죄의 성질은 온 인류가 선악과를 따 먹고 타락한 아담에게서 물려받은 성질이다. 따라서 아담에게서 물려받은 죄의 성질은 죄와 관련된 기회가 있을 때 언제라도 살아 움직인다. 그러므로 육체를 가지고 천년왕국에 들어간 성도들이 결혼하여 낳은 자녀 중에 많은 사람이 예수 그리스도를 믿고 구원을 받겠지만, 놀랍게도 예수께서 통치하시는 천년왕국 때에도 많은 사람이 예수님을 믿지 않고 거절하여 불신자로 남아 있다.

그러므로 1,000년이 차면 마귀 사탄이 무저갱에서 풀려나 이 땅에 있는 모든 불신자에게 역사하여 그들이 사탄의 꾐에 빠져 예수님을 대적하다가 마지막으로 하늘에서 내리는 불에 멸망한다. 사실 마귀 사탄은 무저갱에서 1,000년 동안 갇혀있어도 그 본성이 변화되지 않는다. 인간의 죄성도 시간이 지나도 절대 변하지 않는다.

따라서 마귀 사탄과 천년왕국 시대에 있었던 모든 불신자가 하나님에 의하여 심판을 당하고 영원한 불못에 던져지는 것이 합당함을 보여준다. 그러므로 마귀 사탄은 무저갱에서 풀려나자 바로 마지막 반역을 일으킨다.

"천 년이 차매 사탄이 그 옥에서 놓여 나와서 땅의 사방 백성 곧 곡과 마곡을 미혹하고 모아 싸움을 붙이리니 그 수가 바다의 모래 같으리라 그들이 지면에 널리 퍼져 성도들의 진과 사랑하시는 성을 두르매 하늘에서 불이 내려와 그들을 태워버리고 또 그들을 미혹하는 마귀가 불과 유황 못에 던져지니 거기는 그 짐승과 거짓 선지자도 있어 세세토록 밤낮 괴로움을 받으리라"(계 20:7-10)

마귀 사탄이 풀려나자 바로 '땅의 사방 백성 곧 곡과 마곡을 미혹'하는데 여기서 땅의 사방 백성은 이 지구상의 동서남북에 속한 모든 사람을 지칭하기에 반역에 가담하는 자들은 온 세상에서 참여하며 그 수가 바다의 모래같이 많았다. 그들은 하나님의 백성과 싸우려고 연합한다. 따라서 모든 불신자가 사탄의 미혹에 빠져 마귀 사탄이 이끄는 연합군에 가담한다. 그들은 하나님을 대적하고 하나님의 백성을 공격하려고 지면에 널리 퍼져 진을 치고 있었다.

그런데 여기에 등장하는 곡과 마곡은 에스겔 38~39장에 등장하는 곡과 마곡과는 다르다. 우리는 여기서 마귀 사탄을 따르는 그들을 곡과 마곡이라고 표현한 이유를 정확하게는 알 수 없다. 성경은 이 부분에 대해 아무런 설명이 없기 때문이다. 그러나 곡과 마곡은 그 당시 불신자들을 통칭하는 명칭이었다. 그러므로 마귀 사탄은 그 당시 믿지 않는 모든 불신자를 총동원하여 마지막으로 몸부림을 치지만 그들의 마지막 운명은 불로 멸망한다.

"그들이 지면에 널리 퍼져 성도들의 진과 사랑하시는 성을 두르매 하늘에서 불이 내려와 그들을 태워버리고"(계 20:9)

결국 마귀 사탄과 천년왕국 기간에 태어난 모든 불신자로 구성된 사탄의 연합군은 예루살렘 성을 포위하고 공격하지만 바로 하늘에서 불이 내려와 그들을 태워버리므로 모두 멸망하였다. 마치 요한계시록 19장 17~21절에 등장하는 적그리스도의 연합군이 예수 그리스도께서 이끄는 하늘의 군대를 공격하다가 순식간에 멸망한 것처럼 여기서도 순식간에 멸망하였다. 요한계시록 19장에서는 예수 그리스도의 입에서 나오는 검에 순식간에 멸망했는데 여기서는 하늘에서 내려오는 불로 순식간에 멸망한다. 적그리스도와 거짓 선지자의 군대가 제대로 싸워보지도 못하고 멸망한 것처럼 여기서 사탄의 군대도 제대로 싸워보지도 못하고 완전히 멸망했다.

그리고 요한계시록 20장 10절에 보면, 마침내 마귀 사탄도 최후의 심판을 당하여 지옥 유황불에 던져졌다. 그런데 그곳에는 적그리스도와 거짓 선지자가 이미 들어가 있었다. 결국 마귀 사탄이 불못에 던져짐으로써 마귀 사탄의 삼위일체가 모두 다 영원한 형벌을 받았다. 사실 지옥 불못은 본래 사람들을 위하여 만든 장소가 아니었다. 마귀 사탄과 그를 따르는 악한 영들을 위해 만들어졌다. 그래서 마태복음은 "마귀와 그 사자들을 위하여 예비된 영원한 불"이라고 말한다.

"또 왼편에 있는 자들에게 이르시되 저주를 받은 자들아 나를 떠나 마귀와 그 사자들을 위하여 예비된 영원한 불에 들어가라"(마 25:41)

사실 사람들이 예수 그리스도의 복음을 거절하고 하나님을 믿지 아니하고 마귀 사탄을 따르다가 결국에는 그들도 마귀 사탄을 따라서 지옥 불못에 들어간다. 하나님께서는 본래 단 한 사람이라도 지옥에서 멸망 당하는 것을 원하지 않지만, 그들이 하나님 사랑의 초청을 거절하고 마귀 사탄을 섬기다가 마귀 사탄이 들어가는 그 무서운 지옥 불못에 그들도 함께 들어간다. 이것이 마귀 사탄에게 내려진 최후의 마지막 심판이다. 10절에서 '세세토록 밤낮 괴로움을 받으리라'라는 말씀은 그들이 한순간도 쉬지 못하고 영원한 형벌을 당하는 모습이다.

그러므로 의인이 누리는 영원한 생명처럼 하나님을 믿지 않는 악한 사람들도 지옥에서 영원토록 형벌을 당한다.

2. 불신자가 당하는 흰 보좌 심판

"또 내가 크고 흰 보좌와 그 위에 앉으신 이를 보니 땅과 하늘이 그 앞에서 피하여 간 데 없더라"(계 20:11)

요한은 천년왕국이 끝나고 마귀 사탄이 영원한 불못에 던져진 후에 매우 크고 흰 보좌를 보았다. 요한계시록에는 보좌에 대한 언급이 50차례 나오는데 모든 보좌는 하나님의 주권적인 통치를 나타내고, 여기 흰 보좌는 하나님의 순결함과 거룩함과 공의와 승리와 최고의 권위를 나타내기에 매우 큰 보좌였다. 하지만 흰 보좌가 어디에 있는지 자세히 알 수 없으며, 흰 보좌 위에 누가 앉아 있는지 언급하지는 않지만, 당연히 하나님께서 흰 보좌 위에 앉아 계신다.

여기서 가장 중요한 사실은 흰 보좌에 앉아 계시는 분의 권위다. 흰 보좌에 앉아 계시는 재판관은 영원하신 하나님, 전능하신 하나님께서 앉아 계시기 때문이다. 흰 보좌는 하나님 아버지와 예수께서 함께 하시기에 요한계시록 22장 1~3절에서 "하나님과 그 어린 양의 보좌가 그 가운데 있으리니"라고 말씀한다.

그리고 흰 보좌에 예수께서 앉아 계시는 것이 너무나 당연한 이유는 예수께서 요한복음 5장 22절에서 "아버지께서 아무도 심판하지 아니하시고 심판을 다 아들에게 맡기셨으니"라고 말씀하셨기 때문이다. 그런데 11절 마지막 부분에서 요한이 크고 흰 보좌와 그 위에 앉아 계시는 분을 보자 땅과 하늘이 그 앞에서 피하여 없어졌다고 말한다. 이것은 요한계시록 21장 1절과 연결되는 부분이기에 거기서도 "처음 하늘과 처음 땅이 없어졌고 바다도 다시 있지 않더라"라고 말한다. 그러므로 사람들만 지옥 불못에 들어가는 것이 아니라 죄인들이 살았던 땅과 하늘도 없어진다.

3. 최후의 심판을 위한 악인의 부활

"또 내가 보니 죽은 자들이 큰 자나 작은 자나 그 보좌 앞에 서 있는데 책들이 펴 있고 또 다른 책이 펴졌으니 곧 생명책이라 죽은 자들이 자기 행위를 따라 책들에 기록된 대로 심판을 받으니"(계20:12)

사도 요한은 여기서 죽은 자들이 큰 자나 작은 자나 흰 보좌 앞에 서 있는 광경을 보았다. 일반적으로 사람이 죽으면 모든 것이 끝나고 소멸이 되어 아무것도 할 수 없다고 생각하지만, 여기서는 큰 자나 작은 자나 죽은 자들이 모두 다 최후의 심판을 받기 위해서 흰 보좌 앞에 서 있다. 이들은 하나님의 마지막 심판을 받으려고 서 있다. 그러므로 성경은 사람이 죽으면 모든 것이 끝나는 것이 아니라 최후의 심판이 기다린다고 아주 분명하게 선포한다.

"한번 죽는 것은 사람에게 정해진 것이요 그 후에는 심판이 있으리니"(히 9:27)

그리고 여기서 흰 보좌 심판이 진행되려면 심판 전에 먼저 악인의 부활이 있어야 한다. 그래서 천년왕국이 끝나면 모든 악인의 부활이 진행된다. 이것은 창세 이후 믿지 않고 죽은 모든 불신자가 흰 보좌 심판을 받기 위하여 부활하는 악인의 둘째 부활이다. 그러므로 부활에는 의인이 부활하는 첫째 부활과 악인이 부활하는 둘째 부활이 있다. 그 간격은 천년이다. 첫째 부활은 대부분 천년왕국 전에 있고 둘째 부활은 천년이 지난 후에 있다.

"(그 나머지 죽은 자들은 그 천 년이 차기까지 살지 못하더라) 이는 첫째 부활이라, 이를 놀랍게 여기지 말라 무덤 속에 있는 자가 다 그의 음성을 들을 때가 오나니 선한 일을 행한 자는 생명의 부활로, 악한 일을 행한 자는 심판의 부활로 나오리라, 그들이 기다리는 바 하나님께 향한 소망을 나도 가졌으니 곧 의인과 악인의 부활이 있으리라 함이니이다"(계 20:5, 요 5:28-29, 행 24:15)

여기 요한계시록 20장 5절 마지막에 '이는 첫째 부활이라'라는 말씀은 요한계시록 20장 4절에서 7년 대환란에서 순교 당한 성도들이 7년 대환란이 끝날 때 부활하는 첫째 부활을 지칭한다. 그리고 요한계시록 20장 5절에서 '그 나머지 죽은 자들은 그 천 년이 차기까지 살지 못하더라'라는 말씀은 예수 믿지 않고 죽은 모든 사람을 지칭하며, 그들은 1,000년이 차기까지 부활하지 못했다가 이제 천년이 지나고 천년왕국이 끝나는 시점에 악인의 부활로 부활한다. 그리고 예수께서 요한복음에서 첫째 부활은 생명의 부활로 악인의 부활은 심판의 부활로 나온다고 말씀하셨고, 사도행전에서는 의인과 악인의 부활이 있다고 말씀했다. 그리고 사도 요한은 요한계시록 20장 13절에서 악인의 부활을 구체적으로 설명하면서 악인이 부활한 후에 자기 행위대로 심판을 받는다고 자세히 설명한다.

"바다가 그 가운데에서 죽은 자들을 내주고 또 사망과 음부도 그 가운데에서 죽은 자들을 내주매 각 사람이 자기의 행위대로 심판을 받고"(계 20:13)

이 세상에서 어떤 죄인이 재판관에게 재판을 받으려면 구치소에 있던 사람을 법정으로 소환해야 한다. 그러므로 요한계시록 20장 13절은 악인의 부활을 위해서 바다와 사망과 음부가 믿지 않고 죽은 자들을 내어 준다. 창세 이후 모든 불신자가 여기 흰 보좌 심판대에 소환된다. 구원받지 못하고 죽는 사람들은 죽는 순간에 구약에서는 음부로 번역된 스올에, 신약에서도 음부로 번역된 하데스에 의식이 있는 형벌의 상태로 들어간다.

그러므로 스올과 하데스는 영원한 형벌의 상태를 가리키는 '게헨나'와는 다르다. 유황 불못은 성경의 원어에서 스올과 하데스가 아니라 게헨나다. 하데스는 모든 불신자가 마지막 지옥 불못인 게헨나에 들어가기 전에 기다리는 장소다. 그러므로 마지막 악인의 부활 때는 음부로 번역된 하데스가 완전히 비워진다.

그러므로 '사망과 음부도 그 가운데서 죽은 자들을 내어 주매'라는 의미는 악인의 부활을 지칭하며, 구원받지 못한 사람들의 육체적인 몸이 부활하여 하데스에서 나온 영혼과 결합한다는 뜻이다. '바다가 죽은 자들을 내어 주는 것'은 바다에 빠져 죽은 구원받지 못한 사람들이 악인의 부활을 위해 소환되는 것이다. 이때에는 어디에서 어떻게 죽었든지 다 부활한다. 이들이 부활하는 이유는 자기들의 행위에 따라 심판을 받아야 하기 때문이다. 결국 이들이 흰 보좌 앞에 서서 하나님의 심판을 받고 둘째 사망인 지옥 불못에 들어간다. 모든 불신자가 영원히 죽지 않는 몸으로 부활해야 유황 불못에서 영원토록 고통을 당하기 때문이다. 얼마나 무시무시한 악인의 부활인가?

4. 모든 행위가 드러나는 심판

"또 내가 보니 죽은 자들이 큰 자나 작은 자나 그 보좌 앞에 서 있는데 책들이 펴 있고 또 다른 책이 펴졌으니 곧 생명책이라 죽은 자들이 자기 행위를 따라 책들에 기록된 대로 심판을 받으니"(계 20:12)

이제 최후의 재판관이신 하나님께서 최후의 심판을 시작하기 위해서 책들을 펴시는데 그 책들 안에는 구원받지 못한 불신자의 모든 생각이나 말이나 행동이 다 적혀 있었다. 하나님께서는 모든 사람의 삶에 대한 완전한 기록을 보관하고 있어서 '죽은 자들이 자기 행위를 따라 책들에 기록된 대로 심판'을 받는다. 이 흰 보좌 심판은 신자와 불신자를 가려내는 심판이 아니라 불신자들의 행위를 드러내는 심판이다. 이 심판의 날에 기록된 책에 의해서 자신들의 모든 잘못된 행위가 드러난다. "하나님은 모든 행위와 모든 은밀한 일을 선악 간에 심판하시리라"(전 12:14)

그리고 흰 보좌 심판에 참여한 사람들은 한 사람도 예외 없이 모두 100% 지옥 불못에 들어간다. 이때에는 지옥에 가느냐 가지 않느냐를 결정하는 심판이 아니라 마치 이 세상에서 혐의가 있는 사람을 재판대에 세우듯이 흰 보좌 심판 때는 하나님께서 믿지 않은 사람만 세워서 그 사람의 지옥에 들어갈 죄를 분명히 보여주고 모두 다 지옥 불못으로 보낸다. 지옥 불못에 들어간 사람들은 하나님의 법에 따라 자신이 범한 죄에 따라 그 죄의 대가를 지옥 불못에서 영원토록 치르게 된다. 공의의 하나님은 절대적으로 공평하고 아주 정확하게 믿지 않는 사람들의 죄에 아주 적합하게 지옥 형벌을 내리신다.

5. 최종 형 집행은 둘째 사망 곧 지옥 불못

"사망과 음부도 불못에 던져지니 이것은 둘째 사망 곧 불못이라 누구든지 생명책에 기록되지 못한 자는 불못에 던져지더라"(계 20:14-15)

여기서 '사망과 음부도 불못에 던져지니 이것은 둘째 사망 곧 불못이라'라는 말씀은 죽음도 하데스의 음부도 지옥 불못에 던져져 완전히 사라지고 마지막 지옥 불못이 모두 삼킨다는 뜻이다. 그러므로 사람이 죽은 다음에 음부에 가 있었지만 여기 악인의 부활 때 영원히 죽지 않을 몸으로 부활하여 흰 보좌 앞에서 심판을 받고 지옥 불못에 들어가는데 성경은 이것을 둘째 사망이라 부른다. 그래서 악인이 지옥 불못에 던져지는 것을 여기서 "둘째 사망 곧 불못이라"라고 말한다.

요한계시록 21장 8절에서는 모든 불신자가 "불과 유황으로 타는 못에 던져지리니 이것이 둘째 사망"이라고 설명한다. 그런데 불신자만 지옥 불못에 던져지는 것이 아니라 사망과 음부도 함께 불못에 던져진다. 그러므로 이때부터는 사망인 죽음도 불못에 던져진다. 모든 성도는 의인의 부활로 부활했고, 모든 불신자는 악인의 부활로 부활했기에 사망이 더는 필요가 없어져서 사망도 불못에 던져졌다.

따라서 사도 바울은 부활을 설명하는 장으로 알려진 고린도전서 15장에서 부활을 설명한 다음에 사망을 마지막으로 멸망 받을 원수로 설명하였다. 사망이 삼킴을 당하고 패배할 때 사망을 정복하고 비웃게 된다고 설명했다. 이사야 선지자도 하나님께서 죽음을 영원히 멸하신다고 선포하셨다.

"맨 나중에 멸망 받을 원수는 사망이니라, 이 썩을 것이 썩지 아니함을 입고 이 죽을 것이 죽지 아니함을 입을 때에는 사망을 삼키고 이기리라고 기록된 말씀이 이루어지리라 사망아 너의 승리가 어디 있느냐 사망아 네가 쏘는 것이 어디 있느냐, 사망을 영원히 멸하실 것이라 주 여호와께서 모든 얼굴에서 눈물을 씻기시며 자기 백성의 수치를 온 천하에서 제하시리라 여호와께서 이같이 말씀하셨느니라"(고전 15:26, 55-56, 사 25:8)

그러므로 사망과 음부가 지옥에 던져지면 사망과 죽음은 영원히 없어지기 때문에 더는 역사할 수 없으며 죄의 영향력도 영원히 사라진다. 새 하늘과 새 땅에서는 죄와 죽음도 없이 영원한 평화가 지속되기 때문이다. 이제 말씀을 맺는 결론이다.

❶ 이 세상에서 사람들이 가장 궁금해하는 것이 무엇인가?

세상 사람들은 사람이 죽은 다음에 어디로 가는지 그것이 알고 싶다. 믿지 않는 사람들이 생각하는 것처럼 죽으면 모든 것이 다 끝나 버리고 더는 아무것도 없는 것인지, 아니면 성경에서 말하는 것처럼 죽은 다음에 천국과 지옥이 기다리고 있는지 그것을 알고 싶다. 그런데 구약성경에 등장하는 스올과 신약성경에 등장하는 하데스는 같은 곳으로 구약에서는 사람이 죽으면 '스올(Sheol)'에 들어가는데 이 단어는 구약성경에서 31번 지옥으로 번역되었다. 하지만 스올은 '죽음, 무덤, 음부'로 번역된다. 신약성경에는 스올과 같은 의미로 '하데스(Hades)'가 42회 기록되었다. 스올과 하데스는 모두 일시적인 장소지만, 반면에 지옥을 나타내는 게헨나는 영원한 장소다.

'음부'라고 번역된 구약의 스올과 신약의 하데스는 같은 곳이지만 세 가지로 구분할 수 있다. 한 곳은 누가복음 16장 19~31절에서 거지 나사로가 들어간 위로의 장소 '낙원'이다. 그리고 다른 한 곳은 부자가 들어간 고통의 장소다. 마지막 한 곳은 부자가 있는 고통의 장소와 거지 나사로가 있는 위로의 장소 중간에 있는 큰 구렁텅이의 장소다. 이곳에 대하여 아브라함은 이렇게 말한다.

"그뿐 아니라 너희와 우리 사이에 큰 구렁텅이가 놓여 있어 여기서 너희에게 건너가고자 하되 갈 수 없고 거기서 우리에게 건너올 수도 없게 하였느니라"(눅 16:26)

❷ 지옥은 힌놈의 계곡에 비유된다.

"그러나 두려워하는 자들과 믿지 아니하는 자들과 흉악한 자들과 살인자들과 음행하는 자들과 점술가들과 우상 숭배자들과 거짓말하는 모든 자들은 불과 유황으로 타는 못에 던져지리니 이것이 둘째 사망이라"(계 21:8)

이 말씀에 등장하는 불못은 신약성경의 원어인 헬라어로는 '게헨나(Gehenna)'라고 부른다. 이 단어는 신약에서 하나님과 복음을 거절한 자들의 영원한 거처로, 예수님에 의해 11회 사용되었다. 야고보도 이 말을 사용하였다.

"혀는 곧 불이요 불의의 세계라 혀는 우리 지체 중에서 온 몸을 더럽히고 삶의 수레바퀴를 불사르나니 그 사르는 것이 지옥 불(게헨나)에서 나느니라"(약 3:6)

이 '게헨나'는 '힌놈의 계곡'이라는 히브리어에 그 어원을 두는데 힌놈의 계곡은 예루살렘 성 밖에 있다. 구약시대에 우상을 숭배한 이스라엘 백성들이 거짓 신에게 자기 자녀를 그곳에서 불태워 제물로 바쳤으며, 예수님 시대에는 예루살렘의 모든 쓰레기를 태우는 소각장으로 사용되었으며, 국가에 반역한 자들을 그곳에 빠뜨렸다. 이 계곡의 특징은 불이 그곳에서 계속 타올라 지독한 연기가 계속 타오르며 쓰레기 속에서도 구더기가 들끓었다.

그러므로 많은 사람이 이것을 지옥의 완벽한 모습으로 보았다. 바로 하나님을 거부하고 믿지 않는 사람들이 거하는 지옥 불못의 완벽한 그림이다. 그러므로 예수께서 지옥 불못이 없는데 힌놈 골짜기에서 지옥 불못을 만들어 낸 것이 아니라 실제의 지옥 불못을 그 당시 이스라엘 사람들이 가장 잘 이해하도록 힌놈 골짜기를 예를 들어 지옥 불못을 설명하셨다. 근본적으로 지옥 불못은 하나님으로부터 분리된 상태다. 이것은 둘째 사망으로서 모든 밝고, 즐겁고, 좋고, 행복하고, 의로운 실재로부터 영원히 분리된다. 그러므로 믿지 않는 모든 불신자는 마지막으로 악인의 부활로 부활하여 영원히 죽지 않을 몸을 가지고 지옥 불못에 들어가 영원토록 고통을 당한다. 그러므로 이것을 알았다면 하루라도 빨리 구원받고 하나님의 자녀가 되어 이런 지옥 불못에 들어가지 말아야 한다.

24장

새하늘과 새땅

계시록 21:1-22:5

그리스도인이 최종적으로 들어가는 천국은 과연 어떤 곳인가? 우리가 들어갈 천국은 무엇과도 비교할 수 없는 가장 최고로 아름다운 나라다. 이곳은 성도들이 실제로 거주하는 장소로 우리가 보고 만지고 느낄 수 있는 실제적인 장소다. 우리가 들어갈 천국은 하나님께서 창조한 새 하늘과 새 땅이다.

그리고 새 하늘과 새 땅이 다른 무엇과도 비교할 수 없는 이유는 우리 하나님께서 지금 있는 하늘과 땅을 완전히 없애버리고 완전히 새로운 하늘과 새로운 땅을 다시 만들어 주시기 때문이다. 새 하늘과 새 땅은 지금 우리가 살아가는 하늘과 땅을 고쳐서 쓰는 그러한 하늘과 땅이 아니라 완전히 새롭게 창조한 새 하늘과 새 땅이다. 더는 해도 달도 별도 바다도 없는 완전히 다른 세계. 성도들은 어떤 문제도 없는 완전히 새로워진 새 하늘과 새 땅에서 살아가는 놀라운 특권을 온전히 하나님의 은혜로 누린다.

그러므로 우리 하나님께서는 우리에게 새 하늘과 새 땅을 창조해 주신다. 그리고 하나님께서는 새 하늘과 새 땅을 창조해 주실 것을 이미 예언하셨다. 그러므로 신약시대에 초대교회 성도들은 하나님께서 약속하신 새 하늘과 새 땅을 바라보며 살았다.

"보라 내가 새 하늘과 새 땅을 창조하나니 이전 것은 기억되거나 마음에 생각나지 아니할 것이라, 내가 지을 새 하늘과 새 땅이 내 앞에 항상 있는 것 같이 너희 자손과 너희 이름이 항상 있으리라 여호와의 말이니라, 우리는 그의 약속대로 의가 있는 곳인 새 하늘과 새 땅을 바라보도다"(사 65:17, 66:22, 벧후 3:13)

1. 새 하늘과 새 땅

"또 내가 새 하늘과 새 땅을 보니 처음 하늘과 처음 땅이 없어졌고 바다도 다시 있지 않더라"(계 21:1)

요한이 본 새 하늘과 새 땅은 지금의 하늘과 땅과는 완전히 다른 곳이다. 여기 새 하늘과 새 땅에서 '새롭다'라는 헬라어 '카이노스'라는 단어는 '알려지지 않은, 전에 없었던, 새로운' 뜻으로 새로운 연대를 의미하는 것이 아니라 모양이 완전히 새롭다는 의미다. 그래서 요한은 새 하늘과 새 땅을 보니 처음 하늘과 처음 땅이 없어졌다고 말한다. 그리고 바다도 있지 않다는 점에서 이전과는 완전히 다르다. 사실 지금의 땅은 거의 4분의 3이 바다로 되어 있다. 바다는 물의 순환을 통해서 땅에 비가 내리게 하고 모든 생명체는 물을 의존해 살아간다. 그러므로 새 하늘과 새 땅이 창조되기 전에 지금의 하늘과 땅은 파괴되어 없어진다. 성경의 여러 곳에서 지금의 하늘과 땅이 없어질 것을 말씀했다.

"천지는 없어질지언정 내 말은 없어지지 아니하리라, 또 주여 태초에 주께서 땅의 기초를 두셨으며 하늘도 주의 손으로 지으신 바라 그것들은 멸망할 것이나 오직 주는 영존할 것이요 그것들은 다 옷과 같이 낡아지리니 의복처럼 갈아입을 것이요 그것들은 옷과 같이 변할 것이나 주는 여전하여 연대가 다함이 없으리라 하였으나, 그러나 주의 날이 도둑 같이 오리니 그 날에는 하늘이 큰 소리로 떠나가고 물질이 뜨거운 불에 풀어지고 땅과 그 중에 있는 모든 일이 드러나리로다 이 모든 것이 이렇게 풀어지리니 너희가 어떠한 사람이 되어야 마땅하냐 거룩한 행실과 경건함으로 하나님의 날이 임하기를 바라보고 간절히 사모하라 그 날에 하늘이 불에 타서 풀어지고 물질이 뜨거운 불에 녹아지려니와 우리는 그의 약속대로 의가 있는 곳인 새 하늘과 새 땅을 바라보도다"(마 24:35, 히 1:10-12, 벧후 3:10-13)

예수님께서 "천지는 없어질지언정"이라고 말씀하셨고, 히브리서 기자는 "하나님께서 땅의 기초를 놓으셨으며 주의 손으로 하늘도 만드셨지만, 그것들은 멸망할 것이나"라고 말하며, 사도 베드로는 "하늘이 큰 소리로 떠나가고 물질이 뜨거운 불에 풀어지고 녹아지려니와"라고 말했다.
그러므로 하나님께서 세상의 모든 것을 끝내셨기에 과거의 하늘과 땅은 이제 없어졌다. 사실 과거의 하늘과 땅은 죄와 죽음이 역사하여 수많은 문제와 슬픔과 고통이 끊임없이 역사했던 곳이다. 하지만 새 하늘과 새 땅은 죄와 죽음이 없기에 어떤 슬픔이나 눈물이나 고통이나 이별이 없는 곳이다. 하나님께서 거짓 선지자와 적그리스도와 마귀 사탄과 타락한 천사들을 심판하시고, 영원토록 유황 불못에서 고통을 당하게 했다. 구원받지 못한 모든 사람은 모두 악인의 부활로 부활하여 심판을 받고 지옥에 들어갔다. 그러므로 이제 과거의 하늘과 땅은 더는 필요하지 않게 되었다. 하나님을 믿는 하나님의 백성들은 새 하늘과 새 땅에 들어가기에 지금의 하늘과 땅은 파괴되어 없어졌다.

그렇다면 여기 요한계시록 21장에 소개되는 새 하늘과 새 땅은 과연 어떤 모습인가? 먼저 요한계시록 21장 1절부터 22장 5절을 살펴보면 새 하늘과 새 땅과 관련된 중요한 단어가 나온다. 그것은 <새 예루살렘 성, 하나님의 장막, 성벽, 성벽의 열두 기초 석, 열두 진주 문, 성안의 길, 생명수 강, 생명 나무, 성안에 없는 다양한 것들>이 등장한다.

2. 새 예루살렘 성

"또 내가 보매 거룩한 성 새 예루살렘이 하나님께로부터 하늘에서 내려오니 그 준비한 것이 신부가 남편을 위하여 단장한 것 같더라"(계 21:2)

여기서 요한은 새 예루살렘 성이 하늘에서 새로운 땅으로 내려오는 놀라운 광경을 보았다. 그러므로 새 하늘과 새 땅이 창조된 이후에 이제 거룩한 새 예루살렘 성이 하늘에서 내려온다. 새 예루살렘 성은 새 하늘과 새 땅의 수도로 등장한다. 그런데 그 모습이 얼마나 아름다운지 신부가 남편을 위하여 단장한 것처럼 보였다. 이 땅의 예루살렘 성은 다윗이 이스라엘을 통치하기 위해 건설한 성이었고, 천년왕국 기간에 예수께서 예루살렘 성에서 전 세계를 통치하고 다스렸다. 그러나 여기에 등장하는 새 예루살렘 성은 이전의 예루살렘 성이 아니라 완전히 다른 거룩한 성이다. 이곳에 사는 모든 사람이 완전히 거룩한 사람들이 되었기 때문이다. 그래서 요한은 새 예루살렘 성이 하나님께서 내려보내서 하늘에서 내려오는 광경을 보았다.

다시 요한계시록 21장 9~10절에서 하늘에서 내려온 새 예루살렘 성을 소개한다.

"일곱 대접을 가지고 마지막 일곱 재앙을 담은 일곱 천사 중 하나가 나아와서 내게 말하여 이르되 이리 오라 내가 신부 곧 어린 양의 아내를 네게 보이리라 하고 성령으로 나를 데리고 크고 높은 산으로 올라가 하나님으로부터 하늘에서 내려오는 거룩한 성 예루살렘을 보이니"(계 21:9-10)

마지막 일곱 대접 재앙을 땅에 쏟은 천사 중 하나가 요한을 초청하여 크고 높은 산으로 데려가 하나님으로부터 하늘에서 내려오는 새 예루살렘 성을 보여주었다. 그 천사는 요한에게 거룩한 예루살렘 성을 어린양의 아내와 신부로 소개한다. 왜냐하면 어린양의 신부인 교회가 그곳에 거하기 때문이다. 그러나 여기서는 이제 모든 시대에 구원받은 모든 성도가 어린 양의 신부가 되어 예수님과 함께 살아간다. 그러므로 그곳은 창세 이후에 구원받은 모든 성도의 본향이 되어 모두 다 함께 그곳에서 살아간다. 또한 새 예루살렘 성은 우리 예수께서 우리를 위하여 예비하신 처소다.

"너희는 마음에 근심하지 말라 하나님을 믿으니 또 나를 믿으라 내 아버지 집에 거할 곳이 많도다 그렇지 않으면 너희에게 일렀으리라 내가 너희를 위하여 거처를 예비하러 가노니 가서 너희를 위하여 거처를 예비하면 내가 다시 와서 너희를 내게로 영접하여 나 있는 곳에 너희도 있게 하리라"(요 14:1-3)
그러므로 이 거룩한 성에서 거룩한 성도들이 서로 아름다운 관계를 맺고 서로 연합하여 함께 영원토록 살아가며 하나님을 경배하며 섬긴다. 그렇다면 새 예루살렘 성은 어떤 모습인가?

❶ 새 예루살렘 성은 네모가 반듯하여 길이와 넓이와 높이가 같은 성이다.
"내게 말하는 자가 그 성과 그 문들과 성곽을 측량하려고 금 갈대 자를 가졌더라 그 성은 네모가 반듯하여 길이와 너비가 같은지라 그 갈대 자로 그 성을 측량하니 만 이천 스다디온이요 길이와 너비와 높이가 같더라"(계 21:15-16)

요한에게 말하던 천사가 새 예루살렘 성과 문들과 성벽을 측량하려고 금 갈대를 가지고 있었다. 여기서 '금 갈대'는 새 예루살렘 성을 측량하는 도구다. 결국 그 도구로 새 예루살렘 성을 측량해보니 성의 길이와 넓이와 높이가 각각 12,000 스타디온이었다. 그러므로 높이와 넓이와 길이가 12,000 스타디온이면 1,500마일이며, 2,400㎞다. 새 예루살렘 성이 길이와 넓이와 높이가 2,400㎞이면 어느 정도의 크기인지 감이 오지 않지만, 서울에서 부산까지의 거리가 약 450㎞이니 그 거리보다 다섯 배의 길이와 넓이와 높이를 가진 성으로 보면 된다.

그러므로 새 예루살렘 성은 우리의 상상을 초월하는 엄청난 크기의 성이다. 그리고 새 예루살렘 성의 모양은 네모가 반듯해서 가로와 세로와 높이가 같다. 그러므로 이 성은 정육면체의 모양일 것이다. 우리는 새 예루살렘 성의 표면적만 생각하면 인류 역사상 구원받은 모든 사람이 들어가 살아가기에는 좁을 것으로 생각하지만 이 성의 높이를 생각해보면 그 성이 엄청난 성이라는 것을 알 수 있다. 그래서 높이가 2,400㎞이면 위로 1㎞마다 한 층을 만들면 총 2,400층이고, 500m마다 한 층을 만들면 4,800층의 엄청난 건물이 된다. 만약 1층의 면적이 500만㎢이면 2,400층은 바닥 면적만 120억㎢가 되고, 4,800층은 240억㎢가 된다. 현재 지구 전체 표면적이 약 4억 6천만㎢이니 지구의 표면적보다 약 26배가 되며 또는 약 52배나 되는 엄청난 크기의 성이다.

❷ 새 예루살렘 성은 정금으로 된 유리 같은 성이며, 벽옥으로 된 성벽이 있다.
"그 성곽을 측량하매 백사십사 규빗이니 사람의 측량 곧 천사의 측량이라 그 성곽은 벽옥으로 쌓였고 그 성은 정금인데 맑은 유리 같더라"(계 21:17-18)

여기서 새 예루살렘 성은 정금으로 된 맑은 유리 같은 성이라고 말한다. 정금은 100% 순전한 금을 말하는데 그 금이 유리같이 맑다는 것은 그 성이 투명하게 보여 우리의 상상을 초월하는 아름다운 성이다. 그리고 새 예루살렘 성에는 벽옥으로 된 크고 높은 성벽이 있었는데 성벽의 높이는 144 규빗이니 무려 약 65m나 된다. 그리고 그 성벽은 기초석 위에 세워져 있는데 그 기초석은 각색 보석으로 꾸며져 있고 열두 가지 다른 색깔을 띠고 있으며, 그 위에 열두 사도의 이름이 기록되어 있다. 그 보석들 가운데 첫째 벽옥은 색깔이 알려지지 않았으며, 둘째 남보석은 사파이어로서 푸른색 보석이며, 셋째 옥수는 푸른색 바탕에 다른 색의 줄무늬가 있는 보석이며, 넷째 녹 보석은 에메랄드로서 밝은 녹색의 보석이고, 다섯째 홍마노는 붉고 흰색의 보석이며, 여섯째 홍보석은 루비로서 붉거나 꿀 색깔의 보석이고, 일곱째 황옥은 옅은 금색의 보석이고, 여덟째 녹옥은 바다와 같은 녹색의 보석이고, 아홉째 담황옥은 토파즈라는 보석으로서 투명한 연두색 보석이고, 열째 비취옥도 녹색의 보석이고, 열한째 청옥은 보라색 보석이고, 열두째 자수정은 자주색의 보석이다.

"그 성의 성곽의 기초석은 각색 보석으로 꾸몄는데 첫째 기초석은 벽옥이요 둘째는 남보석이요 셋째는 옥수요 넷째는 녹보석이요 다섯째는 홍마노요 여섯째는 홍보석이요 일곱째는 황옥이요 여덟째는 녹옥이요 아홉째는 담황옥이요 열째는 비취옥이요 열한째는 청옥이요 열두째는 자수정이라"(계 21:19-20)

❸ 새 예루살렘 성은 하나님의 영광으로 보석처럼 빛나는 성이다.

"하나님의 영광이 있어 그 성의 빛이 지극히 귀한 보석 같고 벽옥과 수정 같이 맑더라, 그 성은 해나 달의 비침이 쓸 데 없으니 이는 하나님의 영광이 비치고 어린 양이 그 등불이 되심이라"(계 21:11, 23)

새 예루살렘 성은 하나님의 영광으로 찬란하게 빛나는 성이다. 여기서 벽옥으로 번역된 헬라어 '이아스피스'라는 단어는 아주 투명한 보석을 의미하기에 아주 값비싼 다이아몬드를 지칭하는 것으로 보인다. 벽옥은 수정같이 맑으며 아주 희기 때문이다. 그러므로 새 예루살렘 성은 하나님의 영광으로 광채를 발하며 아주 찬란하게 빛난다. 이 성의 전체적인 인상은 거대한 보석으로 찬란하고 환하게 빛나는 성이다. 새 예루살렘 성의 가장 중요한 특징은 영원하시며 전능하신 하나님의 영광이 그곳에서 찬란하게 빛나는 것이다. 그곳은 하나님의 영광으로 말미암아 아주 찬란하게 아주 환하게 빛난다. 그러므로 그곳을 환하게 비출 해나 달이나 별이 필요 없는 이유는 하나님의 영광이 환하게 비취고 어린 양이신 예수께서 등불로 비춰고 있기 때문이다.

❹ 새 예루살렘 성은 열두 진주 문과 순금으로 된 길이 있고 성전이 없다.

"크고 높은 성곽이 있고 열두 문이 있는데 문에 열두 천사가 있고 그 문들 위에 이름을 썼으니 이스라엘 자손 열두 지파의 이름들이라 동쪽에 세 문, 북쪽에 세 문, 남쪽에 세 문, 서쪽에 세 문이니 그 성의 성곽에는 열두 기초석이 있고 그 위에는 어린 양의 열두 사도의 열두 이름이 있더라, 그 열두 문은 열두 진주니 각 문마다 한 개의 진주로 되어 있고 성의 길은 맑은 유리 같은 정금이더라 성 안에서 내가 성전을 보지 못하였으니 이는 주 하나님 곧 전능하신 이와 및 어린 양이 그 성전이심이라 그 성은 해나 달의 비침이 쓸 데 없으니 이는 하나님의 영광이 비치고 어린 양이 그 등불이 되심이라 만국이 그 빛 가운데로 다니고 땅의 왕들이 자기 영광을 가지고 그리로 들어가리라 낮에 성문들을 도무지 닫지 아니하리니 거기에는 밤이 없음이라 사람들이 만국의 영광과 존귀를 가지고 그리로 들어가겠고 무엇이든지 속된 것이나 가증한 일 또는 거짓말하는 자는 결코 그리로 들어가지 못하되 오직 어린 양의 생명책에 기록된 자들만 들어가리라"(계 21:12-14, 21-27)

새 예루살렘 성의 성벽에는 동서남북으로 세 문씩 진주로 된 열두 문이 있다. 그리고 성벽의 열두 진주 문은 열두 지파의 이름이 그 진주 문에 기록되어 있다. 또한 열두 천사가 그 열두 진주 문을 지키고 있지만, 낮에도 성문을 닫지 않아서 어린양의 생명책에 이름이 기록된 자들만 들어갈 수 있다. 그리고 열두 진주 문을 통해서 성안으로 들어가면 성의 길이 보이는데 성의 길은 맑은 유리 같은 순금이다. 그런데 천국의 금은 순금이지만 우리가 알고 있는 금하고는 조금 다른 아주 투명한 금이다.

그리고 요한은 성안에서 성전을 보지 못했다. 사실 하늘에 성전이 있었지만, 지금부터는 성전이 필요 없는 이유는 하나님께서 친히 성전이 되시고 어린 양이 성전이 되시기 때문이다.

하나님 아버지와 예수께서 찬란한 영광으로 빛을 발하시니 그분을 경배하려고 다른 곳으로 갈 필요가 없다. 늘 언제나 하나님이 함께 하시기 때문이다.

그런데 새 예루살렘 성은 해나 달이 필요 없는데 하나님의 영광이 성 전체를 환하게 비치고 어린 양이 그 등불이 되어 비치기 때문이다. 그런데 '만국이 그 빛 가운데로 다니고 땅의 왕들이 자기 영광을 가지고 그리로 들어가리라'라는 말씀은 새 예루살렘 성에서 이런 일이 있다는 것이 이해되지 않는 것처럼 보인다. 그곳에는 많은 나라도 없고 왕들도 없기 때문이다.

그러므로 이것은 새 예루살렘 성에서는 성도들 간에 높고 낮음이 없어서 천년왕국에 있었던 왕들이 자기 영광을 다 내려놓고 그리로 들어간 것을 나타낸다. 이곳에 들어온 모든 성도는 동등한 위치에서 함께 하나님을 섬긴다. 그리고 성의 문은 절대로 닫히는 일이 없는데 그곳은 낮과 밤의 구분이 없어 항상 낮이기 때문이다. 그곳은 항상 안전하여 문을 닫을 필요가 없다. 아무리 문이 항상 열려 있어도 이곳에는 더는 죄인들이 없기 때문이다. '무엇이든지 속된 것이나 가증한 일 또는 거짓말하는 자는 결코 그리로 들어가지 못하되'라는 말씀처럼 모든 죄인은 이미 하나님의 심판을 받고 지옥 불못으로 들어갔고, 이곳은 완전히 거룩한 성도들만 들어왔으며, 어린 양의 생명책에 이름이 기록된 성도들만 들어왔기에 열두 진주 문이 항상 열려 있는 것이다.

❺ 새 예루살렘 성은 생명수 강과 생명 나무가 있다.

"또 그가 수정 같이 맑은 생명수의 강을 내게 보이니 하나님과 및 어린 양의 보좌로부터 나와서 길 가운데로 흐르더라 강 좌우에 생명나무가 있어 열두 가지 열매를 맺되 달마다 그 열매를 맺고 그 나무 잎사귀들은 만국을 치료하기 위하여 있더라"(계 22:1-2)

사도 요한은 하나님과 어린양의 보좌로부터 흘러나오는 수정같이 맑은 생명수 강물을 보았다. 그리고 강 좌우에서 달마다 열두 가지 실과를 맺히는 생명 나무도 보았다. 이것은 창세기 2장 9절에 등장하는 바로 그 생명 나무다. 인간이 죄를 범한 후에는 그 누구도 먹을 수 없었지만 이제 모든 죄를 용서받은 하나님의 자녀들이 이곳 천국에서 생명 나무 과일을 먹는다. 사실 우리 예수께서도 부활하신 영화로운 몸으로 제자들과 함께 음식을 먹었다. 그러므로 이미 부활한 영화로운 몸을 가진 성도들도 살기 위해 먹는 것이 아니라 오직 즐거움을 위해서 먹는다. 그리고 그 생명 나무 잎사귀는 인간의 불완전한 모든 것을 치유하기에 인간은 다시는 저주를 당하지 않으며, 천국에서 완전한 건강을 누리며 하나님과 온전하게 교제하며 섬긴다.

"다시 저주가 없으며 하나님과 그 어린 양의 보좌가 그 가운데에 있으리니 그의 종들이 그를 섬기며 그의 얼굴을 볼 터이요 그의 이름도 그들의 이마에 있으리라 다시 밤이 없겠고 등불과 햇빛이 쓸 데 없으니 이는 주 하나님이 그들에게 비치심이라 그들이 세세토록 왕 노릇 하리로다"(계 22:3-5)

새 예루살렘 성에 더는 저주가 없다는 사실이 이 세상과 완전히 다르다는 사실을 알 수 있다. 저주가 없다는 사실은 '더는 슬픔도 없고, 고통도 없고, 죽음도 없다'라는 의미다. 하나님과 어린 양의 보좌가 새 예루살렘 가운데에 있어서 모든 성도가 하나님을 영원히 섬기며 그분의 얼굴을 보며 함께 살아가기 때문이다. 사실 이 땅에서는 누구도 하나님의 얼굴을 볼 수 없었다.

"또 이르시되 네가 내 얼굴을 보지 못하리니 나를 보고 살 자가 없음이니라"(출 33:20)

그러나 이제 구원받은 성도들은 그분의 소유가 되었다. 그래서 소유의 의미로 그분의 이름이 성도들의 이마에 적혀 있다. 그러므로 새 예루살렘 성에서 삼위일체 하나님과 그분을 따르는 천사들과 모든 시대에 구원받은 성도들이 영원토록 하나님께 영광을 돌린다. 그러므로 천국은 단조롭지 아니하고 조화를 이루며 말로다 표현할 수 없이 아름다운 성이다. 모든 것이 같지 않고 다양하면서도 통일성을 이룬다. 이 얼마나 아름다운 새 예루살렘 성인가? 이곳에서 성도들은 완전한 기쁨과 놀라운 찬양으로 하나님께 영원히 영광을 돌린다.

3. 하나님과의 실제적인 관계

"내가 들으니 보좌에서 큰 음성이 나서 이르되 보라 하나님의 장막이 사람들과 함께 있으매 하나님이 그들과 함께 계시리니 그들은 하나님의 백성이 되고 하나님은 친히 그들과 함께 계셔서"(계 21:3)

사도 요한은 보좌에서 들리는 큰 음성을 들었다. 아주 중요하기에 '보라'라는 말로 시작된다.

"보라 하나님의 장막이 사람들과 함께 있으매 하나님이 그들과 함께 계시리니"

여기서 장막으로 번역된 헬라어 '스케네'라는 단어는 하나님의 집으로 최고의 거주지를 의미한다. 그러므로 하나님의 집이 사람들과 아주 가까이 있기에 그곳에서 우리는 하나님과 함께 살아간다. 그래서 우리는 하나님의 백성이 되고 하나님은 우리의 아버지로서 친히 우리와 함께 계신다. 이제 하나님과 우리와의 관계는 언제나 함께 하는 관계다. 새 예루살렘에서 최고의 영광과 최고의 기쁨은 하나님과 함께 살아가는 것이다. 더는 멀리 떨어져 계시지 않고, 상징으로 불기둥이나 구름 기둥으로 함께 하시는 것도 아니고, 떨기나무 가운데서 말씀하시는 것이 아니고, 음성으로만 말씀하시는 것도 아니고, 그분이 친히 우리와 함께 계신다. 더는 상징으로 함께 계시는 것이 아니라 실제로 하나님이 우리와 함께 계신다.

그러므로 우리는 이제 그분과 아주 친밀한 교제를 즐길 수 있다. 과거에는 하나님은 거룩하시고 우리에게는 죄가 있었다. 또한 우리에게 죄의 성질이 남아 있어서 하나님과 충분한 교제를 즐길 수 없었다. 하지만 이때는 우리가 죄성이 없는 아주 영화로운 몸을 가지고 있기에 하나님과 아주 완벽한 교제를 즐길 수 있다. 우리는 아주 가까운 곳에서 그분을 경배하고 섬긴다.

4. 무엇과도 비교할 수 없는 최상의 삶

"모든 눈물을 그 눈에서 닦아 주시니 다시는 사망이 없고 애통하는 것이나 곡하는 것이나 아픈 것이 다시 있지 아니하리니 처음 것들이 다 지나갔음이러라 보좌에 앉으신

이가 이르시되 보라 내가 만물을 새롭게 하노라 하시고 또 이르시되 이 말은 신실하고 참되니 기록하라 하시고"(계 21:4-5)

새 예루살렘에서의 삶은 이 땅에서의 삶과는 비교할 수 없을 정도로 아주 차원이 높은 최상의 삶이다. 그러므로 하나님께서 우리의 모든 눈물을 씻겨 주신다. 우리의 죄의 성질로 인하여 마귀 사탄의 유혹에 이끌리어 넘어지고 우는 일이란 존재하지 않는다. 더는 실패하고 후회하는 일도 없다. 이제 우리는 더는 정죄를 당하지 않고 슬퍼할 일도 없다. 이제 우리에게는 어떤 슬픔도, 어떤 실망도, 어떤 고통도, 어떤 아픔도, 어떤 이별도 없기에 더는 울지 않는다. 죄가 없으므로 죄의 값인 사망과 질병도 없다. 그러므로 우리는 새 예루살렘 성에서 무엇과도 비교할 수 없는 최상의 삶을 살아간다. 그리고 우리가 최상의 삶을 사는 이유는 그곳에서는 더는 죽음이 존재하지 않기 때문이다. 우리가 이 땅에서 죽음을 이기고 정복하려고 얼마나 발버둥을 쳤는가? 각계각층에서 수많은 사람이 아무리 노력해도 죽음을 정복할 수 없었지만, 그곳에서는 더는 죽음이 존재하지 않는다. 인간을 고통스럽게 했던 죽음은 아주 완벽하게 정복당했다. 그래서 바울은 우리가 부활할 때 사망이 완전히 먹혔고 정복당했다고 선포했다.

"이 썩을 것이 썩지 아니함을 입고 이 죽을 것이 죽지 아니함을 입을 때에는 사망을 삼키고 이기리라고 기록된 말씀이 이루어지리라"(고전 15:54)

그러므로 새 예루살렘 성에는 더는 죽음이 없기에 어떤 애통함이나 슬픔이나 아픈 것이나 늙음이나 비탄이나 고통이 없기에 언제나 최상의 행복을 누리면서 살아갈 수 있다. 우리가 최상의 삶을 살아갈 수 있는 이유는 처음 것들이 다 지나갔기 때문이다. 처음 창조와 관련된 인간의 모든 경험은 영원히 사라졌다. 이제는 사망도, 애통해하는 것도, 아픈 것도 다 사라졌다. 예수께서 알파와 오메가가 되시기에 우주 만물을 새롭게 하시고 다 이루신다. 그리고 이 모든 말씀은 참되고 진실하기에 요한에게 기록하라고 말씀하셨다(계 21:5).

5. 놀라운 천국에 들어갈 수 있는 사람

하나님께서 누가 이 놀라운 천국에 들어올 수 있는지 아주 분명하게 말씀하셨다. "또 내게 말씀하시되 이루었도다 나는 알파와 오메가요 처음과 마지막이라 내가 생명수 샘물을 목마른 자에게 값없이 주리니 이기는 자는 이것들을 상속으로 받으리라 나는 그의 하나님이 되고 그는 내 아들이 되리라"(계 21:6-7)

❶ 목마른 사람이 놀라운 천국에 들어갈 수 있다.

'내가 생명수 샘물을 목마른 자에게 값없이 주리니'(계 21:6)

여기서 목마른 사람은 의에 주리고 목마른 사람이다.

"의에 주리고 목마른 자는 복이 있나니 그들이 배부를 것임이요"(마 5:6)

예수께서 십자가에서 완성하신 복음으로 구원받고 천국에 들어갈 사람은 자신의 죄된 절망스러운 상황에 만족하지 않고 하나님의 의에 목이 말라 십자가의 완전한 복음을 갈망하는 사람이다. 누구나 진정으로 복음을 만나면 의롭게 될 수 있기 때문이다. 사도 바울은 복음을 갈망하면 그 복음에는 하나님의 의로움을 얻을 수 있는 비결이 들어 있어 그 사실을 믿음으로 받아들이게 된다고 말한다.

"복음에는 하나님의 의가 나타나서 믿음으로 믿음에 이르게 하나니"(롬 1:17)

❷ 이기는 사람이 놀라운 천국에 들어갈 수 있다.

'이기는 자는 이것들을 상속으로 받으리라'(계 21:7)

그렇다면 누가 이기는 사람인가? 사도 요한은 예수께서 하나님의 아들이신 것을 믿는 사람이 이기는 사람이라고 말한다.

"무릇 하나님께로부터 난 자마다 세상을 이기느니라 세상을 이기는 승리는 이것이니 우리의 믿음이니라 예수께서 하나님의 아들이심을 믿는 자가 아니면 세상을 이기는 자가 누구냐"(요일 5:4-5)

하나님 아버지께서는 바로 목마른 사람과 이기는 사람에게 이렇게 놀라운 천국을 상속하며, 그들의 하나님이 되어 주시고 그들은 하나님의 아들이 되게 해 주시겠다고 약속하셨다.

"나는 그의 하나님이 되고 그는 내 아들이 되리라"(계 21:7)

그러므로 하나님의 아들이 되는 것은 무엇과도 비교할 수 없는 놀라운 축복이다. 오직 하나님의 아들이 되어야 놀라운 천국에서 최상의 삶을 살아갈 수 있다.

6. 놀라운 천국에 들어갈 수 없는 사람

"그러나 두려워하는 자들과 믿지 아니하는 자들과 흉악한 자들과 살인자들과 음행하는 자들과 점술가들과 우상 숭배자들과 거짓말하는 모든 자들은 불과 유황으로 타는 못에 던져지리니 이것이 둘째 사망이라"(계 21:8)

사도 요한은 여기서 아주 놀라운 천국에 들어갈 수 없는 사람들을 소개한다. 가장 첫 번째로 등장하는 사람은 두려워하는 사람이다. 사실 그 당시에 예수 그리스도를 믿는 것은 용기가 필요했다. 사도 요한 당시에도 로마제국의 황제들로 인하여 핍박이 심했으며 심지어 목숨을 내걸고 믿어야 했으며, 7년 대환란 기간에도 순교 당할 것을 각오하고 예수 그리스도를 믿어야 했다. 그런 상황에서 진심으로 믿는 사람이 아니라면 두려워서 믿지 못하겠지만, 두려워하는 자들은 놀라운 천국을 놓치고 무서운 지옥에 들어가서 영원히 살아간다. 그리고 두 번째 사람은 믿지 않는 자들이다. 그리고 흉악한 사람들, 살인자들, 음행하는 자들, 점술가들, 우상을 숭배하는 자들, 모든 거짓말하는 자들이다. 이러한 특징을 가지고 있다는 것은 결국 그들이 구원받지 못했다는 증거요, 당연히 이렇게 놀라운 천국에도 들어갈 수 없는 자들이다. 오직 그들에게는 불과 유황으로 타는 지옥 불못이 기다리고 있을 뿐인데 이것이 그들이 당하는 둘째 사망이다. 의로운 사람은 천국에서 영원토록 영생과 축복을 누리겠지만 그들은 지옥 불못에서 영원토록 고통을 당한다.

25장

요한계시록의 결론

계시록 22:6-21

이제 예수 그리스도의 계시는 요한계시록 22장 5절에서 끝났다. 그러므로 요한계시록 22장 6~21절은 요한계시록과 성경 전체의 결론이다. 요한은 하나님이 보내신 천사를 통해서 이렇게 엄청난 일들을 보고 들었으니 이제 마지막으로 가장 중요한 결론을 맺는다. 그렇다면 요한계시록의 결론이 무엇이며, 성경 전체의 결론이 무엇인가? 우선 그 결론이 무엇인지 알려면 본문에서 무엇을 강조하는지 찾아야 한다. 그렇다면 본문에서 강조하는 것은 무엇인가? 바로 예수 그리스도의 재림이다.

1. 예수 그리스도 재림의 확실성

"또 그가 내게 말하기를 이 말은 신실하고 참된지라 주 곧 선지자들의 영의 하나님이 그의 종들에게 반드시 속히 되어질 일을 보이시려고 그의 천사를 보내셨도다 보라 내가 속히 오리니 이 두루마리의 예언의 말씀을 지키는 자는 복이 있으리라 하더라"(계 22:6-7)

여기서 '또 그가 내게 말하기를'이라는 내용에서 요한에게 말한 그는 요한계시록 21장 9절에 나오는 천사다. 이 천사는 요한계시록의 마지막 재앙인 일곱 대접을 가지고 마지막 일곱 재앙을 담은 일곱 천사 중의 한 천사였다. 그 천사가 요한에게 새 예루살렘 성의 모든 광경을 보여주었고, 22장 1절에서 수정같이 맑은 생명수 강도 보여주었으며, 생명수 강 좌우에 있는 생명 나무도 보여주었고, 아름다운 새 예루살렘 성의 모든 것을 자세히 보여주었다. 그런데 그 천사가 '이 말은 신실하고 참된지라'라고 말한다. 요한에게 보여준 계시의 말씀들은 믿을 만하고 참되다는 것이다. 그렇다면 왜 여기서 이 말씀들이 믿을 만하고 참된 말씀인가? 이 모든 말씀은 예수께서 하신 말씀이고 하나님께서 그 종들에게 반드시 속히 되어질 일을 보이시려고 그의 천사를 보내어 요한에게 말씀하신 내용이다.

그리고 요한계시록 22장 7절 '보라 내가 속히 오리니 이 두루마리의 예언의 말씀을 지키는 자는 복이 있으리라'라는 말씀은 예수께서 친히 하신 말씀이다. 이 내용은 천사가 한 말이 아니라 말씀하시는 분이 달라져 예수께서 친히 말씀하셨다. 여기서 가장 중요한 말씀은 예수께서 하신 말씀으로 '보라 내가 속히 오리니'라는 말씀이다. 그러므로 우리 예수께서는 반드시 속히 오신다. 왜냐하면 참되고 신실한 하나님의 말씀이 그분이 속히 오실 것을 예언하였기 때문이다. 그리고 예수께서 친히 '보라 내가 속히 오리니'라고 말씀하셨기 때문이다. 또한 예수께서 재림하신다는 내용은 요한계시록의 전체 주제이며, 이것을 믿고 예수님을 맞을 준비를 하는 사람들이 복 있는 사람들이다.

2. 마지막 세 가지 명령

❶ 오직 하나님께 경배하라.

"이것들을 보고 들은 자는 나 요한이니 내가 듣고 볼 때에 이 일을 내게 보이던 천사의 발 앞에 경배하려고 엎드렸더니 그가 내게 말하기를 나는 너와 네 형제 선지자들과 또 이 두루마리의 말을 지키는 자들과 함께 된 종이니 그리하지 말고 하나님께 경배하라 하더라"(계 22:8-9)

여기서는 말하는 이가 또 달라졌다. 이제는 천사도 아니고, 예수께서 말씀하시는 것도 아니고, 이제 사도 요한이 말한다. '이것들을 보고 들은 자는 나 요한이니 내가 듣고 볼 때에'라는 말씀처럼 이제 사도 요한이 증언한다. 사도 요한은 여기서 예수 그리스도의 계시를 통해서 앞으로 되어질 일들과 세상 모든 사람이 앞으로 경험할 미래의 일들을 보았다고 말한다.

사도 요한은 세상 끝날에 일어날 미래의 모든 일을 확실하게 보았다. 그리스도인들이 들어갈 새 하늘과 새 땅을 확실하게 보았으며, 불신자가 들어갈 지옥의 생생한 모습도 확실하게 보았으며, 마귀 사탄과 그를 따르는 악한 천사들과 적그리스도와 거짓 선지자의 최후의 모습도 확실하게 보았다. 사도 요한은 이 세상이 어떻게 최종 마무리가 되고 어떻게 새롭게 시작되는지도 보았다. 그래서 사도 요한은 이 모든 것을 예수께서 천사를 통해 요한 자신에게 보여주었다고 고백한다. 그래서 요한은 이 엄청난 계시를 받고 감동이 되어 천사에게 경배하려고 엎드렸다. 그러자 천사는 요한에게 자신도 여러 선지자와 하나님의 말씀을 지키는 자들과 함께 된 종이라고 말하며, 오직 하나님께만 경배하라고 명령한다. 사실 이 세상의 통치자나 적그리스도나 마귀 사탄이나 세상을 통치하는 인간들이나 천사들도 모두 우리의 경배의 대상이 될 수 없다. 우리가 경배할 대상은 오직 우리를 창조하시고 우리를 구원하시고 우리에게 놀라운 새 하늘과 새 땅을 허락하신 우리 하나님만 경배하고 예배해야 한다.

❷ 예언의 말씀을 인봉하지 말라.

"또 내게 말하되 이 두루마리의 예언의 말씀을 인봉하지 말라 때가 가까우니라"(계 22:10)

구약에서 다니엘은 자신이 하나님께 받은 예언의 말씀을 마지막 때까지 간수하고 인봉하라는 명령을 받았다(단 12:9). 인봉하라는 명령은 하나님 예언의 말씀을 드러내지 말고 비밀을 지키라는 말이다. 그런데 사도 요한은 이 예언의 말씀을 인봉하지 말고 선포하라는 명령을 받았다. 이것은 사람들에게 하나님이 앞으로 하실 일과 하나님의 계획과 비밀을 알게 하라는 명령이다. 여기서 '때가 가까우니라'라는 말씀처럼 예수께서 오실 날이 매우 가까이 와있기에 하나님의 비밀을 알게 하라는 명령이다. 인봉하지 말라는 말씀은 요한계시록이 감춰진 비밀문서도 아니고 아무나 풀 수 없어 특별한 사람들만 풀 수 있는 그런 말씀이 아니기 때문이다.

우리가 도저히 알 수 없는 어려운 말씀이라면 요한에게 '인봉하지 말라'라는 말씀을 하실 리가 없다.

이 명령은 오늘날 우리와 관련된 명령이기 때문에 우리도 요한계시록을 인봉하지 말고 열심히 연구하여 그 내용을 전해야 한다. 우리가 요한계시록을 열심히 전하려면 요한계시록을 열심히 읽고 연구하고 묵상하고 가르치고 설교해야 한다. 하지만 오늘날 많은 교회가 요한계시록을 열심히 가르치라는 명령에 순종하지 않는다. 요한계시록을 너무 어려운 책이나 복잡한 책으로 생각하여 덮어놓고 있기 때문이다.

❸ 올바로 선택하라.

"불의를 행하는 자는 그대로 불의를 행하고 더러운 자는 그대로 더럽고 의로운 자는 그대로 의를 행하고 거룩한 자는 그대로 거룩하게 하라"(계 22:11)

우리가 무엇을 선택하느냐에 따라 엄청난 결과가 따라온다. 우리는 불의를 행하든지 선을 행하든지 하나를 선택해야 한다. 자신이 선택하는 것에 따라 결과가 결정되기 때문이다. 사실 우리는 비록 말씀을 듣는 사람들이 회개하지 않고 죄를 범하더라도 하나님의 말씀과 복음을 계속 전해야 한다. 결국 하나님의 말씀이 전해졌을 때 전해진 말씀에 어떻게 반응하고 어떻게 선택하느냐에 따라 그들의 영원한 운명이 결정되기 때문이다. 그러므로 우리의 영원한 미래의 모습은 지금 우리가 이 땅에서 무엇을 선택하느냐에 따라 결정된다. 진리의 말씀과 복음을 듣고도 계속해서 잘못된 삶을 살아가는 사람들은 자신의 잘못된 선택 때문에 자신이 스스로 자신의 영원한 운명을 결정한다. 그러므로 이 예언의 말씀에 주의를 기울이는 사람들은 옳은 일을 선택하겠지만 주의를 기울이지 않는 사람들은 계속 죄를 범하는 것을 선택한다. 하지만 예수께서 재림하시는 것은 너무나 확실하기에 우리는 올바른 것을 선택해야 한다. 우리가 올바른 것을 선택하고 행동해야 하는 이유가 무엇인가? 그것은 예수께서 주시는 상급이 있기 때문이다.

3. 마지막 상급

"보라 내가 속히 오리니 내가 줄 상이 내게 있어 각 사람에게 그가 행한 대로 갚아 주리라 나는 알파와 오메가요 처음과 마지막이요 시작과 마침이라 자기 두루마기를 빠는 자들은 복이 있으니 이는 그들이 생명 나무에 나아가며 문들을 통하여 성에 들어갈 권세를 받으려 함이로다 개들과 점술가들과 음행하는 자들과 살인자들과 우상 숭배자들과 및 거짓말을 좋아하며 지어내는 자는 다 성 밖에 있으리라"(계 22:12-15)

요한계시록 22장 10~11절에서 요한계시록을 인봉하지 말고 열심히 가르치고 전파하며 모든 사람에게 복음을 열심히 전하면, 여기 요한계시록 22장 12~15절에서 예수께서 반드시 우리가 일한 대로 갚아주신다고 말씀하셨다. 구원은 하나님께서 믿는 자에게 거저 주시지만, 상급은 우리가 일한대로 갚아주신다. '각 사람에게 그가 행한 대로 갚아 주리라' 이 말씀이 정답이다. 그리고 예수님은 '나는 알파와 오메가요 처음과 마지막이요 시작과 마침이라'라고 말씀하신다. 요한계시록을 시작할 때도 똑같이 말씀하셨다.

"주 하나님이 이르시되 나는 알파와 오메가라 이제도 있고 전에도 있었고 장차 올 자요 전능한 자라 하시더라"(계 1:8)

그러므로 우리 예수께서는 삼위일체 하나님으로서 모든 것을 시작하시는 창조 사역에도 함께 하셨고, 이 땅에 있는 인간의 모든 역사를 마치실 때도 삼위일체 하나님으로서 함께 하시며, 마지막 인간을 심판하실 때도 그분이 심판하신다. 그러므로 우리가 이 세상에서 주님의 몸인 교회를 세우고 복음을 전파하며 하나님의 말씀을 부지런히 가르칠 때 그분은 우리에게 하늘의 상급으로 갚아주신다. 그리고 여기서 '자기 두루마기를 빠는 자들은 복이 있나니'라는 말씀은 두루마기는 한복 위에 걸치는 겉옷을 지칭하기에 '자기 겉옷을 빠는 자들이 복이 있나니'라는 말씀이다. 요한계시록에서 '두루마리'는 성경을 지칭하고, '두루마기'는 겉옷을 지칭한다.

그러므로 이 말씀은 예수 그리스도의 보혈로 죄 씻음을 받은 사람들이 복이 있다는 말씀이다. 요한계시록 7장 14절에서도 구원받은 사람들을 지칭하면서 "어린 양의 피에 그 옷을 씻어 희게 하였느니라"라고 말씀한다.

결국 예수 그리스도의 보혈로 죄를 씻고 구원받은 자들이 새 예루살렘 성 생명수 강가에 있는 생명 나무에 나아가 생명 과일을 먹을 수 있으며, 열두 진주 문을 통해 새 예루살렘 성에 들어갈 권세를 받는다. 하나님의 거룩한 새 예루살렘 성에 들어가는 권세야말로 이 세상에서 가장 위대한 권세다. 그러나 요한계시록 21장 8절 말씀처럼 예수 그리스도의 복음을 거절하고 믿지 않는 자들을 지칭하는 개들과 점술가들과 음행하는 자들과 살인자들과 우상 숭배자들과 및 거짓말을 좋아하며 지어내는 자는 다 새 예루살렘 성에 들어가지 못하고 지옥 불못에 들어간다. 15절에서 '다 성 밖에 있으리라'라는 말씀은 새 예루살렘 성에 들어가지 못한다는 뜻이다. 과거 예루살렘 성문 밖에는 쓰레기를 태우는 힌놈의 골짜기가 있었다. 이 골짜기가 지옥 불못(게헨나)의 완전한 모습을 보여주었다. 따라서 새 예루살렘 성 바깥에 남아 있다는 것은 지옥 불못에 던져진다는 의미다. 이 말씀을 하시는 분이 누구인가?

"나 예수는 교회들을 위하여 내 사자를 보내어 이것들을 너희에게 증언하게 하였노라 나는 다윗의 뿌리요 자손이니 곧 광명한 새벽 별이라 하시더라"(계 22:16)

여기서 예수께서는 '나 예수는 교회들을 위하여 내 사자를 보내어 이것들을 너희에게 증언하게 하였노라'라고 아주 분명하게 말씀하신다. 그리고 여기 예수께서 '다윗의 뿌리요 자손'이라는 말씀은 그분이 참된 메시아가 되심을 말씀한다. 구약 성경에 메시아는 다윗의 혈통에서 나온다고 예언하고 동시에 다윗의 조상이라는 의미로 '다윗의 뿌리'라고 말씀하기 때문이다. 예수께서 다윗보다 먼저 계셨던 분이 다윗의 후손으로 오신 메시아가 되셨다. 그리고 예수께서 '광명한 새벽 별'이라는 의미는 우리 예수께서 우리에게 새로운 아침과 새로운 인생을 열어 주시는 분이라는 의미다.

그러므로 그분이 우리 삶에 들어오시면 우리 인생은 삶이 완전히 변화되어 새로운 인생을 살아간다.

4. 마지막 초청

"성령과 신부가 말씀하시기를 오라 하시는도다 듣는 자도 오라 할 것이요 목마른 자도 올 것이요 또 원하는 자는 값없이 생명수를 받으라 하시더라"(계 22:17)

이제 요한계시록을 통해서 무서운 심판과 아름다운 천국을 보여주었기 때문에 모든 사람을 구원의 생명수로 초청하신다. 성령께서도 초청하시고 그리스도의 신부인 교회도 초청한다. '듣는 자도 오라 할 것이요'라는 말씀은 이미 복음의 말씀을 듣고 구원을 받아 누리는 사람들도 아직 복음의 생수를 마시지 못한 사람들에게 '듣는 자도 오라'라고 초청한다.

사실 이 세상의 모든 사람에게는 다른 것으로 채울 수 없는 갈증과 목마름이 있으며, 그들은 자신의 갈증과 목마름을 무엇으로 채워야 할지 모른다. 이 세상의 돈으로도 채울 수 없고, 사람들이 부러워하는 인기나 명예나 권력으로도 채울 수 없고, 약물이나 쾌락으로도 채울 수 없는 이유는 이런 것들로는 영혼의 목마름이 채워지지 않기 때문이다.

영혼에 대한 목마름이란 결국 하나님에 대한 목마름이요, 생명수인 구원에 대한 목마름이요, 죄 사함을 받아야 누릴 수 있는 목마름이기 때문이다. 그런데 여기서 이렇게 간절하게 초청하는 이유는 영생은 값없이 얻을 수 있는 축복이기 때문이다. 원하는 자는 누구라도 믿기만 하면 무서운 심판을 피할 수 있다. 원하는 자는 누구라도 믿기만 하면 놀랍고 아름다운 천국에 들어갈 수 있다.

원하는 자는 누구라도 믿기만 하면 생명수를 마실 수 있는 이유는 예수께서 십자가에서 그 값을 이미 치르셨기 때문이다. 누가 치르셨는가? 바로 우리 예수께서 오직 흠 없고 점 없는 어린 양 같은 그리스도의 보배로운 피로 치르셨다.

"너희가 알거니와 너희 조상이 물려 준 헛된 행실에서 대속함을 받은 것은 은이나 금 같이 없어질 것으로 된 것이 아니요 오직 흠 없고 점 없는 어린 양 같은 그리스도의 보배로운 피로 된 것이니라"(벧전 1:18-19)

하나님께서는 성경의 여러 곳에서 우리의 죄가 처리되었기에 우리를 다양하게 초청하신다.

"여호와께서 말씀하시되 오라 우리가 서로 변론하자 너희의 죄가 주홍 같을지라도 눈과 같이 희어질 것이요 진홍 같이 붉을지라도 양털 같이 희게 되리라, 오호라 너희 모든 목마른 자들아 물로 나아오라 돈 없는 자도 오라 너희는 와서 사 먹되 돈 없이, 값 없이 와서 포도주와 젖을 사라, 수고하고 무거운 짐 진 자들아 다 내게로 오라 내가 너희를 쉬게 하리라"(사 1:18, 55:1, 마 11:28)

결국 하나님의 초청에 응답하는 사람은 예수 그리스도가 우리의 참된 구원자라는 사실을 깨닫고 그분을 믿음으로 모든 목마름의 갈증을 해결하고 참된 행복과 영원한 기쁨을 누릴 수 있다.

5. 마지막 경고

"내가 이 두루마리의 예언의 말씀을 듣는 모든 사람에게 증언하노니 만일 누구든지 이것들 외에 더하면 하나님이 이 두루마리에 기록된 재앙들을 그에게 더하실 것이요 만일 누구든지 이 두루마리의 예언의 말씀에서 제하여 버리면 하나님이 이 두루마리에 기록된 생명나무와 및 거룩한 성에 참여함을 제하여 버리시리라"(계 22:18-19)

이 말씀은 마지막 경고로 아주 무서운 말씀이다. 우리 인간에게 하나님의 말씀은 너무나 중요하기에 요한계시록의 말씀이나 성경 말씀에 보태거나 뺄 수 없다는 경고다. 하나님의 말씀을 함부로 대하는 사람들은 재앙을 당하고 천국에 들어가지 못하기 때문이다. 하나님의 말씀에서 더하거나 빼면 이 책에 기록된 모든 재앙을 당한다. 생명 나무의 열매도 먹지 못하고 거룩한 성에도 들어갈 수 없다.

사실 하나님의 말씀은 성경 66권으로 완전한 말씀이기에 우리가 이 말씀을 제대로 안다면 예수께서 십자가를 통하여 완성하신 복음을 제대로 모를 수 없고, 예수께서 우리를 구원할 참된 메시아가 되시고 구원하실 구세주가 되심을 모를 수 없다. 그러므로 우리가 구원을 받는데 하나님의 말씀이면 충분하고, 이 말씀에서 발견하는 구원의 복음이면 충분하다. 그러므로 이 말씀에 더할 필요도 없고 뺄 필요도 없는 아주 완벽한 하나님의 말씀이다.

6. 마지막 기도와 약속

"이것들을 증언하신 이가 이르시되 내가 진실로 속히 오리라 하시거늘 아멘 주 예수여 오시옵소서 주 예수의 은혜가 모든 자들에게 있을지어다 아멘"(계 22:20-21)

여기서 우리 예수께서는 '내가 진실로 속히 오리라'라고 약속하셨다. 성경은 예수께서 오실 것을 약속하시므로 시작되었고, 예수께서 다시 오시겠다는 약속으로 끝낸다.

"내가 너로 여자와 원수가 되게 하고 네 후손도 여자의 후손과 원수가 되게 하리니 여자의 후손은 네 머리를 상하게 할 것이요 너는 그의 발꿈치를 상하게 할 것이니라"(창 3:15)

여기서 이 말씀은 하나님께서 뱀을 통하여 역사하는 마귀 사탄에게 말씀하시는 내용이므로 '너는 그의 발꿈치를 상하게 할 것이요'라는 말씀은 예수님의 초림에 관한 말씀이며, 그 약속대로 예수께서 오셔서 십자가에 돌아가실 것을 미리 보여주었다. 그러나 '여자의 후손은 너의 머리를 상하게 할 것이요'라는 말씀은 예수께서 재림하셔서 '마귀 사탄을 유황 불못에 던져 넣는 것'을 말씀하신다.

이제 요한계시록의 마지막인 22장 20~21절에서 예수께서 '내가 진실로 속히 오리라'라고 말씀하시는데 우리는 어떻게 반응해야 하는가? 우리는 당연히 '아멘, 주 예수여 오시옵소서.'(계 22:20)라고 반응해야 한다. 우리는 여기까지 오면서 요한계시록에서 전개되는 모든 사건과 아름다운 일들에 대해서 들었다.

우리가 '아멘, 주 예수여 오시옵소서.'라고 반응하지 않는다면 우리는 진실로 믿는 사람이 아니다. 그러므로 예수님의 재림을 사모하는 믿음은 우리의 진실한 믿음이 되어야 한다. 바울은 우리 믿는 자들을 향하여 "주의 나타나심을 사모하는 모든 자"라고 디모데후서 4장 8절에서 말했다.

우리가 예수 그리스도의 재림을 기대하는 마음으로 살아간다면 우리는 신앙생활에서 바르게 살아갈 수밖에 없다.

그리고 이제 요한계시록은 아름다운 축복기도로 끝을 맺는다.

"주 예수의 은혜가 모든 자들에게 있을지어다 아멘"(계 22:21)